EISENSTEIN · DAS DYNAMISCHE QUADRAT

TASCHEN
R
BÜCHER

Sergej Eisenstein

DAS DYNAMISCHE QUADRAT

Schriften zum Film

Röderberg

Aus dem Russischen
Übersetzt und herausgegeben von Oksana Bulgakova und Dietmar Hochmuth
Im Anhang der Aufsatz von Oksana Bulgakova: „Bruch und Methode. Eisensteins Traum von einer absoluten Kunst“
Mit 38 Abbildungen

CIP-Kurztitelaufnahme der Deutschen Bibliothek

Ėjzenštejn, Sergej:
Das dynamische Quadrat : Schr. zum Film ; [aus d. Russ.] / Sergej Eisenstein. [Übers. u. hrsg. von Oksana Bulgakova u. Dietmar Hochmuth. Im Anh. d. Aufsatz von Oksana Bulgakova: „Bruch und Methode. Eisensteins Traum von e. absoluten Kunst“]. – 1. Aufl. – Köln : Röderberg, 1988
(Röderberg-Taschenbuch ; Bd. 163)
ISBN 3-87682-369-2

NE: GT

Röderberg-Taschenbuch Band 163
Pahl-Rugenstein Verlag GmbH, Köln 1988
Vom Verlag Philipp Reclam jun. Leipzig genehmigte Lizenzausgabe

Die Bildvorlagen stellte uns freundlicherweise das Eisenstein-Archiv, Moskau, zur Verfügung
1. Auflage
Umschlaggestaltung: Friederike Pondelik unter Verwendung des Ölbildes „Eisenstein“ von Kiki de Montparnasse (Alice Irine), 1929
Printed in the German Democratic Republic
Grafischer Großbetrieb Völkerfreundschaft Dresden
Gesetzt aus Garamond-Antiqua
ISBN 3-87682-369-2

Die Manuskripte des Moskauer Eisenstein-Archivs könnten bequem eine 20bändige Ausgabe füllen. Verlockung und Bedrängnis für jeden Herausgeber zugleich.
Unsere Auswahl bringt Texte des Filmtheoretikers Eisenstein.
Das erste Kapitel – AUSDRUCK UND EINWIRKUNG – verfolgt die Wandlungen der Attraktion in Theater und Film. Das zweite – DENKPROZESS UND FILMFORM – faßt Aufsätze zusammen, in denen Film als Sprache, im Verhältnis zu anderen Sprachen und anderen Zeichensystemen, untersucht wird.
Im dritten Kapitel – TECHNIK UND KINO – betrachtet der Regisseur Eisenstein das technische Phänomen Film aus kulturgeschichtlicher Perspektive. Als eine Kunst, die das zu lösen vermag, was in den Schranken der alten Künste nur erschwert und partiell zu leisten war.
Im 20. Jahrhundert übernahm der Film die beschreibend-ausmalende Diktion der Belletristik. In Ermangelung eines technisch ausgereiften Farbmaterials, das seinen Ideen „gehorchen“ würde, fixierte Eisenstein die Farbe auf dem Papier. So klingen diese Notate wie schon nicht mehr mögliche Literatur.
Eisensteins Sätze gleichen rhythmisch organisierter Prosa. Sein Absatz – der Zusammenprall zweier Zeilen – widerspiegelt die Kollision einer Montagekopplung. Gedankenpunkte und -striche fungieren als Vorbote einer theoretischen Attraktion. Die Übersetzung ins Deutsche vermag nur bedingt die innere Dynamik des Eisensteinschen Ideenflusses zu vermitteln, da gleich nach der Attraktion das Verb aufzutauchen hat – in gebeugter Form und außer Atem –, während es im Original dort steht, wo der Autor sich die größte Wirkung verspricht. Eisenstein nannte seinen Satzbau „eine schlechte Übersetzung aus dem Deutschen“, was den umgekehrten Vorgang keineswegs erleichtert.

Den Galilei-Komplex des Naturwissenschaftlers erlebte Eisenstein als Salieri-Komplex in der Kunst.
Die Projektierung eines Werkes wie die einer Brücke: programmierte Wirkung. Der aus der Nähe betrachtete Rationalismus der amerikanischen Zivilisation führte den Systemkünstler Eisenstein zu einer Korrektur dieser Utopie. Seine Filme bedurften dieser Zurücknahme nicht – beinhalten sie doch eine Menge „Unauszählbares".

Die Herausgeber

Armer Salieri

(anstelle einer Widmung)

> *... Die Klänge tötend,*
> *sezierte ich Musik wie einen Leichnam.*
> *Die Harmonien maß ich mit der Algebra.*
> (Puschkin: „Mozart und Salieri")[1]

Ich habe lange darüber nachgedacht, wem ich mein erstes Buch widmen könnte.

Für die geliebten Mädchen ist es viel zu sachlich. Die Schüler werden ohnedies danach lernen. Freunde unterstützen mich auch so. Feinde werden mich sowieso attackieren.

Der Arbeiterklasse ist sowieso alles gewidmet, was ich mache. Die uns ablösenden Generationen werden weiter voranschreiten ...

Und übriggeblieben ist ein Mensch, dessen Andenken ich diese Arbeit gern widmen würde – Salieri.

Der arme Puschkinsche Salieri.

Sezierte die Musik wie einen Leichnam ...

Und das war das allerschrecklichste.

Wie eine Leiche.

Erstarrt, angehalten, ohne Bewegung, leblos.

Und alles darum, weil es ... den Film noch nicht gab, jene einzige Kunst, die – anstatt ihr Leben zu töten, ihren Klang abzuwürgen und sich zu der starren Unbeweglichkeit einer Leiche zu verurteilen, dafür unter den Bedingungen der Dynamik und Mozartschen Lebensfreude – die Möglichkeit bietet, nicht nur die Geometrie und Algebra der Kunst zu belauschen, sondern auch ihre Integrale und Differentiale zu studieren, ohne welche die Kunst im Stadium des Films nicht mehr auskommt.

Dies ist das erste, weshalb ich mich nicht fürchte, mein Buch dem Andenken Salieris zu widmen.

Punkt zwei ist folgender: Welche Dosis spöttischen Gifts man mir auch verabreichen mag – wenn ich selber arbeite, werfe ich die „Krücken" der Gesetzmäßigkeit, wie Lessing sie nannte,[2] weit von mir, zu allen Teufeln, erinnere mich der Worte Goethes: „Grau ist alle Theorie"* – und tauche

* Im Original deutsch.

mit dem Kopf tief in eine schöpferische Spontaneität und Unmittelbarkeit ein.

Dabei verliere ich keinen Augenblick lang das Gefühl für die Riesenwichtigkeit der Tatsache, daß wir alle, und ich in erster Linie, außerhalb der Momente schöpferischen Rausches sämtliche aufklärenden und präzisen Angaben über das benötigen, was wir tun. Ohne dies ist eine Entwicklung unserer Kunst ebenso undenkbar wie die Erziehung der Jugend.

Ich wiederhole aber, daß nirgendwo und niemals eine vorgefaßte Algebra mich behindert hat. Überall und immer erwuchs sie aus der Erfahrung eines vollendeten Werkes.

Und deshalb sei dieser dem tragischen Andenken an den suchenden Salieri gewidmete Band gleichzeitig der lebensfrohen Unbefangenheit Mozarts zugeeignet.

1940

AUSDRUCK UND EINWIRKUNG

Montage der Attraktionen

Zur Inszenierung von A. N. Ostrowskis „Eine Dummheit macht selbst der Gescheiteste" im Moskauer Proletkult[3]

*I. Das Theaterkonzept des Proletkult**

Kurz gesagt: Das Theater-Programm des Proletkult besteht nicht in der „Verwendung von Werten der Vergangenheit" oder in der „Erfindung neuer Formen des Theaters" – sondern in der Abschaffung der Institution Theater als solcher, die durch ein beispielgebendes Schaulaboratorium zu ersetzen ist, welches die Errungenschaften hinsichtlich einer Anhebung der *Qualifikation der Massen* bezüglich ihrer *Wappnung für den Alltag* demonstriert. Das Organisieren von Werkstätten und die Ausarbeitung eines wissenschaftlichen Systems zur Vervollkommnung dieser Fertigkeit ist eine unmittelbare Aufgabe für die wissenschaftliche Abteilung des Proletkult auf dem Gebiet des Theaters.

Alles andere, was zur Zeit gemacht wird, trägt das Vorzeichen eines Provisoriums; es bedeutet die Befriedigung beiläufiger und unwesentlicher Aufgaben des Proletkult. Dieser Behelf entwickelt sich in zwei Richtungen – unter dem gemeinsamen Nenner eines revolutionären Inhalts.[4]

1. *Das abbildend-illusionistische Erzähltheater*

(Statisch, milieubeschreibend – ist der rechte Flügel: „Morgenröte des Proletkult"[5], „Lena"[6] und eine Reihe nicht zustande gekommener Inszenierungen desselben Typs, die Linie des ehemaligen Arbeitertheaters beim ZK des Proletkult.)

2. *Das Agit-Attraktionstheater*

(Dynamisch und exzentrisch – der linke Flügel) – jene Linie, die ich gemeinsam mit Boris Arwatow[7] als Arbeitsprinzip für die Wandertruppe des Moskauer Proletkult entworfen habe.

Im Keim, jedoch bereits mit ausreichender Bestimmtheit, deutete sich dieser Weg im „Mexikaner"[8] an – einer Insze-

* Proletkult (Proletarskie kul'turno-prosvetitel'skie organizacii): Kultur- und Bildungsorganisationen, entstanden im Frühjahr 1917, wollten in Widerspruch zur Parteipolitik eine autonome proletarische Kultur entwickeln, bestanden bis 1932.

nierung, die der Autor des vorliegenden Aufsatzes gemeinsam mit Walentin Smyschljajew[9] (vom I. Studio des MChT[10]) erarbeitete. Dann kam es zu einer völligen, prinzipiellen Divergenz bei der nächsten gemeinsamen Arbeit (an Walerian Pletnjows „Über der Schlucht"[11]), die zum Bruch und zur separaten Weiterarbeit am „Gescheitesten" und an „Der Widerspenstigen Zähmung"[12] führte, ganz abgesehen von Smyschljajews „Theorie zum Bau eines Bühnenwerks"[13], die alles Wertvolle in dem am „Mexikaner" Geleisteten ignorierte.
Ich halte diesen Exkurs deshalb für notwendig, weil jede x-beliebige Rezension zum „Gescheitesten", in dem Versuch, mit allen möglichen anderen Inszenierungen eine Gemeinsamkeit festzustellen, ganz und gar die Erwähnung des „Mexikaners" *(Januar–März 1921)* vergißt, dabei ist der „Gescheiteste" und die gesamte Attraktionstheorie eine Weiterführung und logische Entwicklung dessen, was ich in besagte „Mexikaner"-Aufführung einfließen ließ.
3. Der „Gescheiteste", mit dem wir in der PERETRU* begannen (und nach der Fusion beider Ensembles fertigwurden), ist die erste Arbeit bei der Schaffung einer Agit-Schau auf der Grundlage einer neuen Methode zum Bau einer Aufführung.

II. Attraktionsmontage

Wird erstmalig verwendet. Bedarf der Erläuterung.
Zum Grundstoff des Theaters wird der Zuschauer erklärt; die Formung des Zuschauers in einer gewünschten Zielrichtung (Stimmung) ist Aufgabe eines jeden utilitaristischen Theaters (Agit, Reklame, Gesundheitsaufklärung). Bearbeitungswerkzeug sind alle zur Verfügung stehenden Elemente des Theaterapparates (Ostushews Diktion[14] bedeutet nicht mehr als die Farbe des Trikots einer Primadonna, ein Paukenschlag hat denselben Stellenwert wie der Monolog Romeos, das Heimchen am Herde[15] wiegt nicht weniger als eine Salve unter den Sitzen der Zuschauer), die

* Wandertruppe des Proletkult.

in ihrer Verschiedenartigkeit zu einer ihre Anwesenheit legitimierenden Einheit – zu ihrem Attraktionscharakter – geführt werden.

Eine Attraktion (bezogen auf das Theater) ist jedes aggressive Moment des Theaters, das heißt jedwedes seiner Elemente, das den Zuschauer einer sinnlichen oder psychologischen Einwirkung aussetzt, welche ihrerseits experimentell erprobt und mathematisch auf bestimmte emotionale Erschütterungen des Rezipierenden hin durchgerechnet wurde, wobei diese in ihrer Gesamtsumme einzig und allein die Möglichkeit einer Wahrnehmung der ideell-inhaltlichen Seite des Vorgeführten – der letztendlichen ideologischen Aussage – bedingen. (Der Erkenntnisweg „über das lebendige Spiel der Leidenschaften" ist für das Theater spezifisch.)

Sinnlich und psychologisch natürlich in jenem unmittelbaren Realitätsverständnis, mit dem das Guignol-Theater[16] operiert: mit Augenausstechen oder dem Abschlagen von Händen und Füßen auf der Bühne – oder mit der Teilnahme per Telefon eines auf der Bühne Agierenden an einem grausamen Vorkommnis in einigen Werst Entfernung – oder durch das Zeigen eines Betrunkenen, der spürt, daß sein Ende naht, und dessen Hilfeersuchen für eine Schnapsidee gehalten wird – also nicht im Sinne einer Auffächerung psychologischer Probleme, wo bereits das Thema selbst und als solches eine Attraktion darstellt, das – gesetzt den Fall, es ist ausreichend aktuell – auch *außerhalb* der gegebenen Handlung existiert und funktioniert. (Das ist genau der Fehler, dem die meisten Agit-Theater verfallen, wenn sie sich in ihren Inszenierungen mit einem ausschließlich derartigen Attraktionscharakter zufriedengeben.)

In formaler Hinsicht definiere ich die Attraktion als selbständiges und primäres Konstruktionselement einer Aufführung – als molekulare Einheit (das heißt Bestandteil) der *Wirksamkeit* eines Theaters und der *Bühnenkunst* überhaupt. In völliger Analogie dazu funktionieren die Elemente der Bildmontagen George Grosz'[17] oder der Fotoillustrationen Rodtschenkos.[18]

Als „Bestandteil" deshalb, weil schwer die Grenze festzustellen ist, wo die Anziehungskraft des Edelmutes eines Helden (ein psychologisches Moment) aufhört und das Moment des persönlichen Charmes eines Darstellers (das heißt seine erotische Wirkung) einsetzt; der lyrische Effekt einer

Reihe von Chaplin-Szenen ist nicht vom Attraktionsmoment der spezifischen Mechanik seiner Bewegung zu trennen; und ebenso schwer läßt sich genau ausmachen, wo in Märtyrerszenen des Mysterientheaters religiöse Pathetik einer sadistischen Befriedigung weicht, usw.
Die Attraktion hat nichts mit einem Trick gemeinsam. Der Trick (es ist an der Zeit, diesen allzusehr mißbrauchten Terminus auf den ihm gebührenden Platz zu verweisen) – ist eine perfekte Leistung im Rahmen eines fest vorgegebenen Könnens (vornehmlich ein Kunststück in der Akrobatik) und stellt lediglich eine entsprechend dargebotene (oder im Zirkusjargon „verkaufte") Attraktionsart dar. Ein Trick ist seiner terminologischen Bedeutung nach, da mit ihm etwas Absolutes und in sich Abgeschlossenes bezeichnet wird, das direkte Gegenteil einer Attraktion, die ausschließlich auf etwas Relativem, nämlich der Reaktion des Zuschauers, basiert.
Dieses Herangehen verändert auf radikale Weise die Möglichkeiten in den Konstruktionsprinzipien einer „einwirkenden Struktur" (eine Aufführung im ganzen): anstelle der statischen „Widerspiegelung" eines vom Thema her erforderlichen Ereignisses und der Möglichkeit, es ausschließlich mit Hilfe von Wirkungen zu gestalten, die logisch mit der Handlung verknüpft sind, wird eine neue Methode vorgeschlagen – die freie Montage von willkürlich ausgewählten, selbständigen (auch außerhalb dieser vorgegebenen Komposition und Handlungslinie funktionierenden) Einwirkungen (Attraktionen), allerdings mit einer genauen Orientierung auf einen bestimmten thematischen Endeffekt – die Montage der Attraktionen.
Dies ist der Weg, der das Theater vollständig aus der bisher waltenden und ausschlaggebenden Knechtschaft einer unausweichlichen und einzig möglichen „illusionistischen Abbildung" und „Darstellbarkeit" befreit – nämlich durch den Übergang zur Montage „realer Produktionen". Gleichzeitig wird das Einflechten ganzer „abbildender Passagen" in die Montage ebenso zulässig wie das Einarbeiten eines logisch durchgestalteten, zusammenhängenden Handlungsknotens, jedoch nicht mehr als Selbstzweck und alles entscheidendes Element, eher als eine bewußt für die gegebene Intention ausgewählte und stark einwirkende Attraktion, weil nicht das „Aufschließen der Autorenkonzeption", nicht die „richtige Interpretation des Verfassers" und ebenso wenig eine

„getreue Abbildung der Epoche" und dergleichen – sondern Attraktionen und ihr System einzige Grundlage für die Wirksamkeit einer Aufführung sind. Von manchem routinierten Regisseur wird die Attraktion instinktiv so oder ähnlich zur Anwendung gebracht, natürlich nicht im Sinne einer Montage oder Konstruktion, sondern auf jeden Fall innerhalb einer „harmonischen Komposition" (daher rührt auch der spezifische Jargon – „effektvolles Finale", „ein Bombenauftritt", „ein tolles Kunststückchen" usw.), wobei allerdings wesentlich ist, daß alles lediglich im Rahmen einer logischen, dem Sujet untergeordneten Wahrhaftigkeit (dem Stück nach „gerechtfertigt") gemacht wurde, zumal in erster Linie unbewußt und in dem Streben nach etwas ganz anderem (unter dem „zu Beginn" Aufgezählten). Es bleibt uns also nichts weiter übrig, als bei der Erarbeitung eines Konstruktionssystems für eine Aufführung in das Zentrum der Aufmerksamkeit jenes notwendige Etwas zu verlagern, das früher als nebensächlich Hinzukommendes betrachtet wurde, faktisch aber der Hauptvermittler inszenatorischer, von der Norm abweichender Intentionen ist und – ohne sich mit einer logisch-milieumotivierten und literarisch-traditionellen Pietät die Hände zu binden – *dieses Herangehen als Regiemethode festzulegen* (die Arbeit in den Werkstätten des Proletkult seit Herbst 1922).
Als Cutter-Schule fungiert der Film, in erster Linie aber Music-hall und Zirkus, weil eine (formal betrachtet) gute Aufführung zu machen im Grunde heißt, ausgehend von den Situationen des Stückes, das als Grundlage diente, ein handfestes Music-hall- oder Zirkusprogramm zu montieren.
Als Beispiel mag die Aufzählung eines Teils der Nummern aus dem „Gescheitesten" dienen:
1. Einleitender Monolog des Helden. 2. Ein Stück Kriminalfilm (Erklärung zum Punkt 1 – der Diebstahl des Tagebuchs). 3. Musikalisch-exzentrisches Entree: Die Braut und ihre drei abgewiesenen Freier (im Stück ist es eine Person) als Trauzeugen; die Klageszene in Form von Couplets „Ihre Finger duften nach Weihrauch" und „Mag nur das Grab". (In der ursprünglichen Konzeption: Die Braut spielt auf sechs Schellenbändern, Offiziersknöpfen, Xylophon.) 4., 5. und 6. Drei parallele Clownentrees mit je zwei Sätzen (das

Motiv der Bezahlung für die Ausrichtung der Hochzeit). 7. Entree des Stars (der Tante) und dreier Offiziere (Hinhalten der abgewiesenen Bräutigame), durch Wortspiele und die Erwähnung des Pferdes Übergang zu einer dreifachen Voltige auf einem ungesattelten Pferd (wegen der Unmöglichkeit, ein echtes Pferd in den Saal zu führen, gestalten es drei Mann – traditionell). 8. Im Chor gesungene Agit-Couplets: „Der Pope hatte einen Hund"; dazu mimt der Pope als Kautschukmensch einen Hund (das Motiv der beginnenden kirchlichen Trauung). 9. Unterbrechung der Handlung (Stimme eines Zeitungsverkäufers zum Abgang des Helden). 10. Auftritt des maskierten Bösewichts, ein Stück Filmkomödie (Resümee aus den fünf Akten des Stükkes, in Abwandlungen das Motiv der Veröffentlichung des Tagebuches). 11. Fortsetzung der (unterbrochenen) Handlung in einer anderen Anordnung (Trauung mit den drei Abgewiesenen gleichzeitig). 12. Antireligiöses Couplet „Allah Verdī" (Wortspielmotiv – die Notwendigkeit, angesichts der Vielzahl von Bräutigamen für nur eine Braut einen Mulla heranzuziehen), Chorus und Auftritt einer neuen, nur in dieser Nummer auftretenden Person – eines Solisten im Kostüm eines Mullas. 13. Gemeinsamer Tanz. Spiel mit dem Plakat „Religion ist Opium fürs Volk". 14. Farce: Das Verpacken der frisch vermählten Ehefrau und ihrer drei Gatten in einen Kasten, Zerschlagen von Tontöpfen auf dessen Deckel. 15. Ein Milieu (und Bräuche) parodierendes Trio – das Hochzeitslied „Wer von uns wohl jung ist". 16. Unterbrechung der Handlung. Rückkehr des Helden. 17. Flug des Helden am Sicherheitsseil bis unter die Kuppel (Motiv des Selbstmordes vor Verzweiflung). 18. Unterbrechung der Handlung – Rückkehr des Bösewichts. Unterbrechung des Selbstmordes. 19. Degenkampf (Motiv der Feindschaft). 20. Agit-Entree des Helden und des Bösewichts zum Thema NÖP. 21. Nummer auf einem ansteigenden Drahtseil: Gang des Bösewichts von der Manege bis zum Rang, über den Köpfen der Zuschauer. (Motiv der „Abreise nach Rußland"). 22. Clowneskes Parodieren dieser Nummer durch den Helden und eine Kaskade vom Drahtseil. 23. Abfahrt des Rothaarigen vom Rang über dasselbe Drahtseil – an den Zähnen. 24. Final-Entree der zwei Rothaarigen mit gegenseitigem Wasserbegießen (tradi-

tionell), schließt mit dem Ausruf „Ende". 25. Eine Salve unter den Zuschauersitzen als Schlußakkord.[19]
Die verbindenden Momente zwischen den Nummern werden, wenn es keinen direkten Übergang gibt, als Legato-Elemente verwendet und durch das verschiedentliche Aufstellen von Bühnenausrüstung, eine musikalische Pause, Tanz, Pantomime, Clownaden am Teppichrand usw. organisiert.

1923

Montage der Filmattraktionen

Die nachfolgenden Überlegungen erheben keinerlei Anspruch, Manifest oder Deklaration zu sein, vielmehr stellen sie einen Versuch dar, die Grundlagen unseres komplizierten Handwerks wenigstens notdürftig zu erfassen.
Betrachtet man den Film als einen Faktor emotionaler Einwirkung auf die Massen (und mit dieser Frage befassen sich selbst die Kinoki[20], die den Film um jeden Preis aus dem Ensemble der Künste ausklammern wollen), so sollte man ihn unbedingt in diesem Ensemble verankern; und bei der Suche nach Wegen zum Aufbau einer Filmkunst gilt es, die Erfahrungen und neuesten Errungenschaften aus dem Bereich jener Künste weitgehend zu nutzen, die sich ähnliche Aufgaben stellen. In erster Linie ist das natürlich das Theater, das durch den gemeinsamen *Grund*stoff – *Zuschauer* – und die gemeinsame Zielstellung – *die Bearbeitung dieses Zuschauers in einer gewünschten Richtung* mittels einer Folge vorausberechneter Druckausübungen auf seine Psyche – verwandt ist. Weiter auszuführen, wie vernünftig es ist, an Film und Theater ausschließlich als Agit-Kunst heranzugehen, halte ich für überflüssig, denn das ist als gesellschaftliches Bedürfnis (Klassenkampf) offenkundig und fundiert, entspringt aber auch der Natur dieser Künste selbst – als eine kraft ihrer formalen Besonderheiten auf Bewußtsein und Gefühl des Zuschauers gerichtete Anordnung von Schlagbolzen. Schließlich vermag nur ein solcherart zielgerichtetes Streben als Rechtfertigung für Aktionen zu dienen, die dem Zuschauer eine *reale* (physische und moralische) Befriedigung als Folgeerscheinung *fiktiver* Teilnahme am Dargestellten verschaffen (über eine motorische Nachahmung der Handlung durch den Rezipierenden und sein psychisches „Miterleben“). Gäbe es dieses Phänomen nicht, das übrigens einzig und allein die Anziehungskraft von Theater, Zirkus, Film bedingt, so würde das allseitige Sublimieren gespeicherter Kräfte intensiver verlaufen, und die Sportvereine hätten erheblich mehr Anhänger, die eine Rechnung mit ihrer physischen Natur begleichen müßten.
Und so wurde der Film – ähnlich wie das Theater – ledig-

lich als „eine Art von Gewalt“ aufgefaßt. Der Unterschied besteht in den Mitteln, die Gemeinsamkeit im Kunstgriff Attraktionsmontage, die durch meine Arbeiten im Theater des Proletkult Bestätigung fand und jetzt von mir im Film angewendet wird. Ein Weg, der den Film vom handlungsträchtigen Szenarium befreit und erstmals einen Filmstoff thematisch und formal auf konstruktive Weise betrachtet. Außerdem liefert er der Kritik die Methode zur objektiven Begutachtung von Theater- und Filmereignissen – anstelle einer gedruckten Darlegung persönlicher Eindrücke und Sympathien, vermischt mit Zitaten aus einem zum betreffenden Zeitpunkt gerade aktuellen Politreferat. Eine Attraktion (siehe ausführlicher in „LEF“, Nr. 3, 1923 und „Oktjabr’ mysli“, Nr. 1. 1924[21]), wie wir sie verstehen, ist jeder zu demonstrierende Fakt (jede Handlung, jeder Gegenstand, jede Erscheinung, jede bewußte Kombination), der durch Druckausübung eines bestimmten Effekts auf die Aufmerksamkeit und Emotion des Zuschauers überprüft und bekannt wurde und der, kombiniert mit anderen, dazu geeignet ist, die Emotion des Zuschauers in diese eine oder in eine andere, vom Ziel der Aufführung diktierte Richtung hin zu verdichten. Unter diesem Aspekt kann der Film kein einfaches Zurschaustellen und keine Demonstration von Ereignissen sein, sondern er ist eine tendenziöse Auswahl und Zusammenstellung von Ereignissen, die von streng handlungsbezogenen Aufgaben befreit sind und, entsprechend dem Anliegen, das Publikum adäquat bearbeiten. (Was die „Kino-Pravda“[22] betrifft, so geht sie diesen Weg nicht; in ihren Strukturen wird das Attraktionsmoment nicht berücksichtigt; sie „packt“ den Zuschauer durch den Attraktionscharakter ihrer Themen und die rein äußerliche, formal perfekte Montage einzelner Passagen, wobei die „geschlechtslose“, epische „Darlegung von Fakten“ durch deren Kürze verdeckt wird.)
Die breite Anwendung aller Wirkungsmittel macht einen derartigen Film nicht zum Film eines ausgefeilten Stils, sondern zu einem klassenmäßig wirksamen; und zwar dank eines formalen Herangehens, denn das Attraktionsmoment läßt sich lediglich bei einem von vornherein bekannten, homogenen Zuschauerkreis berücksichtigen.
Der Einsatz der Attraktionsmontage (einer Kopplung von

Fakten) ist im Film noch eher möglich als im Theater, denn diese Kunst, die ich als „Kunst der Kopplungen" bezeichnen möchte, bedarf kraft ihrer Demonstration von bedingten Foto-Abbildungen und nicht von Fakten (im Gegensatz zum „realen Machen" im Theater, allerdings nur in dem von uns bejahten Theater mit unserer Technik) für die Darlegung selbst einfachster Erscheinungen der Kopplung ihrer Bauelemente (ein Verfahren, das einzelne Bilder nacheinander demonstriert) – der Montage (im filmtechnischen Verständnis dieses Wortes); dies ist die wichtigste Methode im Film und durch die Bedingtheit der Filmkunst sowie die entsprechende Besonderheit ihrer Wahrnehmung vollkommen gerechtfertigt.

Wenn Wirkung im Theater vornehmlich durch die physiologische Wahrnehmung eines real ablaufenden Fakts* (zum Beispiel eines Mordes) erzielt wird, so geschieht das im Film mittels Kopplung und Anhäufung von – dem Anliegen entsprechend – notwendigen Assoziationen in der Psyche des Zuschauers, die durch einzelne Elemente eines praktisch in Montageabschnitte zerlegten Fakts hervorgerufen werden – Assoziationen also, die in ihrer Gesamtheit nur auf diese Weise, nämlich indirekt, einen ähnlichen, meist jedoch stärkeren Effekt zur Folge haben. Zum Beispiel oben erwähnter Mord: Das Zudrücken der Kehle, die stark hervortretenden Augen, das Ausholen mit dem Messer, das Schließen der Augen, das An-die-Wand-Spritzen von Blut, das Zubodenfallen des Opfers, die Hand, die das Messer abwischt – jeder Abschnitt zielt darauf ab, Assoziationen zu „provozieren".

Bei der Attraktionsmontage läuft ein analoger Prozeß ab – faktisch werden nicht Erscheinungen, sondern Assoziationsketten miteinander gekoppelt, die für den jeweiligen Zuschauer mit einer konkreten Erscheinung zusammenhängen**. (Es ist völlig einleuchtend, daß die jeweilige Asso-

* Unmittelbare physiologisch-visuelle Wirkung über einen motorischen Akt der Nachahmung eines lebendigen, einem selber ähnlichen Menschen, der sich vom blassen Schatten auf der Leinwand unterscheidet. Solche Wege zur Wirksamkeit auf dem Theater sind von mir in der Inszenierung „Hörst du, Moskau?!"[23] ausprobiert worden. (S. E.)

** Dabei ist klar, daß dies in einer zeitlichen Abfolge geschieht, die ziationskette eines Arbeiters und eines ehemaligen Kosakenleutnants bei einer Szene, in der ein Meeting aufgelöst wird – und entsprechend auch der emotionale Effekt, kombiniert mit dem einrahmenden Material –, unterschiedlich sind.

Die Richtigkeit dieses Sachverhalts anhand eines Beispiels zu prüfen, und zwar sehr eindeutig, gelang mir, als infolge der Nichtbeachtung dieses – ich würde sagen: Gesetzes, einer so erprobten Technik, wie der des Alogismus, der komische Effekt ausblieb. Ich meine die Stelle in „Mister West“[24], wo der Riesenlastwagen den kleinen Schlitten mit der Aktentasche des Mr. West hinter sich herzieht – eine Struktur, wie sie, auf verschiedene Weise variiert, in jedem x-beliebigen Entree von Exzentrikern vorkommt, mit kleinem Zylinder angefangen und mit riesigen Fußballschuhen endend. Solche Kombinationen gibt es in der Arena zur Genüge. Wird aber auf der Leinwand gleich die gesamte Kombination in einer Einstellung gezeigt (und zwar beim Herausfahren aus dem Tor, so daß die kleine Verzögerung nur so lang ist wie die Leine zwischen LKW und Schlitten), dann ergibt sich nur ein sehr schwacher Effekt. Während in Wirklichkeit ein realer Lastkraftwagen auf Anhieb in seinen gewaltigen Ausmaßen wahrgenommen und einer Aktentasche in deren Nichtigkeit gegenübergestellt wird, es also ausreicht, sie nebeneinander zu zcigen, erfordert der Film, daß zunächst die „Abbildung“ des LKW gezeigt wird, um die entsprechenden Assoziationen ausreichend lange zu verankern, und dann erst seine, für ihn unangemessene, geringe Last.

Parallel dazu fällt mir eine analoge Konstruktion bei Chaplin ein, wo ziemlich viele Filmmeter für das unendlich komplizierte Öffnen der Schlösser eines gewaltigen Safes* verwandt, und erst dann (ich glaube, sogar mit Hilfe einer anderen, separaten Einstellung) die darin aufbewahrten Schrubber, Lappen und Eimer gezeigt werden.[25]

Auf hervorragende Weise nutzen die Amerikaner diese

hier nicht nur die Rolle einer traurigen technischen Bedingung spielt, sondern zur gründlichen Verankerung der Assoziationen notwendig ist. (S. E.)

* Nachdem zuvor eine genügende Anzahl von Bankräumen gezeigt wurde. (S. E.)

Möglichkeit auch zur Charakterisierung handelnder Personen. Ich erinnere mich daran, wie Griffith „Musketier", den Bandenchef in „Intolerance"[26], „verkauft": gezeigt wird zunächst eine Wand seines Zimmers, ganz voller nackter Frauen, und danach er selber.
Das ist um vieles stärker und filmischer als, sagen wir, die Exponierung des Aufsehers aus dem Arbeitshaus in „Oliver Twist" in der Szene, wo die beiden Invaliden angetrieben werden, das heißt mit Hilfe einer Handlung (also durch eine rein theatralische Technik – die Charakterisierung erfolgt über eine Aktion) und nicht durch das Wecken notwendiger Assoziationen.
Aus dem Dargelegten wird deutlich, daß der Wirkungsschwerpunkt beim Film im Gegensatz zum Theater nicht auf unmittelbar *physiologischen* Einwirkungen beruht, obwohl mitunter auch eine rein *physische* Ansteckung möglich ist (bei einer Verfolgungsjagd, bei der Montage zweier Abschnitte mit jeweils entgegengesetzter Bewegungsrichtung). Der ebenso rein physiologische Effekt einer Unterbrechung von Montage und Rhythmus scheint überhaupt nicht untersucht und berücksichtigt zu sein, und wenn – dann nur hinsichtlich einer erzählenden Bebilderung (eine sujetbezogene und tempomäßige Koordinierung mit dem Darzustellenden).
Die Attraktionsmontage und ihre Technik der Kopplung „bitten wir, nicht zu verwechseln" mit der einfachen Parallelmontage bei der Gestaltung eines Themas, auch so einem erzählerischen Moment der „Kino-Pravda", wo zunächst enträtselt wird, was los ist, und man sich dann „mit dem Kopf" vom Thema einfangen läßt.
Technisch näher ist das Verfahren einfacher kontrastierender Gegenüberstellungen (das allerdings zugegebenermaßen vom Film „Palast und Festung"[27] durch naive Bloßlegung ausreichend kompromittiert wurde), das oft einen definitiv starken emotionalen Effekt auslöst: Das In-Ketten-Schmieden der Füße eines Häftlings im Ravelin[28] und die Beine einer Ballerina. Es sei übrigens gestattet, auf die völlige Vernachlässigung einer durchdachten Gegenüberstellung beim Bau der dafür nötigen Einstellungen im selben „Palast" hinzuweisen – ihre Komposition fördert das Assoziieren nicht, sondern verhindert es; und sie wird nicht vi-

suell, sondern literarisch im Bewußtsein aufgenommen. Zum Beispiel: Netschajew[29] trommelt in der Halbnahen, mit dem Rücken zur Kamera, gegen die Gittertür; der Gefängnisdirektor hingegen hält in der Totalen, irgendwo in einer Ecke am Fenster, einen Kanarienvogel im Käfig gefangen. Das In-Ketten-Schmieden der Füße wird in einer horizontal komponierten Einstellung gezeigt, während die Beine der Ballerina viermal größer und vertikal komponiert aufgenommen wurden usw.

Die Erfahrung der Attraktionsmontage beruht auf der Kopplung von Sujets im Hinblick auf einen thematischen Effekt: ich verweise auf die ursprüngliche Schnittfassung des Finales in meinem Film „Streik" – die Massenerschießung, wo ich, um eine gekünstelte Spielweise der Kleindarsteller vom Arbeitsamt beim Sterben zu vermeiden, vor allem jedoch, um keine Unglaubwürdigkeit, die auf der Leinwand nicht geduldet wird, aber selbst beim perfektesten Sterben nicht zu umgehen ist, in eine so ernste Szene hineinzubringen, und zum anderen, um einen maximalen Effekt zu erzielen, folgende Verfahrensweise blutigen Horrors angewendet habe: Die assoziative Kopplung der Erschießung mit einem Schlachthof. Die Erschießung wurde lediglich durch das in der Totalen und Halbtotalen „inszenierte" Herabstürzen von 1500 Arbeitern von einem Abhang, die Flucht der Menschenmenge, die Salven usw. gezeigt; und alle Nahaufnahmen dienen der Demonstration des realen Horrors im Schlachthof – dem Abstechen und Abbalgen des Viehs. Eine Montagevariante setzte sich etwa so zusammen:

1. Der Kopf eines Stiers. Das Schlachtmesser des Metzgers holt aus und verschwindet oben aus dem Bild.
2. Nah: Die Hand mit dem Messer schlägt über die untere Einstellungsbegrenzung hinaus zu.
3. Totale: 1500 Menschen stürzen den Abhang hinab (seitlich).
4. 50 Menschen erheben sich von der Erde, strecken die Arme aus.
5. Das Gesicht eines Soldaten. Er zielt.
6. Halbnah: Eine Salve.
7. Der Körper des Stiers erzittert (der Kopf befindet sich außerhalb des Bildes). Das Tier bricht zusammen.

8. Nah: Die Beine des Stiers in den letzten Zuckungen. Der Huf schlägt auf die Blutlache ein.
9. Nah: Gewehrschlösser.
10. Mit einem Strick bindet man den Kopf des Stiers an die Schlachtbank.
11. 1000 Menschen rennen durch das Bild.
12. Hinter einem Gebüsch schießt eine Kette von Soldaten aus dem Boden.
13. Nah: Unter einem nicht sichtbaren Schlag erstirbt der Kopf des Tiers (versteinerter Blick).
14. Eine Salve, totaler – von hinten.
15. Halbnah: Die Beine des Stiers werden nach jüdischem Brauch zusammengezogen (ein Verfahren zum Aufschneiden des Viehleibs in liegender Stellung).
16. Näher: Menschen fallen den Hang herab.
17. Einer Kuh wird die Kehle durchgeschnitten. Blut fließt.
18. Halbnah: Menschen mit ausgestreckten Armen erheben sich in die Einstellung hinein.
19. Ein Schlächter geht mit blutverschmiertem Strick auf die Kamera (in Heranfahrt) zu.
20. Die Menschenmenge läuft zu einem Zaun, reißt ihn nieder. Hinter dem Zaun – ein im Hinterhalt liegender Trupp Soldaten (in zwei, drei Einstellungen).
21. In die Einstellung fallen Arme.
22. Man trennt den Kopf der Kuh vom Rumpf.
23. Eine Salve.
24. Eine Menschenmenge rollt den Abhang herab ins Wasser.
25. Eine Salve.
26. Nah: Durch einen Schuß werden Zähne ausgeschlagen.
27. Beine von Infanteristen entfernen sich.
28. Blut fließt ins Wasser, verfärbt es.
29. Nah: Aus dem Stierleib schießt Blut.
30. Hände gießen Blut aus einer Schüssel in einen Eimer.
31. In einer Überblendung: Eimer voller Blut auf einer Laderampe bewegen sich in Richtung Verarbeitungsfabrik.
32. Aus dem toten Kopf zieht man die Zunge durch die herausgerissene Kehle (eine Schlachtmethode, die wahrscheinlich verhindern soll, daß sie in den letzten Zuckungen durch die Zähne beschädigt wird).

33. Die Beine der Infanteristen verschwinden (werden totaler).
34. Die Kuhhaut wird vom Kopf gezogen.
35. 1500 Ermordete am Fuße des Abhangs.
36. Zwei tote, abgehäutete Stierköpfe.
37. Die Hand eines Menschen in einer Blutlache.
38. Nah: Über die gesamte Leinwand – ein lebloses Stierauge.
Schlußtitel.

Das Unglück der meisten unserer russischen Filme besteht darin, daß man einfach nicht imstande ist, bewußt Attraktionsschemen zu bilden, statt dessen stößt man lediglich tastend und vereinzelt auf gelungene Kombinationen. Unerschöpfliches Material zum Studium dieser Methoden (allerdings in rein formaler, nicht den Inhalt betreffender Hinsicht) bietet der amerikanische Kriminalfilm, noch mehr jedoch die amerikanische Filmkomödie – der Kunstgriff in seiner reinsten Erscheinungsform. Die Griffith-Filme, wenn wir sie sehen und nicht nur durch Beschreibungen kennenlernen könnten, würden uns nicht wenig in bezug auf diese Montagetechnik geben, allerdings bereits in einer (uns feindlichen) Ausrichtung.

Man sollte jedoch nicht versuchen, Amerika zu verpflanzen, obwohl das Studium der Kunstgriffe zunächst auf allen Gebieten über die Nachahmung läuft. Wir sollten uns darin üben, eine Attraktionsauswahl aus unserem Material zu treffen.

So nähern wir uns allmählich einem heutzutage sehr brisanten Problem – dem Drehbuch.[30]

Als erstes sollte nicht vergessen werden, daß es keinen Film außerhalb von Agit-Kunst gibt, richtiger gesagt: geben sollte. Die Methode der Agitation mit Hilfe einer Schau aber besteht darin, eine neue Kette von bedingten Reflexen zu schaffen, und zwar über das Assoziieren ausgewählter Erscheinungen mit den (durch entsprechende Techniken) hervorgerufenen unbedingten Reflexen. (Wollen Sie Sympathie für Ihren Helden hervorrufen, dann umgeben Sie ihn mit Kätzchen, die sich ohne Zweifel allgemeiner Beliebtheit erfreuen; und in keinem unserer Filme hat man es unterlassen, weißgardistische Offiziere mit widerlichen Saufgorgien zu koppeln.)

Eingedenk dieses Grundsatzes sollte man sehr vorsichtig beim Spielfilm sein, der eine so starke Wirkung hat, daß er keinesfalls vernachlässigt werden darf. Ich glaube, den Anstoß für den Feldzug gegen die Idee solcher Filme an sich[31] gaben die wirklich minderwertigen Drehbücher und die schlechte darstellerische Technik. Über letzteres Detail später. Was jedoch die Buchfrage angeht, so steht uns der Sinn durchaus nicht nach Gebilden aus „Histörchen" oder „Liebesschwarten" mit „Story", die in erster Linie und nicht ohne Grund einen Horror dem Spielfilm gegenüber erzeugen. Als Beispiel andersgearteter Konstruktionen mag das von mir vorgestellte und nach langen Debatten mit den Anhängern der „rechten" Alltags- und Milieufilme (die von der Verfilmung des Lebens eines Untergrundkämpfers oder bekannten Provokateurs bzw. einer auf realem Faktenmaterial basierenden fiktiven Story träumten) angenommene Projekt zur Verarbeitung eines revolutionsgeschichtlichen Stoffes dienen. (Diese Thematik ignorierten die auf dem Gebiet des Films „Suchenden" übrigens vollständig, sie überließen sie voll und ganz den rechten Regisseuren: „Andrej Koshuchow"[32], „Stepan Chalturin"[33], „Palast und Festung" – und gaben sie dem totalen Verriß und Schimpf preis.)
Wesentlich beim Herangehen an dieses Thema war für mich, die *Technik des Untergrunds* darzulegen und zu zeigen sowie *ihre Produktionsweise* in einzelnen, charakteristischen Beispielen *zu skizzieren.* Wie Stiefel genäht werden, wie der Oktober vorbereitet wurde.
Für unseren Zuschauer mit seiner anerzogenen Neugier auf die Produktion ist es keineswegs interessant und *sollte es auch nicht sein,* welche Gemütsbewegungen einen nach dem Porträt Bejdemans geschminkten Schauspieler auszeichnen oder wie die Tränen seiner Braut sind; ihn interessiert, wie die Gefängnisordnung in der Peter-Paul-Festung im einzelnen war, und zwar nicht gestaltet am personifizierten Leiden eines Helden, sondern durch unmittelbare Demonstration der sich aus den Verhältnissen ableitenden Methoden.
Uns interessiert nicht das Leben des Provokateurs Malinowski[34], sondern Modifikationen und Typen von Spitzeln (genauso wie es verschiedene Arten von Bohrern gibt), die Verfahren zur Fabrikation von Provokateuren. Nicht der

Aufenthalt eines x-beliebigen in einer Etappenstation, sondern ein solches Gefängnis an sich, mit seiner Einrichtung, seinen Sitten und Bräuchen in unzähligen Varianten. Kurz: jedes Element der Arbeit in der Illegalität wird *als Phänomen in einer möglichst großen Anzahl von Abarten und Exemplaren gezeigt.*
Die Bedingungen des Transports illegaler Literatur über die Grenze, eine Untergrunddruckerei usw. wurden in Form von Sequenzen montiert, die zwar einzelne Momente charakterisieren, nicht aber zu einem einheitlichen Sujet rund um eine illegale Druckerei vereint sind, sondern auf deren allseitige Darstellung zielen, als, sagen wir, Fakt der Untergrundarbeit. Damit vertraut man auf hochinteressante Montagelösungen.
Ohne „Inszenierung" auszukommen, ist undenkbar; allerdings brauchen wir eine völlig andere Art! Eine rein abenteuerlich-kolportagehafte Montage (etwa aus der Serie „Flucht") – unter Beibehaltung des ganzen auf dem Material basierenden Attraktionscharakters und ausgerichtet auf Einsichtnahme in die Historie. Beim Übergang zu Konstruktionen solcher Art wurde in erster Linie der Streik als Thema auserwählt, der auf Grund seiner Konzentration von Massen der Zwischenform eines Films, der einen rein emotionalen, auch vom Sujet her bedingten revolutionären Effekt erzielen will, und einer vollkommen neu zu begreifenden Struktur am meisten entspricht. Auf Grund einer ganzen Reihe von Überlegungen, die hauptsächlich vom Material diktiert werden, wird dieser Film, was seine Gestaltung betrifft, mehr zur ersten Form hin tendieren müssen.
Wer das Problem der Brauchbarkeit bzw. Unbrauchbarkeit eines Szenariums oder der freien Montage von willkürlich gedrehtem Filmmaterial berührt, sollte immer daran denken, daß ein Drehbuch, sei es nun handlungsreich oder nicht, aus unserer Sicht (wie von mir auch in bezug auf das Theater, siehe LEF, beschrieben), ein Rezept (oder die Niederschrift) für Montagesequenzen und -kombinationen ist, mittels derer ein Autor seinen Zuschauer einer bestimmten Abfolge von Erschütterungen auszusetzen beabsichtigt, welche sich bei ihm zu einem fixierten emotionalen Gesamteffekt summieren und den notwendigen Druck auf

dessen Psyche ausüben. Meistens muß der Regisseur diese Aufgabe infolge der totalen Hilflosigkeit unserer Drehbuchautoren beim Bau eines Szenariums allein lösen. Das Übertragen des Themas in eine Attraktionskette mit vorher festgelegtem Endeffekt – so würden wir die Arbeit des Regisseurs definieren. Die Existenz bzw. das Fehlen eines vorher verfaßten Drehbuchs ist beileibe nicht so wesentlich. Ich glaube, ein richtungweisendes Grundschema und eine darauf (auf selbigem Schema) basierende freie Auswahl dieses Montagematerials reichen aus, um eine Operation ohne runde Fabel am Zuschauer durchzuführen und die gewünschten Ergebnisse zu erzielen. Das Fehlen eines solchen Schemas hingegen würde nicht dazu führen, das Material zu ordnen, sondern zu einem aussichtslosen Impressionismus um ein möglicherweise attraktionsträchtiges Thema. Wenn diese Operation allerdings über eine komplizierte Fabelkonstruktion realisiert wird, so ist ein detailliertes Drehbuch offenbar erforderlich. Beide Arten von Film haben die gleiche Existenzberechtigung, denn letzten Endes gehen wir in den Film „Nathan der Weise"[35], um vor allem die faszinierende Leistung der Kavallerie, ihre Sprünge über die Kamera hinweg zu sehen. Ebenso verhält es sich mit Wertows Arbeit im Roten Stadion[36].

Übrigens berühre ich hier noch ein weiteres, rein inszenatorisches Moment der Arbeit. Im Gestaltungsprozeß sollte man bei der Auswahl, Aufnahme und Ordnung von Montageelementen gedrehter Einstellungen auf keinen Fall die von mir zu Beginn dargelegten Besonderheiten der Wirkung von Filmkunst außer acht lassen, die die Montagemethode als notwendige, durchdachte und einzig mögliche Sprache des Films bedingen, völlig analog der Rolle des Wortes innerhalb der Rede. Bei Auswahl und Gestaltung des Materials sollten die Unmittelbarkeit und Wirtschaftlichkeit der für das assoziative Einwirken aufzuwendenden Kräfte entscheidend sein.

Die erste, sich daraus ableitende praktische Instruktion ist die Wahl des Blickpunkts für jedes Element, das ausschließlich von der Präzision und dem Maß an Überzeugungskraft während des notwendigen Demonstrierens bestimmt wird. Eine konsequente Verkettung der Montageelemente führt zum permanenten Wechsel des Blickpunkts auf das zu demonstrierende Material (an und für sich eine der spannendsten, rein filmischen Möglichkeiten). Streng genommen ist das Einschneiden eines Montageabschnitts in einen anderen nicht zulässig. Jedes Element läßt sich am effektvollsten lediglich von einem Blickpunkt aus vermitteln, und der Teil des zu filmenden Objekts, der, sagen wir, der eingeschnittenen Nahaufnahme folgt, bedarf bereits eines neuen Blickwinkels, der sich von der Einstellung vor der Nahaufnahme unterscheidet. Auf diese Weise erfordert die Arbeit des Filmregisseurs im Unterschied zu der des Theaterregisseurs bei einem monolithisch darzulegenden Fakt außer inszenatorischem Können (Arrangement und Spiel) noch eine Schulung in der Aufnahme dieser Elemente mit Hilfe der Kamera unter dem Aspekt der Montage.

Eine derartige Montage zu realisieren, ist beinahe in der Prügelszene in „Streik" gelungen, wo eine Wiederholung von Einstellungsabschnitten halbwegs vermieden wurde. Diese Überlegungen spielen bei der Wahl der Einstellungsgrößen eine ebenso dominierende Rolle wie beim Einrichten der Beleuchtung. Eine sujetbezogene „Rechtfertigung" der Auswahl des Blickwinkels oder der Lichtquellen ist keineswegs erforderlich – außer etwa in dem Fall, da das Reale besonders beharrlich betont werden soll (zum Beispiel ist bei den amerikanischen Innenaufnahmen das Gegenlicht in keiner Weise „zu rechtfertigen").

Neben der Methode des Inszenierens einer Episode und ihrer Aufnahme mit der Kamera existiert noch ein, ich möchte sagen, futuristisches Darstellungsverfahren, das auf reiner Assoziationsmontage und der Skizzierung eines einzelnen Fakts basiert. Beispielsweise läßt sich ein Eindruck von besagter Prügelei durch die Montage einzelner Elemente vermitteln, die von der Inszenierung der Szene her logisch keineswegs zwingend miteinander verbunden sind. Das Anhäufen von Details entzweigehender Gegenstände, von Schlägen, von Kampftechnik, Gesichtsausdrücken und dergleichen beeindruckt nicht weniger als das detailliert prüfende Abtasten aller Phasen des logisch ablaufenden Prozesses dieser Schlägerei mit der Kamera.

Von dieser Art sind, einzeln betrachtet, beide Schnittfolgen, die ich in der Szene der Massenerschießung aneinandergekoppelt habe (zum Beispiel Blick auf die Kette von Soldaten: der Abzug eines Gewehrs – ein Schuß – das Aufprallen einer Gewehrkugel – Hinfallen; Hinfallen – ein Schuß – Abzugshahn – Verletzte richten sich auf etc.)

Wenn ich jetzt zur kategorisch gestellten Frage nach der „Demonstration des Alltags“[37] als solchem übergehe, muß ich auf die Unterordnung dieses konkreten Einzelfalls der Darstellung unter den allgemeinen Grundsatz der Attraktionsmontage hinweisen. Die Behauptung nämlich, das Wesen des Films bestehe einzig und allein in der Demonstration des Alltags, muß angezweifelt werden. Es geht, meine ich, eher um ein Übertragen von Eigenschaften der „Attraktion“ aus den Jahren 1922/23 (die – wie immer – gesellschaftlichen Anliegen entsprachen, im erwähnten Fall der Orientierung auf den „Aufbau“ als den Stoff für dieses Anliegen und der „Demonstration“ dieses Aufbaus inklusive dessen Reklame, beispielsweise für eine so gewaltige Erscheinung wie die Landwirtschaftsausstellung) auf die Natur des Films als Ganzes.

Die Kanonisierung dieses Materials und dieses Herangehens als einzig akzeptable Darstellungsmethode berauben die Filmkunst ihrer Flexibilität hinsichtlich der umfassenden gesellschaftlichen Aufgaben; und wenn die Hauptaufmerksamkeit der sozialen Schichten auf andere Sphären umgelenkt wird (und das macht sich bereits bemerkbar), bleibt einzig und allein eine ästhetisierte „Verliebtheit in den Alltag“. Wie das Spiel mit dieser „Verliebtheit in die Maschine“ ins Lächerliche gezogen wird, läßt sich zumindest am Beispiel eines sehr ehrenwerten sowjetischen Kriminalfilms aufzeigen, wo, um die Anhäufung von Maschinen in einem militärischen Chemiewerk zu suggerieren, in kurzen Einstellungen Hülsendrehbänke und doppelseitige Druckerpressen gezeigt werden![38] Oder man sollte einen „Umsturz der Grundlagen des Films“ herbeiführen, wenn es um einen einfachen Wechsel von Attraktionen geht.

Ich spreche hier keineswegs vom Einschmuggeln formal unannehmbarer und dem Film fremder Elemente unter dem Deckmantel von „Agit-Aufgaben“ – ähnlich wie mit der Agit-Formel gegenwärtig die ganze unermeßliche Flut von Makulatur, Schluderei und Prinzipienlosigkeit im Theater gerechtfertigt wird. Ich behaupte, sicher zu sein, daß die Zukunft ohne Zweifel einer fabellosen Form der Darstellung ohne Schauspieler gehört, doch diese Zukunft bricht

erst unter den gesellschaftlichen Bedingungen an, die die Möglichkeit einer allseitigen Entwicklung und allseitigen Sublimierung der menschlichen Natur, der effektiven Verwendung all ihrer Energie gewährleisten; dann bedarf die Menschheit keiner Befriedigung durch jene fiktiven energetischen Handlungen mehr, die ihr alle Typen von Schaukunst bieten, die sich lediglich durch ihre Erregungsmethoden voneinander unterscheiden. Bis dahin aber ist es noch weit. Die ungeheuere Wirkung des „lebenden Modells“[39] auf eine Zuschauermenge hingegen darf man, ich betone das noch einmal, nicht außer acht lassen. Ich nehme an, daß der gegenwärtige Feldzug gegen das „lebende Modell“ durch den abstoßenden Effekt der System- und Prinzipienlosigkeit seiner Arbeit hervorgerufen wird.
Dieses „Spiel“ ist entweder ein halbnarkotisches Erleben ohne jede Berücksichtigung von Zeit und Raum (bestenfalls ein wenig der „Ecke, wo die Kamera steht“) oder ein stereometrisches Langausstrecken des Körpers und der Extremitäten eines „lebenden Modells“ in einem dreidimensionalen Raum in verschiedene Richtungen, die entfernt an gewisse menschliche Handlungen erinnern (und vom Zuschauer so rezipiert werden: „Aha, offensichtlich ist er aufgebracht.“) bzw. es sind die voneinander und von ihrem System insgesamt völlig unabhängigen, folgerichtigen lokalen Zuckungen der Gesichtsmuskeln, die als Mimik gelten.[40] Eins wie das andere läuft in einer exzellenten Aufgliederung des Raumes der Einstellung und der Leinwandfläche nach strengen rhythmischen Schemen ab – ohne einen einzigen „Schnitzer“ oder einen nichtfixierten Ort der Bewegung. Allerdings ist das rhythmische Schema dabei willkürlich, von der Laune oder dem „Instinkt“ des Regisseurs festlegbar – also nicht von der Länge des von mechanischen Bedingungen diktierten Ablaufs des betreffenden motorischen Prozesses abhängig; die Anordnung der Extremitäten nämlich (und eben nicht die „Bewegung“) steht außerhalb all ihrer mechanischen Wechselwirkung als einheitliches motorisches System eines einheitlichen Organismus. Für den Zuschauer jedoch geht bei einer solchen Darbietung der emotionale Wahrnehmungseffekt verloren und wird gegen ein Rätselraten über das Geschehen eingetauscht. Da die emotionale Wahrnehmung mit Hilfe der motorischen

Wiedergabe von Bewegungen des Agitierenden durch den Wahrnehmenden erreicht wird, ist eine solche Bewegung lediglich imstande, eine Wiedergabe, die nach Techniken abläuft, hervorzurufen, wie sie sich normalerweise auch in der Natur vollzieht. Ich verweise hier auf eine von mehreren Bestätigungen für die Richtigkeit eines solchen Weges der Wirkung und Wahrnehmung (diese Frage wird ausführlich in meiner, demnächst vom Proletkult veröffentlichten Broschüre über die Ausdrucksbewegung behandelt[41]) – zum Beispiel auf Lipps[42] („Das Wissen vom fremden ‚Ich'"), der als Beweis für die Richtigkeit seiner Wege zum Erkennen eines fremden Ichs die Behauptung anführt (ich zitiere nach Bechterew[43]), daß „durch ein Sich-Hineinversetzen des eigenen Ichs in eine fremde Mimik nur die Tendenz zum Erleben einer eigenen Emotion derselben Ordnung erreicht wird, nicht aber die Überzeugung von der Existenz eines fremden ‚Ichs'".

Lassen wir einmal die letztere, uns wenig tangierende Behauptung beiseite, so haben wir doch eine sehr wertvolle Bestätigung für die Korrektheit unserer Auffassung von der Gesamtkonstruktion als „einwirkendes Gebilde" (hier des Films), wonach nicht die zu demonstrierenden Fakten wichtig sind – sondern die Kombinationen der emotionalen Reaktionen des Publikums, weshalb eine Konstruktion ohne handlungslogischen Zusammenhang, die eine Kette von notwendigen, mit diesem Phänomen verknüpften unbedingten Reflexen induziert – was genau die Realisierung der Orientierung auf einen thematischen Effekt, das heißt, die Erfüllung der Agit-Aufgabe*, bedeutet –, theoretisch und praktisch denkbar ist.

* Man muß außerdem beachten, daß der Zuschauer in einer Aufführung mit dramatischer Wirkung nicht sofort in den Zustand einer neutralen Beziehung zum Geschehen versetzt wird, sondern daß er mit einem Teil mitfühlt, sich dabei mit dessen Handlungen identifiziert, sich schließlich dem anderen Part widersetzt und von Anfang an mit einer *diametral entgegengesetzten Emotion* auf dessen Taten reagiert. Der Zorn des Helden ruft auch Ihren Zorn auf dessen Feinde hervor, das Aufbrausen des Bösewichts hingegen – eine Verhöhnung *Ihrerseits*. Das Gesetz der Einwirkung bleibt seinem Wesen nach dasselbe. (S. E.)

So schließt sich mit dem obduzierten Wesen der Agit-Schau der Kreis der einwirkenden Künste, und es wird eine Verbindung zu den Urquellen hergestellt.
Ich glaube, daß die berühmten Tänze der Urmenschen in ihren Raubtierfellen, „wo das Theater begann", eine sehr vernünftige Einrichtung der alten Zauberkünstler waren, die entschieden weniger auf die Realisierung von abbildend-darstellerischen Tendenzen („mit Absicht") zielte, als vielmehr eine bestimmte Art Training der Jagd- und Kampfinstinkte des urgesellschaftlichen Publikums bedeuteten. Die Verfeinerung des Nachahmungsvermögens diente durchaus nicht jenen abbildend-darstellerischen Tendenzen, sondern war auf einen maximalen emotionalen Effekt beim Publikum ausgerichtet.
Die ursprüngliche Fixierung auf die Funktion einer Schau ging in der weiteren Entwicklung und durch die rein formale Verfeinerung der Darstellungstechniken verloren und wird erst jetzt dank konkreter aktueller Anforderungen rekonstruiert. Über diese reine Methode der Erziehung von Reflexen mit Hilfe einer wirksamen Schau sollten die Schöpfer von pädagogischen Filmen und Theateraufführungen, die die Kinder ganz unbewußt mit einem durch nichts motivierten Repertoire vollstopfen, gründlich nachdenken.
Gehen wir nun zur Analyse eines einzelnen, allerdings sehr wichtigen Wirkungsfaktors über – der Arbeit des „lebenden Modells". Ohne das kurz Dargelegte – was das ist und was es nicht sein sollte – zu wiederholen, formulieren wir unser Arbeitssystem, das diesen Produktionszweig irgendwie einzuordnen versucht. (Eine fremde Psyche umzuschmieden ist keine leichtere und weniger ehrenwerte Arbeit als das Schmieden von Eisen, und der Terminus „Spiel" entspricht dem in keiner Weise.)

Grundvoraussetzung

1. Der Wert liegt *nicht* in der abbildend-darstellerischen Bewegung des „lebenden Modells", vielmehr im Grad des motorischen und assoziativen Ansteckungsvermögens in bezug auf den Zuschauer (das heißt, der gesamte Prozeß der Bewegung des Schauspielers ist auf das Nachahmungsvermögen des Zuschauers orientiert).
2. Hieraus leitet sich die erste Instruktion zur *Auswahl* der

dem Zuschauer angebotenen Varianten ab; das Setzen auf eine Erfindung, das heißt das *Kombinieren* einer gemäß der Aufgabe notwendigen Bewegung aus solchen Varianten, die den realen Verhältnissen, also auch dem Zuschauer, am meisten entsprechen, automatisch nachahmbar – und sehr einfach in ihrer Form – sind.

Die Entwicklung und Komplizierung der Motive, um eine „Verzögerung" (mit der die Literatur häufig operiert) zu erzielen. NB. Diese Technik wird neben der Verzögerung mittels Montage auch vom Film sehr oft benutzt. Ich verweise auf eine auf diese Weise filmisch inszenierte Stelle, allerdings in meiner Theaterarbeit „Hörst du, Moskau?!"*: Die Weitergabe eines leeren Briefkuverts an den Provokateur, das angeblich Indizien für seine Spitzeltätigkeit enthält. Hier wird die Emotion des Zuschauers durch die Ausweitung der künstlerisch-technischen Eigenart einzelner Elemente, die sich aus den allereinfachsten Bewegungsvarianten bei der Weitergabe des Briefumschlags und dem Versuch, ihn an sich zu reißen, zusammensetzen – also durch Verzögerung –, so sehr angeheizt, daß der „Durchbruch" (der Übergang zum Mord) wie eine detonierende Bombe wirkt. (NB! Bei der filmischen Auflösung kommt hier noch die Montage nach demselben rhythmischen Modus hinzu.)

3. Die Filterung dieser Bewegungsvariante, das heißt das Herausfinden ihres rein mechanischen Schemas bei einem normalen Verlauf im Alltag.

4. Die Zergliederung der Bewegung in primäre Bestandteile, Nachahmungsprimitiva für den Zuschauer. Ein System von Stoß-, Aufwärts-, Abwärts-, Kreiselbewegungen, Pirouetten usw., damit der Regisseur dem Darsteller die genaue Festlegung der Bewegungsvariante vermittelt und diese an sich neutralen, nicht sujetgebundenen, sondern lediglich produktionsbezogenen, ausdrucksvollen motorischen Einheiten trainiert werden.

5. Das Zusammenfügen (Montage) und die Koordinierung dieser neutralen Bewegungselemente, die in einer solchen

* Ich werde in diesem Teil nicht auf den Film, an dem ich gegenwärtig arbeite, Bezug nehmen, weil er nicht auf einem solchen Typ von Einwirkungen fußt und die Arbeit des „lebenden Modells" als Prozeß des Abtastens von Techniken „freier Tätigkeit" abläuft.

Gesamtheit bereits eine Handlung ergeben, zu einem zeitlichen Schema (für die Abläufe).
6. Das Schema läßt sich durch die Realisierung jenes Unterschieds in der Darstellung verbergen, der zwischen dem Spiel eines Virtuosen mit individueller Rhythmusfärbung und dem Spiel eines Eleven, welcher die niedergeschriebene Musik wie ein Metronom abklopft, existiert. (NB! Hierzu gehört auch die Ziselierung kleiner Details bei der Fixierung einer entsprechenden Bewegungsvariante.)
Eine Bewegung wird nicht äußerlich kopierend und abbildend-darstellerisch in bezug auf eine reale Tat (Mord, Sichbetrinken, Holzhacken usw.) realisiert, sondern ist ein organisches Reproduzieren mit Hilfe eines entsprechenden mechanischen Schemas und der realen Ausführung des motorischen Prozesses einer darzustellenden Erscheinung.
Die Normen des organischen Verlaufs und mechanischen Zusammenwirkens für motorische Prozesse sind zum Teil von französischen und deutschen Bewegungstheoretikern erarbeitet worden (Fragen der Kinematik für Bewegungsprimitiva), zum Teil auch von mir (die Kinematik in Anwendung auf komplizierte Ausdrucksbewegungen und die Dynamik für beide Typen – doch darüber später) im Theaterlaboratorium des Proletkult.
In Kurzform laufen sie auf folgendes hinaus:
Der Grundstoff, dessen Widerstand der Agierende durch reale Arbeit überwinden muß, ist sein Körper – und die Widerstände gegen die motorischen Bestrebungen summieren sich aus seinem Gewicht und dem Hang zur motorischen Trägheit.
Die Techniken zur Überwindung dieser Widerstände sind von deren Natur selbst diktiert, sie basieren auf folgendem:
Der Grundgedanke wurde bereits 1865 von G. Duchenne[44] („Über die Physiologie der Bewegung") so formuliert: „l'action musculaire isolée n'est pas dans la nature" – das heißt, eine einzelne Muskelbewegung, die nicht verbunden ist mit dem gesamten Muskelsystem und dem ganzen Körper, gibt es in der Natur nicht, sondern nur in pathologischen Erscheinungsformen wie Krämpfen, Hysterie, Zuckungen.
Aus der These von Rudolf Bode[45] („Ergebnisse langjähriger,

praktischer Forschungen", München 1921) ergibt sich folgendes:
1. Das Prinzip der „Totalität", nach welchem der Körper als Ganzes an der Realisierung einer jeden Bewegung teilnimmt.
2. Das Prinzip des „Schwerpunkts". Entsprechend der anorganischen Natur des Prozesses der Übertragung von Anstrengungen auf einzelne Muskeln kann nur der Schwerpunkt einziger Kraftangriffspunkt des gesamten Systems sein. Hieraus ergibt sich, daß die Bewegungen der Extremitäten nicht selbständig sind, sondern, mechanisch betrachtet, lediglich das Resultat einer Bewegung des Körpers insgesamt.
3. Das Prinzip der Entspannung. Das heißt, bei allgemeiner Arbeitskonzentration werden entsprechende Muskelentspannungen einer Extremität, mehrerer Gliedmaßen oder des ganzen Körpers periodisch den rein mechanischen Wirkungsweisen der Gravitations- und Trägheitskräfte überlassen.

Diese Überlegungen wurden nicht für irgendwelche speziellen Bewegungsarten, sondern in erster Linie zur Erarbeitung von Körpererziehungsnormen angestellt. Trotzdem kam man schon bei den ersten Versuchen der Normalisierung von Produktionsbewegungen eines Arbeiters an der Werkbank (damals hauptsächlich mit dem Ziel, ihn vor berufsbedingten Körper- und Rückgratverunstaltungen zu schützen) zu denselben Prinzipien, wie das aus dem Hueppes[46] Aufsatz beigefügten Anhang mit Bewegungsschemen und -beschreibungen ersichtlich wird. Hueppe formulierte 1899 in diesem Aufsatz erstmalig Fragen der physischen Arbeitsorganisation.

Indem ich mich an diese Prinzipien für eine vorzuführende Bewegung hielt, arbeitete ich – orientiert auf eine maximale Expressivität als Vermittler der Einwirkungskraft – das weitere heraus. Unter Ausdrucksbewegung verstehe ich eine Bewegung, die die Verwirklichung einer ganz bestimmten motorischen, realisierbaren Absicht offenbart, das heißt eine zweckmäßige Bereitschaftshaltung des Körpers und der Extremitäten zur motorischen Ausführung eines der Aufgabe entsprechenden Bewegungselements im gegebenen Augenblick.

Die Ausdrucksbewegungen zerfallen in drei Gruppen:

1. Ein Sortiment von vernünftigen Haltungen bei unmittelbarer Verwirklichung einheitlicher motorischer Absichten (alle Arten der zweckmäßig gegliederten Bewegung – eines Boxers, eines Hammerschmieds usw. und außerdem alle reflektorisch automatisierten Bewegungen, die einstmals eine bewußt gewählte Zielstellung verfolgten – zum Beispiel der Sprung eines Tigers etc.).

2. Ein Sortiment von Fällen variabler Bewegungsorientierung (Haltung), wobei zwei oder mehrere Motive der Realisierung vorhanden sind, wenn im Körper einige Absichtsausrichtungen, die die betreffenden Momente bestimmen, zusammengefügt (montiert) werden.

3. Der hinsichtlich seiner motorischen Gestaltung interessanteste Fall einer psychologischen Ausdrucksbewegung, der eine motorische Äußerung des Kampfes der Motive darstellt: zwischen einer emotional-instinktiven Bewegungsabsicht und dem hemmenden bewußten Willen.

Realisiert wird diese Bewegung im motorischen *Konflikt* zwischen dem Bestreben des Körpers insgesamt (der den Tendenzen des Instinkts entspricht und das Material für den Ausdruck der reflektorischen Bewegung darstellt) und der hemmenden Funktion einer bewußt zu bewahrenden Trägheit der Extremitäten* (die der Rolle der rationalen Willenshemmung entspricht, welche wiederum mit Hilfe der Gliedmaßen realisiert wird).

Dieses von mir erstmalig formulierte mechanische Schema für die Ausdrucksbewegung wird in einer Reihe von Beobachtungen bestätigt, die Klages[47] („Ausdrucksbewegung und Gestaltungskraft", Leipzig 1923) gemacht hat, sowie in den bereits von Nothnagel[48] eingebrachten Thesen („Topische Diagnostik der Geniekrankheiten", Berlin 1879). Für uns sind die Behauptungen des Erstgenannten wertvoll, nach denen Anlaß einer organischen motorischen Äußerung lediglich ein Affekt, nicht aber ein Willensimpuls sein kann, dem ausschließlich die Funktion der Hemmung und Richtungsänderung zukommt. Bei Nothnagel sind es die Behauptungen, daß sich eine Gehirnerregung auf die Ge-

* Im Zustand der Ruhe bzw. Beibehaltung der vorhergehenden Bewegung. (S. E.)

sichtsmuskulatur (er schreibt dies in bezug auf die Mimik) auf völlig anderen Bahnen überträgt – und zwar je nachdem, ob die Bewegung der Gesichtsoberfläche absichtlich oder als Resultat einer Affekterregung erfolgt. Die Bahnen dieser Erregung sind mit einem bestimmten Teil Gehirn (dem sogenannten Sehhügel) koordiniert, die der absichtlichen Bewegung hingegen nicht. Zur Untermauerung seiner These führt Nothnagel hochinteressante Lähmungsfälle an. So konnte der gelähmte Teil des Gesichts einiger Kranker bei entsprechenden Affekten weinen oder lachen; dagegen war der Patient nicht in der Lage, bewußt (nach seinem Willen) ohne einen solchen Anlaß mit den Lippen oder Augen die geringste Bewegung auszuführen. Oder der umgekehrte Fall, wenn unter dem Eindruck stärkster emotionaler Erschütterungen das gelähmte Gesicht seine steinerne Unbeweglichkeit bewahrte, wohingegen derselbe Patient fähig war, willkürlich beliebige Muskelverkürzungen zu bewirken (die Augenbrauen zusammenzuziehen, den Mund zu bewegen usw.). Zitiert nach Krukenberg („Vom Gesichtsausdruck der Menschen", Stuttgart, 1923).
Es wäre ein gewaltiger Irrtum, würde man meinen, unsere Darlegungen predigten den Affektzustand innerhalb der Arbeitsweise eines „lebenden Modells", der im Theater längst mit Verachtung gestraft und im Film durch die Besonderheit der Produktion erst recht undenkbar ist. Es geht hier um die Klärung der mechanischen Wechselwirkungen, die ständig in uns ablaufen, uns jedoch dann entgleiten, wenn es einen derartigen Prozeß vor dem Zuschauer bzw. der Kamera bewußt zu verwirklichen gilt.*
Ebenso sollte im Auge behalten werden, daß beide mitein-

* Die meisten Bewegungen sind reflektorisch und automatisch, aber schon Darwin hat auf die Schwierigkeiten einer bewußten Reproduktion gleichartiger Bewegungen verwiesen. Zum Beispiel – wie schwer es ist, sich „absichtlich" zu verschlucken. Interessant ist ein sofortiger Bruch der Bewegungsgesetze bei deren bewußter Reproduktion: Die Hände eines Debütanten, die im Alltag entsprechend dem allgemeinen Gesetz der Zugehörigkeit zum Körper als Ganzem immer jede beliebige motorische Bewegung ausführen, „wissen" zum Beispiel, wird dieses Gesetz auf der Bühne übertreten, „nicht, was sie zu tun haben". (S. E.)

ander in einen Konflikt tretende Bewegungsfolgen gleichermaßen bewußt organisiert sind, und der Effekt einer Affektbewegung wird durch das mechanisch-künstliche Inbetriebsetzen des ganzen Körpers erreicht, muß jedoch keineswegs durch einen emotionalen Zustand des Darstellers bedingt sein.

An das biodynamische Verfahren der Übertragung einer künstlich induzierten Bewegung unter den Bedingungen eines organisch verlaufenden Bewegungsprozesses mit Hilfe einer dynamischen und kräftemäßigen Nutzung der „Gegenbewegung" (die sogar von den Bewegungsschulen erkannt wird, die sie in ihr System lediglich in ihrem räumlichen Sinn* einbeziehen – ein Standpunkt übrigens, der bereits im 17. Jahrhundert von Theatertheoretikern geäußert wurde – siehe Wsewolodski, „Geschichte der Bühnenausbildung in Rußland") und mit Hilfe der Trägheit erinnere ich hier nur am Rand, ebenso wie an die besondere Art eines neutral-affektiven „Arbeitszustandes", der diesen Prozeß gleichfalls fördert. Eine detaillierte Erörterung dieser Fragen, die obendrein für den Film von geringerer Bedeutung sind als für das Theater, würde uns zu weit in technische Probleme führen.

Verweilen wir lieber bei der Analyse eines konkreten Beispiels für eine derartige Ausdrucksbewegung. Ein besonders prägnanter Fall ist das Zähnefletschen – was unserer Auffassung nach *kein* Auseinanderziehen der Lippen ist, *sondern* das Recken des zum Sprung ansetzenden Kopfes als „Haupt" des Körpers durch die träge, hemmende Gesichtsoberfläche hindurch. Der motorische Prozeß vollzieht sich durchaus analog der vorliegenden psychologischen Situation – das Zähnefletschen ist im Endeffekt ein vom Bewußtsein aus irgendwelchen Motiven gehemmter Sprung auf den Gegner zu. So läßt sich ein „psychologischer Ausdruck", wie aus dem Gesagten hervorgeht, auch auf eine

* Die „Gegenbewegung" [„otkaz"] sei hier als eine vorläufige, geringe Bewegung zu verstehen, die der zwecks Vergrößerung der Bewegungsamplitude und Betonung des Bewegungsbeginns zu vollführenden Bewegung entgegengerichtet ist – nicht aber an ihrem Ausgangspunkt, sondern am Extrempunkt der Gegenbewegung in Erscheinung tritt und nicht mehr statisch, sondern Brechungspunkt der Bewegungsrichtung ist. (S. E.)

Art doppelter Gymnastik bei der Rekonstruktion des Konflikts zwischen den Bewegungstendenzen des ganzen Körpers und der Extremitäten zurückführen. Die aus dem Prozeß dieses „Kampfes" resultierenden Verzerrungen der Gesichtsoberfläche und der zentrifugal-räumlichen Ausrichtungen der Gliedmaßen sowie der Wechselwirkungen zwischen den Gelenken entwickeln sich zu unzähligen Ausdrucksnuancen, die sehr genau berücksichtigt und bei ausreichender Beherrschung dieses Systems eines ambivalenten Bewegungsprozesses bewußt eingesetzt werden müssen. (Interessanterweise werden ausgerechnet die „intelligenten" Körperteile dazu benutzt, hemmend auf den Intellekt einzuwirken, das heißt jene Teile, die durch die Zivilisierung des menschlichen Individuums von der niederen Arbeit für den Körper – seine Fortbewegung und Ernährung – befreit wurden: die Hände, auf denen man zu laufen aufhörte, und das Gesicht, das keine die Nahrung packende Fresse mehr war. – Eine Art „Klassenkampf" zwischen beiden Bewegungsarten.)
Die nach diesen Prinzipien analysierte und zerlegte Bewegung ist momentan noch ein nacktes Schema, das erst bei realer Krafteinwirkung mit Leben erfüllt wird. Dabei kann die der jeweiligen Ausdrucksentäußerung entsprechende rhythmische Skala nur von diesem Moment an festgelegt werden. (Von der Notwendigkeit einer Rhythmusformel im allgemeinen zu sprechen hat keinen Zweck – denn es ist ganz offenkundig, daß ein und dieselbe Bewegungsabfolge, ergänzt durch Kombinationen unterschiedlicher Dauer, vollkommen andersgeartete Ausdruckseffekte erzeugt.) Dabei werden keinesfalls willkürlich gewählte zeitliche Nuancen für beliebige Elemente in der einen oder anderen Kombination zum wesentlichen Merkmal unterschiedlichen Herangehens. Sie sind Resultat der Verteilung der kräftemäßigen Belastungen auf die Intensitätsschwünge der Muskelwiderstandsleistungen, der zentrifugalen Trägheit in den Extremitäten, der Neutralisierung der Trägheit vorangegangener Bewegungselemente – all jener Bedingungen, die im Zusammenhang mit der allgemeinen Anordnung des Körpers im Raum usw. bei der Realisierung einer Ausdrucksaufgabe entstehen.
Auf diese Weise wird ein präzises, organisches Rhythmus-

schema gebildet, das der Intensität des Prozeßverlaufs entspricht und sich selbst unter sich verändernden Bedingungen sowie während der gemeinsamen genauen Aufgabenlösung ändert – wobei dieses Schema für jeden Darsteller entsprechend seinen körperlichen Besonderheiten (Gewicht und Gliedmaßenlänge, Muskelbedingungen usw.) individuell ausfällt.
Es sei hier darauf verwiesen, daß bei einer rhythmischen Gliederung des Bewegungsprozesses dieser in seiner willkürlichen Beeinflußbarkeit durchaus eingeengt ist. In der Rhythmusbewegung können wir uns beileibe nicht so bewegen, wie es gerade kommt – die biomechanische Struktur des wirkenden Körperteils wird unsere Bewegung unweigerlich auf eine reguläre Funktion zurückführen, die in viele einfache und streng motivierte harmonische Bestandteile zerfällt. Die Rolle der willkürlichen Innervation reduziert sich dabei auf einen sprungartigen, störenden Eingriff in einen organisch verlaufenden Bewegungsprozeß, den zu automatisieren (was ja das Ziel der Realisierung seiner Überzeugungskraft ist und durch wiederholtes Training erreicht wird) unter derartigen Bedingungen unmöglich ist. (Vergleiche auch den Sammelband des Zentralinstituts für Arbeit in bezug auf die Produktionsbewegung.)
Andererseits wäre es bei weitem unwirtschaftlicher und würde, so meine ich, gewaltige Schwierigkeiten heraufbeschwören, wollte man für ein gewünschtes Ausdrucksschema künstlich zeitbedingte Abschnitte suchen. Das ist auch wegen folgender, von mir bei der Inszenierung der „Gasmasken“[49] überprüfter Tatsache unmöglich: Wenn ein Mensch in einem Schacht, bei der Reparatur eines Schornsteins erstickt – vergrößern sich die Abstände zwischen seinen Signalschlägen, und ihre Stärke läßt nach. Man konnte überall im Zuschauerraum unfehlbar am Geräusch ablesen, wann sich die Kombination der Schläge beim Darsteller jeweils auf die Unterbrechung der Bewegung und eine künstliche Wahl der Intervalle und der Intensität der Schläge gründete – und wann die Schläge in einem ununterbrochenen Prozeß produziert wurden, wobei der nötige Effekt durch eine längerwährende Überwindung der Trägheit vorangegangener Bewegungen mit Hilfe von immer schwächer werdenden Stößen und Wiederholungsschlägen erzielt

wurde. Visuell würde eine solche Erscheinung noch heftiger ins Auge stechen.
Als Beispiel für eine ideale Form des koordinierten Wort-Rhythmus-Effekts der Bewegung (der auf der Abstimmung mit Klangschemen basiert, wie wir es, bezogen auf das Schema der Ausdrucksaufgabe, handhaben) verweise ich hier auf einen Jazzmusiker, der seine motorische Meisterschaft im Prozeß der Neutralisierung der Trägheit seiner großen Arbeitsbewegung zu pantomimischen und Schlagbewegungen und zur Kombination mit kleinen, neuen Bewegungselementen faszinierend nutzt. Ersetzt man diesen Prozeß durch eine Kombination immer neuer Innervationen (bei ungenügendem Tanztalent des Jazzmusikers) – an eben jene Extremitäten, ohne die rhythmischen Schwingungen des Körpers zu berücksichtigen, werden die betonten Bewegungen zu pathologisch wirkenden Faxereien und fallen schließlich aus dem organischem Schema heraus (und zwar auf Grund ihrer anorganischen Entstehungsweise).
Bereits ein einziges Beispiel würde ausreichen, um die Regel des Bewahrens motorischer Trägheit, die zu einem einheitlichen Prozeß wird, mit Hilfe der Beibehaltung der motorischen Trägheit, die zu einer einheitlichen Handlung wird, zu bestätigen. Ich möchte hier auf die Exzentriker der Filmtruppe Fattys[50] als Beispiel für eine solche Trägheitsausnutzung verweisen, die diese Technik so handhaben, daß sie an jedem schwierigen Bewegungskomplex, der gemäß den Bedingungen der einen oder anderen Szene liquidiert wird, unweigerlich ein absolut unmotiviertes Finale anhängen, das infolge ihres Könnens immer in einem glanzvollen Trick gipfelt; mechanisch betrachtet ist das ein Verfahren zum Ausschöpfen des im Verlauf eines ganzen Bewegungskomplexes angestauten Trägheitsvorrats.
Auf Einzelheiten der Methodik will ich ebenfalls nicht eingehen. Ich verweise lediglich darauf, daß die Hauptforderung an das „lebende Modell“ ein gesunder organischer Rhythmus normaler physischer Reaktionen ist; ohne ihn ist es weder möglich, dieses System zu beherrschen, noch es auf der rhythmisch-präzisen Leinwand wahrzunehmen, abgesehen davon, daß bei nervlicher Unausgeglichenheit, die diese Eigenschaft begleitet oder, genauer gesagt, sie bedingt, der Erfolg im Theater und die emotionale Wirkung

größer sein können. (Die Arbeit zweier meiner Schauspieler hat das bestätigt. Es ist interessanterweise unmöglich, zwei oder drei benachbarte Filmbildchen einer in beliebigem Tempo fixierten Bewegung ohne „Konturenverwischung" zu finden – in so hohem Maße unausgeglichen ist der nervliche Ursprung des Rhythmus.)
Die für die Leinwand so entscheidende Frage der Fixierung leitet sich hier als natürliches Resultat ab, da bei beliebigem Ausgang des beschriebenen Konflikts der Rhythmus ein ausgleichendes Moment durchläuft, das heißt, im Zustand der Ruhe fehlt bei einer allzu großen Disproportion der Kräfte nicht nur die Fixierung, sondern auch die Ausdrucksbewegung selbst, die entweder zu einer Aktion oder einem Zustand der Ruhe wird, je nachdem, welche Tendenz die Oberhand gewinnt.
Auf diese Weise wird die Montage (das Zusammenfügen) von rein organischen Bewegungen, ich möchte sagen, von Elementen der Arbeitsbewegung an sich, realisiert. Die so montierte Bewegungshaltung bezieht den Zuschauer mit Hilfe des von ihr hervorgerufenen emotionalen Effekts in eine entsprechende ideologische Bearbeitung und, maximal, in den Nachahmungsprozeß ein; obendrein liefern die Bewegungselemente insgesamt den visuellen Effekt einer gleichsam in diesem Moment durchlebten Emotion (obwohl man sie auch außerhalb dieser Zielstellung bilden kann).
Wir sehen also, daß sich die Verfahren zur Bearbeitung des Zuschauers in ihrer Realisierungsmechanik durch nichts von anderen Formen der Produktionsbewegung unterscheiden und eine *vor allem körperliche und reale* Arbeit am Material Zuschauer bedeuten.
Geht man an die Arbeit eines „lebenden Modells" heran, so entfällt die Frage der „Schändlichkeit" des Spiels (dies ist eine tief verwurzelte Assoziation beim Begriff des Spiels, die dank tatsächlich schändlicher Spieltechniken von „Erlebe!"-Schulen aufkam). Und es wird kein Unterschied sein, ob man sieht, wie auf der Leinwand ein Schuster einen Stiefel näht oder ein Terrorist eine Bombe wirft (inszeniert), denn ausgehend von den gleichen materialistischen Grundlagen ihrer Arbeit bearbeitet der eine wie der andere den Zuschauer in erster Linie durch sein Tun. Der eine appelliert (gewiß nicht bewußt, sondern entsprechend durch den

Cutter vermittelt) an den Stolz über die in Gang gekommenen Produktion (genauer gesagt, er spielt auf die Illusion des Mitaufbauens an) – und der andere an das Gefühl des Klassenhasses (exakter: seiner illusorischen Verwirklichung) – an Empfindungen also, die hier wie dort Grundlage eines emotionalen Effekts sind.

Ich glaube, daß eine derartige Bewegung neben ihrer unmittelbaren Wirksamkeit – wie das von mir auf der Bühne, sowohl komisch als auch tragisch aufgefaßt, ausprobiert wurde – gleichsam die fotogenste sein wird, wenn man, um Fotogenität zu definieren, den guten alten Schopenhauerschen Begriff des Schönen abwandelt: Fotogen ist eine Idee, die vollendet ausgedrückt ist, das heißt ein Gegenstand, der am vollständigsten der in ihn hineingelegten Funktionsidee entspricht.* Ein Automobil ist fotogener als ein Karren, denn es entspricht durch seine Struktur eher einer Transport-Funktion usw.

Das Nicht-Fotogene von Gegenständen und Kostümen vergangener Epochen (wie es von Delluc in der Zeitschrift „Gegenstand“[52] vermerkt wurde) erklärt sich, denke ich mir, dadurch, daß zum Beispiel Kostüme nicht als normale Kleidungsstücke oder als eine Art Berufsbekleidung, das heißt möglichst gut einer in sie hineingelegten Funktion – „Idee“ – entsprechend erfunden wurden, sondern aus rein zufälligen Motiven entstanden, wie etwa die Mode der Rot-Gelb-Kombination, des „Cardinal sur la paille“ – des Kardinals auf Stroh – zu Ehren des im Zusammenhang mit der Affaire um das „Halsband der Königin“ in die Bastille eingesperrten Kardinals de Rohan.[53] Oder Spitzenhäubchen – „Fontanges“ – im Zusammenhang mit einer pikanten Episode um Ludwig XIV. und Mademoiselle de Fontanges, die ihre Spitzenpantalons verloren hatte und die Situation dadurch rettete, daß sie die Spitzenhöschen auf der Stelle in ihre ohnehin schon komplizierte Frisur einarbeitete.

Der Standpunkt, daß ein Kostüm fotogen sein muß, das heißt die Berücksichtigung von Produktionsformen im Kostüm selbst, ist erst für die letzte Zeit charakteristisch (und

* Dies ist eine Definition, zu der durchaus der Dellucsche Begriff von den fotogenen Gesichtern[51] paßt – Gesichtern nämlich, die über „Charakter“ verfügen, d. h. genau dem entsprechen, wovon hier die Rede ist. (S. E.)

wurde, wie es scheint, erstmalig vom japanischen Generalstab in Betracht gezogen) – und auf Grund dieser Tatsache erscheinen nur moderne Kostüme fotogen. Die Berufsbekleidung liefert dazu reichhaltiges Material – zum Beispiel den Taucheranzug. Im vorliegenden Fall sind also nur jene Bewegungen fotogen, die den einzelnen Phasen einer beliebigen Tätigkeit logisch und organisch entsprechen. Außer der theoretischen Annahme dient als praktisches Beispiel für die Fotogenität eben dieser Bewegungsart – die Fotogenität von Tieren, deren Bewegung sich streng nach diesen Gesetzen richtet und durch keinerlei Einmischung eines rationalen Impulses in ihren Automatismus gestört wird (Bode). Das gleiche gilt für die erprobte Fotogenität von Arbeitsprozessen, die ebenfalls entsprechend den dargelegten Gesetzmäßigkeiten ablaufen.

Zu dem hier erläuterten System bleibt nur noch ein Sachverhalt hinzuzufügen, der in formaler Hinsicht für den Film von noch größerer Relevanz ist als für das Theater, da beim Film zusätzlich ein ernstes Problem auftaucht (das der bildenden Kunst nahesteht): das „Organisieren der Leinwandfläche", das untrennbar mit der Gestaltung des vom Filmbild zu erobernden Raums verbunden ist. Und es kommt noch ein für den Film spezifisches Problem hinzu – die ständige Veränderung dieser Fläche und die permamente Konfrontation von in der Bewegung organisierten Flächen (die Montageabfolge der Einstellungen).

Ich glaube, daß bei der Festlegung notwendiger räumlicher Korrekturen (in Gestalt eines richtig konstruierten Überbaus für die Bewegung) dem „Koordinatensystem" Lew Kuleschows[54] nicht viel hinzuzufügen ist. Es beleuchtet, so scheint mir, diese Frage allseitig. Sein einziger wesentlicher Fehler besteht darin, daß es, wie seine Erfinder meinen, die Basis des Herangehens an die Bewegung überhaupt darstellt, wodurch das Loslösen des Systems von den mechanischen und dynamischen Grundlagen der Bewegung festgeschrieben wird, das heißt, wir haben keinen flüssigen, organischen Bewegungsprozeß, sondern ein Alternieren von zusammenhanglosen „Haltungen" („Posen"). Die motorischen Resultate dafür sind Grimassen anstelle von Mimik und von der energetischen Ausrichtung der materiellen Arbeit losgelöste Bewegungen – sie ähneln denen von Aufziehpuppen und untergraben damit das Vertrauen in die außerordentlich wertvollen Verfahren der räumlichen Organisierung des Materials im Filmbild. Als Inszenierungskriterium mag in einem solchen Fall lediglich der persönliche Geschmack des Regisseurs beim Bestimmen des Rhythmus stiller Szenen und im Wirrwarr der motorischen Gestaltung von Schlägereien und anderen energetisch angereicherten Stellen dienen – mit der Forderung nach einer genauer organisierten Einordnung der kräftemäßigen und mechanischen Schemen, die man erst danach irgendwie äußerlich formen kann. Eine solche Auffassung muß unweigerlich zur *Stilisierung* führen, und sie führt auch dazu.

Die Attraktionsmethode des Baus aller Elemente dagegen – vom Film insgesamt bis hin zur minimalsten Regung des Protagonisten – bedeutet nicht das Durchsetzen persönlichen Geschmacks oder die Suche nach einem perfekten Stil für den sowjetischen Film, sondern ist die Bekräftigung der Montagemethode klassenmäßig nützlicher Einwirkungen und eines klaren Erfassens der utilitaristischen Ziele des Kinos in der Sowjetrepublik.

1924

Konstanza

Wohin der „Panzerkreuzer Potjomkin" steuert

„Wohin steuert eigentlich der ‚Potjomkin'?" Diese Frage wird von sehr vielen Zuschauern gestellt. Er traf auf das Geschwader, „man winkte einander zu", der Kreuzer fuhr weiter – nur wohin?[55]

Es ist gewiß nicht nur spießige Neugier oder der Wissensdurst von Arbeitern, der über das Erfassen der großen gesellschaftlichen Bedeutung des Fakts, daß das Admiralsgeschwader nicht geschossen hatte, die Oberhand gewinnt.

Aber: Nach diesem Maximum an revolutionärem Elan, wie er unter den damaligen Bedingungen denkbar war, diesen „Potjomkin" – den moralischen Sieger über die Kanonen des Zarismus – in die Situation des Zu-Ende-Erzählens einer wahrhaft erhabenen und tragischen Begebenheit von einem „heimatlosen Schiff" zu bringen, käme trotz allem einer Herabsetzung des ungeheuren Fakts gleich.

Wir stoppen das Ereignis an jener Stelle, bis zu der es ein „Guthaben" der Revolution war. Danach folgte die Agonie.

Die Unschlüssigkeit des Zuschauers zeugt natürlich noch von etwas anderem – daß die Weigerung des Geschwaders zu schießen im heutigen Bewußtsein nichts Verblüffendes, sondern etwas Normales und Selbstverständliches ist.

Deshalb drückt heute ein allerdings sehr „durchschnittlicher" Zuschauer mit „man winkte einander zu" das Unvorstellbare dieser Tatsache aus, und sein Interesse wechselt vom erhabenen Geschehen auf dessen anekdotische Seite – „und wie geht es weiter?"

Vielleicht wäre es uns angenehmer, wenn der Zuschauer nicht so verführe. Vielleicht auch ist das eine Sache unseres Gewissens. Aber darum geht es hier nicht.

Es geht vielmehr darum, daß die Kritik sich leider nicht so verhält wie mein Zuschauer.

Dabei hat ihr doch wohl der liebe Gott persönlich aufgetragen, sich mit der Frage zu beschäftigen – „Wohin *fährt* der ‚Potjomkin'?" Das heißt, daraus Schlußfolgerungen für Fragen der Filmpolitik zu ziehen.

Statt dessen schreibt man mir Komplimente oder versucht, mir zu beweisen, was ich bei wem „geklaut" habe – und das derartig intensiv, daß ich mir langsam wie der „Dieb von Bagdad"[56] vorkomme.

Obwohl der Ausdruck „geklaut" hierher genausowenig paßt wie zum Problem der Enteignung von Kirchenschätzen. Aber über das „Sakrale" von möglicherweise expropriierten Schätzen später.

Zunächst jedoch wollen wir den Kurs nachvollziehen, den der „Potjomkin" eingeschlagen hat, und seine weitere Fahrtroute ausmachen.

*

Es ist an der Zeit, die Taktik der NÖP in der Kunst einzuführen. Und vergessen Sie nicht, daß die Neue Ökonomische Politik[57] außer dem Nepp der NÖP-Männer auch ein geniales taktisches Manöver von Iljitsch ist.

Was kennzeichnet die NÖP „formal": Man erzielt einen bestimmten Effekt mit Hilfe von Mitteln, die der durchzusetzenden Tendenz logisch diametral entgegengesetzt sind. Man nähert sich dem Sozialismus, indem man Handel treibt etc.

Dasselbe gilt hinsichtlich der Politik innerhalb der Kunst.

Und wenn man mich fragen sollte, was ich selbst an „Potjomkin" schätze, so würde ich sagen: den Umstand, daß er der erste Film der NÖP-Phase des Kampfes ist.

Denn in „Potjomkin" wurde eine völlige Revision der Attraktionen (etwa aus „Streik") und ein positiver Effekt (Pathos) – der strikte Aufruf zur Aktivität – mit Hilfe aller „negativen" Mittel, aller Techniken der passiven Kunst erreicht: Zweifel, Tränen, Sentiment, Lyrisches, Psychologismus, mütterliche Gefühle usw. Diese Elemente sind aus der Harmonie ihrer traditionellen Verflechtung mit dem Effekt des „Wegführens", der Abschirmung von der Wirklichkeit und ähnlichen passiv machenden Effekten (Tschechow; „Postmeister"[58] usw.) herausgelöst. Diese Elemente der „rechten" Kunst[59] sind zerlegt und auf konstruktive Weise montiert worden. Mit einer neuen Zielsetzung. Wie die Bourgeoisie, die gezwungen ist, am Subbotnik teilzunehmen!

Ich bin nicht daran schuld, daß ich keine lyrische Ader habe. Aber noch weniger trifft unsere Zeitgenossen eine

Schuld, daß sie nach der Schlacht eine Phase des Sentiments benötigen. Und ich berücksichtige, daß man sie nur über das Gefühl in der *gebührenden,* richtigen, linken, *aktiven Weise „auf Trab bringen" kann.*
Meinen Sie etwa, daß die klassischen „Nebel" – jenes Meisterwerk der Fotografie Tissés[60] – meine „Nachtigallenlyrik" sind?! (Etwa so, als ob man es bei der Propagierung des Genossenschaftswesens für ideal hielte, die UdSSR in einen ... Allunions-„Muire-and-Merilees"[61] zu verwandeln.) Nichts dergleichen, ich ergötze mich an ihnen wie an einer scharf geschliffenen Rasierklinge, die absolut hundertprozentig jenen Punkt im Zuschauer trifft, den sie im gegebenen Moment treffen soll. Die Nebel in „Potjomkin" sind die „Kühe" aus „Streik"[62], nur durch die Zeit – ein Jahr ist inzwischen verstrichen – korrigiert.
Der Terminus „Reizerreger" kann in der Reflexologie[63] immerhin einen Schlag mit einem Knüppel auf den Schädel und ein weiches bläuliches Licht gleichermaßen bedeuten.
Verglichen mit „Streik", ist „Potjomkin" auf der Ebene der Einwirkungs*mittel* keine Fortsetzung, sondern ein Gegensatz. Der Fabellosigkeit, dem Protokollcharakter, dem abstrakten Naturell und dem, wenn sie so wollen, „Film-Auge"[64]-Duktus von „Streik" wurde hier bereits *Psychologismus,* und zwar in seiner ganzen Breite, gegenübergestellt. Allerdings in einer neuen Rolle und neu auch, was die Techniken angeht. Ein Gegenstand wirkt nicht nur durch die Demonstration seiner Gegenständlichkeit (Ziehharmonika, Klosett); ein Gegenstand wird durch eine Betrachtungsweise und durch seine Darbietung psychologisiert: Eine Geschützbewegung ist eine Wirkung, die nicht über die Demonstration erzielt wird; „aufbrüllende Löwen"[65] sind ein schlagendes Moment des neuen Psychologismus, ein Glanzpunkt des psychologischen Effekts, der mit einem *Gegenstand* erzielt wird; die Jollen und der Panzerkreuzer wirken nicht durch ihre *formale,* sondern durch ihre zutiefst psychologische Gegenüberstellung – der Schutzlosen, die sich beim Stärkeren anschmiegen; wie oft habe ich vom „rührenden" Torpedoboot Nr. 267, dem „kleinen" neben dem Panzerkreuzer, gehört; und die Maschinen wirken beim Zusammentreffen mit dem Geschwader beinahe wie das Herz von Harold Lloyd[66], das ihm vor lauter Aufregung aus der Weste hüpft!

Vergleichen wir einmal die „Wasserwerfer" in „Streik" und die „Treppe von Odessa"[67] miteinander. Der Unterschied ist kolossal: Unter Berücksichtigung der technischen Orientierung des Publikums – worin die dominierende Emotion der Masse bestand, die eben den *Aufbau* so heroisch über den Totpunkt hinausgeführt hatte – wurde das Wasserwerfen logisch als Demonstration und als technische Analyse von Kombinationen der Körper und des sich ergießenden Wassers erarbeitet. So ist „Streik" (exakter: die „Demonstration des Streiks") insgesamt konstruiert. „Die Treppe von Odessa" entstand in der Periode einer zunehmenden Flut von Emotionalität. Nicht umsonst findet sie ihren hypertrophierten Ausdruck darin, daß sich Genossinnen von der Parteiarbeit in ihre Familien zurückziehen. Denn für das Privatleben, für das „Erleben", ist ein Teil der Persönlichkeit des Parteiarbeiters *demobilisiert.* Seine künstlerische Gestaltung aber ist etwas völlig anderes: Die Faktenlinie (Mittel und Effekt: dort Wasser und Körper – hier Schüsse und Stürze) ist noch weiter als auf eine zweite Ebene zurückverlagert; die Stiefel-Körper-Kombination zielt nicht auf einen „Produktions"-Effekt, sondern auf einen „psychologischen", und dazu kommt die Aufgliederung des Schreckensthemas in Episoden, was zum Beispiel in „Streik" durch die Montage Erschießung – Schlachthof mit einem Mal geschah.
„Potjomkin" erbte von „Streik" eine dialektisch entstandene Pathetik, die sich prinzipiell auf Abstraktion und logischen Technizismus gründete, und entwickelte sie weiter.
„Streik" ist ein Traktat;
„Potjomkin" – eine Hymne.
Und „Potjomkin" steht an der Wende zu einer neuen Ära – der des neuen Psychologismus.
Wie wird er wohl aussehen ...
Zunächst jedoch eine Reihe obligatorischer Festlegungen dazu:
1. Eins dürfen wir nicht – etwas als *Ergebnis* liefern. Was die Wahl der Einwirkungsmittel betrifft, so sollten wir uns davon leiten lassen – worauf die Zuschauer aktuell reagieren. Isoliert von dieser Frage *kann es keine Kunst der Einwirkung* – und schon gar nicht einer maximalen Einwirkung – *geben.*
2. Wie unsympathisch uns diese Einwirkungsmittel auch sein mögen, und wie sehr sie auch theoretisch zur vorher-

gehenden Periode im Widerspruch stehen – wir sind verpflichtet, eine Losung aufzustellen und dabei vom realen Stand der Dinge auszugehen. Wir haben nicht das Recht, im Namen scholastischer Doktrinen – und so etwas ist nun mal die *alleraktuellste* Losung des *gestrigen* Tages – unsere Politik beizubehalten. In der Kunst sind *alle* Mittel zulässig, außer denen, die ihr Ziel verfehlen. Schon Voltaire hat gesagt: „Au théâtre il vaut mieux frapper fort que frapper juste!"*

3. Wozu also haben wir kein Recht? Und was sollten wir angesichts der „schlüpfrigen" Kunstgriffe, die auf die Tagesordnung gelangen, besonders beachten? Wir haben nur zu dem einen kein Recht, nämlich – wozu die gefährlichen Attraktionen des morgigen Tages schon einmal dienten – den Zuschauer einzuschläfern. Alle Mittel sind darauf auszurichten, daß die Kunst immer einen aktuellen Konflikt zuspitzen und den Zuschauer nicht von ihm wegführen soll. Die Bourgeoisie ist ein großer Fachmann im Glätten brisanter Fragestellungen der Gegenwart, sie werden von der Philosophie des „happy ending" so glänzend abgerundet.

Hieraus folgt die Richtlinie für den im Vormarsch befindlichen Psychologismus: keinerlei malerische Entfaltung von psychologischen Problemen „im allgemeinen", sondern auf feuilletonistische Weise die brennendste, einer Lösung harrende Frage aufs Korn nehmen. Selbst wenn sie im Rahmen eines einzelnen Werkes nicht gelöst wird, verlangt sie danach, nicht „vertuscht" – sondern konkret *gestellt* zu werden.

Wir erwarten demnächst die Herausgabe eines derartigen, leider jedoch fürs Theater geschriebenen literarischen Werkes – Tretjakows glänzendes Stück „Ich will ein Kind haben"[68]. Wir werden sehen, ob das inszenierende Theater dieselbe Höhe im Bezug auf die Aktualität erreicht.

Das schützt garantiert vor Nichtaktualität und illustrierendem (und was noch schlimmer ist – „historischem", das heißt erzählendem) Psychologismus.

4. Und zum Schluß: Wir sollten das Niveau der künstlerischen Qualifizierung und das der *formalen* Fortschritte in den Techniken der Handhabung von Einwirkungsmitteln nicht absinken lassen.

* (franz.) – Im Theater schlägt man besser kräftig zu als genau.

Hiermit sind die konkreten Angaben dazu, „wohin der ‚Potjomkin' steuert", abgeschlossen.*

Eine weitere Präzisierung wäre dogmatische Scharlatanerie und Wortspielerei. Die konkrete Lösung kann erst mit einem neuen Werk zustande kommen und hängt vom Stoff ab, der bei seiner Bearbeitung unter dem Aspekt einer richtigen theoretischen Vororientierung und ... Intuition genau erfaßt wird. Die Intuition läßt sich momentan noch nicht zerlegen und erschöpfend analysieren, sie ist jedoch als eine zum gegenwärtigen Zeitpunkt *unbekannte*, dafür aber gewaltige Energieart zu berücksichtigen.

Für uns, die wir auf der Plattform der Attraktionsmontage stehen, ist dieser Wechsel kein Umsturz der Grundlagen des Films oder eine Kursänderung im Verständnis unserer Filmkunst. Für uns ist dies eine fällige, aktuelle Metamorphose der Attraktion, ein weiteres taktisches Manöver im Rahmen der Attacke auf den Zuschauer unter der Losung des Oktober.

1926

* Und das reicht aus zur Bestimmung des zu handhabenden Stoffes. (S. E.)

Die beiden Schädel Alexanders des Großen

In jedem soliden Raritätenkabinett[69] gibt es unweigerlich zwei Schädel Alexanders des Großen: einen des fünfzehnjährigen und einen des fünfundvierzigjährigen.

Film und Theater werden einander als völlig verschiedene Elemente gegenübergestellt. Richtig. Als verschiedene Denkkategorien. Auch richtig. Die mit vollkommen unterschiedlichen Einwirkungsmitteln operieren. Wiederum richtig. Und derartige Gegenüberstellungen sind nicht einmal nutzlos. Praktisch sind uns erst so wenige Mittel und Verfahren zur Erzielung eines Eindrucks bekannt, daß diese Gegenüberstellung keineswegs überflüssig ist.

Doch plötzlich kommt man auf Sie zu und fragt: „Da sind Sie jetzt Katholik, Stundist[70], Wiedertäufer[71] oder sonst was (ein Filmer). Aber es zieht Sie bestimmt immer noch in eine Moschee oder Pagode (um eine Theaterinszenierung zu machen). Und wieder mal in ein anderes Naturelement überzuwechseln."

Genossen, man kann reden, unterscheiden, man kann Buster Keatons Lokomotive[72] mit einem x-beliebigen D-Zug vergleichen. Auf jeden Fall aber unter Bedingungen, die außerhalb von Zeit und Raum existieren. Das ist sogar sehr lehrreich. Doch wenn man irgendwo hinfahren muß, setzt man sich in einen Schnellzug und nicht in „Our Hospitality".

Wenn man sich aber vom Standpunkt eines derartig abstrakten Formalismus löst und Theater wie Film in den gemeinsamen Perspektiven, in der Entwicklungsdynamik einer revolutionären Schaukunst als einer einheitlichen Vorwärtsbewegung betrachtet, wird einem der Nonsens dieser Fragestellung deutlich. Von Angesicht zu Angesicht grinsen einander zwei verschieden alte Totenköpfe ein und desselben Alexanders von Mazedonien an.

Im allgemeinen Verlauf der Dinge ist der Film bestimmt jener in fünfundvierzig Jahren herangewachsene fünfzehnjährige Schädel des Theaters.

Mit anderen Worten: Der Film ist die heutige Entwicklungsetappe des Theaters. Eine weitere folgerichtige Phase.

Das Theater – als selbständige Einheit im revolutionären Aufbau, das revolutionäre Theater – als Problem, ist nun weggefallen. Die allgemeine Verbrüderung verwundert keinen. Es gibt keinen Grund mehr, Krieg zu führen.
Vier Inszenierungen haben das Theater bis an seine Grenzen geführt, außerhalb derer es aufhörte, Theater zu sein, und ein realer gesellschaftlich nützlicher Apparat werden sollte.
Vier Inszenierungen waren es, die letzten im Theater.
„Der Hahnrei"[73] stellte die Frage nach der Organisation des motorischen Ausdrucks. Am speziellen Fall des Schauspielers. Die Aufführung verhalf zur Organisation der Bewegung des Menschen im Alltag, die in pädagogische Institute zur Qualifizierung für den Alltag Einzug hielt.
Der „Gescheiteste"[74] enthüllte in der „Attraktionsmontage" Mechanismus und Wesen theatralischer Einwirkung. Die nächste Etappe: Ablösung der intuitiv-künstlerischen Einwirkung durch wissenschaftliche Organisation gesellschaftlich-nützlicher Reizerreger. Psychotherapie durch Schautechniken.
„Die Erde bäumt sich"[75] – ist ein Versuch in Richtung der Organisation von Massenaktionen. Das Theaterkollektiv als Einzelfall der Masse. Vor uns liegt das „Inszenieren" von Volksfesten, Gerichtsverhandlungen, Sitzungen usw.
„Gasmasken"[76] ist die letzte, für das Theater zulässige Stufe der Überwindung der Illusion innerhalb der allgemeinen Ausrichtung und Neigung zum Materiellen. Eine Montage von Einwirkungen, die von den real-materiell existierenden Größen und Gegenständen ausgehen: ein Werk als Element einer Aufführung, nicht aber als ihr „Behältnis", Produktionsprozesse und -situationen als Teile der Handlung usw. – das heißt faktisch beinahe schon ein Film, der seine Einwirkung haargenau auf ähnlichem „Theatermaterial" durch Montagegegenüberstellungen begründet.
Allerdings haben die ersten drei Inszenierungen keine nachfolgende Etappe erlebt. In diesen Punkten gab das Theater auf. Und lediglich meine „Gasmasken" gingen völlig logisch in „Streik" als nächste Etappe ein; diese gründete sich voll und ganz auf das, was in „Gasmasken" noch als Trick einfloß. Denn ein echter avantgardistischer Trick ist ein Stückchen *morgiger Etappe*, das als blinder

Passagier mit in die heutige Inszenierung genommen wurde.
Die ganze „Schärfe“ der Sache liegt in dieser dialektisch entstehenden Einzelheit, die den gesamten Bau der Sache in Zweifel zieht oder ihn negiert. Eine Konstruktion, die in der nächsten Etappe von dieser Einzelheit umgestoßen wird.
Und das Theater hat sich in den anderen Fällen, da es nicht über seine Grenzen hinaustrat, auch als formal sich entwikkelnder Organismus die Luftzufuhr abgeschnitten. Es gibt nichts mehr, Genossen, womit man „im großen Stil“ „herumtricksen“ könnte. Das Theater läßt sich nirgendwo mehr hinbugsieren.
Mit dem Theater verhält es sich wie mit den Fernrohren. Maximale Vergrößerung. Allerdings verringert sich mit zunehmender Vergrößerung die Lichtintensität. Und es gibt eine Formel, wenn ich mich nicht irre, von Nikolai[77], die den Grenzwert einer potentiellen Vergrößerung ein für allemal festlegt. Auf der Grundlage dieser beiden Momente. Eine solche Formel gibt es auch für das Theater. Die Grenzen seiner Vorwärtsbewegung und Weiterentwicklung sind bekannt. Man versucht, sie nicht zu überschreiten, sondern ihnen auszuweichen. Und zieht ein verbissenes Im-Kreis-Rennen auf der Drehbühne des „Mandats“[78] vor.
Wenn nicht nach vorn, dann also rückwärts. Und die Biomechanik[79] wird zu einem „biomechanischen Ballett“, das sich in nichts von der übrigen Golejsowski-Masche[80] in „D. E.“[81] unterscheidet. Die Suche nach einer Produktionskleidung[82] mündet in grüne und goldene Perücken im „Wald“[83] usw.
In Zukunft erwarten uns bestenfalls Stürme im Wasserglas. Sensationen vom Ausmaß eines „bunten Abends“. Und das Theater gelangt zurück auf seine guten alten Gleise. Es wird wieder Tempel, Schule, Bibliothek. Alles mögliche. Nur eben kein Apparat selbständiger aggressiver Möglichkeiten mehr, kein Angriff auf die alten Lebensgewohnheiten usw.
Vermittelndes Sprachrohr. Und Schluß. Letztendlich ist aber seine gesellschaftlich organisierende Rolle insgesamt wichtig. Und nebensächlich ist, daß zwar all das gegenwärtig im Theater geschieht, faktisch aber an ihm vorbei.

„Brülle, China!“[84], „Sturm“[85], „Windbeutel“[86] ... Was hat das mit Theater zu tun?! Das ist glänzende Publizistik. Eine Antwort auf brennende Fragen.

Und es ist heute absolut unwichtig, daß „Brülle, China“ ein hervorragendes Stück, „Windbeutel“ ziemlich unbedeutend, „Sturm“ dagegen ganz und gar kein Stück mehr ist: Weder Inszenierung – noch Spiel. Vielmehr ein Klumpen realen Bürgerkriegs. Und möglicherweise ist es gerade darum beinahe das Beste, was wir in den letzten Jahren auf der Bühne sahen.

Ein aktuelles Stück in jedem x-beliebigen formalen Gewand wirkt jetzt von selbst. Die Form hat sich aus dem Theater davongestohlen. Und zwar nicht zufällig.

Es ist albern, den Hakenpflug zu vervollkommnen. Man bestellt sich einen Traktor. Und die ganze Aufmerksamkeit auf den Erfolg der Traktorisierung – das heißt auf den Film und die Alltagsgestaltung durch den Klub – zu lenken, ist Aufgabe eines jeden ernsthaften Theaterarbeiters.

1926

DENKPROZESS UND FILMFORM
– ein kugelförmiges Buch

Perspektiven

In dem Durcheinander der Krisen, der fiktiven und tatsächlichen,
im Chaos der Diskussionen, der ernsthaften oder sinnlosen (zum Beispiel „ob mit oder ohne Schauspieler?“[87]),
in der Zange zwischen der Notwendigkeit,
die Filmkultur voranzutreiben, und den Forderungen nach ihrer sofortigen allgemeinen Zugänglichkeit,
im Zaum des Widerspruchs zwischen der Dringlichkeit, Formen für unsere sozialistische Ordnung zu finden, die sich auf gleicher Höhe mit spätkapitalistischen Formen befänden,
und der kulturellen Aufnahmefähigkeit der Klasse, die diese Ordnung schuf,
haben wir –
bei stetem Festhalten an der grundlegenden Tendenz einer unmittelbaren Massenwirksamkeit und Verständlichkeit für Millionen –
dennoch nicht das Recht, in der Erfüllung allein dieser Aufgabe und dieses Grundsatzes bereits den Endpunkt aller anstehenden theoretischen Lösungen zu erblicken.
Wir sind verpflichtet, parallel zur Festlegung der alltäglichen Taktik auf der Suche nach Filmformen, an Fragen des allgemeineren, prinzipiellen Charakters der Entwicklungswege und Perspektiven unseres Films zu arbeiten.
Wenn wir all unseren praktischen Scharfsinn auf die Erledigung eines eng aufs Heute bezogenen Auftrags der gesellschaftlichen Verbraucher richten, müssen wir umso schärfer über den Programmcharakter theoretischer Fünfjahrpläne der Zukunft nachdenken.
Und nach Perspektiven für eine neue Funktionalität einer wahrhaft kommunistischen Filmkunst suchen, die sich von allen bisherigen und allen gegenwärtig existierenden Kinematographien kraß unterscheidet.
In eine solche Richtung versuchen auch die folgenden Überlegungen zu wirken.

„Es ist überhaupt nützlich und angenehm, den Marxismus zu verstehen. Und Herrn Gorki wird sein Verstehen auch den unersetzlichen Vorteil bringen, daß ihm klar werden wird, wie wenig sich die Rolle des Verkünders, das heißt eines Menschen, der vorzugsweise die *Sprache der Logik* spricht, für den Künstler eignet, das heißt für einen Menschen, der sich vorzugsweise in der Sprache *der Bilder* ausdrückt. Und wenn sich Herr Gorki davon überzeugt hat, wird er gerettet sein ..."

So schrieb einst Plechanow[88] (im Vorwort zur dritten Auflage von „Aus zwanzig Jahren"[89]).

Es vergingen weitere fünfzehn Jahre.

Und Gorki ist glücklich „gerettet"[90].

Scheint den Marxismus zu beherrschen.

Indes aber verschmolz die Rolle des Predigers mit der des Künstlers. Es entstand – *der Propagandist.*

Dennoch gehen die Streitigkeiten zwischen der Sprache der Bilder und der der Logik weiter. Dabei gelangen sie zu keinerlei „Übereinkunft" in der Sprache ... der Dialektik.

Allerdings steht jetzt an der Kunstfront ein anderer Gegensatz im Mittelpunkt der Aufmerksamkeit, der die Plechanowsche Antithese ablöst.

Wenden wir uns also zunächst ihm zu, um danach die Möglichkeiten eines synthetischen Auswegs aus der Plechanowschen Gegenüberstellung zu umreißen.

Demnach also ist der zeitgenössische Kunstbegriff zwischen zwei Polen gruppiert, etwa zwischen der Formel „Kunst ist Lebenserkenntnis" und der Formel „Kunst ist Lebensgestaltung". Eine polare Gegenüberstellung, die meiner Meinung nach ganz und gar falsch ist.

Und das nicht hinsichtlich der Funktionsbestimmung der Kunst, sondern wegen der falschen Begriffsbegründung, die sich hinter dem Terminus „Erkenntnis" verbirgt.

Bei der Konfrontation mit einer x-beliebigen Begriffsbestimmung vernachlässigen wir zu unrecht die Methode einer rein linguistischen Analyse der Bezeichnung selbst. Die Worte aber, die wir in den Mund nehmen, sind mitunter erheblich „klüger" als wir selbst.

Und völlig unrationell ist unser Unwille, uns über die bereinigte, auf eine Formel gebrachte Definition klar zu werden, die die verbale Benennung des Begriffs darstellt. Die Formel muß analysiert werden, indem man sie vom Ballast des nebensächlichen, „üblichen" Assoziationsmaterials befreit, das zumeist entlehnt ist und das Wesen der Sache verzerrt.

Dabei dominieren jene Assoziationen, die der Klasse entsprechen, welche in der Epoche der Herausbildung oder des maximalen Gebrauchs des einen oder anderen Terminus bzw. dieser oder jener Bezeichnung dominiert.

Wir haben unser gesamtes verbales und begriffliches „Urteilsgepäck" aus den Händen der Bourgeoisie übernommen.

Mit einem vorwiegend bürgerlichen Verständnis und der entsprechenden Lesart dieser Bezeichnungen sowie den bürgerlicher Ideologie und Einstellung adäquaten, sie begleitenden Assoziationsketten und ihrer Struktur.

Indes verfügt jede Bezeichnung – wie jede Erscheinung – über eine Ambivalenz ihrer „Lesart", ich würde sagen, ihrer „ideologischen Lesart": eine statische und eine dynamische, eine soziale und eine individuelle.

Dennoch bringt uns der Traditionalismus des „Assoziationsumfeldes", das der vorangegangenen Klassenhegemonie entsprach, immer wieder aus der Fassung.

Und statt eine „klassenmäßige Differenzierung" innerhalb des Wortes vorzunehmen, schreiben, verstehen und *gebrauchen* wir ein Begriffswort in traditioneller Weise, was uns klassenmäßig absolut nicht entspricht.

Den Fakt der Bedeutung eines Wortes für die Analyse eines mit ihm bezeichneten Begriffs unterstrich bereits Berkeley[91] („A treatise concerning the principles of human knowledge". Zitiert nach E. Cassirer, „Philosophie der symbolischen Formen", Bd. I, „Die Sprache", Berlin, 1923):

„Es kann nicht geleugnet werden, daß Worte trefflich dazu dienen, den ganzen Vorrat von Kenntnissen, der durch die vereinten Bemühungen von Forschern aller Zeiten und Völker gewonnen ist, in den Gesichtskreis eines jeden einzelnen zu ziehen und ihn in seinen Besitz zu bringen ..."

Gleichzeitig verweist er auf die eben erwähnte Entstellung der Wahrnehmung von Begriffen durch einseitigen und falschen Gebrauch dieser Bezeichnungen:

„Zugleich aber muß anerkannt werden, daß die meisten Teile des Wissens durch den Mißbrauch von Worten und allgemeinen Redeweisen erstaunlich verwirrt und verdunkelt worden sind ..."

Einen Ausweg aus dieser Lage sieht Berkeley, wie es einem Idealisten zukommt, nicht in der klassenmäßig-analytischen Bereinigung von Bezeichnungen aus der Sicht ihrer sozialen Sinngebung. Eine Rettung sieht er im Streben nach der „reinen Idee".

„Es wäre daher zu wünschen, daß ein jeder so sehr als möglich sich bemühte, eine klare Einsicht in die Ideen zu gewinnen, die er betrachten will, indem er von denselben alle die Bekleidung und all den beschwerlichen Anhang von Worten abtrennt ... Wir brauchten nur den Vorhang von Worten wegzuziehen, um klar und rein den Baum der Erkenntnis zu erblicken, dessen Frucht vortrefflich und unserer Hand erreichbar ist."[92]

Völlig anders Plechanows Umgang mit dem Wort. Er betrachtet das Wort in einem unzertrennlichen Kontext von sozialen und Produktionsverhältnissen, indem er es zur Analyse aus den Sphären des Überbaus in die der basis- und produktionsbezogenen sowie praktischen Herausbildung und Entstehung zurückführt.

Unter einem solchen Aspekt betrachtet ist das Wort ein ebenso überzeugendes materialistisches Argument wie jedes andere, von uns zur Erforschung herangezogene Material.

Bei der Begründung der „unabdingbaren Notwendigkeit" einer materialistischen Geschichtsdeutung anhand des am besten erforschten Bereichs der Urgesellschaftsideologie – der Kunst – führt Plechanow von den Steinens[93] linguistische Überlegungen an: „... Von den Steinen glaubt, die *Bezeichnung von Gegenständen zum Zwecke der Mitteilung von Nachrichten* sei älter als das *Zeichnen*." (G. W. Plechanow, „Grundfragen des Marxismus", Moskau, 1920, S. 33)[94].

Unser traditionelles Aufnehmen von Worten und die Abneigung, in sie hineinzuhören, sowie das Ignorieren dieses Forschungsgebietes führen zu vielen Ärgernissen und ganzen Ozeanen von Verschwendung verschiedenster polemischer Temperamente!

Wieviel Bajonette sind zum Beispiel allein an der Frage von „Form und Inhalt" zerbrochen worden!

Und das nur deshalb, weil der dynamische, aktive und wirksame *Akt* des „Beinhaltens" (In-halt als „In-sich-Zusammenhalten) gegen eine amorphe und statische, passive Auffassung vom Inhalt als des *„Zu-Be-inhaltenden"* ausgewechselt wurde. Obwohl es niemand in den Sinn kommt, vom „Be-Inhalteten" des Stückes „Die Schienen dröhnen"[95] oder des Romans „Der eiserne Strom"[96] zu sprechen!

Wieviel Tinten-Blut ist vergossen worden aus dem inständigen Wunsch, die *Form* ausschließlich als vom griechischen „Formos" – Weidenkorb – abgeleitet zu begreifen, mit allen sich daraus ergebenden „organisatorischen Schlußfolgerungen".

Ein Weidenkorb, in dem sich dieses unglückliche „Zu-Be-inhaltende" – auf den Tintenströmen der Polemik schaukelnd – ausruht.

Unterdessen hätte es sich aber durchaus gelohnt, einen Blick nicht ins griechische Wörterbuch, sondern ins Fremdwörterbuch zu werfen, wo sich nämlich herausstellt, daß Form im Russischen gleichbedeutend mit *Bild* ist. *Bild* (obraz) aber entsteht an der Kreuzung der Begriffe „Schnitt" (obrez) und „Bloßlegen" (obnaruženie). („Etymologisches Wörterbuch der russischen Sprache" von A. Preobrashenski). Zwei Termini also, die die Form hervorragend von beiden Standpunkten aus charakterisieren: Aus *individuell-statistischer* Sicht *(an und für sich*)* – als einen *„Schnitt"*, ein Sichabgrenzen der betreffenden Erscheinung von anderen Begleitumständen und -erscheinungen (zum Beispiel die unmarxistische Definition der Form selbst bei Leonid Andrejew[97], die sich ausschließlich darauf beschränkt).

„Bloßlegung" charakterisiert jedoch den Begriff Bild auch von einer anderen Warte her, nämlich der eines gesellschaftlichen Aktes der „Bloßlegung", also unter dem Aspekt der Feststellung der gesellschaftlichen Verbindung einer betreffenden Erscheinung mit ihrem Umfeld.

„Inhalt" – ist ein Akt des In-sich-Zusammenhaltens, ein *Organisationsprinzip*, würden wir in unserer heute üblichen Ausdrucksweise sagen.

Das Prinzip der Organisation des Denkens ist der faktische „Inhalt" eines Werkes.

Jenes Prinzip, das durch die Gesamtheit der sozial-physiologischen Reizerreger materialisiert wird, zu dessen *Bloßlegung* die Form das Mittel ist.

* Im Original deutsch.

Niemand wird doch wohl meinen, daß eine Meldung über den Kellogg-Pakt[98], der Skandal um die Zeitung „Gazette de France" oder die Lokalnachricht, wie ein betrunkener Mann seine Frau auf einem öden, unbebauten Gelände mit einem Hammer erschlug, der Inhalt einer Zeitung ist.

Der *Inhalt* einer Zeitung ist das Organisations- und Verarbeitungsprinzip des in der Zeitung *Beinhalteten*, und zwar orientiert auf die klassenmäßige Bearbeitung des Lesers.

Und darin liegt die produktionsbedingte Untrennbarkeit des Inhalt-Form-Komplexes von der *Ideologie*.

Darin besteht auch die Kluft zwischen dem Inhalt einer proletarischen und dem einer bürgerlichen Zeitung, wenn sie faktisch Gleiches beinhalten.

Und so sieht es nicht nur in der Zeitungspraxis, sondern überall aus, angefangen bei Formen von Kunstwerken bis hin zu den gesellschaftlichen Formen der Lebensweisen.

Worin also liegt der Irrtum beim Umgang mit dem Begriff „Erkenntnis"?

Seine Stammesbeziehung zum altnordischen „kna" – *„ich kann"** – und dem altsächsischen „biknegan" – *„ich nehme teil"* – wurde durch eine einseitig kontemplative Auffassung der „Erkenntnis" als Funktion einer abstrakt-kontemplativen, „reinen Erkenntnis der Ideen", das heißt durch eine zutiefst bürgerliche Auffassung, völlig verdrängt.

Wir sind einfach nicht imstande, in uns eine Umorientierung innerhalb der Wahrnehmung des „Erkenntnis"-Aktes als eines Aktes mit unmittelbar wirksamer Resultante vorzunehmen.

Obwohl durch die Reflexologie[99] ausreichend begründet wurde, daß der Erkenntnisprozeß die Vergrößerung der Anzahl bedingter Erreger darstellt, die von seiten des betreffenden Subjekts zu aktiver reflektorischer Reaktion neigen, was nichts anderes heißt, als daß sogar in der Mechanik des Prozesses selbst dies ein aktiv wirksames und kein passives Phänomen ist.

Unterdessen interpretieren wir *praktisch* die Erkenntnis, wenn es um Überlegungen im Zusammenhang mit ihr geht, noch immer in der pervertierten Formel ihrer Losgelöstheit

* Daher sind im Deutschen „können" und „erkennen" zwei untrennbare Begriffe. (S. E.)

von Tätigkeit und Arbeit – etwa so, wie sich der auf die „reine Erkenntnis“ orientierte Ernest Renan[100] äußerte. Er forderte in „La réforme intellectuelle et morale“ eine starke Regierung, „die die guten Bauernburschen zwingt, unsere Arbeit mitzuverrichten, während wir grübeln.“ (Plechanow, „Kunst und gesellschaftliches Leben“).[101]
Die Erkenntnisabstraktion außerhalb einer unmittelbar wirksamen Effektivität ist für uns nicht akzeptabel.
Eine Trennung des Erkenntnisprozesses vom Produktionsprozeß kann es bei uns nicht geben.
Nicht umsonst endet im französischen Original das Zitat so: „... tandis que nous spéculons“, und „spéculons“ wird übersetzt mit „während wir grübeln“. Genauso wenig ist es ein Zufall, daß sich für uns mit diesem Terminus untrennbar eine völlig andere Assoziationskette verbindet!
Wir sind bereit, die abstrakte Wissenschaft, wissenschaftliches Denken, das nicht mit unmittelbarer Wirksamkeit verbunden ist („Wissenschaft um der Wissenschaft, Erkenntnis um der Erkenntnis willen“), ebenso erbarmungslos zu brandmarken wie andere Erscheinungen, die sich unter verwandten, „spekulativen“ Bezeichnungen zusammenfassen lassen, – eben „die Spekulation“, in welchen Bereichen auch immer sie auftauchen mag.
Einer spekulativen Philosophie wird unter den Bedingungen des sozialistischen Aufbaus genausowenig Platz eingeräumt wie der Spekulation mit Waren des täglichen Bedarfs!
Für uns ist der Wissende ein Mitwirkender.
In diesem Punkt halten wir es mit dem biblischen Spruch „*Und es erkannte* Moses sein Weib Sarah“[102], was durchaus nicht bedeutet, daß er sie kennenlernte!
Der Erkennende ist ein Aufbauender!
Die Erkenntnis des Lebens ist untrennbar mit dem Aufbau und der *Umgestaltung* des Lebens verbunden.
Eine Gegenüberstellung dieser Begriffe kann es in einer Epoche des Aufbaus nicht geben! Nicht einmal in Form einer forschenden Zergliederung.
Allein schon die Tatsache der Existenz unserer Epoche des sozialistischen Aufbaus und unserer Gesellschaftsordnung widerlegt eine solche Gegenüberstellung.
Der anbrechenden Epoche unserer Kunst steht auch die

Sprengung der Chinesischen Mauer zwischen der ersten Antithese einer „Sprache der Logik" und einer „Sprache der Bilder" bevor.

Wir fordern von der beginnenden Kunstepoche den Verzicht auf diese Gegenüberstellung.

Das *qualitativ* Differenzierte und das isoliert Individualisierte wollen wir in das *quantitativ* Korrelative zurückverwandeln.

Wir wollen Wissenschaft und Kunst einander nicht länger *qualitativ* gegenüberstellen.

Wir möchten sie *quantitativ* vergleichen und, *ausgehend davon, beide in eine einheitliche neue Art eines gesellschaftlich wirksamen Faktors überführen.*

Gibt es aber einen Grund für die Prognose eines derartigen synthetischen Weges?

Eines synthetischen.

Denn wir meinen, daß diese Lösung unendlich weit entfernt ist von der behördlichen Faustregel, daß ein „lehrreiches Werk nicht bar jeder Unterhaltsamkeit, ein unterhaltsames Werk hingegen nicht ohne Didaktik zu sein hat".

Gibt es Gründe? Und worin liegt die Gemeinsamkeit der Wirkungssphäre dieser beiden vorläufig noch *einander gegenübergestellten* Gebiete?

Es gibt keine Kunst außerhalb eines Konflikts.

Sei es der Zusammenprall des Schwungs gotischer Spitzbögen mit den unerbittlichen Gesetzen der Schwerkraft,

die Konfrontation eines Helden mit verhängnisvollen Peripetien in der Tragödie,

der Widerspruch zwischen der funktionalen Bestimmung eines Gebäudes und dem Baugrund sowie den Baustoffen,

die Bewältigung der morbiden Metrik des Verskanons durch den Rhythmus eines Gedichts.

Überall herrscht Kampf.

Ein Prozeß des Werdens, das aus dem Zusammenprall von Widersprüchen geboren wird,

dessen Zugriff in seiner Intensität durch die Einbeziehung immer neuer Sphären des sinnlichen Reagierens seitens des Rezipienten immer stärker wird. Bis er dann, auf dem Höhepunkt, vollends einbezogen ist. Nicht als etwas Einzelnes, als Individuum – sondern als Kollektiv, als Publikum.

Mehr noch: Bis er schließlich gespalten selbst ins schöpferische Spiel eintritt.
Als ein Kollektiv gegen ein anderes. Als Mauer. In der Art eines gespaltenen Kollektivs, das im Sport wie eine Mauer auf ein anderes zugeht. Ein Sportspiel als perfekteste Kunstgattung, die den Zuschauer als Mitwirkenden, als Schöpfer voll und ganz einbezieht.
Nach heutiger Auffassung schließt sich über den Sport der Kreis zu den antiken Spielen noch vor der Geburt der Tragödie,
selbstverständlich in einer ebenso „formalen" Entsprechung, wie sie bei gewisser Gemeinsamkeit zwischen dem modernen Kommunismus und dem Urkommunismus besteht.
Aber immerhin!
Und die *Wissenschaft*?
Das Buch. Das gedruckte Wort. Die Augen. Augen – Gehirn. Schlecht!
Buch. Wort. Augen. Von einer Ecke in die andere *gehen*. Besser!
Wer hat denn noch nicht in den vier Wänden seines Studierkäfigs gebüffelt, indem er mit dem Buch in der Hand von einer Ecke in die andere rannte?
Wer hat nicht bereits rhythmisch mit der Faust getrommelt, um sich einzuprägen ... „Der Mehrwert ist ...", das heißt hat nicht schon mal seinem visuellen Reiz durch die Einbeziehung der Motorik geholfen, sich abstrakte Wahrheiten einzuprägen?
Besser! Ein Auditorium. Ein Lektor. Natürlich kein kastrierter Bürokrat aus dem Bildungswesen. Sondern einer von jenen feurigen alten Fanatikern (sie werden immer weniger) – wie der verstorbene Professor Sochozki[103], der stundenlang mit eben demselben Feuer über Integrale und die Analyse unendlich kleiner Größen reden konnte – mit dem sich Camille Desmoulins[104], Danton, Gambetta[105] oder Wolodarski[106] gegen die Feinde des Volkes und der Revolution ereiferten.
Ein Lektorentemperament, das sie voll und ganz gefangennimmt. Und rundherum. Ein elektrisiertes Auditorium in stählerner Umklammerung mit urplötzlich rhythmisiertem Atem.

Ein Auditorium, das überraschend ... zum Zirkus, zum Hippodrom, zum Meeting wird,
zur Arena eines einheitlichen kollektiven Aufschwungs, eines einheitlichen pulsierenden Interesses.
Eine mathematische Abstraktion wird auf einmal zu Fleisch und Blut. Man erinnert sich an die äußerst komplizierte Formel – die des eigenen Atemrhythmus ...
Ein trockenes Integral prägt sich im fiebrigen Glanz der Augen ein. In der Mnemonik einer *kollektiv* erlebten Wahrnehmung.
Weiter. Musiktheorie. Heisere Einzelgänger versuchen vergeblich, die Intervallskala mit ihren verstaubten Kehlköpfen zu erhaschen. C – D, D – E, E – F ... G. Der Flügel wird überbeansprucht. Am Ende sind sowohl die Saiten als auch die Nerven verspannt. Es kommt nichts heraus. Der dissoziierte Prozeß der Verflechtung von Stimme und Gehör läßt sich nicht wieder organisch einrenken. Und plötzlich werden die einzelnen schwachen Stimmchen im Chor eingeschaltet. Und es geschieht ein „Wunder". In strenger Klangbildung folgt Intervall auf Intervall, in *kollektiver Aktion* recken sich die Stimmchen empor und richten sich aus. Es klingt! Es klingt! Es klappt! Die Oktave ist genommen.
Mit einem Mal springt man von den Plätzen hoch. Beginnt sich in einem merkwürdig gemessenen Tanz durchs Zimmer zu bewegen. Was ist das? Eine dionysische Ekstase? Nein. Das ist Jaques-Dalcroze[107], dem es eingefallen ist, das rhythmische Gedächtnis seiner Schüler im Solfeggio durch den Einsatz des rhythmischen Taktklopfens *mit dem gesamten Körper* anstatt mit einer Hand zu vervollkommnen. Feinste Nuancen der Notenwerte wurden mit größter Leichtigkeit bewältigt.
Aber weiter! Ritsch – ratsch! Und schon ist das Kollektiv in zwei Hälften zerrissen. Nicht ein Pult für einen Redner mehr, sondern zwei Pulte. Zwei Opponenten. Zwei „Katapulte". Im Feuer der Dialektik, in der Diskussion wird eine objektive Gegebenheit, die Bewertung eines Phänomens, ein Fakt geschmiedet.
„Mauer gegen Mauer."
Das autoritär-teleologische „So ist es" geht zum Teufel. Die Axiomatik des auf dem Glauben Begründeten bricht in sich

zusammen! „Am Anfang war das Wort“[108], *aber vielleicht* war es das auch nicht? Ein Theorem in Widersprüchen, das nach Beweisen verlangt, schließt einen *dialektischen* Konflikt ein.
Es schließt das in Widersprüchen erfaßbare Wesen einer Erscheinung auf dialektisch erschöpfende Weise ein. Unumstößlich. *Extrem intensiv.* Nachdem sämtliche Elemente der persönlichen *Logik* und des *Temperaments* im inneren Ringen gegensätzlicher Standpunkte mobilisiert wurden.
Den Komplex der durch Erfahrung gewitzten – bedingten Reflexe und die unmittelbare Feurigkeit der unbedingten Reflexe.
Im Schmelztiegel des dialektischen Feuers wurde ein neuer Faktor des Aufbaus gewonnen. Und ein neuer sozialer Reflex geschmiedet.
Wo liegt der Unterschied? Worin besteht die Kluft zwischen Tragödie und Referat? *Zumal der Sinn beider doch darin liegt, den inneren Konflikt aufzuputschen und die rezipierenden Massen durch seine dialektische Lösung mit einem neuen Aktivitätsstimulus und einem Mittel zur schöpferischen Lebensgestaltung auszustatten.*
Wo liegt der Unterschied zwischen der perfekten Methode eines Oratoriums und einer perfekten Methode der Wissensaneignung?
Dem Dualismus der Sphären „Gefühl“ und „Vernunft“ muß durch die neue Kunst Einhalt geboten werden.
Der Wissenschaft soll ihre Sinnlichkeit zurückgegeben werden, dem intellektuellen Prozeß – sein Feuer und seine Leidenschaftlichkeit.
Der abstrakte Denkprozeß ist in das Brodeln praktischen Wirkens einzutauchen.
Der kastrierten, abstrakt spekulativen *Formel* muß die ganze Pracht und der Reichtum einer physiologisch empfindbaren *Form* wiedergegeben werden.
Formaler Willkür sollte die Präzision einer ideologischen *Formulierung* verliehen werden.
Das ist die Herausforderung, die von uns ausgeht. So lauten die Anforderungen, die wir an die beginnende Kunstperiode stellen.
Welche Kunstgattung wird dazu fähig sein?
Einzig und allein die Filmkunst.

Einzig und allein der intellektuelle Film. Die Synthese aus emotionalem, dokumentarem und absolutem Film.
Erst der *intellektuelle Film* wird in der Lage sein, dem Zwist zwischen der „Sprache der Logik" und „der Sprache der Bilder" auf der Grundlage einer Sprache der Filmdialektik ein Ende zu setzen,
der intellektuelle Film in einer nie dagewesenen Form und einer unverhüllten sozialen Funktionalität; ein Film von extremer Erkenntniskraft und maximaler Sinnlichkeit zugleich, der sich das gesamte Arsenal von Einwirkungen durch visuelle, auditive und biomotorische Reizerreger angeeignet hat.
Doch unterwegs dorthin steht jemand.
Quer im Weg.
Wer ist das? Es ist der „lebendige Mensch"[109].
Er bittet um Einlaß in die Literatur. Er ist schon zur Hälfte ins Theater eingedrungen – und zwar durch den Eingang des MChAT[110].
Er klopft an die Tür zum Film.
Genosse „lebendiger Mensch!" Für die Literatur kann ich nicht sprechen, fürs Theater auch nicht.
Doch der Film ist nicht Ihr Platz!
Für die Filmkunst sind Sie – eine „rechte Abweichung".
Sie sind eine Forderung, die sich nicht auf dem Niveau der technischen Mittel, Möglichkeiten und folglich auch der *Verpflichtungen* ihres filmischen Ausdrucks befindet. Der Entwicklungsstand der Produktionsmittel diktiert die Formen der Ideologie. Sie sind von einem niederen Stadium der industriellen Entwicklung im Bereich der Kunst geprägt worden.
Als Thema sind Sie zu sehr Hakenpflug für eine so hochindustrialisierte Kunstform, wie sie der Film allgemein und der intellektuelle Film in seinen Bestrebungen insbesondere darstellt.
Außerdem paßt der Film zu Ihnen und passen Sie zum Film genausowenig, wie sich der Zeiger einer Stoppuhr zum Ausnehmen von Weißlachs eignet!
Der „lebendige Mensch" paßt durchaus in die Schranken der kulturellen Beschränkung und kulturellen Beschränktheit der Mittel des Theaters …
Und zwar nicht etwa eines linken Theaters, sondern eben des MChAT,

des MChAT und jener MChAT-Tendenzen, die jetzt, rings um diese Forderung, üppig ihre „zweite Jugend" feiern. Und das ist durchaus logisch und konsequent.
Das linke Theater gibt es nämlich – seiner mangelnden Verwendbarkeit wegen – faktisch nicht mehr. Es gelangte entweder in sein nächstes Entwicklungsstadium, den Film, – oder ist erneut in seine vorherige Form vom Typ der AChRR[111] zurückgekehrt.
Dazwischen blieb nur Meyerhold, allerdings nicht als Theater, sondern als ein Meister.
Die Filmkunst aber sollte ihren Kurs beharrlich auf den intellektuellen Film als höchste Entwicklungsform der Möglichkeiten filmischer Technik ausrichten, ohne unter den Bedingungen einer Realpolitik teilweise auf MChAT-Relikte zu verzichten.
Der Film ist imstande und folglich dazu verpflichtet, die Dialektik des Wesens ideologischer Debatten in reiner Form spürbar sinnlich auf die Leinwand zu bringen. Ohne auf die Vermittlung durch Fabel, Sujet oder den „lebendigen Menschen" zurückzugreifen.
Der intellektuelle Film kann und soll folgende Thematik gestalten: „Rechtsabweichung", „Linksabweichung", „die dialektische Methode", „die Taktik des Bolschewismus", nicht nur anhand charakteristischer „Episödchen" und Episoden, sondern durch die Darlegung ganzer *Systeme* und *Begriffssysteme*.
Also gerade die „Taktik des Bolschewismus" und nicht den „Oktoberumsturz" oder „Das Jahr 1905" als Einzelbeispiel.
Die Methodik und das System selbst – zweifellos, und natürlich unter Verwendung eines konkreten Materials, jedoch ganz anders orientiert und unter einem anderen Gesichtspunkt.
Elementarere Schemen des Kleingewerbes einer psychologischen und psychologisch-abbildenden Thematik sowie die noch primitiveren der Darstellungsmethodik „über Protagonisten als Vermittler" seien den weniger industrialisierten Ausdrucksmitteln überlassen,
dem Theater und Film des alten Typs der Fiktion.
Dem neuen Film jedoch, der einzig und allein imstande ist, den dialektischen Konflikt in die Entstehung eines Begriffs

einzuschließen, kommt die Aufgabe zu, die kommunistische Ideologie in Millionen Menschen unwiderruflich zu verankern.

Erst wenn der Film, der das letzte Glied in der Kette von Mitteln einer allumfassenden Kulturrevolution ist und auf ein einheitliches monistisches System hinarbeitet – von der kollektiven Erziehung und einer komplexen Lehrmethode bis hin zu den allerneuesten Formen der Kunst –, eigentlich aufhört, Kunst zu sein und in sein nächstes Entwicklungsstadium eintritt,

verdient er es tatsächlich, als „wichtigste aller Künste"[112] bezeichnet zu werden.

Nur so wird er sich auf grundlegende Weise vom bürgerlichen Film unterscheiden lassen.

Nur so wird er zu einem Stück der kommenden Epoche des Kommunismus.

1929

Jenseits der Einstellung

Es ist komisch und überraschend zugleich, eine Broschüre über etwas zu schreiben, das faktisch nicht existiert.
Zum Beispiel gibt es ohne Filmkunst kein Kino.
Dennoch ist es dem Autor des vorliegenden Buches[113] gelungen, etwas über das *Kino* eines Landes geschrieben zu haben, in dem es keine *Filmkunst* gibt,
über das Kino eines Landes nämlich, dessen Kultur unendlich viele filmische Züge hat, die allerdings überall verstreut sind, außer eben ... im Film selbst.
Den filmspezifischen Eigenschaften der japanische Kultur, die sich außerhalb des japanischen Films finden lassen, ist der folgende Aufsatz gewidmet, der dabei ebenso außerhalb des Buches bleibt – wie besagte Züge außerhalb des japanischen Films.

*

Kino bedeutet: soundso viele Firmen, ein gewisses zirkulierendes Kapital, einige „Stars", ein paar Storys.
Filmkunst aber ist in erster Linie Montage.
Das japanische Kino ist mit Firmen, Schauspielern, Sujets gut ausgestattet.
Die Montage jedoch kennt der japanische Film absolut nicht.
Dabei könnte man das Montageprinzip als ein Urelement der japanischen bildenden Kunst betrachten:
Die Schriftkunst,
weil die Schriftkunst in erster Linie bildlich ist.
Die Hieroglyphe.
Die naturalistische Abbildung eines Gegenstandes wird von den kunstfertigen Händen des Cang Xie um 2650 v. u. Z. etwas schematisiert und bildet mit 539 weiteren Zeichen das erste „Kontingent" einer Hieroglyphik.
– Mit der Ahle in ein Bambusplättchen geritzt, ähnelt das Porträt eines Gegenstandes in allem noch dem Original.
Gegen Ende des 3. Jahrhunderts wird der Pinsel erfunden, im ersten Jahrhundert (u. Z.) nach diesem „freudigen Ereignis" das Papier –
und schließlich im Jahre 220 die Tusche.

Abb. 1

Ein kompletter Umsturz. Die Revolution im Zeichnen. Und nachdem die Hieroglyphen im Verlauf der Geschichte bis zu vierzehn verschiedene Schreibweisen über sich ergehen lassen mußten, erstarrten sie schließlich zu ihrem heutigen Schriftbild.

Die Produktionsmittel (Pinsel und Tusche) bestimmen die Form.

Vierzehn Reformen taten das ihre dazu.

Das Ergebnis: In der feurigen Gebärde der „Ma"-Hieroglyphen (Pferd) ist die Gestalt eines ergreifend auf der Hinterhand sitzenden Pferdchens im Schreibstil des Cang Xie nicht mehr auszumachen, jenes Pferdchens, das uns aus der antiken chinesischen Plastik so gut bekannt ist (Abb. 1).

Aber lassen wir das Pferdchen beiseite wie auch die übrigen 607 Xiang-Xing-Zeichen, jene erste *bildliche* Kategorie von Hieroglyphen.

Das eigentlich Interessante beginnt bei der zweiten Hieroglyphen-Kategorie „Huiyi", das heißt bei den *„vereinten"* Kategorien.

Es ist nämlich so, daß die Gesamtheit ... sagen wir besser: die Kombination zweier Hieroglyphen einer einfachsten Folge nicht als deren Summe betrachtet wird, sondern als ein Produkt, das heißt als Größe einer anderen Dimension, einer anderen Ordnung; wenn jede einzelne Hieroglyphe

dem Gegenstand bzw. Fakt entspricht, so steht deren Aneinanderreihung für einen *Begriff*. Durch das Kombinieren zweier „darstellbarer“ Gegenstände wird etwas graphisch nicht Darstellbares veranschaulicht.
Zum Beispiel bedeutet die Darstellung von Wasser und Auge: „weinen“,

Hund und Mund – „bellen“,
Mund und Kind – „schreien“,
Mund und Vogel – „singen“,
Messer und Herz – „Trauer“ usw.
Aber das ist doch Montage!!

Ja. Genau das, was wir im Film machen, wenn wir nach Möglichkeit eindeutige, in ihrer Bedeutung neutrale, etwas Bestimmtes darstellende Filmbilder in bedachte Kontexte stellen oder zu Folgen fügen.
Ein unvermeidbares Prinzip bei jeder x-beliebigen filmischen Gestaltung. Und in seiner kondensierten und reinen Form ist es Ausgangspunkt für den „intellektuellen Film“[114],
jene Art Film, die nach einem maximalen Lakonismus in der visuellen Darlegung abstrakter Begriffe sucht.
Als Pionier auf diesem Wege begrüßen wir den (längst verstorbenen) Cang Xie mit seiner Methode.

*

Wenn wir schon beim Lakonismus sind, so bietet sich hier der Übergang zu etwas anderem an. Japan hat die lakonischste Art der Lyrik, „Hai-Kai“ (die zu Beginn des 12. Jahrhunderts aufkam) und das „Tanka“[115].
Sie sind fast eine in Phraseologie übertragene Hieroglyphik. Und ihre Qualität wird zur Hälfte gar nach der Kalligraphie der zeichnerischen Ausführung bewertet. Ihre Konstruktionsmethode ist durchaus analog.
Diese Methode, die in der Hieroglyphik zur lakonischen Fixierung eines abstrakten Begriffes dient, bewirkt den gleichen Lakonismus einer zugespitzten Bilddichte, wenn sie auf eine verbale Darlegung übertragen wird.
Reduziert sich diese Methode auf eine strenge Kombination von Zeichen, so produziert sie bei deren Zusammenprall die trockene Bestimmtheit eines Begriffes.
Zielt aber die gleiche Methode auf den Reichtum bereits

verbaler Kombinationen, so ergibt sie einen prachtvollen *bilddichterischen* Effekt.
Eine Begriffsformel, in ihrem üppigen Reiz auf einem Stoff basierend, wird zum Bild, zur Form.
Ganz genauso, wie eine primitive Stufe des Denkens – das bildhaft-anschauliche Denken – zu begrifflichem Denken wird, wenn es ein bestimmtes Stadium verläßt.
Einige Beispiele dafür:
„Hai-kai" ist eine angereicherte, dichte impressionistische Skizze:
„Im Ofen zwei funkelnde Punkte: da sitzt eine Katze." (Ge-Daj)
Oder „Ein altertümliches Kloster. Kalter Mond. Ein Wolf heult." (Hikko)
Oder: „Auf dem Feld ist es still. Ein Schmetterling fliegt. Der Schmetterling ist eingeschlafen." (Go-Sin)
Das „Tanka" ist etwas länger (um zwei Zeilen):

„Ein langsam schreitender
Bergfasan; sein Schwanz
schleift hinterdrein.
Ach, Nacht – unendliche,
ob ich sie allein verbring."
(Hitomaro)

Für uns sind das Schnittfolgen, Montagelisten.
Das einfache Aneinanderfügen von zwei bis drei Details aus einer gegenständlichen Reihe liefert eine völlig abgeschlossene Vorstellung einer anderen, psychologischen Ordnung.
Und wenn hier die fein geschärften Kanten einer intellektuellen Begriffsformulierung im Kombinieren von Hieroglyphen verschwimmen, so blüht der Begriff in seiner *Emotionalität* unvergleichlich auf.
Bei der japanischen Schrift weiß man nicht so recht,
ob es sich um eine Buchstabenaufzeichnung handelt oder um ein eigenständiges graphisches Werk ...
Die an einem zweieinigen Kreuzungspunkt geborene, ihrem Verfahren nach bildnerische und ihrer Bestimmung nach determinierende Hieroglyphenmethode hat ihre Tradition nicht nur in der Literatur fortgesetzt, wie wir auch in der „Tanka"-Dichtung nachgewiesen haben (und zwar nicht

historisch folgerichtig, sondern in der prinzipiellen Konsequenz jener Hirne, die diese Methode schufen).
Genau dieselbe Methode läßt sich auch in vollendeteren Zeugnissen der japanischen bildenden Kunst nachweisen.
Sharaku[116]. Er ist der Schöpfer der besten Holzschnitte des 18. Jahrhunderts, insbesondere der unsterblichen Galerie von Schauspielerporträts. Ein japanischer Daumier. Jener Daumier, den Balzac – selbst ein Bonaparte in der Literatur – seinerseits den „Michelangelo der Karikatur" nannte.
Und trotzdem kennt man Sharaku bei uns kaum.
Die charakteristischen Merkmale seiner Werke arbeitet Julius Kurth heraus[117]. Beim Nachdenken über den Einfluß der Plastik auf Sharaku zieht er eine Parallele zwischen dem Porträt des Schauspielers Nakayama Tomisaburō[118] und einer altertümlichen Maske des halbreligiösen Nō-Theaters[119], der Maske des Rōsō (eines alten Bonzen, Abb. 2).

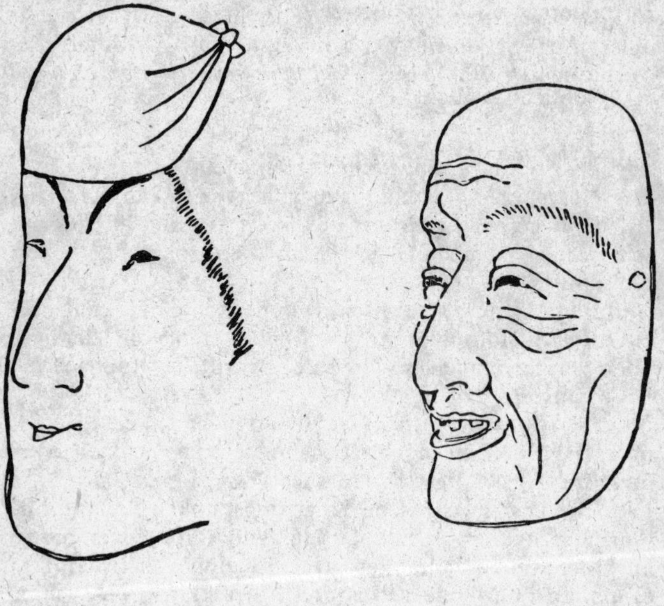

Abb. 2

„... Derselbe Ausdruck in dem Werk des Deme, der gar wohl in den Tagen des Sharaku gearbeitet haben kann, wie in den Zügen des Tomisaburō! Die Gesichtsteile und -massen sind sehr ähnlich angeordnet, obgleich die Maske einen alten Priester, der Holzschnitt eine junge Frau darstellt (Tomisaburō in einer Frauenrolle; S. E.). Eine in die Augen springende Verwandtschaft, und doch haben beide Stücke sicher miteinander nichts zu tun. Aber gerade hier sehen wir Sharakus Eigenart: Während das Schnitzwerk nach ziemlich richtigen anatomischen Proportionen gearbeitet ist, sind die Proportionen des *Bildes* einfach unmöglich. Der Raum zwischen den Augen beansprucht eine Breite, die jeder Vernunft spottet. Die Nase ist im Verhältnis zu den Augen zweimal so lang, wie es sich eine normale Nase leisten darf, das Kinn steht zum Munde in überhaupt keinem Verhältnis; Brauen, Mund, jeder Teil ist in Beziehung zu den übrigen unmöglich. Dieselbe Beobachtung machen wir bei den großen Köpfen des Sharaku. Daß der Meister nicht gewußt haben sollte, daß alle diese Proportionen falsch sind, ist natürlich ausgeschlossen. Er hat das Normale mit voller Absichtlichkeit vernachlässigt, und während die Zeichnung *der einzelnen Teile auf stark konzentriertem Naturalismus beruht, ist ihre Komposition rein gedanklichen Gesichtspunkten unterworfen. Er nahm die Quintessenz des psychischen Ausdrucks als Norm für die Proportionen der einzelnen Teile* ...“*

Ist das nicht dasselbe, was auch die Hieroglyphe tut, indem sie den selbständigen „Mund“ und das in keiner Beziehung zu ihm stehende „Kind“ zu dem semantischen Ausdruck „Schrei“ kombiniert?

Und tun nicht auch wir das gleiche in zeitlicher Abfolge – wie die Hieroglyphen bei Zeitstillstand –, wenn wir ungeheuerliche Disproportionen von Elementen eines normal ablaufenden Vorgangs heraufbeschwören, indem wir ihn plötzlich in eine „Nahaufnahme zupackender Hände“, „halbnahe Kämpfe“, „supernahe hervorstehende Augäpfel“ – zerlegen – und zwar bei der Aufspaltung eines Geschehens in einzelne Einstellungen?! Ein Auge, das zweimal so groß ist wie ein Mensch? Und durch Kombinieren dieser

* Zit. nach: Julius Kurth, „Sharaku“, zweite, stark bearbeitete Auflage, München, R. Piper & Co. Verlag, 1922, S. 79, 80, 81. (S. E.)

ungeheueren Widersinnigkeiten setzen wir das segmentierte Ereignis erneut zusammen, nun allerdings unter unserem Aspekt; aus unserem Blickwinkel auf die betreffende Erscheinung.

*

Die disproportionale Abbildung einer Erscheinung ist uns ursprünglich eigen. Alexander Luria[120] hat mir einmal eine Kinderzeichnung zu dem Thema „einen Ofen heizen" gezeigt.

Alles ist leidlich maßstabgerecht und sehr gewissenhaft dargestellt. Holz. Ofen. Esse. Aber mitten im Zimmer befindet sich ein riesiges, von Zickzacklinien überzogenes Rechteck. Was ist das? Wie sich herausstellt, sind das die „Streichhölzer". Unter Berücksichtigung der kardinalen Bedeutung von Streichhölzern für den darzustellenden Prozeß hat ihnen das Kind einen gebührenden Maßstab zugedacht.

Die Darstellung eines Gegenstandes in seinen tatsächlichen, (beziehungslos) ihm eigenen Proportionen ist gewiß nur ein Tribut an die orthodoxe formale Logik,

jene Unterwerfung unter eine unverrückbare Ordnung der Dinge.

Sowohl in der Malerei als auch in der Plastik kehrt sie unweigerlich und periodisch zu Zeiten der Installierung des Absolutismus wieder,

indem sie die Expressivität einer archaischen Disproportion durch eine reguläre „Rangtafel" von amtlich festgelegten Harmonien ersetzt.

Der postitivistische Realismus[121] ist keineswegs eine richtige Wahrnehmungsform. Er ist eher die Funktion einer bestimmten Form einer Gesellschaftsstruktur,

die nach der Alleinherrschaft des Staates nun auch eine staatlich verordnete Gesinnungsgleichheit oktroyiert.

Eine ideologische Gleichmacherei, die bildlich in die Marschreihen der Uniformen von Leibgarderegimentern hinüberwächst.

*

Und so haben wir gesehen, wie das Hieroglyphenprinzip – „Bezeichnung per Abbildung" – eine Zweiteilung durchmachte:

Seiner Bestimmung („Bezeichnung" als Prinzip) folgend, mündete es in die Grundsätze zur Schaffung literarischer Sinnbildlichkeit ein.
Hinsichtlich der Realisierungsmethode dieser Aufgabe („Abbildung" als Prinzip) – in Sharakus wunderbare Verfahren künstlerischen Ausdrucks.
Und genau so, wie es üblich ist, von den zwei divergierenden Flügeln einer Hyperbel zu behaupten, sie würden in der Unendlichkeit aufeinandertreffen (obwohl nie jemand an einem so entfernten Ort war!), begegnen sich die Hieroglyphikprinzipien, endlos zweigeteilt, nun (gemäß der Funktionalität ihrer Merkmale) plötzlich erneut und aus einer ambivalenten Trennung heraus, in einer anderen Verbindung – in der nun schon vierten Sphäre: im Theater.
Nach so langer Trennung voneinander existieren sie eine Zeitlang – im Säuglingsalter des Dramas – *parallel* in einem interessanten Dualismus.
Die Demonstration des Sujets – seine Darstellung – besorgt auf der Bühne eine stumme Marionette, die sogenannte Jōruri[122].
Gepaart mit einer spezifischen Art sich zu bewegen, mündet dieser Archaismus auch ins frühe Kabuki-Theater[123] ein. Er ist als partielles Ausdrucksmittel bis zum heutigen Tag im klassischen Repertoire zu finden.
Nun ja, mag es so sein. Aber nicht darin liegt der Kern der Sache.
Die hieroglyphische (Montage-) Methode des Schauspielers ist in die eigentliche Technik mittels hochinteressanter Verfahren eingedrungen.
Doch bevor wir uns diesen Verfahren zuwenden, wollen wir uns – wenn schon die Rede von der bildnerischen Seite ist – kurz zum Problem der Einstellung äußern, um diese Frage gleichzeitig abzuschließen.
Die Einstellung.
Ein kleines Rechteck mit einem irgendwie darin gestalteten Ereignisausschnitt.
Aneinandergeklebt, ergeben die Einstellungen eine Montage. (*Natürlich nur,* wenn das im entsprechenden Rhythmus geschieht!)
So etwa lehrt es die alte Schule des Films.

> Schräubchen für Schräubchen,
> Ziegelstein um Ziegelstein ...[124]

Kuleschow[125] schreibt beispielsweise mit genauso einem Ziegelstein:

„... Wenn eine Gedanken-Zeile, ein Sujetteilchen, ein Glied einer ganzen dramaturgischen Kette vorhanden ist, dann wird dieser Gedanke vermittels von Einstellungen (Zeichen) ausgedrückt, also gleichsam wie Ziegelsteine vermauert." (Lev Kulešov. „Iskusstvo kino", Verlag Teakinopečat', S. 100.)

Schräubchen für Schräubchen,
Ziegelstein um Ziegelstein ...

wie gehabt.

Die Einstellung ist ein Element der Montage.

Die Montage ist das Zusammensetzen der Elemente.

Was für ein schädliches Analyseverfahren,

bei dem das Erfassen irgendeines Prozesses als ganzem (der Zusammenhang zwischen Einstellung und Montage) lediglich anhand der äußeren Merkmale seines Verlaufs (nämlich ein Abschnitt wird an einen anderen geklebt) zustande kommt.

Auf diese Weise kann man zum Beispiel bis zu der berüchtigten Erklärung vorstoßen, Straßenbahnen seien dazu da, damit man sie quer über die Straße legt. Ein durchaus logischer Schluß, wenn man sich auf jene Funktionen beschränkt, die sie zum Beispiel in den Februartagen des Jahres 1917 erfüllten. Doch die Moskauer Kommunalverwaltung sieht die Sache anders.

Das Schlimmste daran aber ist, daß sich ein solches Herangehen als unüberwindbarer Straßenbahnwagen quer in den Weg der Möglichkeiten einer formalen Entwicklung legt.

Ein solches Verfahren führt zwangsläufig nicht zu einem dialektischen Wachstumsprozeß, sondern bewirkt lediglich eine evolutionäre „Vervollkommnung", da es nicht zum Hindurchbeißen bis zum dialektischen Kern einer Sache kommt.

Letzten Endes führt ein solches Evolutionieren entweder über seine Verfeinerung zur Dekadenz oder im Gegenteil zum elementaren Dahinsiechen infolge Blutstockung.

So merkwürdig es auch anmuten mag, aber für beide Fälle zugleich ist der „Lustige Kanarienvogel"[126] ein melodisch-beredter Zeuge.

*

Eine Einstellung ist keineswegs ein *Element* der Montage.
Eine Einstellung ist die Zelle der *Montage.* Jenseits des dialektischen Sprungs in einer *einheitlichen* Folge: Einstellung – Montage.
Was kennzeichnet die Montage und folglich auch ihren Embryo, die Einstellung?
Ein Zusammenprall. Der Konflikt zweier nebeneinanderstehender Abschnitte. Konflikt. Zusammenprall.
Vor mir liegt ein zerknittertes, vergilbtes Stückchen Papier.
Darauf steht die geheimnisvolle Notiz:
„Kopplung = P" und „Zusammenprall = E".
Dies ist die materialisierte Spur eines feurigen Gefechts zum Thema Montage zwischen mir – E – und Pudowkin – P –[127] (vor einem halben Jahr).
Mittlerweile ist folgendes zum Brauch geworden. In regelmäßigen Zeitabständen kommt er spätabends bei mir vorbei, und wir fallen hinter verschlossenen Türen wegen Grundsatzfragen übereinander her.
So auch hier. Als Zögling der Kuleschowschen Schule verteidigte er eifrig den Montagebegriff als *Kopplung* von Abschnitten. Zu einer Kette. „Ziegelsteine".
Ziegelsteine, die in Reihen einen Gedanken *darlegen.*
Ich hielt ihm meinen Standpunkt über Montage als *Zusammenprall* entgegen. Ein Punkt, an dem durch Zusammenprall zweier Gegebenheiten ein Gedanke entsteht.
Eine Kopplung ist nur ein möglicher *Einzel*fall in meiner Deutung.
Erinnern Sie sich, welch unendliche Zahl von Kombinationen die Physik hinsichtlich des Zusammenpralls zweier Kugeln kennt.
Je nachdem, ob sie elastisch, unelastisch oder ob es Kugeln beider Arten sind.
Unter diesen Kombinationen gibt es auch eine, bei der der Zusammenprall zu einer gleichmäßigen Bewegung beider Kugeln in einer Richtung führt.
Dies würde Pudowkins Standpunkt entsprechen.
Vor kurzem haben wir uns erneut unterhalten. Jetzt steht er auf meinem damaligen Standpunkt.
Allerdings hatte er mittlerweile Gelegenheit, sich mit meinem Vorlesungszyklus am GTK[128] vertraut zu machen.

Montage ist also Konflikt.
Wie der Konflikt die Grundlage jeder Kunst überhaupt ist. (Eine eigenartige „sinnbildliche“ Realisierung der Dialektik.)
Eine Einstellung ist dabei die *Zelle* der Montage.
Und sie muß demnach auch vom Standpunkt des *Konflikts* betrachtet werden.
Der Konflikt innerhalb einer Einstellung –
ist potentielle Montage; er bricht bei wachsender Intensität seine viereckige Zelle auseinander und bringt eigenen Konflikt in Form von Montageimpulsen in die Montageabschnitte ein;
wie ein mimisches Zickzack, das mit *denselben* Ausbrüchen in ein Zickzack räumlicher Bühnenarrangements überschwappt,
wie die Losung „Für Russen gibt es kein Hindernis“, die sich in den vielbändigen Peripetien des Romans „Krieg und Frieden“ entlädt.
Wollte man die Montage mit irgend etwas vergleichen, so ließe sich die Phalanx der Montageabschnitte, der „Einstellungen“, mit einer Serie von Explosionen im Verbrennungsmotor vergleichen, die sich in ihrer Montagedynamik gleichsam zu den bullernden „Stößen“ eines davonrasenden Automobils oder Traktors hochschaukeln.
Der Konflikt innerhalb einer Einstellung. Er kann durchaus vielgestaltig sein. Er vermag sogar eine Handlung zu tragen. Dann handelt es sich um die „Goldene Serie“[129]. Ein Stück Film von 120 m Länge. Das weder eine Analyse noch die Frage nach der Filmform wert ist.
„Filmisch“ hingegen sind:
Der Konflikt graphischer Richtungen (Linien),
der Konflikt von Aufnahmeebenen (untereinander),
der Konflikt von Rauminhalten,
der Konflikt von Massen (Räumen, angefüllt mit verschiedener Lichtintensität),
der Konflikt von Raumtiefen usw.
Dies sind Konflikte, die lediglich auf einen intensivierenden Impuls warten, um als Paare von antagonistischen Elementen auseinanderzufliegen. Von Nahaufnahmen und Totalen. Graphisch auseinanderstrebender Bildkompositionen. Der Konflikt zwischen räumlich und flächig arrangier-

ten Einstellungen. Dunklen und hellen Einstellungen … usw.
Schließlich gibt es auch solche Überraschungen wie den Konflikt zwischen einem Gegenstand und seiner räumlichen Darstellung oder den Konflikt zwischen einem Ereignis und seiner zeitlichen Darstellung.
Es mag merkwürdig klingen, aber dies sind uns längst bekannte Dinge.
Das erste ist die optische Verzerrung durch das Objektiv, das zweite der Filmtrick bzw. die Zeitlupe[130].
Bringt man alle Faktoren des Films auf den gemeinsamen Nenner einer einheitlichen Konfliktformel und vereint man die filmischen Merkmale zu einer dialektischen Folge nach *einem Parameter* – so ist dies kein rhetorisches Amüsement.
Wir suchen gegenwärtig nach einem einheitlichen System von Methoden des filmischen Ausdrucks, das alle Elemente des Films umfaßt.
Ihre Zusammenführung zu einer Reihe gemeinsamer Merkmale wird diese Aufgabe insgesamt lösen.

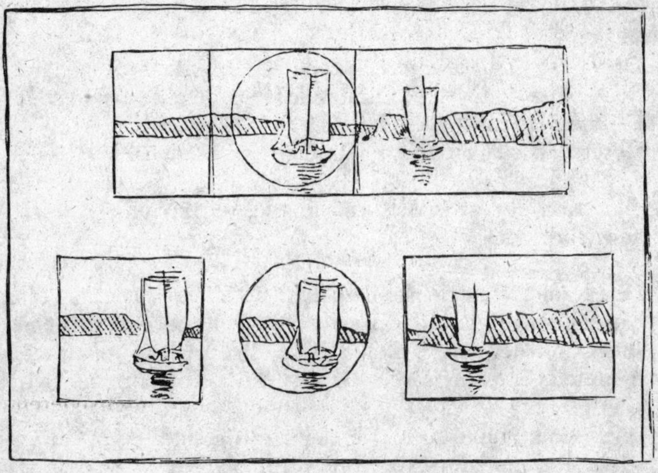

Abb. 3

Die Erfahrungen aus den einzelnen Elementen des Films sind nicht vergleichbar.
Während wir über Montage noch recht gut Bescheid wissen, bugsieren wir in der Theorie der Einstellung hilflos zwischen der Tretjakow-Galerie, dem Schtschukin-Museum[131] und jenen Geometrisierungen hin und her, die uns bereits zur Plage geworden sind.
Die Interpretation einer Einstellung als molekularen Einzelfall der Montage, das Auseinanderbrechen des Dualismus „Einstellung – Montage" ermöglichen die unmittelbare Anwendung der Montageerfahrungen auf die Theorie der Einstellung.
Dasselbe gilt für die Theorie der Beleuchtung. Wird sie als Zusammenprall eines Lichtstrahls mit einem Hindernis empfunden – ähnlich dem Strahl aus einem Wasserwerfer, der auf einen Gegenstand auftrifft, oder dem Wind, der auf eine Figur einpeitscht –, so ist eine völlig anders zu begreifende Verwendung der Beleuchtung möglich, als sie das Spiel mit „Vernebelungen" und „Spotlights" erlaubt.
Gegenwärtig funktioniert als ein solcher Hauptnenner das Konflikt-Prinzip: *das Prinzip des optischen Kontrapunkts* (darüber ein andermal mehr).[132]

*

Dabei ist nicht zu vergessen, daß uns die Lösung eines noch ganz anderen Kontrapunkts bevorsteht, nämlich des *Konflikts zwischen Akustik und Optik im Tonfilm.*[132]
Vorerst aber zurück zu einem der interessantesten visuellen Konflikte:
dem Konflikt zwischen Einstellungsbegrenzung und Gegenstand.

Der Kamerastandpunkt erscheint als Materialisierung des Konflikts zwischen der organisierenden Logik eines Regisseurs und der trägen Logik einer Erscheinung im Zusammenprall, erzeugt durch die Dialektik des Aufnahmewinkels.
In diesem Punkt sind wir gegenwärtig noch impressionistisch und bis zum Erbrechen prinzipienlos.
Dennoch gibt es auch in dieser Technik etwas streng Prinzipielles.

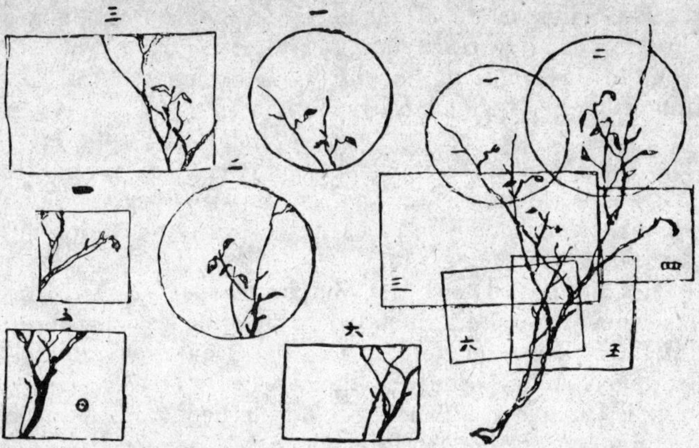

Abb. 4

Ein trockenes Viereck, das sich in die Zufälligkeit der organisch ausgebreiteten Natur kerbt …
Und wieder sind wir in Japan!
Denn so sehr filmisch ist eine Methode des Zeichenunterrichts in der japanischen Schule.
Unsere Methoden zum Erlernen des Zeichnens sehen doch so aus:
Man nehme ein gewöhnliches Blatt russischen Papiers mit vier Ecken. Und darauf werden nun, meist sogar ohne die Ränder zu berücksichtigen (sie werden vom langen Herumfummeln speckig!), eine langweilige Karyatide, ein eitles korinthisches Kapitell oder ein Dante aus Gips gequetscht (Dante, nicht etwa der Zauberkünstler, sondern jener Alighieri, der Komödienautor).
Die Japaner verfahren umgekehrt.
Da ist ein Kirschzweig oder eine Landschaft mit Segelboot.
Und der Schüler schneidet aus diesem Ganzen mal als Quadrat, mal als Kreis oder als Rechteck eine kompositorische Einheit heraus (Abb. 3 und 4).
Er wählt eine Einstellung!
Und so charakterisieren diese beiden Schulen (ihre und unsere) jene zwei Grundtendenzen, die im heutigen Film miteinander ringen!

Unsere Schule ist die absterbende Methode der räumlichen Anordnung einer Erscheinung vor dem Objektiv:
von der „Inszenierung" einer Episode bis hin zur Ansammlung einer buchstäblich babylonischen Menschenmenge vor der Kamera.
Die Japaner haben eine andere Methode, nämlich die des „Erobertseins" durch die Kamera, des Arrangierens durch sie. Das Herausmeißeln eines Wirklichkeitsausschnitts mit den Mitteln des Objektivs.
Jetzt allerdings, da sich der Mittelpunkt der Aufmerksamkeit vom Material der filmischen Abbildung als solchem im intellektuellen Film langsam auf „Aussagen und Schlußfolgerungen", auf „Losungen" zum Material verlagert, verlieren die Unterschiede beider Schulen an Bedeutung, und sie können getrost eine Synthese bilden.
Vor acht Seiten ist uns das Theater wie eine Galosche in der Straßenbahn abhanden gekommen.
Kehren wir also zurück zur Frage nach Montagemethoden im japanischen Theater,
insbesondere hinsichtlich des Spiels.
Das erste und auffallendste Beispiel ist sein rein filmisches Verfahren eines „übergangslosen Spiels".
Neben einer extremen Verfeinerung der mimischen Übergänge bedient sich der Japaner auch des ganzen Gegenteils.
In einem bestimmten Moment des Spiels unterbricht er dieses. Die „Schwarzen"[133] verstecken ihn diensteifrig vor dem Zuschauer. Und da taucht er schon, neu geschminkt, mit neuer Perücke wieder auf, was ein anderes Stadium (einen anderen Grad) seines emotionalen Zustandes charakterisiert.
So zum Beispiel wird im Stück „Narukami"[134] der Übergang Sadanjis[135] vom Betrunkensein zum Wahnsinn gelöst. Vermittels mechanischen Zerschneidens. Und durch die Veränderung des Satzes (des Arsenals) farbiger Streifen auf dem Gesicht, wobei jene hervorgehoben werden, die Aufgaben von höherer Intensität als bei der vorherigen Bemalung erfüllen.
Diese Methode ist für den Film organisch. Die gewaltsame Einfügung europäischer Schauspieltraditionen in den Film in Form von Abschnitten „emotionaler Übergänge" zwingt

ihn abermals dazu, auf der Stelle zu treten. Indessen aber bietet das Verfahren eines „zerschnittenen" Spiels die Möglichkeit, völlig neue Methoden zu konstruieren. Das Ersetzen eines sich ändernden Gesichts durch eine breite Skala verschiedenartig gestimmter Gesichter, durch Typage[136], die stets von schärferer Ausdruckskraft geprägt ist als die allzu gefügige Gesichtsoberfläche eines Berufsschauspielers, der jede organische Widerstandskraft fehlt.
Die Trennung der polaren Stadien von Gesichtsausdrücken nutzte ich zur krassen Gegenüberstellung in unserem neuen Dorffilm[137]. Dadurch wird das „Spiel des Zweifels" um den Separator schärfer zugespitzt. Wird die Milch nun dick oder nicht? Betrug? Geld? Hier ist der psychologische Prozess des Spielens der Motive – Glaube und Zweifel – in beide Extremzustände der Freude (Gewißheit) und des Schwermuts (der Enttäuschung) zerlegt worden. Außerdem wurde dies durch die Beleuchtung deutlich unterstrichen (eine Beleuchtung, die keineswegs milieugebunden oder real motiviert ist). Das führt zu einer bedeutenden Verstärkung der Spannung.
Ein anderer verblüffender Zug des Kabuki-Theaters ist das Prinzip des „zerlegten Spiels". So gestaltete der Hauptdarsteller für Frauenparts der Kabuki-Truppe während des Moskauer Gastspiels[138], Shochō, ein sterbendes Mädchen im „Maskenmacher"[139] in völlig voneinander abgetrennten Spielabschnitten.
Das Spiel allein mit dem rechten Arm. Das Spiel ausschließlich mit dem rechten Bein. Das Spiel – nur mit dem Hals und dem Kopf. Der ganze Prozeß der Agonie war in Solodarbietungen einer jeden „Einzelpartie" zerstückelt: in die Partie der Beine, die der Arme und des Kopfes. Eine Segmentierung in Einstellungen. Mit der Verkürzung der einzelnen alternierenden Abläufe bei Annäherung an ... das böse Ende – den Tod.
Indem sich der Schauspieler von einem primitiven Naturalismus freimacht, nimmt er den Zuschauer mit dieser Technik voll und ganz für den „Rhythmus" ein, wodurch die Szene, welche sich in ihrer Gesamtkomposition auf einen höchst konsequenten und minutiösen Naturalismus (Blut usw.) gründet, nicht nur annehmbar, sondern auch außerordentlich anziehend wird.

Ohne einen prinzipiellen Unterschied in der Frage von Prozessen innerhalb der Einstellung und der Montage zu machen, können wir sogleich ein drittes Verfahren anführen.
Der Japaner nutzt bei seiner Arbeit die Verzögerung in einem Maße, wie es unser Theater nicht kennt. Die berühmte Harakiri-Szene in den „47 Getreuen"[140]. Einen derartigen Grad der Bewegungsverlangsamung gibt es auf unseren Bühnen nicht. Während wir es beim vorherigen Beispiel mit der Zerlegung von Bewegungsverbindungen zu tun hatten, finden wir hier eine Segmentierung des Bewegungsprozesses vor. Die *Zeitlupe**. Ich kenne nur einen Fall der konsequenten Anwendung dieses technischen Verfahrens, in gestalterisch durchdachter Hinsicht. Gewöhnlich jedoch ist es entweder Malerisches – das „Unterwasserreich" („Der Dieb von Bagdad")[141] – oder ein Traum („Swenigora")[142]. Noch häufiger sind es einfach formale Spielereien und unmotivierte Jungenstreiche mit der Kamera ... („Der Mann mit der Kamera")[143]. Ich aber meine den „Fall des Hauses Usher"[144] von Epstein. Normal gespielte Begebenheiten, in Zeitlupe aufgenommen, ergeben durch ihre Dehnung auf der Leinwand eine ungewöhnliche emotionale Komprimierung (Presseberichten nach zu urteilen). Zieht man in Betracht, daß sich die Attraktivität der schauspielerischen Leistung für das Publikum auf die Imitation seitens des Zuschauers gründet, so lassen sich beide Beispiele leicht auf ein und dasselbe Motiv reduzieren. Die Intensität der Wahrnehmung wächst, denn der Nachahmungsprozeß vollzieht sich mit Hilfe einer zergliederten Bewegung leichter ...
Sogar die Bedienungsanweisung für ein Gewehr wurde mittels „Zerlegung" den allerschwerfälligsten Dickschädeln von „neu einberufenen Rekruten" eingehämmert ...
Die interessanteste Verbindung des japanischen Theaters ergibt sich gewiß erst zum Tonfilm, der von den Japanern das für ihn Wichtigste lernen sollte und kann: die Reduzierung visueller und akustischer Empfindungen auf einen physiologischen Hauptnenner. Diesem Problem habe ich einen ganzen Aufsatz in „Žizn' iskusstva" (Nr. 34/1928)[145] gewidmet, und daher gehe ich auf dieses Thema hier nicht näher ein.

* Im Original deutsch.

Somit ist es uns also gelungen, flüchtig festzustellen, wie die verschiedensten Zweige der japanischen Kultur von rein filmischen Elementen und deren Hauptnerv – der Montage – durchdrungen sind.
Und nur der Film verfällt demselben Irrtum wie das „nach links rückende" Kabuki.
Statt die Prinzipien und die Technik ihres außerordentlichen Spiels aus der Traditionseingebundenheit der feudalen Formen dessen, was sie spielen, herauszulösen, stürzen sich die tonangebenden Theaterschaffenden Japans darauf, die morbide Formlosigkeit des Spiels unserer „Intuitivisten"[146] zu entlehnen. Das Resultat ist kläglich und traurig.
Im Bereich des Films müht sich Japan ebenso, die widerlichsten Muster des gängigen amerikanischen und europäischen Marktramsches nachzuahmen.
Die eigene kulturelle Besonderheit zu erfassen und auf die nationale Filmkunst anzuwenden, das müßte für Japan jetzt vorrangig sein.
Kollegen Japaner! Sagt bloß, das überlaßt Ihr uns?

1929

Die vierte Dimension im Film

I

Vor genau einem Jahr, am 19. August 1928, noch vor Beginn der Endfertigung der „Generallinie“, schrieb ich in „Žizn’ iskusstva“, Nr. 34, im Zusammenhang mit dem Gastspiel des japanischen Theaters:

„... Im Kabuki ... existiert ein einheitliches, monistisches Empfinden für einen theatralischen „Reiz“. Der Japaner betrachtet das Theaterexperiment nicht als Vielzahl unvergleichbarer Einheiten verschiedener Kategorien der Einwirkung (auf verschiedene Sinnesorgane), sondern als einheitliche Größe *des Theaters.*

Wenn sich der Japaner an verschiedene Sinnesorgane wendet, gründet er seine Berechnung (eines jeden einzelnen „Abschnitts“) auf die Gesamt*summe* der Erregungen des Gehirns, ohne dabei zu berücksichtigen, *welchen* Weg er beschreitet ...“ (Žizn’ iskusstva, Nr. 34, 19. August 1928).[147]

Diese Charakteristik des Kabuki-Theaters erwies sich als Prophezeiung.

Ein solches Verfahren legte ich der Montage der „Generallinie“ zugrunde.

*

Die orthodoxe Montage ist eine Montage nach *Dominanten.* Das heißt, die Verknüpfung von Abschnitten untereinander entsprechend ihrem überwiegenden (Haupt-) Merkmal. Eine Montage nach dem Tempo. Nach der wichtigsten Bewegungsrichtung innerhalb der Einstellung. Nach Längen (der Dauer) von Abschnitten usw. Eine Montage nach dem Vordergrund.

Die dominierenden Merkmale zweier nebeneinanderstehender Abschnitte werden in die einen oder anderen Konflikt-Wechselbeziehungen gestellt, woraus sich der eine oder andere Ausdruckseffekt ergibt. (Gemeint ist hier ein *reiner Montageeffekt.*)

Diese Bedingung schließt alle Intensitätsstadien der Montagekopplung, des Zusammenstoßes, ein:

von total entgegengesetzten Dominanten, d. h. einer zugespitzten Kontraststruktur,
bis hin zu einem kaum merklichen „Hinübergleiten" eines Abschnitts in den anderen (alle Konfliktvarianten, also auch die des völligen Fehlens eines Konflikts).
Was die Dominante selbst betrifft, so kann sie auf keinen Fall als etwas Selbständiges, Absolutes und Unveränderlich-Stabiles betrachtet werden. Durch die eine oder andere Technik der Verarbeitung eines Abschnitts kann dessen Dominante mehr oder weniger, niemals jedoch absolut, bestimmt werden.
Die Charakteristik der Dominante ist veränderlich und relativ.
Die Enthüllung ihrer Charakteristik hängt von der Kombination der Abschnitte ab, für deren Kopplung sie selbst Bedingung ist.
Ist dies ein Kreis? Eine Gleichung mit zwei Unbekannten?
Eine Katze, die sich in den Schwanz beißt?
Nein, einfach eine genaue Definition dessen, was existiert.
Tatsächlich,
selbst wenn wir eine *Folge* von Montageabschnitten haben wie:
1) ein weißhaariger Alter,
2) eine weißhaarige Alte,
3) ein weißes Pferd,
4) ein schneeverwehtes Dach,
ist noch lange nicht klar, ob diese Abfolge auf „das Alter" oder auf „das Weiße" hinarbeitet.
Und diese Folge kann sehr lange fortgesetzt werden, bis schließlich ein Abschnitt auftaucht, ein Hinweis, der auf Anhieb die *gesamte* Folge auf das eine oder andere „Merkmal tauft".
Deshalb wird (in einer „orthodoxen" Struktur) auch empfohlen, einen derartigen Indikator möglichst gleich an den Anfang zu setzen. Mitunter muß das gezwungenermaßen mit Hilfe ... eines Zwischentitels getan werden.
Diese Überlegungen schließen eine undialektische Fragestellung nach der Eindeutigkeit einer Filmeinstellung völlig aus.

Eine Einstellung wird niemals zum Buchstaben, sondern bleibt immer eine vieldeutige Hieroglyphe.[148]
Und ihre Lesart bekommt sie erst aus der Kopplung – ebenso wie die Hieroglyphe, die ihre spezifischen *Bedeutungen*, ihren *Sinn* und sogar die Art und Weise ihrer *mündlichen Aussprache* (mitunter einander diametral entgegengesetzt) *erst in Abhängigkeit von den Kombinationen* des isolierten Lesens oder eines kleinen Zeichens, des ihm seitlich beigefügten Leseindikators, erlangt.
Im Vergleich zur orthodoxen Montage nach Teildominanten ist die „Generallinie“ anders montiert.
Den „Artistokratismus“ einer Einzeldominante löste die Methode der „demokratischen“ Gleichberechtigung aller Reize ab, die summarisch, als Komplex, betrachtet werden.
Die Sache ist die, daß die Dominante (mit allen Vorbehalten hinsichtlich ihrer Relativität) zwar der stärkste, bei weitem jedoch nicht der einzige Erreger eines Abschnitts ist. So zum Beispiel wird der sexuelle Reiz (sex appeal), der von einer amerikanischen Filmschönheit ausgeht, von mehreren anderen Reizen begleitet: dem Reiz – vom Stoff ihres Kleides, dem Lichtflimmerreiz (vom Charakter ihrer Ausleuchtung), dem rassisch-nationalistischen (positiv: der „heimische Typ der Amerikanerin“; oder negativ: die „Kolonialunterdrückerin“, für ein aus Negern oder Chinesen bestehendes Publikum), dem sozial-klassengebundenen Reiz usw.
Kurzum, den *zentralen* Reiz (sei es, wie beispielsweise in unserem Fall, der sexuelle) begleitet immer ein ganzer Komplex von zweitrangigen Reizen.
In völliger Übereinstimmung mit dem, was in der Akustik geschieht (insbesondere in der Instrumentalmusik).
Dort erklingen neben dem wesentlichen, dominierenden Ton gleichzeitig eine ganze Reihe von Nebentönen, die sogenannten Ober- und Untertöne. Ihre Konfrontation miteinander, der Zusammenprall mit der Dominante usw. umhüllen den eigentlichen Ton mit einer Menge zweitrangiger Klänge.
Während diese Nebenklänge in der Akustik lediglich „störend“ sind, stellen sie, kompositorisch durchdacht, in der Musik der linken Komponisten (Debussy, Skrjabin)[149] eines der bemerkenswertesten Wirkungsmittel dar.

Dasselbe trifft für die Optik zu. Dieselben Nebentöne, die hier als Abweichungen, Verzerrungen und andere Defekte auftreten – und durch Linsensysteme in den Objektiven beseitigt werden –, liefern, gestaltet, eine ganze Reihe von bildnerischen Effekten (Wechsel der Objektive von 28 mm bis 310 mm).

Verknüpft mit der Erfassung von Nebenklängen des aufzunehmenden Filmmaterials ergibt das, völlig analog zur Musik, einen visuellen *Oberton*komplex des Abschnitts.

Auf dieser Technik beruht die Montage der „Generallinie".

Diese Montage stützt sich keineswegs auf eine *Einzel*dominante, sondern nimmt als Dominante die Summe der *Reize* aller Erreger.

Jener eigenartige Montage*komplex innerhalb eines Abschnitts* entsteht aus Zusammenstößen und Kopplungen einzelner, ihm eigener Erreger,

die ihrer „äußeren Natur" nach unterschiedlich sind, sich jedoch auf eine stabile Einheit ihres reflektorisch-physiologischen Wesens reduzieren lassen.

Physiologisch deshalb, weil auch das „Psychische" in der Wahrnehmung lediglich ein physiologischer Prozeß der *höheren Nerventätigkeit* ist.

Auf diese Weise wird der physiologische summarische Klang des Abschnitts *im ganzen* als komplexe Einheit aller ihn herausbildenden Erreger zu seinem allgemeinen Merkmal.

Dies ist jenes besondere „Empfinden" eines Abschnitts, das der Abschnitt insgesamt auslöst.

Und das bedeutet für den Montageabschnitt genau dasselbe wie die Kabuki-Verfahren für einzelne Szenen dieses Theaters (siehe oben).

Wesentliches Kennzeichen des Abschnitts ist sein summarischer Einwirkungseffekt auf die Großhirnrinde insgesamt, und zwar unabhängig davon, auf welchen Wegen die sich zusammensetzenden Reize sie erreicht haben.

So können die erzielenden *Summen* miteinander in beliebige Konfliktzustände gebracht werden und damit völlig neue Möglichkeiten von Montagelösungen eröffnen.

Wie wir sehen, muß – kraft der Genetik dieser Verfahren – etwas ungewöhnlich *Physiologisches sie* begleiten.

Genauso wie jene Musik, deren Werke sich auf den forcierten Einsatz von Obertönen gründen.

Nicht die *Klassik* Beethovens, sondern das *physiologische* Moment eines Debussy oder Skrjabin.
Die ungeheuer physiologische Wirkung der „Generallinie" wird von sehr vielen hervorgehoben.
Und das eben deshalb, weil sie der erste Film ist, der nach dem Prinzip des visuellen Obertons montiert wurde.
Die Montage*methode* selbst kann auf interessante Weise überprüft werden.
Wenn im Kino in den schillernden klassischen Weiten der zukünftigen Filmkunst die Montage nach der Obertonika und gleichzeitig die nach der Dominante (Tonika) angewendet wird, so behauptet sich eine neue Methode – wie immer in der ersten Zeit – in der prinzipiellen Zuspitzung der Frage.
Die Obertonmontage sollte auf den ersten Schritten ihres Wachsens und Werdens eine Richtung einschlagen, die der Dominante kraß *entgegengesetzt* ist.
In vielen Fällen – zugegeben, auch schon in der „Generallinie" – lassen sich „synthetische" Kombinationen von tonaler und obertonaler Montage bereits finden.
Zum Beispiel: Das „Knierutschen unter Ikonen" in der „Kirchenprozession" oder der Grashüpfer und die Mähmaschine, die *visuell* nach ihrer *Geräusch*assoziation mit der betonten Herausarbeitung auch ihrer räumlichen Ähnlichkeit montiert wurden.
Doch in methodischer Hinsicht sind gewiß die A-Dominanten-Kombinationen charakteristisch. Oder solche, in denen die Dominante in rein physiologischer Funktion auftritt (was dasselbe ist). Zum Beispiel die Montage zu Beginn der „Kirchenprozession" nach den „steigenden Hitzegraden" oder die Montage zu Beginn der „Sowchos"-Episode nach der „steigenden Sinnlichkeit". Bedingungen außerfilmischer Disziplinen, die überraschend physiologische Gleichheitszeichen zwischen Stoffen setzen, welche sich logisch, formal und im Alltag absolut neutral zueinander verhalten.
Es gibt aber auch eine Menge Beispiele für Montagekopplungen, die wie ein Hohn auf die orthodoxe, scholastische Montage nach Dominanten wirken.
Dies zu entdecken ist am leichtesten, wenn man den Film „am Schneidetisch" durchlaufen läßt. Nur dann stellt sich absolut klar die völlige „Unmöglichkeit" solcher Montage-

kopplungen heraus, wie es sie in der „Generallinie" im Überfluß gibt. Dann zeigt sich auch die extreme Einfachheit ihrer Metrik und ihres „Taktmaßes".
Ganze gewaltige Passagen der Filmakte bestehen aus Abschnitten völlig gleicher Länge oder absolut primitiver Mehrfachkürzung. Die gesamte komplizierte rhythmisch-*sinnliche* Nuancierung der Kopplung von Abschnitten ist beinahe ausschließlich auf die Arbeit am „psycho-physiologischen" Klang eines Abschnitts ausgerichtet worden.
Die hier dargelegte Besonderheit der Montage der „Generallinie" habe ich, so extrem zugespitzt, selber auch erst „am Tisch" entdeckt.
Als ich die Kürzungen und den Feinschnitt vornehmen mußte.
„Die schöpferische Ekstase", von der die Arbeit beim Rohschnitt und bei der Montagegestaltung begleitet wird, „die schöpferische Ekstase", die bei der Wahrnehmung und Empfindung der einzelnen Einstellungen aufkommt, ist zu diesem Zeitpunkt bereits vorüber.
Kürzungen und Feinschnitt verlangen keine Inspiration, sondern lediglich Technik und Wissen.
Und während ich also die „Kirchenprozession" am Tisch durchzog, gelang es mir nicht, das Zusammenfügen der Abschnitte in auch nur eine einzige der orthodoxen Kategorien (innerhalb derer man aus reiner Erfahrung handelt) einzuordnen.
Am Schneidetisch, in völliger Unbeweglichkeit, ist absolut unbegreiflich, nach welchem Merkmal sie aneinandergefügt sind.
Es stellt sich heraus, daß das Kriterium ihrer Montage außerhalb der gewöhnlichen formalen Filmbegriffe liegt.
Und hier zeigt sich noch eine interessante Ähnlichkeit zwischen dem visuellen Oberton und dem musikalischen.
Auch er ist im unbewegten Abschnitt nicht auszumachen, genausowenig wie die musikalischen Obertöne in der Partitur fixiert sind.
Der eine wie der andere kommt als reale Größe erst in der Dynamik des musikalischen oder filmischen *Prozesses* auf.
Die beabsichtigten, jedoch nicht in die Partitur „eingetragenen" Obertonkonflikte entstehen nur in der dialektischen

Entwicklung: wenn der Film durch den Projektor läuft bzw. wenn das Orchester die Sinfonie spielt.
Der visuelle Oberton erweist sich als ein echtes Element ... der vierten Dimension.
Das im Dreidimensionalen räumlich nicht darstellbar ist und erst in der Vierdimensionalität (drei plus die Zeit) entsteht und existiert.
Die vierte Dimension?
Einstein? Mystik?
Es ist an der Zeit, damit aufzuhören, sich vor diesem „Pfui, Teufel" – der vierten Dimension – zu fürchten.
Wenn wir über so ein exzellentes Mittel zur Erkenntnis wie den Film verfügen, das sogar sein elementarstes Phänomen – die Wahrnehmung der Bewegung – mit Hilfe der vierten Dimension realisiert, werden wir bald lernen, uns konkret in der vierten Dimension zu orientieren und dort genauso heimisch werden – wie in unseren Hausschuhen.
Und dann wird die Frage nach einer ... fünften Dimension gestellt werden!
Die Obertonmontage ist die neue Montagekategorie für die uns bis jetzt geläufige Reihe von Montageprozessen.
Die unmittelbare Bedeutung der *Anwendung* dieser Methode ist *gewaltig*.
Und zwar für die brennendste Frage der Kinogegenwart – den Tonfilm.

*

In dem schon eingangs zitierten Artikel schrieb ich von der kontrapunktischen Methode der Kombination einer visuellen und einer akustischen Gestalt, und ich wies auf das „unverhoffte Zusammentreffen" hin, auf die Ähnlichkeit des Kabuki-Theaters mit dem Tonfilm.
„... Um diese Methode zu beherrschen, muß man in sich ein neues *Empfinden* herausarbeiten: *Das Vermögen, visuelle und akustische Wahrnehmungen auf einen ‚gemeinsamen Nenner' zu bringen ...*"
Und trotzdem sind *akustische* und *visuelle* Wahrnehmungen *nicht* auf einen Nenner zu *bringen*.
Sie sind Größen verschiedener Dimensionen.
Größen *einer Dimension* jedoch sind der visuelle und der akustische Oberton!

Wenn nämlich eine Einstellung die visuelle *Wahrnehmung* ist und der Ton die akustische, *stellen der visuelle wie der akustische Oberton summarisch die physiologische Wahrnehmung dar.*
Und zwar ein und derselben Ordnung, außerhalb der Akustik- und Gehör*kategorien*, die lediglich Vermittler und Wege zur Erlangung der Wahrnehmung sind.
Für den musikalischen Oberton (den Pulsschlag) paßt der Terminus „Ich höre" eigentlich schon nicht mehr.
Genau wie für den visuellen Oberton nicht mehr „Ich sehe".
Für beide tritt die neue, homogene Formel „Ich empfinde" in Kraft.[150]
Die Theorie und Methodologie des musikalischen Obertons ist erarbeitet und bekannt (Debussy, Skrjabin).
Die „Generallinie" führt den Begriff eines visuellen Obertons ein.
Im kontrapunktischen Konflikt zwischen visuellen und akustischen *Obertönen* wird die Komposition des sowjetischen Tonfilms geboren.

II

Ist nun die Methode der Obertonmontage eine abseitige und dem Film künstlich aufgepfropfte Technik, oder stellt sie einfach eine so übermäßige quantitative Anhäufung eines Merkmals dar, daß der Film einen dialektischen Sprung macht und sie nun als qualitativ neues Kennzeichen figuriert?
Mit anderen Worten, stellt die Obertonmontage eine folgerichtige dialektische Entwicklungsetappe des allgemeinen Systems von Montagetechniken dar, und existiert eine Erbfolge in bezug auf andere Montagearten?
Die uns bekannten formalen Montagekategorien reduzieren sich auf folgendes. (Eine Montagekategorie deshalb, weil man die Montage vom Standpunkt der Prozeßspezifik in verschiedenen Fällen charakterisiert, nicht aber nach äußeren „Parametern", die einen solchen Prozeß begleiten.)

1. Die metrische Montage

Hat die absolute Länge der Abschnitte als wesentliches Baukriterium. Verknüpft die Abschnitte untereinander ihren

Längen entsprechend in einem Formelschema. Wird in der Wiederholung dieser Formeln realisiert.

Spannung wird durch den Effekt einer mechanischen Beschleunigung mit vielfachen Kürzungen der Abschnitte erzeugt, wobei die Formel der Proportionen zwischen den Längen („zweifach", „dreifach", „vierfach") erhalten bleibt.

Ein primitives Beispiel für diese Methode ist: Kuleschows $^3/_4$-Marsch- und Walzermontage ($^3/_4 \cdot {}^2/_4 \cdot {}^1/_4$ usw.)[151].

Die Entartung dieser Methode: Eine metrische Montage im Taktmaß eines komplizierten Bruches ($^{16}/_{17} \cdot {}^{22}/_{57}$ usw.).

Ein derartiges Metrum hört auf, physiologisch einzuwirken, da es dem „Gesetz (der Beziehungen) einfacher Zahlen" widerspricht.

Einfache Relationen sichern eine deutliche Wahrnehmung, wodurch eine maximale Einwirkung gewährleistet wird.

Und darum sind sie in der gesunden Klassik immer auf allen Gebieten anzutreffen:

Die Architektur, die Farbe in der Malerei, die komplizierte Komposition Skrjabins sind stets kristallklar in ihren „Zergliederungen"; die Geometrisierung in szenischen Arrangements, die deutlichen Schemen rationalisierter staatlicher Einrichtungen usw.

Als ähnliches, jedoch negatives Beispiel mag Dsiga Wertows Film „Das elfte Jahr"[152] dienen, wo der metrische Modul[153] mathematisch derart kompliziert ist, daß man nur mit dem „Bandmaß in der Hand" eine Gesetzmäßigkeit darin feststellen kann, das heißt also nicht durch Wahrnehmung, sondern durch Ausmessen.

Das heißt keineswegs, daß man sich des Metrums bei der Wahrnehmung „bewußt" sein sollte. Ganz im Gegenteil. Ohne daß es ins Bewußtsein eindringt, ist das Metrum trotzdem unabdingbare Voraussetzung für die *Organisiertheit* einer Empfindung.

Seine Exaktheit bringt das „Pulsieren" eines Objekts mit dem „Pulsieren" des Publikums in Einklang. Ohne dies kann es keinen „Kontakt" zwischen beiden geben.

Eine allzu große Kompliziertheit metrischer Beziehungen ergibt ein Wahrnehmungschaos anstelle einer präzisen emotionalen Spannung.

Der dritte Fall einer metrischen Montage liegt zwischen diesen beiden: Es ist eine metrische Raffinesse, ein kompli-

ziertes Alternieren in ihren Wechselbeziehungen einfacher Abschnitte (oder umgekehrt).
Beispiele: Die Lesginka in „Oktober“ und die patriotische Manifestation in „Das Ende von St. Petersburg“[154] (das zweite Beispiel kann hinsichtlich der *rein metrischen* Montage als klassisch gelten).
Was den Bau innerhalb der Einstellung bei einer derartigen Montage angeht, so ist er vollständig der absoluten Länge des Abschnitts *untergeordnet*. Darum tendiert dieser Bau zu einem grob-dominanten Gestaltungscharakter (zur größtmöglichen „Eindeutigkeit“ einer Einstellung).

2. Die rhythmische Montage

Hier dient die Komposition der Einstellungen als *gleichberechtigtes* Element zur Bestimmung der faktischen Länge der Abschnitte.
Die Scholastik abstrakt festgelegter Längen wird durch die Flexibilität der Proportionen *faktischer* Längen ersetzt.
Hier stimmt die faktische Länge nicht mit der mathematischen überein, die ihr, einer metrischen Formel entsprechend, eingeräumt wird. Dabei wird die praktische Länge eines Abschnitts als Ableitung aus dessen Spezifik und aus seiner „theoretischen“ Länge bestimmt, wie sie ihm dem Schema nach zukommt.
Hier ist durchaus auch ein Fall völliger metrischer *Gleichheit* der Abschnitte möglich – ebenso wie der Bau rhythmisch gestalteter Figuren ausschließlich durch Kombination von Abschnitten nach ihren filmbildlichen Parametern.
Formale Spannung durch Beschleunigung wird hier durch Kürzung der Abschnitte nicht nur gemäß der Multiplizitätsformel des Grundschemas, sondern auch durch Verletzung dieses Kanons erreicht.
Am besten durch die Einführung von intensiverem Material mit denselben Tempomerkmalen.
Als klassisches Beispiel kann die „Treppe von Odessa“[155] dienen. Dort durchbricht die „rhythmische Trommel“ der herabsteigenden Soldatenstiefel jede Konvention der Metrik. Sie taucht außerhalb von Intervallen auf, die von einem Takt vorgeschrieben sind, und zwar jedesmal in einer anderen Einstellungsauflösung. Das letztliche Anwachsen der Spannung ist durch ein *Umschalten* des Schrittrhythmus der

die Treppe herabsteigenden Soldaten in eine andere, neue Bewegungsart – in das nachfolgende Intensitätsstadium derselben *Aktion* – den die Treppe herabstürzenden Kinderwagen – gegeben.

Hier fungiert der Kinderwagen in bezug auf die Stiefel als direkter Stadienbeschleuniger.

Das „Herabsteigen" der Beine geht in das „Herabrollen" des Kinderwagens über.

Vergleichen Sie des Kontrasts wegen das oben erwähnte Beispiel aus dem „Ende von St. Petersburg", wo die Spannung durch Kürzung *ein und derselben* Abschnitte bis hin zu einer minimalen zellenartigen Montage erreicht wird.

Für derartige vereinfacht-marschförmige Auflösungen ist die metrische Montage durchaus tauglich.

Für kompliziertere rhythmische Aufgaben erweist sie sich als unzureichend.

Ihre gewaltsame Anwendung – „trotz alledem" – in solchen Fällen führt zu Mißerfolgen. So geschah es zum Beispiel in dem Film „Sturm über Asien"[156] mit den religiösen Tänzen. Montiert auf der Grundlage eines komplizierten metrischen Schemas, das durch die Spezifik der inhaltlichen Beanspruchung der Abschnitte nicht korrigiert war, konnte diese Montage nicht den nötigen rhythmischen Effekt erzielen.

Diese Szene ruft beim Fachmann vielfach Befremdung und beim einfachen Zuschauer Verwirrung hervor. (Ein solcher Kasus kann künstlich durch musikalische Begleitung behoben werden, was hier auch geschah.)

Die dritte Montageart würde ich nennen –

3. Die tonale Montage

Dieser Terminus taucht erstmalig auf. Er bezeichnet das der rhythmischen Montage folgende Stadium.

In der rhythmischen Montage wurde die faktische Verlagerung als *Bewegung* innerhalb der Einstellung angenommen (entweder durch die Bewegung eines Gegenstandes im Feld der Einstellung oder die Verlagerung des Blickes entlang der Vektorenlinie eines unbeweglichen Gegenstandes).

Hier aber, in diesem Fall, wird Bewegung breiter aufgefaßt. Hier steht der Begriff Bewegung für alle *Vibrationsarten*, die von einem Abschnitt ausgehen.

Hier verläuft die Montage nach emotionalem Klang eines Abschnitts. Der dabei *dominant* ist. Es geht um die Klangfarbe des Abschnitts insgesamt.
Wird sie als emotionale Tonalität des Abschnitts wahrgenommen, das heißt durch ein „impressionistisches" Merkmal charakterisiert, so ist das einfach ein Irrtum.
Das Charakteristikum eines Abschnitts ist auch hier gesetzmäßig meßbar, wie in dem einfachen Beispiel mit dem „Bandmaß" in der grob-metrischen Montage.
Nur die Maßeinheiten sind andere. Und die Meßgrößen selber auch.
Zum Beispiel ist der Grad der Lichtschwankungen innerhalb eines ganzen Abschnitts nicht nur mit Hilfe eines Selenfotoelements absolut meßbar, sondern die Lichtschwankungen lassen sich auch mit dem bloßen Auge durchaus graduell wahrnehmen.
Und wenn wir eine Einstellung, die in erster Linie mit Hilfe der Beleuchtung gestaltet ist, bedingt emotional als „mehr düster" bezeichnen, so kann das mit Erfolg durch einen mathematischen Koeffizienten für das elementare Maß an Beleuchtung ersetzt werden (ein Fall von „Lichttonalität").
In einem anderen Fall, wenn wir einen Abschnitt als „scharf konturiert" bezeichnen, ist es sehr leicht, diese Definition auf die überwiegende Anzahl spitzwinkliger Einstellungselemente – im Vergleich zu den gewölbten Bestandteilen – zurückzuführen (ein Fall von „graphischer Tonalität").
Das Kombinieren von Stufen weicher Brennweite oder verschiedener Schärfegrade ist ein typisches Beispiel für tonale Montage.
Wie oben bereits erwähnt, gründet sich dieser Fall auf den *dominierenden* emotionalen Klang, der von einem Abschnitt ausgeht. Als Beispiel mögen die „Nebel im Hafen von Odessa" (Der Beginn der „Trauer um Wukulintschuk" im „Potjomkin") dienen.
Hier stützt sich die Montage ausschließlich auf den emotionalen „Klang" einzelner Abschnitte, das heißt auf rhythmische Schwankungen, die nicht zu räumlichen Bewegungen führen.
Hierbei ist interessant, daß neben der tonalen Grunddominante gleichsam eine zweite, sekundäre rhythmische Dominante der Abschnitte wirkt.

Sie ist gewissermaßen das verbindende Glied zwischen der tonalen Konstruktion dieser Szene und der rhythmischen Tradition, deren weitere Entwicklung die tonale Montage insgesamt darstellt.
Wie auch die rhythmische Montage eine spezielle Modifikation der metrischen Montage ist.
Diese sekundäre Dominante ist in der kaum merklichen Bewegung der Wasseroberfläche, im leichten Schaukeln der vor Anker liegenden schlafenden Schiffe, im langsam aufsteigenden Rauch, in den sich sacht aufs Wasser setzenden Möwen realisiert worden.
Eigentlich sind das bereits Elemente *tonaler* Ordnung. Die Bewegungen sind Verlagerungen des nach dem tonalen – und nicht nach dem räumlich-rhythmischen – Merkmal zu Montierenden. Denn hier werden die räumlich nicht meßbaren Veränderungen ihrem emotionalen Klang nach kombiniert.
Der Hauptindikator der Montage von Abschnitten jedoch verbleibt voll und ganz im Bereich der Kombination von Einstellungen nach ihren wesentlichen optischen Lichtschwankungen (nach dem Grad der „Nebligkeit" und „Helligkeit" also). In der Struktur dieser Schwankungen offenbart sich die völlige Identität mit der Moll-Tonlage in der Musik.
Außerdem liefert uns dieses Beispiel ein Muster für die *Konsonanz* der Kombinationen von Bewegung als *Verlagerung* und Bewegung als *Lichtschwankung*.
Die Intensivierung der Spannungen vollzieht sich auch hier nach dem Maß der *Komprimierung* ein und desselben „musikalischen" Merkmals der Dominante.
Als besonders anschauliches Beispiel für eine solche Spannungssteigerung mag die Szene „Verspätete Ernte" („Generallinie", Akt V) dienen.
Wie beim Bau des Films insgesamt – so ist auch hier, in diesem einzelnen Fall, seine wesentliche Inszenierungsmethode beibehalten worden.
Und zwar der Konflikt zwischen dem „Inhalt" und einer für ihn traditionellen „Form".
Eine pathetische Struktur ist für einen unpathetischen Stoff herangezogen worden. Der Erreger ist von der ihm immanenten Situation isoliert (zum Beispiel die Intepretation der

Erotik in diesem Film) bis hin zu paradoxen tonalen Gebilden. Ein „Industriemonument" entpuppt sich als Schreibmaschine. Eine Hochzeit ... als die zwischen einem Ochsen und einer Kuh ...

Darum ist das thematische Moll der Ernte als Dur von Sturm und Regen gelöst (ja, die Ernte selbst – ein traditionelles Dur – Thema der Fruchtbarkeit in gleißenden Sonnenstrahlen – wird zur Gestaltung eines Moll-Themas – zudem vom Regen durchnäßt – benutzt).

Hier vollzieht sich das Anwachsen der Spannung mittels einer inneren Verstärkung des Klangs von ein und derselben dominanten Saite. Der ansteigende *„Luftdruck"* des Abschnitts *vor dem Gewitter.*

Wie schon im vorhergehenden Beispiel, so wird auch hier die tonale Dominante – Bewegung als Lichtschwankung – von einer zweiten Dominante, einer rhythmischen, begleitet, das heißt durch Bewegung als Verlagerung.

Hier ist sie durch zunehmenden Wind realisiert worden, der sich aus „Luftzügen" zu „Strömen" von Regen verdichtet. (Eine völlige Analogie: die Schritte der Soldaten, die in die Bewegung des Kinderwagens übergehen.)

In der Gesamtstruktur ist die Rolle von Regen und Wind hier durchaus mit der Verbindung zwischen den rhythmischen Schwankungen und der weichen Unschärfe des ersten Beispiels identisch. Freilich ist der *Charakter* der Wechselbeziehungen genau entgegengesetzt. Im Kontrast zur Konsonanz des ersten Beispiels haben wir es hier mit ihrer Umkehrung zu tun.

Die sich verdichtenden, unbeweglichen schwarzen Wolken werden dem in seiner Dynamik zunehmenden Wind gegenübergestellt, der immer stärker aufkommt und aus Luftströmen in Wasserströme – dem nächsten Intensitätsstadium der dynamischen Attacke auf Frauenröcke und späten Roggen – mündet.

Hier liefert uns der Zusammenprall zweier Tendenzen des Zunehmens der Statik und des Eskalierens der Dynamik – ein anschauliches Beispiel für die *Dissonanz* in einer tonalen Montagestruktur.

Vom Standpunkt der emotionalen Wahrnehmung ist „Ernte" ein Beispiel für ein *tragisches* (aktives) Moll – im Unterschied zum *lyrischen* (passiven) Moll, dem „Hafen von Odessa".

Interessant ist, daß beide Beispiele nach der nächstliegenden Bewegungsart montiert sind, die auf die Bewegung als Verlagerung folgt. Und zwar nach der „Farbe“:
im „Potjomkin“ vom Dunkelgrau zum Neblig-Weißen (motiviert durch „Morgendämmerung“),
in „Ernte“ vom Hellgrau zum Blei-Schwarzen (motiviert durch das „Herannahen des Gewitters“), das heißt nach der Frequenz der Lichtschwankungen, die in einem Fall *zunimmt* und im anderen *abnimmt*.
Hier haben wir eine komplette Wiederholung des Bildes einer einfachen metrischen Komposition, jedoch übertragen in eine neue, beträchtlich höhere Bewegungskategorie.
Als vierte Art der Montagekategorien können wir mit vollem Recht

4. Die Obertonmontage

herausstellen.
Wie wir sehen, ist die einleitend charakterisierte Obertonmontage eine weitere organische Entwicklungsstufe der Linie der tonalen Montage.
Von ihr unterscheidet sie sich, wie oben angemerkt wurde, durch die summarische Berücksichtigung aller Reize eines Abschnitts.
Und dieses Merkmal führt die Wahrnehmung aus der *melodisch-emotionalen Färbung heraus – in die unmittelbar physiologische Sinnesempfindbarkeit.*
Ich meine, auch das ist eine folgerichtige Weiterentwicklung der tonalen Montage.
Diese vier Kategorien sind *Montagetechniken.*
Eigentlich werden sie erst dann zu *Montagestrukturen,* wenn sie zueinander in konfliktreiche Wechselbeziehungen treten (in den angeführten Beispielen ist das der Fall).
Während sie einander als Schema von Wechselbeziehungen wiederholen, entwickeln sie sich zu mehr und mehr verfeinerten Modifikationen der Montage, die organisch auseinander hervorgehen.
Der Übergang von einer metrischen zu einer rhythmischen Technik ergab sich aus dem Konflikt zwischen der Länge eines Abschnitts und der Bewegung innerhalb der Einstellung.
Der Übergang zur tonalen Montage ergibt sich aus dem

Konflikt zwischen dem rhythmischen und dem tonalen Element eines Abschnitts.

Und schließlich die Obertonmontage – aus dem Konflikt zwischen dem tonalen Element eines Abschnitts (dem dominanten) und dem Obertonelement.[157]

Diese Überlegungen liefern uns außerdem ein interessantes Bewertungskriterium der Montagestruktur von ihrer „malerischen" Komponente aus gesehen. Das Malerische wird hier dem Filmischen gegenübergestellt. Das Ästhetisch-Malerische dem Physiologisch-Animalischen.

Über das Malerische einer *Einstellung* im Film zu urteilen ist naiv. Das tun Leute mit einer nicht schlechten bildnerischen Kultur, die jedoch filmisch absolut unqualifiziert sind. Dazu können zum Beispiel die Äußerungen von Kasimir Malewitsch[158] über den Film gerechnet werden. Kein Film-Säugling würde sich heute daranmachen, die „Filmbildchen" vom Standpunkt der Tafelmalerei aus zu analysieren.

Ich meine, folgende Einschränkung sollte als Kriterium für das „malerische Moment" der Montagestruktur im weitesten Sinne des Wortes dienen: ein Konflikt muß innerhalb einer Montagekategorie gelöst werden, das heißt, zwischen den verschiedenen Montagekategorien darf kein Konflikt aufkommen.

Filmkunst beginnt dort, wo der Zusammenprall unterschiedlicher filmischer Dimensionen der Bewegung und der Schwankung einsetzt.

Zum Beispiel: Der „malerische" Konflikt zwischen einer Figur und dem Horizont (egal, ob in der Statik oder der Dynamik) bzw. das Alternieren verschieden beleuchteter Einstellungen allein vom Standpunkt der Konflikte von Lichtschwankungen oder der Wechsel des Konflikts zwischen der Form eines Gegenstandes und seiner Beleuchtung usw.

Es sollte weiterhin vermerkt werden, wie die verschiedenen Montagekategorien auf den „psycho-physiologischen" Komplex des Wahrnehmenden einwirken.

Die erste Kategorie ist von einer groben Motorik der Einwirkung geprägt. Sie ist in der Lage, den Zuschauer zu bestimmten äußerlich-motorischen Reaktionen zu bewegen.

So zum Beispiel ist die „Heuernte" („Generallinie") montiert. Einzelne Abschnitte sind „eindeutig“ in der Bewegung von einer Bildgrenze zur anderen aufgenommen, und ich habe von ganzem Herzen gelacht, als ich den empfänglichsten Teil des Publikums beobachtete, der rhythmisch von einer Seite zur anderen schwankte, und zwar zunehmend schneller, je kürzer die Abschnitte wurden. Es war derselbe Effekt, den Trommel und Blaskapelle erzeugen, die einen einfachen Marsch spielen.

Die zweite Kategorie nennen wir eine rhythmische, man könnte sie ebenso gut als primitiv-emotionale bezeichnen. Hier ist die Bewegung differenzierter berücksichtigt, denn die Emotion ist auch ein Resultat der Bewegung, allerdings einer Bewegung, die nicht primitiv-äußerlich, als Verlagerung, verstanden wird.

Die dritte, die tonale Kategorie, könnte man als melodisch-emotional bezeichnen. Hier geht die Bewegung, die schon in der zweiten Kategorie keine Verlagerung ist, deutlich in das emotionale *Vibrieren* einer noch höheren Ordnung über.

Die vierte Kategorie wiederholt, gleichsam mit einem neuen Zustrom von reinem Psychologismus der höchsten Intensitätsstufe, die erste Kategorie, wobei diese erneut in das Stadium der Verstärkung unmittelbarer Motorik tritt.

In der Musik wird das dadurch erklärt, daß mit dem Einsetzen der Obertöne parallel zum Grundklang noch ein „Pulsieren“ anhebt, das heißt ein Typ von Schwankungen, die nicht mehr als Töne, sondern eher als rein physische „Verschiebungen“ wahrgenommen werden. Das trifft für die scharf ausgeprägten Klangfarbeninstrumente zu, bei denen die obertonalen Elemente überwiegen.

Den Eindruck einer physischen „Verschiebung“ erwecken sie mitunter fast buchstäblich: sehr große türkische Trommeln, Glocken, eine Orgel.

An einigen Stellen der „Generallinie“ ist es gelungen, konfliktgeladene Kopplungen tonaler und obertonaler Linien einzusetzen. Sie mitunter gar auch einer metrisch-rhythmischen Linie zu konfrontieren. Zum Beispiel einige Knotenpunkte innerhalb der Kirchenprozession: „das Knierutschen“ unter Ikonen, die schmelzenden Kerzen und die keuchenden Schafe im Augenblick der Ekstase usw.

Interessant ist, daß wir im Verlauf der Analyse völlig unbemerkt ein substantielles Gleichheitszeichen zwischen

Rhythmus und *Ton* gesetzt haben, wodurch wir zwischen ihnen eine ebensolche folgerichtige Entwicklung feststellten, wie ich das seinerzeit in bezug auf die Begriffe *Einstellung* und *Montage* tat.

Folglich ist der Ton ein Stadium des Rhythmus.

Alle, die vor derartigen Verbindungen und der Verlagerung von Eigenschaften eines Stadiums in ein anderes aufgrund einer analytischen und methodologischen Zielstellung zurückschrecken, möchte ich an ein Zitat erinnern, das die wesentlichen Elemente der Dialektik betrifft:

„... Dies sind allem Anschein nach die Elemente der Dialektik. Detaillierter kann man sich diese Elemente wohl so vorstellen:

1) ...

11) unendlicher Prozeß der Vertiefung der Erkenntnis des Dinges, der Erscheinungen, Prozesse usw. durch den Menschen – von den Erscheinungen zum Wesen und vom weniger tiefen zum tieferen Wesen.

12) vom Nebeneinander zur Kausalität und von der einen Form des Zusammenhangs und der wechselseitigen Abhängigkeit zu einer anderen, tieferen, allgemeineren.

13) die Wiederholung bestimmter Züge, Eigenschaften etc. eines niederen Stadiums in einem höheren und

14) die scheinbare Rückkehr zum Alten ... (Negation der Negation)

(Lenin, Konspekt zu Hegels „Wissenschaft der Logik")[159]

Nach diesem Zitat, meine ich, wird auch die nächste Kategorie der Montage, die als eine noch höhere Stufe – und zwar als intellektuelle Montage – definiert wird, auf keinen Widerspruch mehr stoßen.

Die intellektuelle Montage ist keine Montage aus grob-physiologischen Obertonklängen, sondern aus Klängen von Obertönen intellektueller Ordnung,

das heißt eine konfliktgeladene Kombination intellektueller Begleiteffekte untereinander.

Die Verbindung ergibt sich hier aus der Tatsache, daß es keinen prinzipiellen Unterschied mehr zwischen der Motorik des Ins-Wanken-Bringens eines Menschen unter dem Einfluß einer grob-metrischen Montage (siehe Beispiel mit der Heuernte) und dem intellektuellen Prozeß in ihm gibt, denn der intellektuelle Prozeß ist eine ebensolche Erschütterung, sie vollzieht sich jedoch nur in den Zentren der höheren Nerventätigkeit.

Wenn im ersten Fall unter dem Einfluß der „Steptanzmontage" Arme und Beine erzittern, kommt es im zweiten Fall völlig identisch zu einer ebensolchen Erschütterung bei anderskombinierter intellektueller Erregung in den Geweben des höheren Nervensystems, des Denkapparats.

Und wenn sie auch in den Erscheinungsformen faktisch unterschiedlich wirken, so sind sie vom Standpunkt des „Wesens" (des Prozesses) natürlich identisch.

Die Anwendung einer auf niedrigen Stufen gemachten Arbeitserfahrung auf Kategorien höherer Ordnung ermöglicht es, eine Attacke direkt ins Herz der Dinge und Erscheinungen zu führen.

Und so wurde der Fall des intellektuellen Obertons zur fünften Kategorie.

Als Beispiel dafür mögen die „Götter" in „Oktober" dienen,[160] wo alle Bedingungen ihrer Gegenüberstellungen ausschließlich durch den klassengebundenen intellektuellen Klang des Abschnitts „Gott" determiniert wurden (klassengebunden, weil – wenn das emotionale „Element" allgemeinmenschlicher Natur ist – das intellektuelle doch in seiner Wurzel klassenmäßig gefärbt ist.)

Diese Abschnitte sind wie eine steigende intellektuelle Tonleiter zusammengefügt und führen die Idee Gottes auf den Holzklotz zurück.

Das ist allerdings noch nicht der intellektuelle Film, wie er von mir bereits vor einigen Jahren proklamiert wurde.

Der intellektuelle Film wird die konfliktreiche Kombination von physiologischen und intellektuellen Obertönen lösen (vergleiche den Aufsatz „Perspektiven" in der Zeitschrift „Iskusstvo", Nr. 1–2) und eine nie dagewesene Form der Filmkunst schaffen – als Beitrag der Revolution zur allgemeinen Kulturgeschichte, indem sie eine Synthese von Wissenschaft, Kunst und kämpferischem Klassencharakter schafft.

Wie wir also sehen, kommt dem Oberton in Zukunft eine gewaltige Bedeutung zu.

Um so mehr gilt es, aufmerksam in die Probleme seiner Methodologie einzudringen und ihn allseitig zu erforschen.

1929

Rede auf der Allunionskonferenz sowjetischer Filmschaffender

Es ist schrecklich unvorteilhaft, mit Applaus empfangen zu werden: Bekommt man ihn als Vorschuß, so ist man erst recht beunruhigt, was wohl gegen Ende der Rede geschehen mag.

Sie wissen, daß ich kein guter Redner bin. Ich dachte, mit zwei oder drei kurzen Bemerkungen bei dieser Wortmeldung über die Runden zu kommen. Doch wie unsere vorbereitende Sitzung und die Rede von Sergej Sergejewitsch[161] gezeigt haben, ist es notwendig, über eine ganze Reihe von Fragen zu sprechen. Nämlich über solche, die, so möchte man glauben, längst der Vergangenheit angehören – und trotzdem noch immer so manchen erregen und diskutiert werden, obwohl sie eigentlich gar nicht mehr existieren. Und deshalb muß ich Stellung nehmen, einige Grundsätze, die ich früher einmal hatte, neu überdenken: prüfen, wie sie in der qualitativ neuen Situation klingen; herausbekommen, was mit ihnen geschieht, und vieles andere mehr. Kann sein, daß einiges begraben wird, vielleicht aber auch nicht …

Zwischenruf aus dem Saal: Vermerken Sie im Stenogramm, daß Eisenstein dabei lächelt.

Nein, bitte keine Anmerkungen, das ist einfach unfair.

Hier wurde in allerhand Reden auf meine Haltung zu unserem filmischen Erbe im Zusammenhang mit dem fünfzehnten Gründungsjubiläum der sowjetischen Kinematographie eingegangen. Sie wissen, daß es darum Streit gab und daß ich dazu eine ganz bestimmte, nicht unbekannte Position einnehme, aus der aber eine Reihe unterschiedlicher Schlußfolgerungen gezogen wurden, die mit meiner Haltung schon nichts mehr zu tun haben.

Ich möchte vor allem über mein Verhältnis zum fünfzehnten Jahrestag unserer Filmkunst sprechen. Ich meine, daß in meinem letzten „Izvestija"-Artikel[162] ziemlich genau über die Position, die ich zur Filmkunst insgesamt einnehme, Auskunft gegeben wird. Weder die Vertuschung einer Periode noch ihre Verleumdung oder die Unterschätzung irgendeiner Etappe habe ich mir zuschulden kommen lassen.

Dort ist haargenau dargelegt, welche Vorstellung ich von dem gesamten Fünfzehnjahreszeitraum habe. Hierzu muß gesagt werden, daß es in der „Izvestija" auf Grund des knappen „Wohnraums", den man mir überließ, zu einigen Kürzungen kam, und es kann sein, daß mein Empfinden dieses Zeitabschnitts nicht plastisch genug sichtbar wird. Dort habe ich den Gedanken formuliert, daß der Stilwechsel und der gemeinsame Weg unserer Filmkunst, ihr Entwicklungsprozeß und Werdegang selber eine Art komplexes Sinnbild für den revolutionären Verlauf der Geschichte sind.

Unsere Filmkunst setzt mit dem spontanen „Massenprotagonisten" ein, mit der Masse als Held. Danach – gegen Ende ihrer ersten fünfzehn Jahre – beginnt sich der spontan-massenhafte Stil der ersten Periode als Serie einzelner Figuren und Gestalten zu individualisieren. Es kommt zu einer ganzen Folge individueller Charaktere von Bolschewiki, die in der Vielfalt ihres illegalen revolutionären Kampfes, ihrer Schlachten an den Fronten des Bürgerkrieges und beim Aufbau des Sozialismus gezeigt werden. Wobei das allgemeine Bild dieser fünfzehn Jahre gleichsam die Einheit der Führer, der Helden und der Masse in einer ganzen und umfassenden Gestalt symbolisiert. Diese Korrektur und Präzisierung hätte ich gern noch eingebracht.

Ebendort habe ich geschrieben, daß gerade der Prozeß, der sich in unserer Filmthematik vollzieht – der Übergang von revolutionären Verallgemeinerungen („Überhaupt") zu parteilich-revolutionärer Thematik –, ein Symbol nicht nur für unsere Kinematographie darstellt; er ist das spezifische Sinnbild für die Bolschewisierung der Massen auch im Westen, die mit der Einheitsfront gegen den Faschismus beginnt, von der wir alle wissen.

Dies ist mein Gesamteindruck von den fünfzehn zurückliegenden Jahren unserer Filmkunst. Und er verdient wohl kaum Angriffe.

Was die Untersuchung einzelner Phasen unserer Filmkunst betrifft, ihre Ablösung und das Entstehen der letzten Errungenschaften, so hatte ich ein Drei-Etappen-Schema umrissen, das, so muß ich bemerken, Anfeindungen, Kränkungen, Gereiztheiten, Korridorgeflüster und ähnliches nach sich zog. Ich will nicht behaupten, das von mir skizzierte

Schema sei erschöpfend. Wie jedes Schema ist es natürlich gewissermaßen bedingt und ... schematisch. Doch im wesentlichen, meine ich, sind in ihm einige Tendenzen jener Entwicklung des Films, die wir alle durchgemacht haben, fixiert und richtig eingefangen worden. Beim weiteren Voranschreiten sollten wir uns darüber im klaren sein, worin die Leistungen und die Fehlschläge der einzelnen Etappen, die wir hinter uns gebracht haben, bestanden, und was von dem Vergangenen falsch und was richtig war; welche Erscheinungen und Standpunkte ausschließlich für ihre Zeit typisch sind; welche Elemente in neuer Qualität fortbestehen können. Überhaupt muß eine gewisse Bilanz gezogen werden.

Mir schien, daß viele der früheren Formulierungen bereits seit langem abgegriffen sind und als Diskussionsgegenstand nicht mehr auf der Tagesordnung stehen. Unterdessen geht aus Gesprächen mit Kollegen und dem Referat von Sergej Dinamow hervor, daß wir uns noch über ein ganzes Paket von Fragen einigen müssen. Darum erlaube ich mir auch, einige Tendenzen neu zu überdenken, die es bei uns gegeben hat und die noch immer als Objekt von Analysen existieren und beunruhigen.

Sie wissen, daß ich unsere Filmkunst in etwa drei Etappen einteile, wobei die dritte bzw. vierte, wenn Sie es so wollen, bereits jene synthetische Etappe ist, die jetzt begonnen hat und schon gewisse Errungenschaften wie „Tschapajew“[163], [„Maxims Jugend“[164], „Bauern“[165]]* und „Das Glück“[166] von Medwedkin aufweist.

Meine Einteilung sieht so aus: Die Jahre 1924–1929 verliefen unter dem Banner der *Typage*[167] *und Montage.* Die nächste Etappe – von Ende 1929 bis Ende 1934. Sie verlief in erster Linie unter dem Vorzeichen der Annäherung an die Probleme *des Charakters und des Dramas.* Dabei sind die Merkmale des Charakters und des Dramas eine nächste Entwicklungsstufe dessen, was in der vorangegangenen Periode embryonal als Typage und Montage in Erscheinung trat.

Was waren die Grundorientierungen der ersten Periode 1924–1929?

An die erste Stelle setze ich das Typage-Problem. Dabei be-

* Nach Stenogramm eingefügt.

trachte ich es nicht als das Merkmal einzelner Werke, einzelner Meister, sondern als eine jener großen allgemeinen Tendenzen, die für die gesamte Filmkunst dieser Periode vorherrschend waren.

Typage verstehe ich hier in einem sehr weitgefaßten Sinn. Bei einzelnen Meistern und einzelnen Gruppen erfuhr sie eine spezifische Nuancierung, eine besondere Charakteristik, doch die allgemeine Entwicklung war dieselbe. Sie bestand darin, jene Fakten und jene Menschen, wie sie die Gegenwart damals hervorbrachte, in minimal „verarbeiteter“ und umgeformter Gestalt zu zeigen. Diese Tendenz äußerte sich bei verschiedenen Regisseuren auf unterschiedliche Weise. Eine Extrem-Position wurde von der Gruppe „Film-Auge“[168] vertreten, die überhaupt keinen Eingriff zuließ – und zwar als programmatischer Vorsatz. Wir wissen, daß in anderen Fällen (in Kuleschows Werkstatt) der Schauspieler zum „lebenden Modell“[169] wurde. Bei Pudowkin[170] wirkte der Berufsschauspieler als Einzelfall eines Menschen, als spezieller Fall eines „lebenden Modells“ …

In meinen Filmen wurde das Typage-Prinzip in dieser weitgefaßten Form wahrscheinlich am konsequentesten durchgehalten, wobei ich gegen Ende dieser Periode so weit gehe, daß selbst Marfa Lapkina[171] zu spielen beginnt, das heißt, wir verfallen ins andere Extrem: eine Typage, die als Schauspieler benutzt wird. (Was dabei herausgekommen ist, wissen Sie selbst.)

Die Hauptaufgabe bestand darin, einen Menschen, den wir auf der Leinwand darstellten, nach Möglichkeit nicht künstlerisch umzuformen und auch nicht nachzugestalten, sondern zu „demonstrieren“. Uns also gewissermaßen in das, was wir aufnahmen, „nichteinzumischen“. Darin bestand das Grundmerkmal dieser Periode.

So verhielten wir uns auch dem Material gegenüber, zum Beispiel einem historischen Ereignis – dann bezog sich dieses Merkmal nicht nur auf einen einzelnen, von uns dargestellten Menschen, sondern auch auf den Charakter der von uns gestalteten Ereignisse: Wir bemühten uns, historische Vorkommnisse so zu nehmen, wie sie waren, und sie nach Möglichkeit nicht zu einem Drama umzukomponieren.

Diese Methode, Typage so zu handhaben, spielte eine sehr große Rolle, sie wurde eine betont stilistische. In der Tat,

versucht eine Sache in ihrem alten Zustand zu verharren und wird sie keiner kräftigen Verformung des sie Gestaltenden ausgesetzt, dann bleibt nur ein Mittel: das der *Gegenüberstellung* der unverzerrten Objekte, also das, was wir Montage nennen. Und wir sehen, daß in dieser Periode (sowohl im guten als auch im schlechten Sinn dieses Wortes) die raffinierte Montage als hauptsächliche Methode dient, die Wirklichkeit nachzugestalten. In einer Reihe von Werken dieser Periode verträgt sich auf wunderbare und harmonische Weise das Innere einer Einstellung mit der Montage. Aber wir wissen auch, daß dieselbe Montage denjenigen einen ziemlich bösen Streich gespielt hat, die sich darum bemüht haben, die Dinge geringfügig zu verzerren. Ausgerechnet sie wurde in erster Linie zu dem Mittel, mit dessen Hilfe man jenes Wirklichkeitsmaterial auf jede Art und Weise zu verformen und zu modifizieren begann, das man unberührt zu lassen bemüht gewesen war. Die Montage nimmt bis zu einem bestimmten Grad alle Elemente des Films in sich auf. Aus dieser Zeit stammen beispielsweise meine Aussagen, die so maximalistisch sind, daß manche Leute den Eindruck gewinnen, ich schätzte den sogenannten Inhalt der Einstellung nicht hoch genug, obwohl das ein himmelschreiender Unsinn wäre. Doch die Leute haben es so verstanden und meinen Aussagen eine solche Rigorosität wohl eher *unterstellt*. Dennoch ist es offensichtlich, daß der Schwerpunkt der Suche damals auf dem Problem der Gegenüberstellung – der Montage – lag.
Weiter verlief die Sache so, daß die Gegenüberstellung in der Filmmontage in den Mittelpunkt der Aufmerksamkeit geriet, und von mir wurde die Formulierung vorgeschlagen, daß eine Folge von *Verkettungen* und der eigentliche Prozeß der Ablösung von Einstellungen gleichsam zum Inhalt eines Films werden können – das also, was wir damals den intellektuellen Film nannten, wo der Prozeß von Ablösungen und Veränderungen (da er in gewisser Weise abstrakt war) dem Werk dazu verhelfen kann, einen abstrahierten Begriff zu verkörpern. Das war wohl der letzte Punkt, bis zu dem die Montagekonzeption gehen konnte. Hier ist die Rede von der allgemeinen, damals populären Konzeption. Mir fiel es anheim, diese Tendenz bis zum Extrem zuzuspitzen. Bis zum letzten.

Was eigentlich war der „intellektuelle Film", von dem ich jetzt sprechen muß, weil man über ihn wie über eine gewisse Norm redet, die angeblich eine bestimmte Aktualität bewahrt und eine ganze Reihe von Leuten zu derartigen Arbeiten anstiftet. Erstens muß man diesen Begriff von innen her bereinigen. Die Sache ist nämlich die, daß man sich bemüht hat, jeden x-beliebigen Streifen, dem die Emotionalität fehlte, vulgarisierend als „intellektuellen Film" zu definieren. Wenn irgendein hirnverbrannter Film herauskam, wurde er auf der Stelle zu einem intellektuellen erklärt. Dabei gibt es in der Praxis nur einzelne Stellen in „Oktober"*, die praktische Andeutungen jener *Möglichkeiten* der intellektuellen Struktur im Film, wie sie sich damals als *theoretisch mögliche Spielart* ausprägten, enthalten.

Es ist absolut falsch, sagen wir, die ungenügende Emotionalität in „Das Alte und das Neue", unter der dieser Film womöglich leidet, mit dem Vorzeichen „intellektueller Film" zu belegen. Indes ist es eher umgekehrt: Wenn wir vom intellektuellen Film gesprochen haben, meinten wir vor allem eine Konstruktion, die den Denkprozeß des Auditoriums hätte leiten und dabei eine ganz bestimmte Rolle bei der *Emotionalisierung* des Denkens hätte spielen können. Dieses Moment taucht auch in dem Zitat auf, das Dinamow sich aus meiner Rede an der Sorbonne herausgepickt hat.[172] Wenn Sie sich an meinen Aufsatz „Perspektiven" erinnern, so war dort gerade die Emotionalisierung des Denkprozesses als eine der Hauptaufgaben beschrieben worden. Genau so haben wir uns das vorgestellt. Daher steht nun neben den begründeten Anschuldigungen bezüglich meiner Ablehnung der Rolle des „lebenden Menschen"[173] im Film absolut grundlos die Unterstellung, ich wolle Emotion und Intellekt aufspalten! Im Gegenteil! Ich habe geschrieben: „Dem Dualismus der Sphären ‚Gefühle' und ‚Vernunft' muß durch die neue Kunst Einhalt geboten werden ..." – „Dem intellektuellen Prozeß sollen sein Feuer und seine Leidenschaftlichkeit zurückgegeben werden. Der abstrakte Denkprozeß ist in das Brodeln praktischen Wirkens einzutauchen ..." usw. usf.[174]

* Das Treppensteigen Kerenskis, die Götter und noch einiges mehr. (S. E.)

Diese Orientierung geht sehr deutlich mit einer anderen Tendenz einher, die für dieselbe Periode charakteristisch ist: die Negation von Bildhaftigkeit und Sinnbild – was eng mit der „konstruktivistischen“ Ästhetik zusammenhängt. Sie wissen, daß sich eine ganze Richtung des Dokumentarfilms diese Tradition bis zu einem bestimmten Grad bewahrt hat. Ihr Fehler bestand darin, beim Propagieren eines Fakts außer acht gelassen zu haben, daß der Fakt in jener Periode gleichzeitig ein *Sinnbild* war. Ein in Gang gesetztes Rad war nicht nur ein Fakt, sondern zugleich ein Sinnbild – eine bildhafte Darstellung unseres Landes, das die Ära des Ruins hinter sich ließ.

Die Unklarheit über das von ihnen selbst Geleistete (war das ein Fakt oder mehr als ein Fakt?) prägte gewissermaßen die weitere Methodologie der Dokumentaristen.

Wir machten analoge Fehler, indem wir unberücksichtigt ließen, wo der „wesentliche Kern“ dessen lag, was uns gelang und was den Zuschauer erreichte.

Uns schien, daß eine menschliche Gestalt und die Art und Weise ihres Handelns ganz und gar durch ... die verfilmte Art und Weise des Denkens ersetzt werden kann.

Interessant dabei ist, daß wir selber in der Praxis, was die Einwirkung betraf, auch vielerlei andere Mittel benutzten!

Denken Sie nur an Marfa Lapkina!

Bei der Analyse der eigenen Arbeiten haben wir mitunter den Schwerpunkt nicht dort gesehen, wo er tatsächlich lag. Andererseits boten sich in „Panzerkreuzer Potjomkin“ und „Oktober“ eine ganze Reihe formaler Möglichkeiten, die – obwohl sie nicht der hauptsächlichen Wirkungsabsicht dienten – uns dennoch als Möglichkeit, und zwar als eine neue Möglichkeit, lockten, uns natürlich den Kopf verdrehten und vielleicht auch zu hoch eingeschätzt wurden.

Mich interessierte besonders die Frage, wie die Spezifik dieser Periode sich eigentlich erklären läßt. Warum es, genau genommen, zu jener Zeit ausgerechnet solche Filme gab und weshalb sie sich so sehr in den Vordergrund drängten, wo wir doch auch andere stilistische Richtungen in diesem Zeitabschnitt kennen.

Freilich kann man sich, um das zu analysieren, auf die Untersuchungen, die es auf diesem Gebiet gibt, stützen. Bei-

spielsweise auf Aussagen von Anissimow[175], wo das aus der Zugehörigkeit zur technischen Intelligenz erklärt wird. Es gibt auch Überlegungen, wie sie seinerzeit Sutyrin[176] äußerte, in denen diese Sachverhalte aus der Zerrissenheit des Bewußtseins jener Leute, die damals Filme gemacht haben, interpretiert werden. Doch ich glaube nicht, daß diese Deutungen von großem Gewicht waren und überzeugten.
Als ich mich herauszufinden bemühte, welche Voraussetzungen es nun wirklich dafür gab, daß wir die uns umgebende Welt ausgerechnet so sahen und darstellten, blieb mir nur eins: ehrlich zu überprüfen, welche Gefühle in mir jene Form diktierten, in der ich damals versuchte, unseren Inhalt auszudrücken. Hierzu muß gesagt werden, daß der Hauptfaktor jene hochinteressante Haltung war, die viele damalige Künstler zu den revolutionären Ereignissen einnahmen. Die meisten dieser Leute (ich meine das auch autobiographisch, möchte aber über den Rahmen meiner privaten Biographie hinausgehen) kamen zum Film, nachdem sie eine gewisse Praxis hauptsächlich im Bürgerkrieg hinter sich hatten. Dabei muß angemerkt werden, daß unsere Teilnahme am Bürgerkrieg und an der Revolution in vielen, ja in den meisten Fällen, eher technischer als perspektivisch-leitender Natur war. Wir waren gewissermaßen in jener Lage, in der sich später die „Mitläufer"[177] in der Literatur befanden. Und die Tatsache, daß wir erstmalig gegen Ende des Bürgerkriegs die Ausmaße dessen erkannten, woran wir teilnahmen, ohne daß wir uns jedoch dieses Fakts vielleicht bis in die letzte Konsequenz bewußt wurden, drückte unserer Haltung gegenüber dem Wirklichkeitsmaterial ihren spezifischen Stempel auf. Eine sozial-psychologische Voraussetzung dafür, daß wir die Ereignisse und Menschen unserer revolutionären Wirklichkeit typagemäßig – ohne einzugreifen – wahrnahmen, sehe ich darin, daß wir nach der Rückkehr aus dem Bürgerkrieg zum ersten Mal mit diesen Phänomenen konfrontiert wurden. In uns kam – ob wir das wollten oder nicht – bei der ersten Begegnung Pietät auf, die unser Bestreben verursachte, in das, was wir abbildeten, nicht einzugreifen, es nicht umzugestalten, nicht zu modifizieren. So überwältigend, so neu und unerforscht war das, worauf wir zum erstenmal bewußt stießen und womit wir uns konfrontiert sahen. Und das galt nicht nur für die ge-

schichtlichen Ereignisse, die wir miterlebten, sondern auch für die Vorgeschichte, die revolutionäre Vergangenheit, auf die sich unsere Blicke ebenfalls erstmalig richteten.
Mag sein, meine Behauptung ist umstritten, aber sie ist in gewisser Weise autobiographisch motiviert. Ich denke, das trifft nicht nur auf mich zu. Viele von Ihnen werden mir rechtgeben, wenn sie sich in das damalige Verhältnis zwischen uns und der revolutionären Wirklichkeit hineinversetzen. Denn immerhin kamen jene Leute, die die Filmkunst der besagten Periode machten, tatsächlich in der Mehrheit so zur Revolution, wie die „Mitläufer" in der Literatur. Indes kannte die Filmkunst keine gesonderte Mitläuferlinie. Das „Mitläuferelement" schlug sich jedoch in der zu untersuchenden stilistischen Spezifik der Werke nieder, und nicht als eigenständige „Mitläufer"-Richtung, die *nebenher* läuft.
Doch was geschieht weiter? Gemäß dem Stand der Entwicklung wird diese Empfindung, dieses Herangehen, diese Sicht „von außerhalb" allmählich verändert. Es kommt zu einer immer stärkeren Einbeziehung künstlerischer Kader, zu ihrer aktiven Teilnahme an dem, was sie früher mehr kontemplativ wahrgenommen haben. Wir wissen, daß dieser Prozeß, der Prozeß unserer Selbstannäherung und Einbeziehung, durch die Resolution vom 23. April[178] vollendet wird, die die Vorstellung einer gleichberechtigten Beteiligung der Kunstschaffenden am Aufbau des Sozialismus ausformuliert. Dies bewirkt einen kolossalen Ruck, vielmehr es artikuliert einen kolossalen Ruck in der Weltanschauung und im Weltempfinden der sowjetischen Filmleute und ändert ganz erheblich die vorherige Situation. Aus dem neuen Weltempfinden, aus der neuen Selbsterkenntnis ergibt sich auch ein vollkommen neues Gefühl, die Gier nach einer neuartigen Gestaltung der Wirklichkeit. Während wir früher unsere Werke mehr auf dem episch-darstellerischen Moment gründeten, geraten unsere schöpferischen Kader später allmählich in eine Situation, in der die zu Beginn der Filmkunst so wertvoll gewesene epische Form bereits in den Hintergrund tritt und von der dramatischen Form, dem Drama, abgelöst wird. Dasselbe geschieht mit einzelnen Elementen. Das heißt, die momentane Kontemplativität, die für die Typage-*Sicht* charakteristisch ist,

wächst in eine andere Qualität hinüber – in die Darstellung eines Charakters, in den Prozeß des Wachsens und Werdens eines Charakters, in die Aufschlüsselung von Phänomenen, die bereits in Bewegung sind – über die Augenblicklichkeit der Betrachtung hinaus. Mit der Montage passiert dasselbe. Das „Molekulardrama" des Zusammenpralls von Montageabschnitten wächst in eine vollwertige Konfrontation von Leidenschaften der am Drama Beteiligten, der an den Ereignissen Teilnehmenden, hinüber – also nicht nur, wie bisher, von Ereignissen untereinander.

Im „intellektuellen Film" ging es, diesen Tendenzen folgend, in formaler Hinsicht nicht mehr weiter. Die Formulierungen dieses Konzepts reichen in den Sommer 1929 zurück. Was geschieht nun weiter mit ihnen und der Idee vom intellektuellen Film? Dazu muß ich ein paar Worte über mich selbst und meine Arbeit nach 1929 sagen. Hier ist die Lage kompliziert, denn das im Zusammenhang mit den Arbeiten nach 1929 Gesagte hebt eine ganze Reihe früher formulierter Gedanken auf und ist weder dem Zuschauer noch Ihnen bekannt. Zum Beispiel wies Genosse Jutkewitsch[179] auf der vorbereitenden Sitzung darauf hin, daß eine ganze Reihe von Defekten, die es in kompositorischer Hinsicht in dem Film „Die letzte Maskerade"[180] gab, eine direkte Folge jener Auffassungen vom intellektuellen Film sind, wie ich sie einst äußerte. Diese Meinung ist in erster Linie dafür charakteristisch, daß Jutkewitsch das Problem des „intellektuellen Films" überhaupt nicht begreift. Daß er in diesem Punkt kein Einzelgänger ist, darauf habe ich bereits früher verwiesen. Aber etwas anderes ist hierbei interessanter.

Nämlich: Gerade an diesem Beispiel wird deutlich, daß ich mich eigentlich schon lange und weit von der Einseitigkeit meiner früheren Positionen entfernt habe. Zu meinem größten Vergnügen fand ich noch das Stenogramm meiner beratenden Hinweise gerade zu diesem Film. Ich war zu jener Zeit im Kaukasus[181], informierte mich über künftige Filmvorhaben und äußerte meine Ansicht dazu. Das ganze Stenogramm werde ich nicht vorlesen, möchte allerdings betonen, daß ich empfahl, die extrem verstreuten Schauplätze im Szenarium an einem Ort zu konzentrieren und die ausgebreitete Handlung auf eine Gruppe von Men-

schen, die in einem begrenzten Milieu von Häusern und Höfen lebt, zu reduzieren, um an dieser Gruppe „wie in einem Wassertropfen die ganze Vielfalt der ihren Lauf nehmenden revolutionären Ereignisse" zu zeigen.
Ich fand, das Interessanteste an dem Thema war, wie sich einzelne Charaktere und Anschauungen im Zusammenhang mit dem Verlauf revolutionärer Ereignisse verändern. Weiterhin sagte ich, daß die interessanteste Figur hier die des sich entwickelnden Bolschewiken ist, und das deshalb, weil der Bolschewik hier ein Georgier ist, was die Galerie unserer Filmhelden um eine Figur bereichert, die bisher noch keinen Niederschlag im sowjetischen Film gefunden hatte – und zwar um die Gestalt eines Bolschewiken mit stark ausgeprägtem nationalem Charakter.
Weiterhin sagte ich, daß der eigentliche Wert im Zeigen einer monumentalen Gruppe expressiv gestalteter Menschen besteht. Und schließlich, was die äußere dramatische Handlung angeht, wäre eine präzisere und tiefer schürfende Entwicklung der Fabel wünschenswert.
All diese Äußerungen gehen auf das Jahr 1932 zurück, als „Der Gegenplan"[182] herauskam. (Zu dieser Zeit war ich im Kaukasus.) Sie stehen im krassen Widerspruch zu dem, was ich zuvor in dem Aufsatz „Perspektiven" geschrieben habe. Wie erklärt sich diese entschiedene Wandlung des Standpunktes? Sie erklärt sich dadurch, daß zwischen den Thesen im Aufsatz und jenen Ratschlägen eine nicht geringfügige, ziemlich ernsthafte Phase schöpferischer Arbeit lag, die leider niemand zu Gesicht bekommen hat und die man mir nun aufs Wort glauben muß.
Als ich nach der „Generallinie" über die weitere Linie meiner künftigen Filmarbeit nachdachte, orientierte ich mich künstlerisch auf menschliche Charaktere und Gestalten. Bereits die Marfa Lapkina aus der „Generallinie" war so etwas wie ein „Embryo" des „Helden" künftiger Arbeiten. Das fällt mit der Reise ins Ausland zusammen. Und konkret haben diese Pläne mit unserer Drehbucharbeit in Hollywood (Sommer/Herbst 1930) zu tun.[183]
Die Dinge, die dort durchdacht wurden und zum Teil auch in Drehbüchern existieren, betrafen die Darstellung großer Persönlichkeiten und Charaktere, und zwar nicht nur in ihrer Statik, sondern in sehr ernsthaften Veränderungen. Wir

hatten drei Szenarien, die man mit der Zeit als historische Information und wegen des Interesses an ihrer Ausarbeitung drucken wird. Das waren Themen über Kapitän Sutter, seine Entdeckung Kaliforniens und seinen Tod im Rausch des Goldfiebers von 1848 nach dem Roman „L'Or" von Blaise Cendrars.[184] Außerdem: die *besten* Episoden der Haïti-Revolution, das, was später zum „Schwarzen Konsul" werden sollte und was in der ersten Zeit nicht so sehr auf der Figur des Toussaint-L'Ouverture[185] basierte, als vielmehr auf der Persönlichkeit eines anderen revolutionären Generals, der später an der Spitze der Haïti-Republik stand. Danach entwickelt sich seine Geschichte auf shakespearsche Weise tragisch: Es kommt zur Entfremdung dieser Persönlichkeit von den revolutionären Massen Haïtis und schließlich, weil sie sich immer mehr von ihnen entfernte, zum Tode dieses Menschen, der einst ihr Führer war. Diese Rolle entstand für den hervorragenden Negerschauspieler Paul Robeson, den wir erst vor kurzem als Gast unter uns begrüßen konnten.[186]

Die dritte große Arbeit, die beinahe realisiert wurde, war Dreisers „Amerikanische Tragödie"[187], wo die Aufgabe bereits ausschließlich darin bestand, die komplizierte Entwicklung, die Formierung eines menschlichen Charakters darzustellen. Uns interessierte das Thema des allmählichen Verfalls eines jungen Mannes des 20. Jahrhunderts, der zum Schmarotzer wurde, in einige für die bürgerliche Gesellschaftsordnung charakteristische Situationen geriet und dann nach und nach zum Verbrechen getrieben wurde. Dieses Thema interessierte uns als eine Art negative Gegenüberstellung zu jenem Typ eines jungen Menschen des 20. Jahrhunderts, den es nur bei uns geben kann.

Das sind im wesentlichen die Arbeiten, mit denen diese Jahre für mich ausgefüllt waren.* War dieses Ausweichen auf ein neues Gebiet bzw. zu einem neuartigen Begreifen einer Erscheinung etwas Individuelles, nur für mich persönlich Charakteristisches?

Natürlich nicht. Es war – ebenso wie die Charakteristika

* Durch die Tendenz, die in den gestalterischen Anliegen verankert war, blieben sie auch, wie Sie alle wissen, in Amerika unverwirklicht. (S. E.)

der ersten Periode unserer Filmkunst – eine allgemeine Tendenz, und als ich 1932 aus Mexiko über New York zurückkehrte und eine ganze Reihe angefangener und durchdachter Themen im Gepäck mitbrachte, begegnete ich dem ersten Film, der – ungeachtet der räumlichen Distanz des halben Erdballs – auf eben diesem Prinzip basierte. Das waren die „Goldenen Berge"[188] des mich attackierenden Jutkewitsch, die während unserer Durchreise in New York erstmalig dort gezeigt wurden und die ich dem amerikanischen Publikum vorzustellen das Vergnügen hatte. Dabei äußerte ich gerade in jenem Einführungsvortrag annähernd dasselbe wie jetzt im Zusammenhang mit dem Jubiläum. Und zwar, daß unsere erste Periode, die spontan auf die Masse bezogene, von einem neuen Verständnis und Interesse für den Menschen im Kollektiv abgelöst wird, also kein Interesse mehr am Abstrakt-Kollektiven der Masse besteht, wie das in unseren ersten Arbeiten der Fall war. Diese Rede bot mir einen Anlaß, heftig gegen Leere und mangelnde Tiefe in der amerikanischen Produktion Stellung zu nehmen, indem ich diese Produktion mit Problemen und zutiefst philosophischen Fragen konfrontierte, die in den „Goldenen Bergen" – sehr bescheiden zwar und eher embryonal – tangiert wurden. In eben dieser Rede verwies ich auf eine vertiefte geistige Thematik als den einzigen und entscheidenden Ausweg aus der produktionsmäßigen und der formalen Sackgasse, in die sich der amerikanische Film damals zwangsläufig hineinmanövriert hatte. Ihnen ist die politische Bedeutung begreiflich, die diese Äußerung, abgesehen von allem anderen, in Amerika hatte. Die amerikanische Presse reagierte ziemlich heftig auf diese Rede.

Auf diese Weise sehen wir, daß der Prozeß der Herauskristallisierung von Filmen über einzelne Charaktere und Helden historisch vollkommen normal verläuft, wobei ich nicht einverstanden bin mit dem Standpunkt, den Sarchi[189] geäußert hat, daß nämlich die Periode, die jetzt mit „Tschapajew" anbricht, unmittelbar aus jener Periode, in der „Die Mutter"[190] geschaffen wurde, hervorging.

Ich bin zutiefst davon überzeugt, daß die Schule des „Gegenplans" und einer ganzen Reihe von Filmen, die schon gelaufen sind, unbedingt nötig war, weil diese Filme auf neue und tiefere Weise parteilich-thematische Fragen stell-

ten und nicht allgemein-revolutionäre Probleme aufwarfen, wovon es in der Blütezeit des Stummfilms beträchtlich mehr gab und wozu auch „Die Mutter“ gehört.
Ich meine, hier ergibt sich eine interessante Verbindung zu jener Wende, die sich in dieser Periode an der philosophischen Front vollzog.
Ich denke, das Aufkommen der Figuren der Bolschewiki in der Filmkunst entspricht in künstlerischer und gestalterischer Hinsicht jener Linie, die an der philosophischen Front unter der Losung ‚Parteilichkeit in der Philosophie‘ verlief.
Alles wäre schön und gut, wenn die Entwicklungsetappen so ruhig ineinander übergingen, aber leider, wie wir wissen, verläuft eine Entwicklung nach der bekannten Formel der Negation, und eine sich andeutende neue Etappe setzt nicht auf Anhieb ein, sondern zwischen der ersten und der anbrechenden zweiten Etappe entsteht eine Konfliktperiode.
Ich möchte niemanden beschuldigen oder angreifen. Ich halte es für absolut natürlich, daß bei zunehmender ideologischer Vertiefung der Thematik, bei parteilich-inhaltlicher Vertiefung, bei höchster Anspannung im Bereich von Sujet und Inhalt eine ganze Reihe formaler Errungenschaften und formaler Besonderheiten, die in diesem Augenblick bereits von unserer Filmkunst erarbeitet waren, in den Hintergrund gedrängt wurden. Ich möchte niemanden anklagen, leugnen läßt sich dieser Fakt jedoch nicht. In der Entstehungsperiode dieser Filme mußte das freilich eine Konfrontation, eine Zuspitzung der Widersprüche zwischen den Kämpfern der ersten und der zweiten Etappe heraufbeschwören. Erstere waren beunruhigt angesichts des Niedergangs der Ausdrucksmittel und der filmischen Kultur, mit denen die erste Etappe nicht nur glänzte, sondern auch protzte. Sie verunsicherte die Tatsache, daß die Ausdrucksmittel sich noch lange nicht auf der Höhe des neuen (ideologisch-thematischen) Inhalts befanden und in vielen Fällen auf dem Niveau sehr mittelmäßiger westlicher Klischees verweilten, die zu durchbrechen sich die sowjetische Filmkunst so sehr mühte. Über diesen Punkt kommt es zu einer Reihe von Debatten zwischen den Filmschöpfern, und eigentlich entstehen sie gar nicht, weil die ernsthafte Beschäftigung der neuen Periode mit Thema und Problem unterschätzt wird

(wie einige Genossen es uns unbedingt unterstellen wollen!), sondern aufgrund der im allgemeinen hohen Ausdruckskultur unserer Filmkunst.
Wir wissen, daß das Verdienst besagten „Gegenplans" gewaltig ist, daß das Bild des neuen Menschen in unserem Filmschaffen erstmalig so sorgsam herausgearbeitet wird – und das in der vom „Gegenplan" angedeuteten Richtung. Wir wissen aber auch, daß dieser Film in formaler Hinsicht viel zu wünschen übrig läßt. Heftig angegriffen wurden, wie Sie wissen, auch „Das Gewitter"[191] und die „Petersburger Nacht"[192], und zwar ebenso wegen ihrer filmischen Orthodoxie. Ich allerdings muß hier für diese Sache plädieren und mich davon distanzieren, wie man mit meinen persönlichen Ansichten in dieser Frage operiert, denn es wäre hier völlig falsch, die Augen zu schließen und hysterisch zu schreien, wir seien zu den Klassikern „heruntergekommen" und hätten uns mit „Alten Meistern" befaßt usw.
Ich meine, diese Periode des Filmschaffens war in sehr spezieller Hinsicht absolut richtig, denn beim Annähern an das Problem der Gestaltung unserer Menschen war es durchaus natürlich, daß sich vielleicht nicht dieselben Meister – dafür aber ihre Nachbarn – daranmachten, zu untersuchen, wie besagte Charaktere und Menschen von den Meistern der Vergangenheit artikuliert und gebaut wurden. Ich wiederhole, daß ich wegen der formalen Bewältigung und der (ungenügenden) künstlerischen Leistungen einiger dieser Filme in den Kampf ziehen, mich zanken und herumstreiten könnte, doch ich habe etwas dagegen, daß diese Debatten und diese mitunter ziemlich heftige Kritik die wesentlichen Positionen meiner Wertung der sowjetischen Filmkunst insgesamt verdrängen, die ich hier noch einmal für alle diejenigen darzulegen versucht habe, die darauf erpicht sind, sie falsch zu interpretieren. Jetzt ist Ihnen meine Haltung zu diesen Erscheinungen klar. Diese Position schließt jedoch in keiner Weise Kritik aus. Es geht einfach darum, daß jede Richtung einen vollkommen abgegrenzten Standard ihrer eigenen Forderungen aufgestellt hat. Und wenn wir also die Werke beurteilen, ihre absolute Qualität an den Positionen messen, die diese oder jene Richtung formuliert hat, dann besteht hier durchaus die Möglichkeit, Kritik vorzubringen, und zwar sehr ernsthaft. Ich glaube, was die

Realisierung der Absichten in der einen oder anderen Etappe angeht, so muß gesagt werden, daß die erste – die „Typage-Montage"-Etappe – leidenschaftlicher, engagierter und intensiver wirkte und dadurch die hundertprozentige Erfüllung vielleicht jenes Programms erreichte, das sie sich – mag sein – begrenzt, auch einseitig, dafür aber hinreichend konsequent stellte.

Die zweite Etappe hat, als solche Fragen wie Charakter, Sujet, Fabel usw. in den Vordergrund gerückt wurden, in vielen Fällen und gemessen an vielen Paragraphen des eigenen Programms, ihre Losungen nicht vollständig realisiert. Und wenn wir einige Werke zwischen 1929 und 1934 nach den Gesetzen beurteilen, die sie sich selbst auferlegt haben, sehen wir, daß sie sich nicht immer auf der Höhe ihrer eigenen Position befanden.

Ich meine, daß in dieser Beziehung Ende 1934 mit „Tschapajew", [„Maxims Jugend", den „Bauern"]* bereits eine Periode begonnen hat, die sich der hundertprozentigen Verwirklichung ihrer Bestrebungen nähert.

Dieser (anbrechende) Zeitabschnitt ist genau das, was ich als Periode der Synthese bezeichne. Diese Etappe bezieht jene gesamte Kultur sowie die Resultate der schöpferischen Arbeit in sich ein – und wird dies in Zukunft tun –, die in den vorangegangenen Perioden errungen wurden. Sie „summiert" sie nicht, sondern bewegt sie auf eine neue Qualität, auf nie dagewesene Errungenschaften zu.

Jetzt, nachdem ich auf gewisse Weise mit einem Teil des Gepäcks, das nicht in die neue Etappe eingeht, abgerechnet habe, wird es interessant sein, herauszufinden, was wohl von den Prinzipien und Elementen, die in der Periode vor dem „Gegenplan" existierten, in die sich herausbildende, neue, synthetische Etappe der Geschichte des sowjetischen Films Eingang finden wird.

Ich meine, es wäre sehr oberflächlich und wenig gründlich, nur davon zu sprechen, daß „die Montage ein bißchen besser würde" und daß „man auch ein wenig über Bildkomposition nachdächte".

Es ist notwendig, daß die filmischen Ausdrucksmittel die zentralen Momente im Drama tragen. Letzteres hat bereits

* Eingefügt nach Stenogramm.

Sergej Sergejewitsch (Dinamow) am Rande erwähnt, als er davon sprach, daß die ihren Ideen und ihrem Gehalt nach stärksten Stellen Shakespeares gleichzeitig die am besten konstruierten sind; er verwies dabei auf den „Lear".

Es ist ganz offensichtlich, daß in der neuen Etappe die Position des Einflechtens „filmischer" Szenen in ein unfilmisch gestaltetes Werk aufgegeben werden muß. So wurde bei der Gestaltung selbigen „Gegenplans" mit filmischen Ausdrucksmitteln verfahren. Dort existieren sie gewissermaßen „per Dienstreiseauftrag"; allein die „Weißen Nächte"[193] sind so eine „Insel", wo man sich plötzlich der Elemente des filmischen Ausdrucks besann. In solchen Fällen aber, wo die sujetgebundenen, dramaturgischen Aufgaben in den Vordergrund rücken, werden vor allem theatralische Elemente zu deren Ausdrucksmittel, während filmische Mittel in den Hintergrund treten.

In der neuen Periode wird es nicht ausreichen, sich einfach mit guter Montage und größerer Sorgfalt in bezug auf das Filmbild zu begnügen. Ich erwarte von dieser Periode mehr. Ich glaube, daß eine Reihe von Elementen, die für die erste Periode charakteristisch waren, in neuer Qualität in das einfließen wird, was sich jetzt andeutet. Und hier, in diesem Teil, möchte ich von einigen Problemen berichten, vor denen ich in meiner künftigen Arbeit stehe, wobei ich diesen Teil meiner Rede noch nicht zur Diskussion freigebe. Einigen wir uns in diesem Punkt darauf, daß das momentan lediglich Überlegungen und Positionen, zu denen ich mir gegenwärtig Gedanken mache, die vielleicht noch umstritten, möglicherweise nicht bis zu Ende formuliert sind, einfach ein Material, an dem ich arbeite. Gestützt auf diese Positionen nehme ich vorläufig den Kampf noch nicht auf. Solange dieses Material nicht durch alle notwendigen Beweise abgesichert ist, erzähle ich Ihnen das, was ich denke, sozusagen als „erste Rate im voraus".

Wenn wir bei dem letzten Punkt verweilen, bis zu dem der „intellektuelle Film" vorgedrungen ist, lohnt es sich, einmal darüber nachzudenken, was weiterhin mit den damals formulierten Überlegungen geschehen könnte. Muß man sie insgesamt verwerfen, oder bergen sie in sich die Möglichkeit, in eine neue Qualität hinüberzuwachsen und irgendwo auf neue Weise, völlig neuartig interpretiert, weiter eine positive Rolle zu spielen?

Fürs erste möchte ich folgendes sagen: Es ist hochinteressant, daß einige Theorien und Standpunkte, die in einer bestimmten historischen Epoche jeweils Ausdruck einer wissenschaftlichen und theoretischen Erkenntnis sind, in dem darauffolgenden Zeitabschnitt als wissenschaftliche Positionen negiert werden, jedoch als möglich und zulässig – zwar nicht in wissenschaftlicher, sondern in künstlerischer und gestalterischer Hinsicht – weiter existieren.
Nehmen wir die Mythologie; es ist bekannt, daß sie in einer bestimmten Etappe eigentlich ein Komplex der Wissenschaft von den Erscheinungen ist, der vorrangig in einer bildhaften und poetischen Sprache dargeboten wird. All jene mythologischen Figuren, die wir bestenfalls als allegorisches Material betrachten, sind die bildhafte Summierung der Welterkenntnis ihrer Zeit. Danach bewegt sich die Wissenschaft weiter – von bildhaften Darstellungen zu begrifflichen, während das Arsenal der einstigen personifizierten mythologischen Symbolwesen in einer Reihe von Bühnengestalten, literarischen Metaphern, lyrischen Allegorien usw. fortlebt. Danach verbrauchen sie sich auch in dieser Eigenschaft und werden ins Archiv gegeben. (Nehmen wir nur die zeitgenössische Lyrik im Vergleich zur Dichtkunst des 18. Jahrhunderts.)
Greifen wir uns einen anderen Fall heraus: beispielsweise eine solche Definition, wie die Apriorität der Idee, von der Hegel in bezug auf das Weltall sprach. Für eine ganz bestimmte Etappe ist das der Höhepunkt philosophischer Erkenntnis. Später wird er aufgehoben. Marx stellt diese Definition hinsichtlich des Erfassens der Wirklichkeit vom Kopf auf die Füße. Wenn wir aber unsere Kunstwerke betrachten, so haben wir, genau genommen, in der Kunst beinahe die Hegelsche Formel, denn der geistige Reichtum des Autors, die ideologische Voreingenommenheit soll im wesentlichen das gesamte Werk bestimmen, und wenn nicht jedes Element des Werkes eine Materialisierung der ursprünglichen Idee ist, so werden wir niemals ein wirklich vollkommenes Kunstwerk besitzen. Es ist klar, daß die Konzeption eines Künstlers an sich nicht etwas von selbst Aufkommendes ist, sondern sie ist die soziale Widerspiegelung der sozialen Wirklichkeit. Von dem Moment an jedoch, da sich in ihm ein Standpunkt und eine Konzeption herausbilden, wird

dies für den gesamten faktischen und materiellen Bau seines Werkes, für das „Universum" seines Werkes, bestimmend.
Nehmen wir uns noch ein Gebiet vor, zum Beispiel die „Physiognomik" Lavaters.[194] Sie schien für ihre Zeit ein objektives wissenschaftliches System zu sein. Die Physiognomik aber ist keine Wissenschaft. Über Lavater machte sich bereits Hegel lustig, obwohl zum Beispiel Goethe noch mit Lavater kooperierte.[195] Allerdings anonym (von Goethe stammt zum Beispiel eine anonyme Physiognomie-Etüde, die dem Kopf von Brutus gewidmet ist). Objektiv messen wir der Physiognomik keinen wissenschaftlichen Wert bei, sowie aber die Typage-Charakteristik eines äußeren Antlitzes ebenbürtig zur allseitigen Darstellung eines Charakters geliefert werden muß, beginnen wir, die Gesichter genauso zu benutzen wie Lavater. Wir tun das deshalb, weil in diesem Fall vorrangig der subjektive Eindruck wichtig ist, nicht aber die objektive Übereinstimmung von Merkmal und Wesen eines Charakters. So wird der wissenschaftliche Standpunkt Lavaters von uns in der Kunst „ausgetragen", wo dies für die Gestaltung erforderlich ist.
Wozu erzähle ich das alles? Weil diese Beziehung zwischen Wissenschaft und Kunst eine interessante Analogie innerhalb der Kunst selbst darstellt, wo ja die gleichen Verquikkungen zwischen Inhalt und Form auftreten. Es geschieht mitunter, daß Komponenten der Kunstmittel, die Gesetzmäßigkeiten der Form sind, für Elemente des Inhalts gehalten werden. Als Methode, als Prinzip der Formenkonstruktion ist eine solche Gesetzmäßigkeit durchaus möglich, und es kommt vor, daß sie notwendig ist, sie wird jedoch zum Nonsens, wenn sie mit dem das Sujet umfassend darstellenden Inhalt gleichgesetzt wird (Sie merken bereits, worauf ich hinaus will).
Der besseren Anschaulichkeit wegen möchte ich noch ein weiteres Beispiel aus der Literatur bringen. Es geht um ein literarisches Genre, das Sie gewiß alle kennen – den Kriminalroman. Was ein Krimi darstellt und welche Gesellschaftsformationen und sozialen Bestrebungen er zum Ausdruck bringt, wissen wir alle. Darüber hat Gorki vor noch nicht allzu langer Zeit auf dem Schriftstellerkongreß gesprochen.[196] Interessant aber ist die Herkunft der formalen Struktur einiger Elemente dieses Genres, der Quellen, aus denen

dieses Material geschöpft wurde, aus dem sich das ideale Gefäß der charakteristischen „Krimiform“ herleitete, in die bestimmte Seiten der bürgerlichen Ideologie einflossen.

Es zeigt sich, daß der Kriminalroman einen seiner Vorläufer, der vor allem mithalf, daß frühe spezifische Formen Anfang des 19. Jahrhunderts zu voller Blüte gelangten, im Romanwerk Fenimore Coopers[197] über das Leben der rothäutigen Indianer Nordamerikas hat. Ideologisch entwikkelt sich dieser Romantyp, der die Heldentaten der Kolonialherrschaft lobpreiste, voll und ganz auf derselben Linie wie der Kriminalroman – nämlich als einer der ältesten Vertreter der Eigentumsideologie. Über diesen Zusammenhang zwischen frühen Kriminalromanen und Coopers „Pfadfinder“ schreiben Balzac, Hugo und Eugène Sue[198], die nicht wenig dafür taten, daß sich später der reguläre Kriminalroman herausbildete.

Bei der Erläuterung jener Beweggründe, von denen sie sich bei der Sujetkonstruktion für Fahndungen und Verfolgungsjagden (in den „Elenden“, „Vautrin“, „Ahasver“[199]) leiten ließen, schreiben alle in ihren Briefen und Aufzeichnungen, daß ihnen die faszinierende Atmosphäre des Walddickichts bei Fenimore Cooper als Muster diente und daß sie dieses Bild des Walddickichts und der analogen Handlung ins Labyrinth der Straßen und Gassen von Paris übertragen wollen. Das Indiziensammeln leitet sich aus der Methode des „Pfadfinders“ ab, wie sie Fenimore Cooper in seinen Werken darstellte.

Auf diese Weise dienten das „Walddickicht“ und die Praxis des „Pfadfinders“ aus Coopers Werken solch großen Romanciers wie Balzac und Hugo als eine Art Ausgangsmetapher für die abenteuerlichen Geschichten im Labyrinth von Paris und die Fahndungsaktionen. Das alles half, jene ideologischen Tendenzen herauszuarbeiten, die dem Kriminalroman zugrunde liegen. Es entsteht ein selbständiger Typ der Sujetfügung. Doch neben dieser Verwendung des Cooperschen „Erbes“ in so dynamisch verstandener, qualitativer Struktur gibt es noch eine andere Art – die der buchstäblichen Verpflanzung, der buchstäblichen Anwendung. Hierbei kommt Ungereimtes und Nonsens zustande! So zum Beispiel schreibt Paul Féval[200] einen Roman, in dem reale Rothäute im realen Paris agieren, und es gibt eine

Szene, wo drei Indianer den Fahrgast einer Kutsche skalpieren!!!

Das führe ich an, um auf den „intellektuellen Film“ zurückzukommen. Die Spezifik des „intellektuellen Films“ wurde zum Filminhalt proklamiert. Der Ablauf und die Bewegung von Gedanken wurden als ausreichender Handlungsersatz hingestellt, als Sujetersatz; was den alle Möglichkeiten ausschöpfenden Inhalt betrifft, so kann sich der intellektuelle Film nicht behaupten. Mehr noch: Er kann sich nicht einmal für seine weniger maximalistischen Anwendungsarten rechtfertigen. Sie wissen, daß der „intellektuelle Film“ einen Nachfahren in der Theorie des inneren Monologs hatte. Die Theorie des inneren Monologs hat das Asketisch-Abstrakte der Begriffskette mit ein wenig Wärme versehen, indem sie die ganze Sache auf eine sujetbetontere Darstellung der Emotion des Helden lenkte. Doch ist es auch dadurch nicht besser geworden. Allerdings enthielten die Äußerungen zum inneren Monolog eine Klausel, nämlich: *daß man mit der Methode des inneren Monologs Werke konstruieren kann; und nicht nur solche, die den inneren Monolog darstellen.* Ein kleiner Widerhaken in Klammern, aber darin liegt der ganze Kern. Diese Klammern müssen wir jetzt aufmachen. Und damit sind wir beim Wichtigsten von dem, was ich sagen möchte, angelangt. Der „intellektuelle Film“, der auf einen alle Möglichkeiten ausschöpfenden Inhalt aus war und dabei ein Fiasko erlitt, spielte eine wichtige Rolle bei der Erkundung einiger sehr wesentlicher struktureller Besonderheiten der Form eines Kunstwerkes im allgemeinen. Und das liegt in den Besonderheiten jener Syntax begründet, die die innere Rede von der gesprochenen unterscheidet. Diese innere Rede, der Entwicklungs- und Werdegang des Denkens, ist nicht in jener logischen Konstruktion formulierbar, mit der der auszusprechende formulierte Gedanke geäußert wird, sie hat eine besondere, eigene Struktur. Diese Struktur beruht auf einer Folge von sehr deutlichen Gesetzmäßigkeiten. Und das Bemerkenswerte, weshalb ich darüber überhaupt spreche, besteht darin, daß *diese Gesetzmäßigkeiten des Baus der inneren Rede genau diejenigen Gesetzmäßigkeiten sind, auf die sich all die Gesetzmäßigkeiten gründen, nach welchen Form und Komposition von Kunstwerken konstruiert werden. Und es gibt keinen einzigen formalen Kunst-*

griff, der sich nicht als strukturgleich mit der einen oder anderen Gesetzmäßigkeit erweisen würde, mit deren Hilfe die innere Rede im Unterschied zur Logik der äußeren Rede gebaut wird. Das könnte auch gar n-i-c-h-t anders sein. Wir wissen, daß der Herausbildung einer künstlerischen Form das sinnliche und bildhafte Denken zugrunde liegt.* Die innere Rede basiert eben auf dem Entwicklungsstadium der bildhaft-sinnlichen Denkstruktur, ohne vorerst zu der logischen Konstruktion vorzudringen, deren Gestalt sie beim Ausbruch in Schrift oder Sprache in Form einer logischen Rede annimmt. Bemerkenswert ist, daß – genauso wie die Logik in ihren Konstruktionen über eine ganze Reihe von Gesetzmäßigkeiten verfügt – auch die innere Rede, dieses sinnliche Denken, nicht weniger deutlich wahrnehmbare Gesetzmäßigkeiten und strukturelle Besonderheiten aufweist. Diese Gesetzmäßigkeiten sind bekannt, und unter dem Aspekt des soeben Gesagten bilden sie gleichsam den kompletten Fundus der Gesetze vom Bau der Form. Obwohl die künstlerische Praxis das alles niemals unter diesem Blickwinkel für ihre Zwecke erkannt und sich angeeignet hat. Indessen hat das Studium und die weitere Analyse dieser Materie eine gewaltige Bedeutung für die Aneignung der „Geheimnisse" der Formkunst. Erstmalig schaffen wir uns einen festen Fonds von Voraussetzungen, um zu begreifen, was mit der Ausgangsthese eines Themas geschieht, wenn dieses Thema in eine Kette von sinnlichen Bildern zerlegt wird. Zum ersten Mal stoßen wir auf ein Gebiet zur Erforschung und Analyse der Gesetzmäßigkeiten dieser Übertragung.**

* Diese letzte These ist durchaus nicht neu. Sowohl Hegel als auch Plechanow sprechen vom sinnlichen Denken. Neu ist hier lediglich das konstruktive Erkennen von Gesetzmäßigkeiten, worauf die Klassiker nicht eingingen. Indes kann es ohne dieses keine operative Anwendung dieser Behauptungen in der künstlerischen Praxis geben. Die im folgenden ausgeführten Überlegungen, Materialien und Analysen setzen sich eben das Ziel der praktischen Anwendung. (S. E.)

** Dieser Ausspruch darf nicht vulgär als mechanische „Übersetzung" einer vorgegebenen Losung in das Werk verstanden werden. Der Schaffensprozeß verläuft von „beiden Enden" her, allerdings ist die Wechselbeziehung zwischen einer Formulierung und einem Bild zu ein und demselben Thema genau so, wie ich das im folgenden darstelle. (S. E.)

Das Erforschungsfeld dieses Gebietes ist, wie sich zeigt, noch gewaltiger, als wir annehmen können. Die Formen des sinnlichen Denkens nämlich, des prälogischen Denkens, die sich bei Völkern mit ziemlich hohem sozialem und kulturellem Entwicklungsniveau in Gestalt der inneren Rede erhalten haben, sind am Beginn der kulturellen Entwicklung für die Menschheit zugleich die allgemeinen Verhaltensnormen. Die Gesetzmäßigkeiten, nach denen das sinnliche Denken abläuft, sind also für diese Völker genau das, was später die „Alltagslogik" ist. In Übereinstimmung mit diesen Gesetzmäßigkeiten bilden sich bei ihnen Verhaltensnormen, Sitten, Bräuche, Sprache, Redewendungen usw. heraus, und wenn wir den unermeßlichen Folklorevorrat und die heutzutage mittlerweile überlebten Verhaltensnormen und -formen untersuchen, die wir zu Beginn der Entwicklung einer Gesellschaft vorfinden, entdecken wir: Was für diese Menschen als Verhaltensnorm und Alltagsvernunft galt und gilt, ist genau das, was wir als „Kunstmittel" und „Gestaltungsmeisterschaft" in unseren Werken anwenden.
Mir fehlt hier die Zeit, um Ihnen einen ausführlichen Vortrag über frühe Denkformen zu halten. Ich würde es zeitlich nicht schaffen, ihre grundlegenden spezifischen Züge zu umreißen, die bestimmte Formen der frühen sozialen Organisierung dieser gesellschaftlichen Strukturen widerspiegeln. Ich habe jetzt nicht die Zeit, um nachzuweisen, wie sich aus diesen allgemeinen Voraussetzungen einzelne charakteristische Merkmale und Formen von Vorstellungen entwickeln. Ich beschränke mich darauf, zwei oder drei Beispiele anzuführen, die verdeutlichen, daß das eine oder andere Moment aus der Praxis der Formgestaltung gleichzeitig ein Moment der Alltagspraxis in den Entwicklungsstadien darstellt, da sich die Vorstellungen noch entsprechend den Gesetzmäßigkeiten des sinnlichen Denkens herausbilden. Ich möchte hierbei unterstreichen, daß diese Denkform nicht die einzige und nicht endgültig ist. Im Gegenteil: Seit Urzeiten entwickelt sich aus ihr ständig neu eine Fülle praktischer und logischer Zweckmäßigkeit, die auf der Erfahrung von Arbeitsprozessen basiert, und dieser schwillt allmählich an, verdrängt frühere Denkformen und erobert nach und nach alle Bereiche nicht nur der Arbeit,

sondern auch anderer geistiger Tätigkeit, wobei die früheren Formen den Bereichen sinnlicher Äußerungen offen bleiben.
Nehmen wir beispielsweise einen so überaus populären Kunstgriffe wie den „Pars pro toto". Welche effektive Stärke er hat, ist allen bekannt. Der Zwicker des Arztes aus dem „Panzerkreuzer Potjomkin" hat sich jedem ins Gedächtnis geprägt. Dieser Kunstgriff besteht im Ersetzen des Ganzen (des Arztes) durch einen Teil (den Zwicker), der dessen Rolle spielt, wobei sich zeigt, daß der Teil die Rolle sinnlich viel intensiver spielt, als es die wiederholte Demonstration des Ganzen vermocht hätte. Und es stellt sich heraus, daß dieser Kunstgriff das allertypischste Beispiel für ideelle Formen aus dem Arsenal des frühen Denkens ist. In jenem Stadium existiert unsere heutige Vorstellung von der Einheit des Teils und des Ganzen noch nicht. In jenem Stadium gibt es kein differenziertes Denken, ein Teil *ist* gleichzeitig auch das Ganze. Einen Begriff von ihrer Einheit gibt es nicht. Das künftige Verständnis dieser Einheit existiert dort noch nicht als dynamische Vorstellung von der Einheit, sondern als statische Wahrnehmung der Gleichheit, der Identität: Das Ganze und ein Teil davon werden einfach als ein und dasselbe betrachtet. Und in jenem Stadium (in allen Fällen, da die Grenzen elementarer Alltagspraxis wie Speiseaufnahme usw. überschritten werden) ist es für jegliche Denkoperation völlig gleichgültig, ob es sich um einen Teil oder um das Ganze handelt; es spielt jedesmal in gleichem Maße die Rolle der Gesamtheit und des Ganzen. Wenn Sie beispielsweise einen Schmuck bekommen, zu dem ein Bärenzahn mit verarbeitet wurde, so bedeutet das, Ihnen wurde ein ganzer Bär gegeben – oder, was unter diesen Bedingungen ein und dasselbe ist: Ihnen wurde die Kraft eines ganzen Bären verliehen. Eine gesonderte Vorstellung von „Kraft" und „Träger der Kraft" gibt es im Stadium diffusen Denkens noch nicht. Unter den Bedingungen heutiger Alltagspraxis wäre ein solches Phänomen absurd. Niemand, der einen Knopf von einem Anzug bekommen hat, würde annehmen, er habe einen kompletten Anzug erhalten. Doch sowie wir in eine Sphäre überwechseln, wo sinnliche und bildhafte Konstruktionen eine entscheidende Rolle spielten, also in die Sphäre der künstleri-

schen Form, kommt diesem „Pars-pro-toto"-Prinzip rasch gewaltige Bedeutung zu. Der Zwicker, der an die Stelle des Arztes gesetzt wird, füllt nicht nur dessen Rolle und dessen Stellenwert vollkommen aus, sondern er tut das obendrein mit beträchtlichem sinnlichem Gewinn, mit einer Einwirkungsintensität, die erheblich größer ist als selbst beim wiederholten Zeigen des ganzen Arztes.

Wie Sie sehen, haben wir zum Zweck der sinnlichen, künstlerischen Einwirkung eine Gesetzmäßigkeit des frühen Denkens als kompositorischen Kunstgriff benutzt, die auf jener Entwicklungsstufe Norm und Praxis des Alltagsverhaltens war. Wir benutzten diese Konstruktion des sinnlichen Denkens und bekamen im Ergebnis anstelle eines „logisch-informativen" Effekts einen emotional-sinnlichen. Wir registrieren nicht den Fakt, daß der Arzt ertrunken ist, sondern reagieren emotional auf diesen Fakt mit Hilfe einer bestimmten kompositorischen Wiedergabe.

Außerdem ist hier folgendes hervorzuheben. Das, was wir, bezogen auf die Anwendung einer Großaufnahme, in unserem Fall mit dem Zwicker analysiert haben, ist bei weitem nicht nur ein dem Film eigener Kunstgriff. Er hat ebenso in der Literatur seinen Platz und wird dort methodologisch eingesetzt. „Pars pro toto" ist im Bereich der literarischen Form unter dem Begriff *„Synekdoche"*[201] bekannt. Tatsächlich: Erinnern wir uns an Potebnja[202], der folgende Definition beider Arten von Synekdochen geliefert hat. Der erste Fall: *Die Vorstellung vom Teil anstelle des Ganzen.* Hier gibt es fünf Aspekte:

1) ein einzelner anstelle von vielen („ein Sklave" anstelle von „Sklaven");
2) ein Sammelbegriff („Tschud"[203] anstelle der Zusammensetzung eines Stammes)
3) ein Teil anstelle des Ganzen („Ein Auge fürs Wirtschaften");
4) etwas Bestimmtes anstelle von etwas Unbestimmtem („*Hundert*mal gesagt");
5) eine Art anstelle einer Gattung.

Die zweite Folge von Synekdochen liefert *das Ganze anstelle eines Teils.* Sie verfügt über drei Varianten. Wie wir jedoch sehen, entsprechen sowohl beide Arten als auch alle Fälle von Varianten ein und derselben Sachlage. Diese Sachlage

ist die Identität zwischen einem Teil und dem Ganzen und deshalb das „gleichberechtigte", gleichbedeutende Ersetzen des einen durch das andere. Nicht weniger schlagende Beispiele für dasselbe hätten wir in der Malerei oder Graphik finden können, wo zwei Farbtupfer oder eine flüchtige Linienbiegung ein kompletter Ersatz des gesamten Gegenstands sind. Interessant ist hierbei nicht die Aufzählung, sondern die Tatsache, die durch diese Aufzählung bekräftigt wird. Nämlich, daß wir es hier durchaus nicht mit vereinzelten Methoden zu tun haben, die dem einen oder anderen Kunstgebiet eigen sind, sondern vor allem mit einem besonderen Verlauf und Zustand des gestaltenden Denkens – mit dem sinnlichen Denken, für das die vorliegende Konstruktion eine Gesetzmäßigkeit darstellt. Die auf besondere Art und Weise angewandte „Nahaufnahme", die Synekdoche, der Farbtupfer bzw. die Linie sind lediglich Einzelfälle des Auftretens ein und derselben Gesetzmäßigkeit, des „Pars pro toto" (der dem sinnlichen Denken eigen ist), und zwar je nachdem, in welchem Bereich der Kunst er der Gestaltung einer künstlerischen Absicht dient.
Ein anderes Beispiel. Wir alle wissen sehr gut, daß sich jede Gestaltung in strenger künstlerischer Entsprechung zur zu gestaltenden Sachlage der Handlung, zur zu gestaltenden Situation befinden muß. Wir wissen, daß das sowohl auf Kostüme, Dekoration, Begleitmusik, Beleuchtung als auch Farbe zutrifft. Wir wissen, daß diese Entsprechung nicht nur die Forderungen nach Milieuauthentizität und -suggestivkraft tangiert, sondern wahrscheinlich in noch größerem Maße die Forderungen nach einer emotional-expressiven Konsequenz. Wenn eine dramatische Episode in einer ganz bestimmten Tonlage „klingt", so müssen auch all ihre Gestaltungselemente in dieser Tonlage klingen. Als klassisches und unübertroffenes Beispiel dafür kann der hier bereits erwähnte König Lear dienen, dessen innerer Sturm im Sturm der Steppe widerhallt, der um ihn herum auf der Bühne tost. Ebenso bekannt sind uns auch Beispiele umgekehrter Konstruktion. Nach dem Prinzip des Kontrastes: wenn zum Beispiel ein Maximum an aufbegehrender Leidenschaft mit Hilfe absichtlicher Unbeweglichkeit gestaltet wird. Doch auch in diesem Fall werden alle Gestaltungselemente mit derselben strengen Konsequenz und in Übereinstimmung

mit dem Thema realisiert, wenn auch mit umgekehrtem Vorzeichen.
Dieselbe Forderung erstreckt sich sowohl auf die Komposition einer Einstellung als auch auf den Bau einer ganzen Montagefolge, die mit ihren Mitteln jener grundlegenden formgebenden Tonlage entsprechen sollten, in der der Film und die Episode im ganzen erarbeitet werden.*
Und hier eben zeigt sich, daß dieses in der Kunst hinreichend bekannte und verbreitete Element in einer bestimmten Entwicklungsetappe eine genauso unvermeidliche, obligatorische Verhaltensbedingung in der Alltagspraxis darstellt. Hier möchte ich ein Beispiel aus der polynesischen Praxis anführen. Dort wird noch bis heute in den Bräuchen etwas Ähnliches bewahrt. Wenn eine polynesische Frau gebären soll, gilt als obligatorische Vorschrift, daß alle Tore der Siedlung geöffnet werden, alle Türen sperrangelweit offenstehen, daß alle Einwohner (auch die Männer) ihre Gürtel, Schürzen und Bänder ablegen; daß alle Knoten, die gebunden waren, gelöst sind usw., das heißt, die Gesamtsituation, und alle begleitenden Details müssen in einem einheitlichen Charakter gestaltet werden, der dem Hauptthema des Geschehens entspricht: Alles soll geöffnet und aufgebunden sein, um dem Säugling das Zurweltkommen maximal zu erleichtern!
Wenden wir uns einem andern Gebiet zu. Nehmen wir einmal den Fall, da der Künstler selbst das Material zur Formgestaltung darstellt. Daß unsere Behauptungen richtig sind, zeigt sich auch hier. Mehr noch: In diesem Fall ist nicht nur der Bau einer in sich geschlossenen Konstruktion gleichsam Abdruck einer Folge von Gesetzmäßigkeiten, nach denen sich das sinnliche Denken vollzieht. In diesem Fall entspricht auch der Zustand des ungeteilten Objekts-Subjekts des Schaffens voll und ganz dem Bild des psychischen Zustands und der Vorstellungen von frühen Denkformen. Stellen wir erneut zwei Beispiele gegenüber. Alle Forscher und Weltreisenden verblüfft immer wieder besonders ein Wesenszug früherer Denkformen, die einem in alltäglichen

* Die große Meisterschaft, die unsere Stummfilmkunst auf diesem zuletzt genannten Gebiet erlangt hat, ist in entscheidendem Maße seit dem Moment des Übergangs zum Tonfilm verfallen, was von unseren meisten Tonfilmen bestätigt wird. (S. E.)

logischen Kategorien zu urteilen gewöhnten Menschen absolut unverständlich sind. Ich meine die Vorstellung, daß sich der Mensch in seinem Dasein zwar als Mensch empfindet, jedoch gleichzeitig auch als irgend etwas bzw. irgend jemand anderes – und das genauso deutlich und ebenso konkret materiell. In der Fachliteratur ist zu diesem Thema das Beispiel eines Indianerstammes aus Nordbrasilien besonders populär.

Die Indianer dieses Stammes der Bororo behaupten beispielsweise, daß sie in ihrem Menschendasein gleichzeitig eine besondere Art des in Brasilien verbreiteten roten Papageien seien. Wobei sie damit durchaus nicht meinen, sie würden sich nach dem Tode in solche Vögel verwandeln oder ihre Vorfahren seien solche Vögel gewesen. Das verneinen sie kategorisch. Sie behaupten direkt, sie seien in der Realität solche Vögel. Und es geht hier nicht um eine Ähnlichkeit der Namen oder um den Verwandtschaftsgrad, sondern gemeint ist hier die völlige und gleichzeitige Identität beider.

Wie merkwürdig und ungewöhnlich das für uns auch klingen mag, wir können trotzdem ganze Berge von Materialien aus der künstlerischen Praxis anführen, die fast wörtlich wie die Aussagen der Bororo-Indianer über ihre simultane Existenz in zwei völlig verschiedenen und voneinander isolierten – und dennoch realen – Gestalten klingen werden. Man braucht nur einmal die Frage des Selbstgefühls eines Schauspielers während der Erarbeitung bzw. Interpretation einer Rolle anzutippen. Hier erhebt sich sofort das Problem „ich“ und „er“. Wo das „Ich“ die Individualität des Interpreten und das „Er“ die Individualität der zu gestaltenden Rolle ist. Dieses Problem der Simultaneität des „Ichs“ und des „Nicht-Ichs“ bei der Erarbeitung und Interpretation einer Rolle ist eines der zentralen „Geheimnisse“ schauspielerischen Schaffens. Seine Enträtselung schwankt zwischen der völligen Unterordnung des „Er“ unter das eigene „Ich“ und der Unterwerfung des eigenen „Ichs“ unter „Ihn“ (die völlige „Verwandlung“). Während sich die moderne Behandlung dieses Problems in der Formulierung einer präzisen dialektischen Formel über die „Einheit der ineinanderdringenden Gegensätze ‚Ich‘ des Schauspielers und ‚Er‘ (der Gestalt), in welcher die Gestalt der dominierende Gegensatz ist", nähert, ist das konkrete Selbstempfinden eines Darstellers längst nicht immer so deutlich und klar. „Ich" und „Er" figurieren ganz gewiß so oder anders wie „ihre" Wechselbeziehungen, „ihre" Verbindungen, „ihre" Wechselwirkungen auf allen Etappen des Werdegangs einer Rolle. Der Schauspieler „an und für sich" und „der Schauspieler in der Gestalt" treten, obwohl als Träger materiell einheitlich, gleichzeitig als zwei isolierte Existenzen in Erscheinung. Greifen wir uns wenigstens ein Beispiel aus den neueren und populäreren Äußerungen zu diesem Thema heraus.

Die Schauspielerin Serafima Birman[204] (eine Anhängerin des zweiten Extrems) schreibt: „... Ich habe von einem Professor gelesen, der weder die Geburts- noch die Namenstage seiner Kinder gefeiert hat. Er feiert den Tag, an dem sein Kind damit aufhörte, von sich selbst in der dritten Person zu reden statt ‚Ljalja will spazieren gehen' sagte: ‚Ich will spazieren gehen.' Ein solches Ereignis ist für den Schauspieler jener Tag und jene Minute dieses Tages, da er aufhört, von der Rollengestalt als von ‚ihr' zu sprechen – und statt dessen ‚ich' sagt. Dabei ist dieses neue ‚Ich' nicht das persönliche ‚Ich' des Schauspielers oder der Schauspielerin, sondern das ‚Ich' der Figur ..." (S. G. Birman, „Akter i obraz" [„Der Schauspieler und die Gestalt"]. „Zaočnyj Kul'tzaem Moskovskogo kluba masterov iskusstv", 1. Ausgabe, Moskau 1934).

Nicht weniger exemplarisch sind in den Erinnerungen an eine ganze Reihe von Schauspielern die Beschreibungen ihres Verhaltens im Augenblick des Auftragens der Maske oder des Anlegens eines Kostüms, die häufig von einer kompletten „magischen" Operation des „Übergangs" mit Geflüster – etwa in der Art „ich bin schon nicht mehr ich", „ich bin bereits derjenige", „da, ich werde zu ihm" usw. usf. – begleitet wurden.

So oder so gibt es zwangsläufig, mehr oder weniger kontrollierbar, eine simultane Duplizität während der Rolleninterpretation sogar im Schaffen der scheinbar passioniertesten Verfechter der totalen „Verwandlung". Die Geschichte des Theaters kennt gar zu wenig Fälle, wo sich ein Schauspieler an die „vierte" (die nicht existierende) „Wand" gelehnt haben soll. Es ist charakteristisch, daß dieselbe im Fließen begriffene ambivalente Rezeption der szenischen Handlung als Realität und als Spiel auch beim Zuschauer unweigerlich vorhanden ist. Und hinter dieser ambivalenten Einheit verbirgt sich die richtige Wahrnehmung, die den Zuschauer daran hindert, den Bühnenbösewicht zu töten, weil er sich darauf besinnt, daß dieser immerhin kein realer Bösewicht ist,* andererseits gibt aber gerade sie ihm die Möglichkeit zu lachen oder zu weinen, wenn er vergißt, daß vor ihm nur ein Spiel abläuft.

Verweilen wir noch flüchtig bei einem weiteren Beispiel. Wilhelm Wundt[205] führt in „Die Elemente der Völkerpsychologie“ Beispiele dafür an, wie sich in früheren Strukturen der Rede für uns gewöhnliche Redewendungen und Darlegungsweisen artikulieren. (Uns interessieren hier nicht Wundts Anschauungen, sondern lediglich das von ihm angeführte, hinreichend authentische Beispiel.) Der Gedanke: „Der Buschmann wurde von den Weißen zuerst freundlich aufgenommen, damit er seine Schafe weide: dann mißhandelte der Weiße den Buschmann, dieser lief davon ...“ Dieser einfache Gedanke (die Situation unter kolonialen Bedingungen ist gar zu einfach!) bekommt in der Sprache des Buschmanns etwa folgende Form:

„Buschmann – da gehen, hier – laufen – zu Weißen; Weißer – geben – Tabak, Buschmann – gehen – rauchen, gehen – füllen – Tabak – Sack; Weißer – geben – Fleisch – Buschmann; Buschmann – gehen – essen – Fleisch; aufstehen – gehen – heim; gehen – lustig, gehen – setzen; weiden – Schafe – des Weißen; Weißer – gehen – schlagen – Buschmann; Buschmann – schreien – sehr Schmerz; Buschmann – gehen – laufen – weg von Weißem; Weißer – laufen – nach – Buschmann ...“

Uns verblüfft diese lange Folge von anschaulichen Einzelbildern, die einer asyntaktischen Struktur nahekommen. Doch wenn wir uns in Gedanken vornehmen, jene zwei Zeilen der Situation, die den Ausgangsgedanken ausmachen, auf der Bühne oder auf der Leinwand in einer Handlung darzustellen, so werden wir zu unserem Erstaunen se-

* Obwohl uns auch solche Episoden bekannt sind: Erinnern wir uns nur einmal an die Jungen im Kino – als „Tschapajew“ lief – die mit Katapulten auf die Leinwand (!!), auf die zur Attacke vorrükkenden Kappelew-Gardisten schossen. (S. E.)

hen, daß wir etwas aufzukritzeln beginnen, das dem Muster der Buschmannkonstruktion sehr nahekommt. Und dieses genauso asyntaktische, nur eben mit ... Ordnungszahlen versehene gewisse Etwas erweist sich als die uns allen gut bekannte ... Montageliste, das heißt, sie ist jene Rückübertragung des zum Begriff abstrahierten Fakts in eine Kette von konkreten Einzelaktionen, was eigentlich auch den Prozeß der Umsetzung von Regieanweisungen in Handlungen ausmacht. „Lief ihm davon" erscheint in der Buschmannsprache als orthodoxe Schnittfolge aus zwei Elementen: „Der Buschmann rennt", „der Weiße rennt" – der Montageembryo der amerikanischen „Verfolgungsjagden"!
Das abstrakte „freundich aufgenommen" wird durch wertvollste konkrete Angaben vermittelt, die die Vorstellung von einem freundlichen Empfang zulassen (Rauchen, Sack Tabak, Fleisch usw.) das heißt, wir haben hier erneut ein Beispiel dafür, daß wir – sobald es um den Übergang von einer Information zur realen Einwirkung geht – unweigerlich auf eine Ordnung von Gesetzmäßigkeiten zurückgreifen, die dem sinnlichen Denken entsprechen, das die dominierende Rolle in jenen Vorstellungen spielt, die einer früheren Entwicklung eigen sind. Ich möchte hier noch ein weiteres, sehr naheliegendes Beispiel nicht unerwähnt lassen. Bekanntlich gibt es auf demselben Entwicklungsstadium noch keine Verallgemeinerungen und verallgemeinerten „übergreifenden" Begriffe. Lévy-Bruhl[206] (der hier wiederum wegen des Faktenmaterials seiner Untersuchungen, nicht aber wegen seiner theoretischen Interpretationen herangezogen wurde) führt dazu Beispiele aus der Sprache der Klamaten an. In ihrer Sprache gibt es keinen Begriff für „gehen", dafür aber eine unendliche Reihe von Benennungen jeder einzelnen Gangart. Schneller Gang. Watschelgang. Müder Gang. Schleichender Gang usw. usf. Jede Gangart hat ihre eigene Bezeichnung mit feinsten Nuancierungen. Für uns mag das merkwürdig sein, allerdings nur bis zu dem Augenblick, da die Klammern des Autorenvermerks „tritt heran" aus einem x-beliebigen Theaterstück in eine Kette von Schritten eines Schauspielers auf seinen Partner zu aufgeschlüsselt werden müssen. Das brillanteste Beherrschen des eindeutigen Begriffs „Gang" versagt hier.

Und wenn dieses begriffliche „Gehen" beim Schauspieler (und beim Regisseur) nicht sofort in einen ganzen Satz möglicher und bekannter Einzelfälle des Sich-einander-Näherns „zurück"schlüpft, aus dem er imstande ist, die für die Situation am besten passende Variante auszuwählen – dann wird seine Darstellung zum traurigsten und tragischsten Fiasko!*

Wie deutlich das sogar an Kleinigkeiten ablesbar ist, läßt sich beim Vergleichen verschiedener Varianten von Autorenmanuskripten nachweisen, und zwar beim Vergleichen der endgültigen Fassung mit früheren. Das „Ausfeilen des Stils" wird sich bei vielen, besonders bei poetischen, Werken häufig als scheinbar unbedeutende Wortumstellung entpuppen, es ist jedoch eine, durch die Gesetzmäßigkeiten eben derselben Ordnung bedingte Umstellung.

Nehmen wir ein Beispiel aus Gogols „Taras Bulba". Taras rettete Jankel während eines Pogroms das Leben und befahl ihm, sich in einem Wagentroß zu verstecken. Jankel aber paßte sich rasch an, schlug seine Marktbude auf und begann zu handeln. Zu Taras' Verwunderung entgegnet er: „Schweigen Sie ... Ich werde Ihnen und dem Heer folgen und werde Proviant zu einem so niedrigen Preis verkaufen, wie er noch niemals von jemandem verkauft wurde. Bei Gott, so ist es, Sie werden es sehen."

„Bulba zuckte die Schultern und ritt seinem Zug hinterher."

Die letzten Zeilen in der endgültigen Fassung lauten so: *„Da zuckte Taras Bulba die Schultern,* staunte über die findige Judennatur und *ritt zum Kriegslager."*

Beide Varianten führt I. Mandelstam („O charaktere Gogolevskogo stilja" [„Über den Charakter des Gogolschen Stils"]), Helsingfors 1902, S. 118) an. Er vermerkt, daß sich

* Der Unterschied zwischen beiden Fällen wird darin bestehen, daß die Details der Gangart und die der ausgewählten Bewegungen, so erlesen sie auch sein mögen, bei einem echten Meister immer gleichzeitig Ausdruck eines verallgemeinerten Inhalts dessen sein werden, was er in der einzelnen Realisierung produziert. Besonders dann, wenn sich seine Aufgabe im Spiel von einer einfachen „Annäherung" bis zu einer komplizierten Vergegenwärtigung psychologischer Zustände erstreckt. Ohne dies ist weder das Typische – noch Realismus möglich. (S. E.)

durch die Umstellung des Prädikats vor das Subjekt ein größerer Effekt ergibt. Er verweist auch darauf, daß Gogol dieses „stilistische Mittel" sehr häufig benutzt. Zur Erläuterung dieses Umstands zieht er Herbert Spencer[207] („Opyty" [„Versuche"]) heran, der die größere Wirksamkeit einer solchen Satzstellung aus der „Ökonomie der Aufmerksamkeit" herleitet. Warum das allerdings ökonomischer ist, erklärt er nicht. Noch weniger Klarheit bringt sein Versuch, dasselbe an Hand des angeführten Beispiels mit Taras zu erklären: „Durch diese Veränderung wurde ein neuer Inhalt hineingetragen, den es in der vorherigen Fassung nicht gab: Es wird der Ausdruck von etwas Subjektivem seitens des Taras eingeführt ... ‚Da zuckte Taras Bulba die Schultern, staunte über die findige Judennatur und ritt zum Kriegslager', – und die ganze Stelle ist ausdrucksstärker."

Man kann sich nur mit dem Schluß einverstanden erklären. Er ist aber eine Erklärung unter Zuhilfenahme dessen, was eigentlich erklärt werden sollte!

Daß die zweite (die endgültige) Variante sinnlich expressiver ist, wie es in den meisten Fällen geschieht, wenn das Prädikat dem Subjekt vorausgeht, steht hier außer Zweifel. Und der Grund dafür ist wiederum, daß eine solche Aufgliederung der gedanklichen Situation jenen frühen Formen des Denkens entspricht, über die wir gesprochen haben. Diesmal können wir eine Charakteristik der gegebenen Situation bei Engels finden.

„Wenn wir die Natur oder die Menschheitsgeschichte oder unsere geistige Tätigkeit der denkenden Betrachtung unterwerfen, so bietet sich uns zunächst dar das Bild einer unendlichen Verschlingung von Zusammenhängen und Wechselwirkungen, in der nichts bleibt, was, wo und wie es war, sondern alles sich bewegt, sich verändert, wird und vergeht. Wir sehen zunächst also das Gesamtbild, in dem die Einzelheiten noch mehr oder weniger zurücktreten, wir achten mehr auf die Bewegung, die Übergänge, die Zusammenhänge, als auf das, *was* sich bewegt, übergeht und zusammenhängt ..." („Die Entwicklung des Sozialismus von der Utopie zur Wissenschaft").[208]

Auf diese Weise kommt eine Wortstellung, bei der die Beschreibung von Bewegung und Handlung (das Verb) der Beschreibung, wer sich bewegt oder handelt (das Substantiv), vorangeht, jener Struktur näher, die ursprünglicher ist. Das trifft auch außerhalb der Grenzen unserer russischen Sprache zu – wie es auch sein muß, da dies in erster Linie mit der Spezifik der Denkform zusammenhängt. In der deutschen Sprache klingt *„Die Gänse flogen“** trocken und informativ, während *„Es flogen die Gänse“** schon eine gewisse lied- bzw. versspezifische Färbung aufweist, die in der alltäglichen Umgangssprache nicht vorkommt. (Die Neutralität der ursprünglichen Wahrnehmung des Fluges an sich ist hier besonders stark durch die unbestimmte Form: *„Es flogen“** ausgedrückt.) In der englischen Sprache wird dies durch die Formen *„There is“, „There was“* usw. erzielt, die absolut dieselbe Rolle spielen.

Engels' Ausführungen und die Charakteristik der oben erwähnten Erscheinungen als Phänomene der Annäherung und Rückkehr zu den für frühere Etappen typischen Formen werden gut anhand von Fällen veranschaulicht, die uns das illustre und fundierte Bild einer psychischen Rückentwicklung vor Augen führen. Zum Beispiel läßt sich ein solcher Ausfall psychischer Funktionen nach bestimmten Gehirnoperationen erkennen. In der Moskauer Neurochirurgischen Klinik, die sich auf Gehirnoperationen spezialisiert hat, habe ich hochinteressante Fälle beobachten können.

So zum Beispiel durchläuft die verbale Bestimmung eines Gegenstandes bei einem Kranken nach der Operation entsprechend seiner psychischen Regression allmählich und deutlich jene Phasen, die oben angeführt wurden: Von der *Benennung des Gegenstandes bis hin zur Bestimmung der motorischen Funktion jener Handlung, die mit diesem Gegenstand ausgeführt wird.*

Wenn wir zum Beispiel ein Wasserglas nahmen, so bekamen wir je nach dem Grad der psychischen Regression auf die Frage: Was ist das? folgende Antworten: 1. „Wasserglas“ (im normalen Zustand). 2. „Mit dem Glas“ oder *„mit der Peitsche“* oder *„mit dem Bleistift“*, je nachdem, was gezeigt wurde. (Doch in allen Fällen mit einer deutlichen Tendenz zur funktionellen Charakteristik, die noch nicht von der Gegenstandsbezeichnung abweicht.) 3. Eine bereits eindeutige Beschreibung – nicht des Gegenstandes, sondern der Hand-

* Im Original deutsch.

lung und der Bewegung, die voll und ganz den später aufkommenden Begriff „für das, was sich bewegt“, ersetzt hat. Beim Vorzeigen eines Wasserglases lautet die Antwort in diesem Fall „*Teetrinken*“. Solche Beispiele lassen sich beliebig anführen. Sie vervollständigen das Bild dessen, was hier gesagt wurde. Doch wenden wir uns nun unserem unmittelbaren Thema zu: dem sinnlichen Denken in der Art, wie es in der Kunst in Erscheinung tritt.

Im Laufe meiner Ausführungen habe ich wiederholt mit dem Begriff „frühe Denkformen“ operieren müssen. Und meine Überlegungen mit Bildern von Vorstellungen illustriert, wie es sie bei Völkern, die noch an der Schwelle zur Zivilisation stehen, gibt. Bei uns ist es bereits zur Tradition geworden, all jene skeptisch zu betrachten, die mit diesen Forschungsgebieten umgehen. Und nicht ohne Grund: Diese Gebiete sind durch allerlei Vertreter von „Rassentheorien“ und noch weniger verschleierte Äußerungen von Apologeten der imperialistischen Kolonialpolitik besudelt worden. Darum ist es gar nicht von Schaden, einmal deutlich zu unterstreichen, daß alle hier angeführten Überlegungen kraß in eine andere Richtung zielen. Gewöhnlich wird die Struktur des sogenannten frühen Denkens als ein fixiertes System von Denkformen betrachtet, das den „primitiven“ Völkern zugeordnet wird, rassisch nicht von ihnen zu trennen ist und keinerlei Wandlung unterliegt. In solcher Form ist dieses System die wissenschaftliche Apologetik jener Unterdrückungsmethoden, denen diese Völker durch die weißen Kolonialherren ausgesetzt werden, da diese Völker für die Kultur und die kulturelle Wechselwirkung sozusagen ohnehin „ein hoffnungsloser Fall“ sind.

Von solchen Überlegungen ist in vielem auch der bekannte Lévy-Bruhl nicht frei, obwohl er sich bewußt Ziele dieser Art nicht setzt. In dieser Hinsicht attackieren wir ihn durchaus zu Recht, da wir wissen, daß die Denkformen eine Widerspiegelung im Bewußtsein jener Gesellschaftsformationen sind, die das eine oder andere gesellschaftliche Kollektiv historisch durchläuft. Doch viele Gegner Lévy-Bruhls verfallen in das andere Extrem, wenn sie die Spezifik dieser Eigenart früher Denkformen völlig zu umgehen versuchen. So zum Beispiel verfährt Olivier Leroy[209], der auf der Grundlage einer Analyse der hohen Logik des produktionsorientierten technischen Erfindergeistes der „primitiven" Völker den Unterschied zwischen ihrem Denk- und Vorstellungssystem und unserer landläufigen Logik vollständig verneint. Das ist ebenso falsch und birgt in sich gleichermaßen die Verneinung der Abhängigkeit des Denksystems von der Spezifik der Produktionsverhältnisse und der gesellschaftlichen Voraussetzungen, die es hervorbringen.

Der Kardinalfehler beider Lager wurzelt außerdem darin, daß sie den sich in Stadien aufgliedernden Etappencharakter zwischen diesen scheinbar unvereinbaren Denksystemen nicht genügend beachten und den Qualitätssprung von dem einen ins andere völlig außer acht lassen. Eine ungenügende Berücksichtigung eben dieses Umstandes versetzt auch bei uns so manchen in Angst und Schrecken, sobald von früheren Denkformen die Rede ist. Dies ist umso merkwürdiger, da es bei Engels in der bereits zitierten Arbeit buchstäblich auf drei Seiten eine erschöpfende Darlegung aller drei Stadien von Denkstrukturen gibt, die die Menschheit in ihrer Entwicklung durchläuft: vom frühen diffus-komplexen Denken, wozu wir hier ein Zitat angeführt haben, über das es „negierende" formal-logische Denken, schließlich zum dialektischen Denken, das in „negierter Form" die beiden vorangehenden Etappen in sich aufgenommen hat. Eine derartige dynamische Wahrnehmung von Erscheinungen gibt es für den positivistisch herangehenden Lévy-Bruhl natürlich nicht. Nicht nur der Inhalt des Denkens, sondern auch der Verlauf und die Form des Denkprozesses sind für einen bestimmten Menschen mit einem sozial determinierten Denktyp – abhängig von seinem jeweiligen momentanen Zustand – qualitativ sehr unterschiedlich. Die Grenze zwischen den Typen ist fließend, und es genügt ein nicht mal sehr starker Affekt, daß eine durchaus logisch urteilende Person plötzlich mit einem in ihr stets wachen Vorrat von Formen des sinnlichen Denkens und den sich hieraus ableitenden Verhaltensnormen reagiert. Wenn ein Mädchen, dem Sie die Treue gebrochen haben, vor Wut ein Foto zerreißt, um den „bösen Betrüger" zu vernichten, dann wiederholt es in jenem Moment eine rein magische Operation: die Vernichtung eines

Menschen mittels Vernichtung seines Abbildes (die auf einer früheren Identifikation von Abbild und Objekt basiert). In einigen Landesteilen holen die Mexikaner bis heute im Falle einer Dürre die Statue des entsprechenden katholischen Heiligen aus den Tempeln, der ihren früheren für den Regen verantwortlichen Gott ersetzt hat, und peitschen ihn am Feldrain für seine Untätigkeit aus, in der Annahme, das würde auf den Abgebildeten einwirken. Durch den augenblicklichen Rückfall versetzt sich das Mädchen im Affekt in jenes Entwicklungsstadium zurück, da eine derartige Tat durchaus normal erschien und reale Folgen hatte.

Daneben kennen wir auch eine zwar nicht augenblickliche, dafür aber (zeitweilig!) unwiderrufliche Erscheinung solcherart psychologischen Rückfalls, ein sich in der Regression befindendes ganzes Gesellschaftssystem. Man nennt das dann Reaktion, und eine glänzende Aufhellung dieser Frage liefern die Feuer der national-faschistischen Verbrennungen von Büchern und Porträts unerwünschter Autoren auf den Plätzen Berlins. Die Betrachtung der einen bzw. der anderen Denkstruktur als etwas In-sich-Abgeschlossenes ist grundfalsch. Das Hinübergleiten von einem Denktyp in einen anderen, von einer Kategorie in eine andere und mehr noch: das zeitgleiche Nebeneinanderexistieren (in unterschiedlichen Proportionen) verschiedener Typen und Stadien sowie die Berücksichtigung dieses Umstandes sind ebenso wichtig, erhellend und aufschlußreich wie auf allen anderen Gebieten: „... Eine exakte Darstellung des Weltganzen, seiner Entwicklung und der der Menschheit sowie des Spiegelbildes dieser Entwicklung in den Köpfen der Menschen, kann also nur auf dialektischem Wege, mit steter Beachtung der allgemeinen Wechselwirkungen des Werdens und Vergehens, der fort- oder rückschreitenden Änderungen zustandekommen."[210] (Engels, ebenda.)

Letzteres hat in unserem Fall unmittelbar mit den Übergängen zu Formen eines sinnlichen Denkens zu tun, die als sporadische Erscheinung im Zustand des Affekts oder etwas ähnlichem auftreten und ein Beispiel für das beständige Vorhandensein in den Elementen der Form und der Komposition sind, die auf den Gesetzmäßigkeiten des sinnlichen Denkens basieren, wie wir das weiter oben zu begründen und zu illustrieren versucht haben. Ich werde hier keine weiteren Beispiele mehr auftürmen. Und es bleibt mir nur noch eines hinzuzufügen: Als ich mir über das gewaltige Material solcher Phänomene klar wurde, stand ich freilich vor einer Frage, die auch Sie erregen kann. Die Kunst ist also nichts anderes als ein künstlicher Rückfall der Psyche in Formen früheren Denkens, das heißt, eine Erscheinung, die mit beliebigen Formen von Betäubungsmitteln, Alkohol, Schamanentum, Religion und ähnlichem identisch ist? Die Antwort darauf ist extrem simpel, aber auch extrem interessant.

Die Dialektik eines Kunstwerkes gründet sich auf eine hochinteressante „Zweifaltigkeit". Die Wirkung eines Kunstwerkes beruht darauf, daß in ihm gleichzeitig ein zwiespältiger Prozeß abläuft: das ungestüme progressive Emporstreben auf höhere Stufen des Bewußtseins und zugleich das Eindringen (über die formale Struktur) in allertiefste Schichten sinnlichen Denkens. Das polarisierende Aufspalten dieser beiden Linien schafft jene wunderbare innere Spannung in der Einheit von Form und Inhalt, durch die sich echte Kunstwerke auszeichnen. Außerhalb dieser Einheit kann es keine echten Kunstwerke geben.

In genau diesem bemerkenswerten Fakt und der Eigenart eines Kunstwerkes liegt dessen unendlicher prinzipieller Unterschied zu allen nahen, ähnlichen, analogen und „entfernt daran erinnernden" Gebieten, auf denen es ebenfalls Erscheinungen gibt, die „früheren Denkformen" eigen sind. Die Kunst mit ihrer untrennbaren Einheit dieser Elemente des sinnlichen Denkens und der geistig-bewußten Ausrichtung und Erhebung ist einzig und unnachahmbar unter den Gebieten, die für eine korrelativierende Analyse zum Zweck einer vergleichenden Untersuchung heranzuziehen sind. Deshalb sollte es uns auch, immer eingedenk dieser grundsätzlichen Sachlage, nicht schrecken, uns analytisch über die fundamentalsten Gesetzmäßigkeiten des sinnlichen Denkens klarzuwerden und uns genau auf die notwendige Einheit und Harmonie beider Elemente zu besinnen, die eben nur in dieser Einheit ein vollwertiges Kunstwerk ergeben.

Und wirklich: überwiegt das eine oder das andere Element,

dann ist das Werk nicht vollwertig. Der Einschlag in die thematisch-logische Richtung macht ein Werk trocken, logisch und didaktisch. Der „Agitprop-Film“ unseligen Angedenkens ist genau von der Art. Aber auch eine Überfrachtung mit sinnlichen Denkformen bei Vernachlässigung der thematisch-logischen Ausrichtung ist ebenso verhängnisvoll für ein Kunstwerk: Es ist dazu verurteilt, sinnliches Chaos, Spontanität und leere Ungereimtheiten zu verkörpern. Nur bei „zweifaltigem“ Ineinanderdringen beider Ausrichtungen kommt echte Spannung auf, die Einheit von Form und Inhalt.

Und wenn wir gegenwärtig mit gewaltigen Erfolgen auf dem Gebiet der weltanschaulichen Aneignung der ersten Linie aufwarten (wovon die letzten Filme zeugen), dann müssen wir uns jetzt unter dem Gesichtspunkt der Beherrschung der Mittel auf jede nur mögliche Art und Weise auch in Fragen der zweiten Komponente vertiefen. Diese momentan noch flüchtigen Andeutungen, die ich hier machen konnte, dienen einer solchen Aufgabe. Die Arbeit ist hier nicht nur unvollendet – sie beginnt erst. Allerdings müssen wir sehr hartnäckig arbeiten. Das Studium dieser Fragen auf den angeführten Gebieten ist für uns äußerst wichtig.

Das ist jenes Material, bei dessen Studium und Aneignung wir außerordentlich viel über die Gesetzmäßigkeit formaler Strukturen und über innere Gestaltungsgesetze erfahren. Sie wissen jedoch, daß wir – was Erkenntnisse auf dem Gebiet der Gesetzmäßigkeiten formaler Strukturen betrifft – ziemlich dürftig dastehen. Immerhin wurde außer der höchst zweifelhaften „Verfremdungs“-Formel[211] auf diesem Weg fast nichts geäußert. Jetzt ertasten wir uns auf diesen Gebieten einige grundlegende Gesetzmäßigkeiten, die mit ihren Wurzeln bis in die Natur des sinnlichen Denkens hineinreichen, in Bereiche also, die früher der willkürlichen Zügellosigkeit einer eigensinnigen Verfremdung überlassen waren. Wenn wir uns mit der Musik oder der Literatur vergleichen, dann haben wir beinahe nichts vorzuweisen; und durch die Analyse einer ganzen Reihe von Fragen und Erscheinungen auf dieser Linie akkumulieren wir Materialien zu einer exakten Wissenschaft im Bereich der Form, ohne die wir niemals jenes allgemeine Ideal der Einfachheit erlangen werden, über das wir alle nachdenken. Um dieses

Ideal zu erreichen und zu verwirklichen, ist es außerordentlich wichtig, sich vor etwas anderem zu hüten, das möglicherweise auftauchen wird – vor der Tendenz der Simplifizierung. Es besteht hier kein Grund, sich darüber auszulassen. Diese Frage wurde in der Literatur ausreichend debattiert. Doch auch bei uns, im Film, gibt es diese Tendenz, die einige bereits dahingehend formulieren wollen, daß es notwendig sei, „einfach" zu drehen, und letzten Endes „egal, wie". Das ist sehr schlimm, denn wir alle wissen, daß es nicht darauf ankommt, gekünstelt und „schön" zu filmen (und gekünstelt und „schön" wird etwas dann, wenn der Schöpfer nicht weiß, was er drehen will, oder wie er das aufnehmen soll, was er will). *Es geht vielmehr darum, ausdrucksstark zu filmen.* Wir müssen uns auf eine *extrem ausdrucksstarke und ausgeprägte Form zubewegen sowie in einer extrem knappen und sparsamen Form das ausdrücken, was wir nötig haben.* Allerdings kann man an diese Fragen nur durch sehr ernsthafte analytische Arbeit und mit Hilfe von sehr solidem Wissen um die Natur der künstlerischen Form herangehen. Darum sollten wir nicht den Weg der mechanischen Vereinfachung der Sache einschlagen, sondern den der planmäßigen analytischen Klärung dessen, worin das Geheimnis einer einwirkenden Form liegt. Ich habe Ihnen lediglich die Richtung angedeutet, in der ich jetzt an diesen Problemen arbeite. Und wenn wir uns noch einmal an den „intellektuellen Film" zurückerinnern, sehen wir, daß er – abgesehen davon, sich selbst ad absurdum geführt zu haben – einen Vorzug aufwies, nämlich, daß er den Anspruch auf einen die Möglichkeiten ausschöpfenden Stil und einen ebenso intendierten Inhalt erhob. Diese Theorie funktionierte dort, wo wir es schon nicht mehr mit einer Einheit von Inhalt und Form zu tun hatten – sondern mit deren Kongruenz. Und wertvoll war das deshalb, weil in der Einheit schwer zu erkennen war, auf welche Weise diese einwirkende Ideenrealisierung gebaut war. Als diese Dinge „in ein Ganzes gequetscht" wurden, war der Verlauf des inneren Denkens als grundlegende Gesetzmäßigkeit des Baus der Form und der Komposition bloßgelegt. Jetzt können wir die freigelegten Gesetzmäßigkeiten nicht mehr nur zu „intellektuellen" Konstruktionen benutzen, sondern zu allseitigen Sujet- und Figurenkonstruktionen – wie Sie wollen

– weil wir bereits einige „Geheimnisse“ und wesentliche Gesetzmäßigkeiten beim Bau der Form und der einwirkenden Strukturen überhaupt kennen.
Ich möchte meine Ausführungen mit folgendem beschließen: Sie sehen einen qualitativen Unterschied zwischen dem, was ich aus meiner Vergangenheit analysiert habe, und dem, woran ich gegenwärtig arbeite. Es ist doch aber so: Als wir in verschiedenen Schulen die Priorität der Montage oder den intellektuellen Film, das Dokumentare oder irgendwelche anderen Kampfprogramme proklamierten, trug das vor allem den Charakter von Richtungskämpfen. Woran ich gegenwärtig arbeite, hat einen völlig anderen Charakter. Keinen spezifisch richtungsorientierten Charakter („Futurismus“, „Expressionismus“ oder irgend ein anderes „Programm“) – es dringt in *Fragen der Natur der Dinge* ein, das heißt in einen Bereich, den jede Genrekonstruktion innerhalb unseres einheitlichen und gemeinsamen Stils des sozialistischen Realismus gleichermaßen braucht. Fragen von Richtungsinteressen beginnen in ein vertieftes Interesse an der eigentlichen Kultur des Gebietes hinüberzuwachsen, auf dem wir arbeiten, das heißt, die Linie der Richtungskämpfe biegt hier in eine analytisch-akademische ein. Ich habe das nicht nur künstlerisch, sondern auch biographisch durchlebt: Von dem Moment an, da ich mich für die Grundprobleme der Kultur der Form und der Kultur des Films zu interessieren begann, kam ich, biographisch, nicht zur Filmproduktion, sondern in die sich gründende Filmakademie[212], welche gerade erst heranwächst, und der Weg zu dieser Akademie wird auch durch meine dreijährige Arbeit am GIK[213] mit gepflastert. Dabei ist folgendes interessant: Das erwähnte Phänomen ist durchaus kein Einzelfall, und diese neue Qualität ist bei weitem kein Merkmal einzig unserer Filmkunst. Wir beobachten, daß eine ganze Reihe von theoretischen und Richtungskampflinien ihre Existenz als originelle „Strömung“ aufgeben, und sie beginnen sich in einem Prozeß der Modifikation und des Hinüberwachsens in methodologisch-wissenschaftliche Fragen einzuschalten.
Man kann auf ein solches Beispiel wie die Lehre Marrs verweisen und die Tatsache herausstellen, daß seine Theorie, die früher eine japhetische Richtung[214] in der Sprachwissen-

schaft war, marxistisch überarbeitet wird und in die Praxis schon nicht mehr als Richtung, sondern als verallgemeinerte Methode zu Fragen der Erforschung der Sprache und des Denkens Eingang findet. Denn es ist doch nicht zufällig, daß sich fast an allen Fronten um uns herum jetzt Akademien bilden, daß auch in anderen Bereichen Streitgespräche stattfinden – zum Beispiel sind es in der Architektur bereits keine engen Richtungskämpfe mehr (Le Corbusier oder Sholtowski[215]), nicht mehr davon ist die Rede, sondern man streitet um die Synthese „dreier Künste", um eine tiefere Erforschung, um die eigentliche Natur der Erscheinungen in der Architektur usw.

Ich denke, daß sich bei uns in der Filmkunst gegenwärtig etwas ähnliches abspielt. Denn wir, die Künstler, haben in der jetzigen Etappe keine so prinzipiellen Meinungsverschiedenheiten über eine ganze Reihe von programmatischen Grundsätzen, wie das früher der Fall war, und streiten uns nicht darum; vielmehr gibt es individuelle Nuancen innerhalb eines einheitlichen und gemeinsamen Verständnisses vom einheitlichen Stil des sozialistischen Realismus. Und dies ist beileibe kein „Sterbeanzeichen", wie es einigen scheinen könnte – „wenn man sich nicht prügelt, handelt es sich also um eine Leiche" –, ganz im Gegenteil: Gerade darin steckt ein, wie ich glaube, großes und interessantes Zeichen der Zeit. Ich meine, daß wir jetzt, mit dem Anbruch des sechzehnten Lebensjahres unserer Filmkunst, in eine besondere Periode ihrer Entwicklung eintreten. Die Merkmale, wie sie jetzt in den benachbarten Künsten zu beobachten sind und gegenwärtig auch in der Filmkunst vorkommen, zeugen davon, daß der sowjetische Film nach allen möglichen Perioden von Diskrepanzen und Debatten nun in seine klassische Phase tritt, weil die Wesenszüge der Interessen und des charakteristischen Herangehens an eine ganze Reihe von Problemen, die Neigung zur Synthese, die Orientierung und der Anspruch auf eine völlige Harmonie aller Elemente, vom Sujet bis hin zur Komposition einer Einstellung „ohne Zugeständnisse wegen Armut", die Forderung nach einer akzeptablen Qualität und all diese Eigenschaften, die unsere Filmkunst gewinnt, gerade Anzeichen für die höchste Blüte der Kunst sind.

Und ich meine, daß wir jetzt in die bemerkenswerteste Periode eintreten – nämlich die eines Klassizismus unserer Filmkunst, in die im wahrsten Sinne des Wortes beste Periode: und, um meine Rede zu beenden, sage ich, daß man in einem solchen Augenblick nicht außerhalb der Filmproduktion stehen kann, und stürze mich neben meiner Arbeit in Forschung und Lehre noch im Frühling in ein neues Projekt, um innerhalb dieses sich herausbildenden Klassizismus einen Platz zu finden und meinen Beitrag zu leisten. (Applaus.)

1935

TECHNIK UND KINO

Die Zukunft des Tonfilms

Ein Manifest

Die geheimsten Träume von einem tönenden Film werden nun wahr.
Die Amerikaner haben, als sie die Technik des Tonfilms erfanden, diesen auf die erste Stufe seiner realen und baldigen Verwirklichung gehoben.
Deutschland arbeitet intensiv in derselben Richtung.
Die ganze Welt redet jetzt vom Stummfilm, der zu sprechen begann.
Wir, die wir in der UdSSR arbeiten, sind uns sehr wohl darüber im klaren, daß es uns, entsprechend unserer technischen Möglichkeiten, nicht so rasch gelingen wird, ihn praktisch zu realisieren. Dennoch, so meinen wir, ist es an der Zeit, sich über eine Reihe prinzipieller Voraussetzungen theoretischer Art zu äußern, zumal uns Informationen zu Ohren kamen, daß man versucht, die Vervollkommnung des Films in einer falschen Richtung voranzutreiben.[216]
Ein falsches Verstehen der Möglichkeiten dieser neuen technischen Erfindung kann nicht nur die Entwicklung und Vervollkommnung des Films als Kunst hemmen, sondern droht auch all seine gegenwärtigen formalen Errungenschaften zu vernichten.
Der mit visuellen Sinnbildern operierende moderne Film wirkt mächtig auf den Menschen und nimmt zu Recht einen der vordersten Plätze unter den Künsten ein.
Bekanntlich ist die Montage das wesentliche und einzige Mittel, um dem Film solche Wirkungskraft zu verleihen.
Die Durchsetzung der Montage als wichtigstes Wirkungsmittel ist zu einem unbestrittenen Axiom geworden, auf das sich die Weltfilmkultur stützt.
Den Erfolg sowjetischer Filme in der Welt bedingen in entscheidendem Maße einige Montagetechniken, die sie selbst erstmalig entdeckten und durchsetzten.
1. Darum sind für die weitere Entwicklung der Filmkunst nur diejenigen Momente wichtig, die die Montagetechniken der Einwirkung auf den Zuschauer forcieren und ausbauen.
Betrachtet man jede neue Erfindung von diesem Stand-

punkt aus, so ist es leicht, die geringe Bedeutung des Farb- und des Raumfilms im Vergleich zur gewaltigen Bedeutung des *Tons* festzustellen.

2. Der Ton ist eine zweischneidige Erfindung, und seine wahrscheinlichste Anwendung wird auf dem Weg des geringsten Widerstandes erfolgen, das heißt der *Befriedigung von Neugier* dienen. In erster Linie durch kommerzielle Nutzung der gängigsten Ware, das heißt *sprechender Filme.* Eben solcher, in denen die Tonaufnahme auf naturalistische Art und Weise vorgenommen wird und exakt mit den Bewegungen auf der Leinwand übereinstimmt sowie die „Illusion“ sprechender Menschen, klingender Gegenstände usw. bewirkt.

Die erste Periode von Sensationen wird der Entwicklung der neuen Kunst keinen Schaden zufügen, schrecklich jedoch ist die zweite Periode, die mit dem Dahinwelken der Jungfräulichkeit und Reinheit der ersten Wahrnehmung neuer technischer Möglichkeiten anbricht, und an deren Stelle sich eine Epoche automatischer Nutzung der neuen Kunst für „hoch kulturvolle Dramen“ und sonstige „abfotografierte“ Vorstellungen theatralischer Art durchsetzt. So wird der angewandte Ton die Montagekultur vernichten.

Denn jedes Ankleben des Tons an Montageabschnitte wird ihre Trägheit an sich und ihre selbständige Bedeutung forcieren, was der Montage, die weniger mit Abschnitten, sondern mit der Kopplung von Abschnitten operiert, ohne Frage zum Nachteil gereichen wird.

3. Nur die *kontrapunktische Verwendung* des Tons in einer Beziehung zum visuellen Montageabschnitt eröffnet neue Möglichkeiten für die Entwicklung und Vervollkommnung der Montage.

Die ersten experimentellen Arbeiten mit dem Ton sollten auf seine krasse Nichtübereinstimmung mit den visuellen Sinnbildern gerichtet sein.

Nur ein solcher „Sturmangriff“ bewirkt jenes notwendige Empfinden, das späterhin zur Schaffung eines neuen *orchestralen Kontrapunkts* von visuellen und akustischen Bildern führt.

4. Die neue technische Erfindung ist kein zufälliges Moment in der Geschichte des Films, sondern ein organischer

Ausweg für die kultivierte Filmavantgarde aus einer ganzen Reihe von Sackgassen, die ausweglos schienen.
Als *Sackgasse Nr. 1* muß der Zwischentitel gelten und alle hilflosen Versuche, ihn als Montageabschnitt einzubauen (das Aufspalten des Titels in Einzelteile, die Vergrößerung bzw. Verkleinerung der Schrift usw.)
Die zweite Sackgasse sind erklärende Sequenzen (zum Beispiel Totalen), die die Montagekomposition erschweren und das Tempo verlangsamen.
Mit jedem Tag werden Thematik und Gegenstandsbereich als Aufgabe komplizierter; Versuche, sie ausschließlich mit den Techniken der visuellen Montage zu gestalten, führen entweder zu ungelösten Problemstellungen – oder sie führen den Regisseur in eine Sphäre wunderlicher Montagegebilde, die Furcht vor Ausgeklügeltheit und reaktionärer Dekadenz aufkommen lassen.
Der als neues Montageelement (als selbständiger Summand mit einer visuellen Gestalt) aufzufassende Ton bringt unweigerlich neue Mittel von ungeheurer Kraft in die Gestaltung und Lösung kompliziertester Aufgaben ein, die uns bislang durch die Unmöglichkeit belasteten, sie mittels der unvollkommenen Methoden jenes Films zu bewältigen, der ausschließlich mit visuellen Bildern operiert.
5. *Die kontrapunktische Methode* der Schaffung eines Tonfilms wird dem *internationalen Charakter* des Kinos nicht nur keinen Abbruch tun, sondern sie verleiht ihm eine noch nie dagewesene riesige Bedeutung und macht es zum kulturellen Höhepunkt.
Bei einer solchen Konstruktionsmethode wird der Film nicht auf nationalen Märkten eingesperrt sein,[217] wie das bei einem Theaterstück der Fall ist und bei einem „abgefilmten“ Stück der Fall sein wird, sondern er bietet noch stärker als früher die Möglichkeit, die ihm zugrunde liegende Idee über den gesamten Erdball zu verbreiten und dabei ihre Weltrentabilität zu bewahren.

Sergej Eisenstein
Wsewolod Pudowkin
Grigori Alexandrow[218]

1928

Das dynamische Quadrat

Es mag sein, daß dieser Aufsatz auf den ersten Blick zu ausführlich und sein Gegenstand nicht ausreichend „gewichtig“ erscheint. Trotzdem will ich jedem Regisseur und Kameramann zeigen, wie wichtig dieses Problem ist, und appeliere an Sie, es mit dem gebotenen Ernst anzugehen. Denn ich erzittere bei dem Gedanken, daß wir es bei ungenügender Berücksichtigung dieser Frage riskieren, die Standardisierung einer neuen Form auf der Leinwand zuzulassen und – wenn wir nicht alles „Für“ und „Wider“ abwägen – erneut all unser Suchen nach neuen Gestaltungsformen durch eine ebenso unglückliche Wahl zu lähmen – wie jene Wahl, von der loszukommen uns jetzt die praktische Realisierung des Breitwandfilms und einer breiten Leinwand die Möglichkeit bietet.

*

Herr Vorsitzender, meine Herren Akademiemitglieder!
Ich glaube, der jetzige Augenblick ist einer der großen historischen Momente in der Entwicklung visueller Möglichkeiten der Leinwand. Heute, da die falsche Anwendung des Tons bereits so weit vorangeschritten ist, daß sie die *visuellen* Errungenschaften der Leinwand zu vernichten droht – und wir alle kennen nur zuviele Beispiele dafür –, stürzt uns das Aufkommen des Breitwandfilms, das die Möglichkeit neuer Leinwandformate mit sich bringt, erneut in Probleme einer rein räumlichen Komposition. Mehr noch: Die breite Leinwand bietet uns die Chance, die gesamte Ästhetik der visuellen Gestaltung im Film, die dreißig Jahre lang wegen der Unabänderlichkeit der ein für alle Male festgelegten Proportionen der Leinwandbegrenzung stabil war, zu überprüfen und abermals zu analysieren.
Ja, das ist ein großer Tag!
Und umso tragischer ist die grauenhafte Unterjochung des Geistes durch Konvention und Routine, die sich sogar am Tag dieses freudigen Ereignisses zeigt.
Auf der Einladung zu diesem Treffen sind drei horizontale, in ihren Proportionen verschiedene Rechtecke abgebildet:

3 × 4, 3 × 5, 3 × 6; das nämlich sind die vorgeschlagenen Proportionen der Leinwand für die Vorführung eines „breiten Films". Es sind aber auch die Grenzen, innerhalb derer sich der schöpferische Gedanke der Leinwandreformatoren und Begründer neuer Formate bewegt.
Ich möchte nicht übertrieben symbolisch oder grob sein, wenn ich die „reptilienartigen" Rechtecke der vorgeschlagenen Formate mit dem kriechenden geistigen Niveau des Films vergleiche, das durch die Last des kommerziellen Drucks von Dollars, Pfund Sterling, Franken oder Mark so weit gebracht wurde, und zwar je nachdem, wo auf dem Erdball die Filmkunst leidet! Doch ich bin gezwungen, darauf hinzuweisen, daß wir – wenn wir diese Proportionen zur Diskussion stellen – lediglich die Tatsache betonen, daß wir uns im Laufe von dreißig Jahren mit 50 Prozent der Gestaltungsmöglichkeiten begnügt und dabei alle anderen Chancen ausgeschlagen haben, was eine Folge der *horizontalen Rahmung* der Leinwand war.
Wenn ich von den ausgesparten Möglichkeiten spreche, meine ich das, was eine *vertikale, „stehende"* Komposition hergibt. Anstatt die uns durch das Entstehen des „Breitwandfilms" gegebenen Möglichkeiten zur „Zertrümmerung" jenes ekelhaften oberen Teils der Leinwand zu nutzen, der uns bereits dreißig Jahre lang (und mich persönlich sechs Jahre lang) knechtet und dazu zwingt, eine passive Horizontale beizubehalten, stehen wir an der Schwelle zu einer noch größeren Betonung dieser Horizontalen.
Ich setze mir zum Ziel, diese 50 Prozent der von der Leinwand verbannten gestalterischen Möglichkeiten zu verteidigen. Ich möchte eine Hymne auf die starke, mutige, aktive Vertikalkomposition anstimmen.
Ich habe kein Verlangen danach, mich über die Geschichte der dunklen, phallischen und sexuellen Ahnen der Vertikalform als Symbol für das Wachstum von Kraft oder Macht auszulassen. Das wäre zu einfach und womöglich für viele feinfühlige Zuhörer gar unerträglich!
Ich möchte aber unterstreichen, daß der Übergang zur vertikalen Fläche bei unseren behaarten Vorfahren ein Übergang zu einem höheren Entwicklungsniveau war. Diese vertikalen Tendenzen lassen sich in ihren biologischen,

kulturellen, intellektuellen und industriellen Erscheinungsformen verfolgen.
Wir fingen einst, wie Würmer auf dem Bauch kriechend, an. Danach liefen wir jahrhundertelang horizontal auf allen Vieren. Doch erst in dem Augenblick, da wir uns auf die Hinterbeine erhoben und eine vertikale Lage einnahmen, ähnelten wir dem menschlichen Geschlecht.
Der gleiche Prozeß wiederholt sich bei der „Vertikalisierung" unseres Gesichtswinkels.
Ich kann hier nicht (und das ist auch nicht erforderlich) auf einzelne Details des ganzen Einflusses der biologischen und psychologischen Revolution eingehen, die das Resultat dieser kardinalen Lageänderung war. Es ist ausreichend, ihre Folgen aufzuzählen. Jahrhundertelang waren die Menschen in Stämmen, wie Schafe, auf breiten, endlosen Feldern zusammengetrieben; sie waren durch die jahrhundertelange Sklaverei auf Grund ihres primitiven Pflugs an die Erde gefesselt. Doch sie kennzeichneten ihr Voranschreiten auf den Stufen des Fortschritts zu einem jeweils höheren sozialen, kulturellen oder intellektuellen Niveau mit vertikalen Marksteinen. Der aufrecht stehende Opferpfahl des mystischen indischen Glaubens alter Zeiten; die Obeliske ägyptischer Astrologen; die Trajanssäule[219] – Verkörperung der politischen Macht des Römischen Reiches; das vom Christentum eingebrachte Kreuz des „neuen Geistes" – als Höhepunkt der mystischen Erkenntnisse des Mittelalters –, der in den gotischen Gewölben und Turmspitzen nach oben strebt. Ebenso schreit die Ära der mathematischen Kenntnisse ihre Hymne mit dem Eiffelturm in den Himmel und türmt mächtige, den Himmel erstürmende Gebäudemassive: eine Armee von Wolkenkratzern und endlose Reihen rauchender Schornsteine oder gitterförmige Öltürme unserer gewaltigen Industrie. Die unendlichen Wege, auf denen einst Planwagen rollten, stießen zusammen, türmten sich übereinander und bildeten den Turm der „Times" oder das „Chrysler-Building"[220]. Und das Lagerfeuer, ehemals heimischer Herd des Wanderers, spuckt nun aus endlos hohen Fabrikschornsteinen Rauch aus …
Jetzt werden Sie zweifellos annehmen, alle meine Argumente zugunsten der optischen Einrahmung für die höchstentwickelte und synthetischste aller Künste (denn im Film

sind doch die Möglichkeiten aller Künste enthalten, obwohl er sie nicht nutzt!) laufen darauf hinaus, daß diese Rahmung vertikal sein sollte.

Nichts dergleichen. Denn in den Herzen der superindustrialisierten Amerikaner und der tatkräftig sich selbst industrialisierenden Russen ist die Sehnsucht nach den grenzenlosen Horizonten der Felder, Steppen und Wüsten noch immer vorhanden. Eine Persönlichkeit bzw. eine Nation erklimmt die Höhen der Mechanisierung, trotzdem ist sie im Bündnis mit dem Bauern und Farmer des gestrigen Tages.

Die Sehnsucht nach den „Big Trails", nach „Fighting Caravans", „Covered Wagons" und der endlosen Breite des „Old Man River"[221]...

Diese Sehnsucht ruft nach einem horizontalen Raum.

Andererseits zollt die industrielle Kultur mitunter auch diesem „verachteten Format" ihren Tribut ... Sie baut die unendliche Brooklyn-Brücke linkerhand von Manhattan, versucht danach, diese mit der Hudson-Brücke auf der rechten Seite noch zu übertreffen.[222] Sie streckt den Korpus des armen „puffing Billy" ganz ungeheuerlich bis hin zu den Maßen der heutigen Lokomotiven auf der Southern Pacific Line. Sie stellt unendliche Ketten menschlicher Körper (genauer gesagt: Beine) in unzähligen Reihen von Music-hall-Girls auf. Und tatsächlich: Wo ist da die Grenze der anderen „horizontalen" Siege des Jahrhunderts der Elektrizität und des Stahls?!

Und als Kontrast zu ihren pantheistischen horizontalen Neigungen offeriert uns die Natur am Rande des „Tals des Todes" in der Mohavewüste[223] ein dreihundert Fuß hohes Baummassiv, das nach den Generälen Sherman und Grant[224] benannt wurde und andere gigantische Sequoien, die (wenn man den Geographielehrbüchern aller Länder glauben kann) geschaffen wurden, damit Tunnel für Kutschen und Autos durch sie hindurch verlaufen können. Und als wäre es ein Gegensatz zu dem endlosen horizontalen Wellen-Kontertanz am Rande des Ozeans, treffen wir dasselbe, in den Himmel strebende Element in Gestalt von Geisern wieder an. Das sich in der Sonne aalende Krokodil steht im Kontrast zur Giraffe, die gemeinsam mit dem Vogel Strauß und dem Flamingo um

einen anständigen, ihrer vertikalen Form entsprechenden Rahmen betteln.
Also ist weder die horizontale noch die vertikale Proportion der Leinwand an und für sich ideal.
Wie wir sehen, erzeugt die Wirklichkeit *sowohl in den Formen der Natur und der Industrie als auch in der Kombination dieser Formen den Kampf, ja den Konflikt, zwischen beiden Tendenzen. Und die Leinwand sollte als getreuer Spiegel – nicht nur emotionaler und tragischer, sondern auch psychologischer und optisch-räumlicher Konflikte – ein Schlachtfeld dieser beiden äußerlich optischen, ihrem Sinn nach aber zutiefst psychologischen Raumtendenzen des Zuschauers sein.*
Was kann wohl in gleichem Maße ein Bild für die vertikale und die horizontale Tendenz des Films schaffen?
Ein Schauplatz für diese „Schlacht" ist leicht auszumachen. *Es ist das Quadrat,* die räumliche Form des Rechtecks, die ein Beispiel für die gleiche Länge seiner bestimmenden Achsen liefert. Das ist die einzige Form, die gleichsam fähig ist, mittels einer abwechselnden „Abplattung" der rechten und linken Seite bzw. oben oder unten die ganze Fülle der auf der Welt existierenden ausdrucksintensiven Rechtecke zu umfassen oder sich – als Ganzes genommen – in der Psyche des Zuschauers zu verankern, und zwar dank der „kosmischen" Unerschütterlichkeit seines eigenen *„Quadratcharakters"*.
Das trifft besonders auf den *dynamischen* Wechsel der *Abmessungen* vom kleinen Quadrat im Zentrum bis hin zum allumfassenden Quadrat von der Größe der Leinwand zu.
Die *„dynamische" quadratische Leinwand* ist eine Leinwand, die durch ihre Ausmaße die Möglichkeit bietet, in der Projektion jede nur denkbare geometrische Form einer Abbildungsfläche in voller Pracht zu fixieren.
Merken wir uns hier als erstes: Das bedeutet, daß die Dynamik der in Veränderung begriffenen Proportionen des zu projizierenden Films durch die maskierende Wirkung eines Teils der quadratischen Form der Einstellung, und zwar ihres Rahmens, erreicht wird. Und zum zweiten: Das hat nichts mit dem Vorschlag zu tun, wonach die Proportionen 1 : 2 (3 : 6) eine „vertikale Möglichkeit" bei der Maskierung der rechten und linken Seite der Einstellung bis zu einem solchen Grad schaffen, daß die verbleibende Fläche die

Form eines senkrecht stehenden Streifens annimmt. Der *Eindruck einer Vertikalen* darf auf diese Weise niemals erzeugt werden: Erstens, weil die von der Abbildung eingenommene Fläche im Vergleich zur maskierten horizontalen Fläche niemals als etwas *dem Horizontalen achsenmäßig Widerstrebendes* aufgefaßt wird, sondern immer als Teil davon; und zum zweiten, weil man nie zu dem Eindruck einer entgegengesetzten, in die Höhe strebenden räumlichen Achse gelangen kann, wenn man die von der horizontalen Dominante bestimmte *Höhe nie übersteigt.* Deshalb auch lenkt mein Vorschlag mit dem Quadrat die Fragestellung in einen neuen Bereich, obwohl verschiedentlich Typen von Kaschs[225] sogar in den langweiligen Proportionen der gegenwärtigen standardisierten Bildabmessungen und sogar von mir selbst angewandt wurden (siehe die erste Einstellung der „Treppe von Odessa" im „Potjomkin").

Wie die theoretischen Voraussetzungen auch immer aussehen mögen, erst das Quadrat wird uns endlich die reale Möglichkeit bieten, zufriedenstellende Filmaufnahmen von vielen Objekten zu liefern, die es bis zum heutigen Tage noch nicht auf der Leinwand gibt: schmale Gassen aus dem Mittelalter; oder gewaltige gotische Kathedralen, die über ihnen lasten; oder Minarette anstelle der Kathedralen, wenn die abzubildende Stadt eine orientalische ist; Totempfähle der Indianer; das „Paramount"-Building in New York; Primo Carnera[226] oder die tiefen, bodenlosen Rinnsale der Wallstreet in ihrer ganzen Expressivität – Einstellungen, wie sie jeder billigen Zeitschrift zugänglich sind, auf der Leinwand jedoch bereits dreißig Jahre lang vermißt werden.

Das ist zu dem von mir vorgeschlagenen neuen Format alles.

Und ich glaube zutiefst an die Richtigkeit meines Vorschlags, da sich meine Schlußfolgerungen auf ein synthetisches Herangehen stützen. Die Herzlichkeit, mit der meine Rede hier aufgenommen wurde, festigt in mir die Überzeugung, daß meine Argumentation theoretisch fundamentiert ist.

Aber das liegende Leinwandformat (das sich so sehr für den faulenzenden Geist geziemt!) hat viele raffinierte und sophistische Verteidiger. Es existiert sogar eine besondere,

originelle Literatur dazu, und wir würden unsere Sache unvollendet lassen, wenn wir uns nicht kritisch mit den darin enthaltenen Argumenten auseinandersetzten.
Das an uns alle (als Anhang zum Vortrag) vor diesem Treffen verteilte Merkblatt, das von Mister Lester Cowan (Assistent des Sekretärs der Akademie) glänzend zusammengestellt wurde, liefert einen knappen, objektiven Überblick über all das, was bisher bezüglich der Leinwandproportionen geschrieben worden ist. Die Verfasser einiger Aufsätze neigen zu einer horizontalen Rahmung.
Analysieren wir doch einmal die Argumente, die verschiedene Autoren – von unterschiedlichen Standpunkten herangehend und aus unterschiedlichen Fachgebieten kommend – zu ein und demselben, einstimmig anerkannten … falschen Vorschlag geführt haben. Es sind vier Hauptargumente:
zwei aus dem Gebiet der Ästhetik,
ein physiologisches,
ein kommerzielles.
Zerschlagen wir sie in der genannten Reihenfolge
Beide ästhetischen Argumente für ein horizontales Leinwandformat stützen sich auf deduktive Schlußfolgerungen, die von Traditionen innerhalb der Kunstformen – der Malerei und Bühnenpraxis – ausgehen. Als solche sollte man sie eigentlich von der Diskussion ausschließen und nicht weiter zur Kenntnis nehmen wegen der gewaltigen Irrtümer, die unweigerlich bei jedem Versuch unterlaufen, praktische Resultate zu übernehmen und sich dabei auf die Ähnlichkeit äußerer Erscheinungsformen des einen oder anderen Kunstgebietes zu stützen. (Etwas ganz anderes ist das Herausfinden von Verwandtschaft in den *Methoden* und *Prinzipien* verschiedener Künste, die psychologischen Phänomenen entsprechen, welche wiederum identisch und für jede künstlerische Wahrnehmung wesentlich sind; die vorliegenden, oberflächlich festzustellenden *Analogien* sind, wie wir sehen, weit davon entfernt.)
Tatsächlich: unsere Aufgabe ist es, ausgehend von der methodologischen Ähnlichkeit verschiedener Künste, bei ihrer Anwendung und Nutzung entsprechend ihrer organischen, für jede von ihnen typischen Spezifik streng zu differenzieren. Gewaltsam die für die eine Kunst organi-

schen Gesetze auf eine andere anwenden zu wollen, wäre absolut falsch.

Im vorliegenden Fall jedoch sind sogar die dargelegten Argumente über das eigene Gebiet so falsch, daß es lohnt, sie zu analysieren und ihre Haltlosigkeit aufzuzeigen.

1. Lloyd A. Jones urteilt über verschiedene rechteckige Proportionen, die in Kompositionen der Malerei zur Anwendung gelangen und führt das Resultat einer statistischen Untersuchung über Proportionen in der Malerei an. Die Ergebnisse seiner Forschung sprechen scheinbar für ein Verhältnis der Grundlinie zur Höhe, das entschieden größer als 1 ist und vielleicht sogar 1,5 überschreitet.

Diese Behauptung ist an und für sich erstaunlich. Ich zweifle nicht an dem gewaltigen statistischen Rüstzeug, das Mister Jones ohne Frage zur Verfügung steht und ihm gestattet, eine so entschiedene Behauptung aufzustellen. Doch als ich meine eigenen Erinnerungen an die Malerei in all jenen Museen, in denen ich während meiner Reisen in Europa und Amerika war, durchforschte, und eine Vielzahl von Graphiken und Kompositionen im Gedächtnis rekonstruierte, die ich während der Arbeit studiert hatte, schien mir, daß es genausoviel vertikal stehende Bilder gibt wie horizontal angeordnete.

Und alle werden mir da zustimmen.

Das statistische Paradoxon des Mister Jones rührt wahrscheinlich daher, daß er den gestalterischen Proportionen der vorimpressionistischen Periode des 19. Jahrhunderts – der allerschlechtesten Periode der Malerei – eine zu große Bedeutung beimißt; für diese sind „narrative", zweit- und drittklassige Bilder, die abseits vom progressiven Hauptstrang der Malereientwicklung stehen, typisch, und selbst heute noch übertreffen diese die Maler der neuen Richtung qualitativ, ja sogar im Vergleich zu Picasso und Léger sind sie nicht zu zählen – wie die spießigen Öldrucke in den meisten Hotels der Welt.

In dieser „narrativen" Malerei dominiert zweifelsohne die Proportion 1 : 1,5. Dieser Fakt verliert jedoch an Bedeutung, wenn man ihn vom Standpunkt der Bildkomposition in der Malerei betrachtet. Diese Proportion ist an und für sich schon eine „geborgte Ware" und hat absolut nichts mit jener bildnerischen Organisation des Raumes zu tun, die das eigentliche Problem der Malerei darstellt. Diese Proportionen sind rundherum ausgeliehen (um nicht zu sagen: geklaut!) und zwar bei … der Bühne.

Jedes dieser Bilder rekonstruiert mit oder ohne Absicht ein *szenisches Arrangement,* und dieser Prozeß ist an und für sich durchaus logisch, da sich die Bilder dieser Schule nicht mit den Problemen der Malerei – sondern mit der „Rekonstruktion von Szenen" abgeben – und die Aufgabe dieser Malerei ist sogar in einer *Bühnen*terminologie formuliert!

Ich spreche vom 19. Jahrhundert als von einer Zeit, da es Bilder diesen Typs im Überfluß gab, möchte jedoch nicht etwa den Eindruck hinterlassen, als gäbe es in anderen Epochen solche Bilder überhaupt nicht. Nehmen Sie beispielsweise die Serie „Modeehe" von Hogarth[227]. Das sind satirisch und szenisch „rekonstruierte" Anekdoten – eine amüsante Szenenfolge … Aber eben nur das.

Bemerkenswert ist, daß in einem anderen Fall, da der Urheber eines Bildes zugleich Theaterregisseur war (oder Art Director, wie man in Hollywood zu sagen pflegt), dieses Phänomen nicht auftrat. Ich meine die mittelalterlichen Miniaturen. Die Schöpfer der allerfeinsten Malerei der Welt auf vergoldeten Blättern der Bibel oder der Livres d'heures (nicht zu verwechseln mit „hors-d'œuvre")* waren zugleich Bühnenbildner verschiedener Mysterien und Mirakel (zum Beispiel Fouquet[228] und eine Unzahl von Künstlern, deren Namen die Nachfahren bereits vergessen haben). Hier, wo wir dank dem Objekt eine maximal dichte Rekonstruktion des „Spiegels der Bühne"[229] haben müßten, sehen wir ihn nicht. Und finden statt dessen eine Freiheit vor, die an solchen Begrenzungen absolut nicht gebunden ist. Warum nur? Weil es zu jener Zeit diesen „Spiegel der Bühne" nicht gab. Die Bühne war rechts und links weiträumig durch die „Hölle" und das „Paradies" begrenzt, sie war von frontal angeordneten Teilen der Dekoration (von sogenannten „Häusern") ausgefüllt, über denen ein endloser Himmel strahlte, wie es auch heute noch in vielen „Passionsspielen" der Fall ist.

* Wortspiel, das sich aus der Klangähnlichkeit dieser Worte in der französischen Sprache ergibt. Livres d'heures = Kirchengesangbuch; hors-d'œuvre = Imbiß. (S. E.)

So entdecken wir, daß die mutmaßlich „dominierende" und charakteristische Form der Malerei selbst einer anderen Kunstgattung angehört.
Und von dem Moment an, da sich die durch die impressionistische Bewegung frei werdende Malerei rein malerischen Aufgabenstellungen zuwendet, annulliert sie alle bühnenartigen Rahmenformate und setzt als Vorbild und Ideal die „Rahmenlosigkeit" der Komposition japanischer impressionistischer Graphik. Dabei ist möglicherweise die Tatsache symbolisch zu werten, daß ausgerechnet jetzt eine Blütezeit der ... Fotografie anbricht. Es ist außerordentlich wichtig, darauf hinzuweisen, daß sich die Fotografie in ihrer weiteren Verwandlung im Film einige (diesmal *lebendige*) Traditionen dieser Reifeperiode der einen Kunst (der Malerei) und des Infantilismus einer jüngeren Kunst (der Fotografie) bewahrt. Achten Sie auf den Zusammenhang zwischen vielen Aufnahmen, in denen sich die Tendenz zur Darstellung von zwei Ebenen (Vorder- und Hintergrund) – der einen durch die andere hindurch – ausdrückte, z. B. in „100 Ansichten des Fuji" von Hokusai[230] (besonders „Der Fuji durch ein Spinnennetz" und „Der Fuji durch die Beine hindurch") oder Edgar Degas, dessen wunderbare Folge von Badenden, Putzmacherinnen und Plätterinnen die beste Schule zur Aneignung von Fertigkeiten und Begriffen von einer räumlichen Komposition, die von einem Rahmen begrenzt ist, und darüber hinaus auch von der Gestaltung des Rahmens selbst (der in dieser Folge ununterbrochen von 1 : 2 über 1 : 1 bis hin zu 2 : 1 springt) darstellt.
Jetzt scheint mir der Zeitpunkt gekommen, um ein Argument von Miles anzuführen, das mit dem hier zu diskutierenden Element der Malerei entschieden enger verbunden ist als mit dem der Physiologie, dem man es zuzuordnen geneigt ist. Für Miles „wird die ganze Fragestellung (die Neigung zu einer horizontalen Wahrnehmung) wahrscheinlich durch den Charakter des Gucklochs bestimmt, durch das das menschliche Auge blickt; und für letzteres ist charakteristisch, daß es entschieden breiter ist als höher."
Nehmen wir mal eine Sekunde lang an, daß dieses Argument an und für sich richtig ist. Wir können dem Autor sogar ein glänzendes Beispiel als Bekräftigung seines „Plus

royaliste que le roi“* liefern. Es wird ihm trotzdem nicht helfen. Dieses Beispiel übrigens ist das typische Format einer typisch japanischen Holzschnitt-Landschaft. Das ist der einzige bekannte Typ einer standardisierten (und nicht zufälligen) Komposition, die nicht seitlich von irgendwelchen Rahmen, sondern in ihren vertikalen Grenzen durch den Schatten eines schmalen (horizontalen) Streifens begrenzt ist, der in diesem beschränkten Raum alle Nuancierungen der Farbe des Himmels durchläuft: von Weiß unten bis hin zum Dunkelblau oben.

Dieses letzte Phänomen erklärt sich durch den Eindruck eines Schattens, der vom oberen Lid auf das Auge fällt und durch die hochempfindliche Beobachtungsgabe der Japaner eingefangen wurde.

Man könnte nun annehmen, daß diese Anordnung in der Malerei eine komplette Bestätigung des erwähnten Milesschen Standpunkts ist. Wir müssen jedoch abermals enttäuschen: Die Idee der Einrahmung eines Bildes entsteht nicht durch die Grenzen des Blickfeldes unserer Augen, sondern durch das Vorhandensein eines Rahmens für die von uns betrachteten Landschaften, die wir aus dem Fenster- bzw. Türrahmen oder – wie oben gezeigt – durch einen Wanddurchbruch beobachten. Genauso entsteht bei den Japanern eine Komposition infolge des Fehlens von Türen, denn die Türen werden durch die Schiebewände des typischen japanischen Häuschens ersetzt, die eine Aussicht auf den endlosen Horizont eröffnen.

Doch selbst wenn wir einräumen, daß die Proportionen des Blickfeldes durch diese Form ausgedrückt werden, sollten wir uns eine andere bemerkenswerte Erscheinung der japanischen Kunst vor Augen führen: jene nämlich, bei der das Fehlen der seitlichen Begrenzungen auf dem Papier auf einem horizontalen *Rollbild,* wie es nur in Japan und China entstand, seinen Ausdruck findet. Ich würde es ein *sich entrollendes* Bild nennen, weil wir, nachdem es horizontal entrollt wurde, endlose Episoden von Schlachten, Festen und Prozessionen erblicken. Zum Beispiel ist der Stolz des Bostoner Museums das viele Feet lange Gemälde „Feuer im Ijedo-Palast“ – oder das unsterbliche Bild „Tötung eines Bä-

* (franz.) – Päpstlicher als der Papst.

ren im Kaiserlichen Garten“ in Blumsberry[231]. Als die Japaner mit ihrem hohen Einfühlungsvermögen, ausgehend von der angenommenen Tendenz der Wahrnehmung, diesen einzigartigen Typ eines horizontalen Bildes geschaffen hatten, entwickelten sie – auch wenn das von Mister Miles' Standpunkt aus betrachtet unlogisch erscheinen mag – eine dem genau *entgegengesetzte Form,* wobei sie vom rein ästhetischen Bedürfnis nach einem Gleichgewicht ausgingen: Denn Japan und China sind ebenso die Heimat des *vertikalen Rollbildes,* und zwar der höchsten aller überhaupt existierenden Vertikalkompositionen (abgesehen von der gotischen Glasmalerei). Diese Rollbilder nehmen außerdem die Form wunderlicher farbiger Holzschnitte mit vertikaler Komposition und bewundernswerter Anordnung von Gesichtern, Kleidung, von Elementen des Hintergrundes und der Requisiten an.

Das, so meine ich, zeigt ziemlich eindeutig, daß – selbst wenn die Schlußfolgerung bezüglich des horizontalen Charakters der Wahrnehmung richtig ist (was noch lange nicht bewiesen ist), die vertikale Komposition für die Herstellung eines harmonischen Gleichgewichts genauso gebraucht wird.

Die Tendenz zu Harmonie und Gleichgewicht der Wahrnehmung ist gänzlich anderer Natur und unterscheidet sich auch von jener, welche Ausgangspunkt eines weiteren „harmonischen“ und „ästhetischen“ Arguments ist, das von den Verteidigern der horizontalen Leinwand eingebracht wurde.

Ich zitiere Mister Cowans Thesen:

„Howell und Dubray, Lane, Westerberg und Dieterich[232] sind damit einverstanden, daß diejenigen Proportionen am wünschenswertesten sind, die sich dem Verhältnis 1,618 : 1 annähern, was den Proportionen des sogenannten sich drehenden quadratischen Rechtecks entspricht (das auch unter der Bezeichnung „Goldener Schnitt“ bekannt ist), gestützt auf die Prinzipien der dynamischen Symmetrie, die im Verlauf von Jahrhunderten in der Kunst vorherrschten. Der Vereinfachung halber greift man gewöhnlich zu den Verhältnissen 5 : 3 (= 1,667 : 1) oder 8 : 5 (1,6 : 1).“

Allein schon die Worte „die im Verlaufe von Jahrhunderten in der Kunst vorherrschten“, erwecken tiefes Mißtrauen,

wenn sie auf eine ihrem Wesen nach völlig neue und so junge Kunst wie den Film angewandt werden.
Film ist die erste und einzige Kunst, die sich voll und ganz auf Dynamik und Geschwindigkeit stützt und gleichzeitig von *ewiger Kraft* wie eine Kathedrale oder eine Kirche ist. Mit der Kirche hat sie einen für die statischen Künste charakteristischen Wesenszug gemeinsam: die Möglichkeit einer selbständigen inneren Existenz, die nicht vom schöpferischen Mühen abhängt, das sie geschaffen hat. (Das Theater, der Tanz*, die Musik – die einzigen dynamischen Kunstformen vor dem Film – verfügen nicht über diese Möglichkeit, diese Qualität einer verewigten Existenz, unabhängig von dem sie hervorbringenden schöpferischen Akt; dadurch unterscheiden sie sich von der kontrastierenden Gruppe der statischen Künste.)
Warum nur sollte die Vergötterung des „Goldenen Schnittes" auch weiterhin existieren, wenn alle wesentlichen Elemente des Films, dieses Neulings unter den Künsten, völlig anders geartet sind und sich seine Voraussetzungen von allem bisher Dagewesenen unterscheiden?
Vertiefen Sie sich auch in die zwei anderen Bezeichnungen für den „Goldenen Schnitt", die durchaus einleuchtend die Tendenz dieser Proportionen demonstrieren: „das sich drehende Quadrat", das Prinzip der „dynamischen Symmetrie". Sie beide sind das *Aufstöhnen* der Statik, die aussichtslos von Dynamik träumt. Diese Proportionen sind wahrscheinlich am meisten dazu geeignet, eine maximale Anspannung des Auges zu bewirken, wobei es erst in eine Richtung zu schauen gezwungen wird und dann jäh in eine andere.
Aber haben wir etwa dank der Projektion unserer Filme auf die Leinwand nicht ein tatsächlich existierendes „sich drehendes" Quadrat erlangt? Und haben wir etwa nicht im Prinzip der rhythmischen Montage eine tatsächlich existierende „dynamische Symmetrie" entdeckt?
Das ist praktisch erreicht und von der Filmkunst *insgesamt* siegreich realisiert. Darum besteht keine Notwendigkeit, es über die Form der Leinwand zu realisieren.

* Die Grammophonplatte, die ebenfalls eine verewigte dynamische Form darstellt, sollte jetzt als Bestandteil des Films betrachtet werden. (S. E.)

Warum, zum Teufel, sollen wir in diesen Tagen des Triumphs die traurige Erinnerung an die unverwirklichten Wünsche eines statischen Rechtecks hinter uns herschleppen, das dynamisch zu werden versuchte?
Die Filmkunst ist ebenso ein Grabstein für alle futuristischen Versuche, die statische Malerei zu dynamisieren.
Es gibt keine logische Begründung dafür, sich auch weiterhin auf mystische Weise vor dem „Goldenen Schnitt" zu verbeugen. Wir haben uns von den Griechen weit entfernt, die ihr übernatürliches Gefühl für Harmonie und Proportion übertrieben, wenn sie sich beim Bau von Bewässerungskanälen auf eine heilige harmonische Formel stützten, die nichts mit den Anforderungen der Praxis gemein hatte. (Oder war das bei den Schützengräben der Fall? Ich erinnere mich nicht genau, aber mir scheint, es ging um den Kanalbau, der von völlig abstrakten Schlußfolgerungen ästhetischen und nicht eben praxisverbundenen Charakters beeinflußt wurde.)
Die automatische Übertragung der uralten Proportionen auf die neugeborene breite Leinwand wäre ebenso unlogisch wie diese griechischen Sachen. Und, um mit allen Traditionen der Malerei Schluß zu machen – *wenn* es wünschenswert ist, eine Verbindung zwischen dem Rahmen der Leinwand und *irgend etwas* anderem herzustellen, warum sollten wir dann nicht eine Übergangsform von der Malerei zum Film für den Vergleich heranziehen: die Ansichtskarte oder das Amateurfoto?
Hier so können wir behaupten, kommt wenigstens keine dieser Tendenzen zu kurz!
Das entspringt der einfachen Tatsache, daß unser Fotoapparat gleichermaßen leicht und genau sowohl vertikale als auch horizontale Aufnahmen von unserem Kind, von Vater, Mutter oder Großmutter macht, ob sie nun am Strand in der Sonne liegen oder in ihrer Hochzeitskleidung, Hand in Hand, posieren, egal ob das für eine Eheschließung, eine silberne oder gar goldene Hochzeit ist.
Das zweite ästhetische Argument entstammt dem Bereich einer Theater- oder Musikaufführung. Dieses, von Mister Cowan vorgetragene Argument lautet so: „... Ein anderes Argument zugunsten von Breitwandfilmen basiert auf einer Möglichkeit, die dem Tonfilm innewohnt und in Stummfil-

men fehlte (hat es wirklich gefehlt??? – S. E.), der Möglichkeit nämlich, eine Schau zu bieten, die ihrer Natur nach dem Theaterdrama recht nahekommt.“ (Rayton)
Um höflich zu bleiben, sage ich nicht direkt, daß das die schrecklichste Geißel ist, die über dem Tonfilm schwebt. Ich sage es nicht, obwohl ich es denke. Ich beschränke mich lediglich auf eine Beobachtung, mit der sich alle einverstanden erklären sollten – nämlich, daß die Ästhetik und die Gestaltungsgesetze des Tonfilms noch nicht endgültig aufgestellt sind. Sich also heute, ausgehend von so zweifelhaften Festlegungen wie den Entwicklungsgesetzen des Tonfilms, streiten zu wollen und die gegenwärtig falsche Nutzung der Tonfilmleinwand als Grundlage für eine Vermutung anzusehen, die uns für die nächsten dreißig Jahre an eine Proportion fesselt, die den dreißig Monaten der irrtümlichen Anwendung der Leinwand entspricht – ist zumindest eine selbstgefällige Anmaßung.
Anstatt sich der Bühne zu nähern, sollte die breite Leinwand meiner Meinung nach den Film noch weiter von ihr fortzerren, damit sie der magischen Kraft der Montage offener entgegensieht – einer völlig neuen Ära konstruktiver Möglichkeiten.
Doch darüber später – „als Nachspeise“.
Das dritte präzise formulierte Argument zugunsten horizontaler Proportionen stammt aus dem Gebiet der Physiologie. Das hindert es aber nicht daran, genau so falsch zu sein, wie es die vorherigen sind. Dieterich und Miles haben darauf verwiesen, daß der Breitwandfilm der physiologischen Eigenschaften des Augen wegen letzterem zugänglicher ist. Laut Miles „verfügt das Auge über ein Muskelpaar, um es in eine horizontale Bewegung zu versetzen, und zwei Paar Muskeln fur eine Vertikalbewegung. Vertikale Bewegungen sind durch breite Blickfelder schwerer zu bewerkstelligen. Solange der Mensch in seiner natürlichen Umwelt lebte, mußte er mehr Gegenstände betrachten, die eher in der Horizontalen angeordnet waren als in der Vertikalen (!!! – S. E.). Das war offensichtlich so eingerichtet durch die tief verwurzelte Gewohnheit, daß sich die Geschichte über die visuelle Wahrnehmung des Menschen offenbart ...“
Dieses Argument klingt recht überzeugend. Doch seine Schlagkraft schwindet im entscheidenden Maße in dem Mo-

ment, da wir bei unserer Untersuchung von der Oberfläche des Gesichts, das mit horizontal angeordneten und wahrnehmenden Augen ausgerüstet ist, zum ... Hals übergehen. Hier könnten wir dasselbe Zitat erfolgreich im völlig entgegengesetzten Sinn anführen. Denn hier liefert der Mechanismus des Neigens und Hebens des Kopfes im Gegensatz zur Links- und Rechtswendung eine umgekehrte Proportion der Muskelanstrengung. Das Heben und Senken des Kopfes (vertikale Wahrnehmung) geschieht ebenso leicht wie die Bewegung der Augen von links nach rechts (horizontale Wahrnehmung). Auch an diesem Fall sehen wir, daß uns die Natur in ihrer Weisheit, was rein physiologische Wahrnehmungsmittel betrifft, mit kompensierenden Bewegungen ausgestattet hat, die zu einer allumfassenden quadratischen Harmonie tendieren. Das ist aber noch nicht alles.

Mein Beispiel hilft mir, genauso wie mein Gegenbeispiel, noch ein Charakteristikum des rezipierenden Betrachters – *die Dynamik der Wahrnehmung* – zu definieren. Das zeigt sich an der horizontalen Anordnung der Augen und der vertikalen Haltung des Kopfes.

Und das stößt von selbst ein anderes Argument Dieterichs um: „... Auf der physiologischen Grundlage, daß das gemeinsame Blickfeld beider Augen (bei stabiler Kopfhaltung) und des für die Betrachtung mit beiden Augen geeigneten Raums einem Rechteck mit den Maßen 5:8 nahekommt, obwohl die tatsächlichen Begrenzungen dieser Felder gekrümmte Linien darstellen ...“

Bei stabiler Kopfhaltung ... Dabei war eben eine *instabile* Lage festgelegt worden, so daß dieses Argument seine Kraft verliert. (Vermerken wir, daß eine tatsächlich unbewegliche und unabänderliche Haltung des Kopfes im Kino nur dann vorhanden ist, wenn er ... auf der Schulter der Geliebten ruht. Allerdings können wir uns nicht auf solche Fakten stützen, obwohl sie für 50 Prozent der Zuschauer zutreffen.)

Bleibt also das letzte Argument – das ökonomische.

Eine horizontal gestreckte Form entspricht am ehesten dem Blick vom Rang, der über dem Parkett schwebt, und von den übereinander angeordneten Rängen. Die extremen Grenzen der Leinwandhöhe betragen nach Sponables Berechnungen in diesem Fall gleich 23 Feet zu 46 Feet horizontaler Möglichkeiten.

Wenn wir uns nach wie vor von extrem ökonomischen Berechnungen leiten lassen, können wir annehmen, daß wir bei der Anwendung einer Vertikalkomposition die Zuschauer zwingen würden, auf die teuren Vorderplätze vorzurücken, von denen aus die Sicht nicht durch überhängende Ränge versperrt ist.

Doch ein anderer Fakt eilt uns zur Hilfe, und zwar die Untauglichkeit der Formen und Proportionen heutiger Kinos für *Tonfilmzwecke.*

Die Akustik hilft der Optik!

Mir fehlt hier die Zeit, um alle Daten der idealen Proportionen eines Tonfilmkinos heranzuziehen.

Ich erinnere mich, noch von meinen lange zurückliegenden Beschäftigungen mit der Architektur her, dunkel daran, daß in Theater- und Konzertsälen der vertikale Grundriß für eine optimale Akustik parabolisch sein sollte. Woran ich mich aber genau erinnere – das sind die Form und die typischen Proportionen zweier idealer Gebäude.

Eines ist ideal für das Sehen. Nehmen wir das Kino „Roxy" (New York).

Und das andere ist ein in akustischer Hinsicht ideales Gebäude: der Saal „Pleyel" in Paris, die größte Errungenschaft der Konzertsaalakustik.

Beide widersprechen einander in ihren Proportionen *absolut.* Wenn der „Pleyel"-Saal auf die Seite gelegt würde, bekäme man den „Roxy"-Palast. Und wenn man das „Roxy" senkrecht stellte, wäre es der „Pleyel"-Saal. Die Proportion des „Roxy", das horizontal durch Parkett und Ränge aufgegliedert ist, steht in direktem Gegensatz zu dem streng vertikalen, in die Tiefe verschwindenen korridorähnlichen „Pleyel"-Saal.

Der Tonfilm – die Kreuzung zwischen Optischem und Akustischem – sollte in der Form seines Zuschauerraumes beide Proportionstendenzen gleichermaßen synthetisieren.

In Zukunft wird das Tonfilmtheater umgebaut werden. Und seine neue Form wird im Schnittpunkt zwischen den horizontalen und vertikalen Tendenzen des „Greises" „Roxy" und des „Alten" „Pleyel" durch Fusion der visuellen und akustischen Wahrnehmung bedingt sein und auf ideale Weise der dynamischen Quadratleinwand mit ihrem Reichtum an vertikalen und horizontalen Einwirkungsimpulsen entsprechen.*

Und schließlich das Allerletzte der Reihenfolge nach, jedoch nicht seiner Wichtigkeit entsprechend. Ich sehe mich gezwungen, noch einer schleichenden Tendenz energisch zu widersprechen, die teilweise über den Tonfilm triumphiert hat und gegenwärtig ihre schmutzigen Hände nach der Großen Filmkunst ausstreckt, wobei sie sich beeilt, den Film zu zwingen, sich in noch größerem Maße ihren niederen Wünschen zu beugen.

Diese Tendenz strebt danach, die Montageprinzipien völlig abzuwürgen, welche bereits durch die „hundertprozentigen Tonfilme" geschwächt sind und zur Zeit immer noch auf das erste gewaltige Musterbeispiel eines *ideal montierten* Tonfilms warten, das in der Lage ist, das Montageprinzip als wesentliches und nicht vorübergehendes Lebensprinzip des filmischen Ausdrucks erneut zu installieren. Ich stütze mich dabei auf unzählige Aussagen, denen sogar solche Meister der Leinwand wie mein Freund Vidor[233] und der

* Die Rekonstruktion und Veränderung aller gegenwärtig existierenden Filmtheater in Anpassung an ein neues Leinwandformat (unabhängig von der im Resultat der Veränderungen erhaltenen künstlerischen Qualität) würde laut Berechnung von Experten der Filmakademie etwa vierzig Millionen Dollar kosten. Doch ein technisches Genie fand einen Ausweg in Form einer erstmals auf 65-mm-Film gemachten Aufnahme mit einer nachfolgenden Verringerung der Bildabmaße und ihrer, falls erwünscht, Unterbringung auf einem 35-mm-Positivfilm. Dabei füllt, im Zusammenhang mit seinen anderen Proportionen, das Filmmaterial nicht die gesamte Oberfläche der Normalgröße aus. Und schließlich vergrößert die Bildprojektion auf die Leinwand mit Hilfe einer vergrößernden Abbildung durch Linsen die Abmaße des Bildes und verändert entsprechend den Maßen des Kinos die Proportionen der Projektionswand. Diesselbe Prozedur würde auch für eine vertikale Komposition taugen, die mittels einer geringfügigen Veränderung der Horizontallinie unter Beibehaltung ihrer Vertikalen später (bei ihrer Verkleinerung) die Maße einer Normalformatleinwand nicht übersteigen würde.
Uns bleibt also wieder nur, den teilweisen und kaum merklichen Veränderungen der Grenzen einer vertikal komponierten Einstellung nachzutrauern, wobei nur die auf den schlechtesten Plätzen des Rangs und im Parkett sitzenden Zuschauer trauern werden, doch selbst für sie wird der Verlust nicht gewaltig sein. (S. E.)

„große Nestor“ D. W. Griffith[234] zum Teil zustimmen. Ein Beispiel:
„... Tanzszenen bedürfen keiner Kamerafahrt mehr, da in einer normalen langen Einstellung durchaus genügend Platz für alle Bewegungen ist, die in der Mehrzahl der Tänze entlang der Horizontalen vollführt werden ...“
(„Die Kamerafahrt“ ist ein Mittel der Einwirkung, das beim Zuschauer dynamische Empfindungen wachrufen soll, aber kein Mittel zur Erforschung oder Beobachtung von Beinen tanzender Girls! Erinnern Sie sich an die schwankenden Bewegungen der Kamera in der „Heuernte“-Szene in „Das Alte und das Neue“ oder an das Schwanken des Maschinengewehrs in dem Film „Im Westen nichts Neues“[235].)
„... Eine Nahaufnahme kann man auch auf breitformatigem Filmmaterial machen. Es besteht natürlich kein Zwang, solch nahe Einstellungen zu drehen, wie sie mit der 35-mm-Kamera aufgenommen wurden, aber wenn wir vom Vergleich sprechen, so lassen sich auch solche Bilder herstellen ...“
(Die Kraft der Einwirkung einer Nahaufnahme hängt in keiner Weise von ihrer absoluten Größe ab, dafür aber von jener Größe, die in Relation zur visuellen Einwirkung gewählt wurde, welche durch die Aufnahmeperspektive der vorherigen und darauffolgenden Einstellungen entsteht.)
„Immerhin braucht man ja im Breitwandfilm keine große Zahl von Nahaufnahmen. Schließlich werden Nahaufnahmen in der Hauptsache dann notwendig, wenn ein Gedanke (!!! – S. E.) gezeigt werden muß, im Breitwandfilm aber sind alle Details und der Gesichtsausdruck eines Menschen bereits dann sichtbar, wenn er in voller Größe aufgenommen ist, was früher nur in einer 6-Feet-Nahaufnahme, fixiert auf 35-mm-Filmmaterial, möglich war ...“
(Was meinen persönlichen Geschmack hinsichtlich des Spiels auf der *Leinwand* angeht, so ziehe ich zwar eine kaum merkliche Bewegung der Augenbrauen vor, bekenne mich dennoch dazu, daß die ganze Figur einer gewissen Ausdruckskraft nicht entbehrt. Allerdings können wir eine Verbannung der Nahaufnahme nicht zulassen, jenes Mittels zur Fixierung der Aufmerksamkeit durch die Isolierung eines gewünschten Faktes oder Details, eines Mittels also, dessen

Wirkung noch immer nicht durch die disproportionale Vergrößerung der absoluten Größe einer Figur erreicht wird.)
Nahaufnahmen, Kamerafahrten, absolute Veränderungen der Größe von Körpern und Gegenständen auf der Leinwand und andere zur Montage gehörende Elemente hängen entschieden enger mit den Ausdrucksmitteln der Filmkunst zusammen als die weitaus leichtere Demonstration eines Gesichts oder eines „gedanklichen Moments" in diesem Gesicht.

Wie ich früher schon erklärt und später gemeinsam mit Grigori Alexandrow teilweise in dem so schmerzlich mißverstandenen, bescheidenen ironischen Experiment der „Sentimentalen Romanze"[236] zu zeigen versucht habe – stirbt die Montage mit dem Aufkommen des Tons nicht aus, sondern entwickelt sich, indem sie ihre Möglichkeiten und Methoden erweitert und vermehrt.

Das Aufkommen des Breitwandfilms bedeutet eine weitere Etappe des gewaltigen Fortschritts in der Entwicklung der Montage, deren Gesetze einer kritischen Prüfung standhalten müssen und durch die Veränderung der absoluten Leinwandmaße stark erschüttert werden, was wiederum viele Montagetechniken vergangener Tage unmöglich oder unbrauchbar macht. Doch andererseits bietet uns das einen so gigantischen neuen Faktor der Einwirkung wie die rhythmisch organisierte Kombination verschiedener Leinwandformate, die auf unsere Wahrnehmung mit effektiven Impulsen einwirkt, welche wiederum mit aufeinanderfolgenden geometrischen und metrischen Veränderungen verschiedener möglicher Proportionen und Umrisse zusammenhängen.

Und wenn wir hinsichtlich vieler Eigenheiten der Montage eines Films im Normalformat ausrufen müßten: „Le roi est mort! ..." – so sollten wir uns umsomehr gezwungen fühlen auszurufen: „Vive le roi!"* – und zwar zu Ehren der Geburt von bisher noch kaum denkbaren und unerschöpflichen Möglichkeiten des Großen Films.

1932

* (franz.) – „Der König ist tot! ... – Es lebe der König!"

[Erster Brief über die Farbe]

Schon lange streben wir aufeinander zu.
Die Farbe und ich.
Schließlich sind wir uns zum ersten Mal begegnet.
Hier ein paar kurze Eindrücke von dieser Begegnung.

Erster Brief

... Ich bin ein wenig frei mit der Glaubhaftigkeit der Farbe umgegangen ...
Van Gogh
(aus einem Brief an Emile Bernard)

Nein!
Weder der Gegenstand eines Malsujets noch das Objekt einer Fotografie gebären die Farbe.
Sondern die Musik eines Gegenstandes und der besondere lyrische, epische und dramatische innere Klang eines Sujets.
Nicht die gegenständliche Farbe eines Rasens, eines Straßenpflasters, eines Nachtcafés oder eines Wohnzimmers bestimmt deren Farbe im Film.
Sondern die aus der Beziehung zu ihnen geborene Sicht auf sie.
Denn es gab doch auch einen Grund dafür, warum wir in der bisherigen Filmkunst mit der Einstellung das herausgeschnitten haben, was wir aus der Wirklichkeit ringsum brauchten.
Wir modellierten einen herausgegriffenen Gegenstand im Wechsel der Aufnahmeperspektiven, die imstande waren, auf plastische Weise das geheimnisvoll tief im Innern Verborgene dessen zu enthüllen, was wir vor die Kamera gestellt hatten.
Und wir durchdrangen das Objekt mit der mächtigen Willkür von Licht- und Schattenübergängen im Interesse des Ausdrucks dessen, was wir darzustellen wünschten!

*

Wir sind bereits daran gewöhnt, daß die Emotion einer Szene durch Musik voll zur Blüte gelangt.
Daß sich diese Musik durch die Einstellung rankt, Helden und Handlung umschlingt und sich, ohne ihre Eigenständigkeit zu verlieren, mit der fortlaufenden Bildabfolge zu einem einheitlichen Strom von Eindrücken verflicht.
Ganz genauso sollte die Urkraft der Farbe in die Einstellungen einfließen, sich über ihre Ränder hinaus ergießen und die Symphonie der Farben einbringen, die aus den Gefühlen und den Gedanken zum Geschehen erwächst.
Und sie leuchtet in roten, blauen, orange Tönen auf, entsprechend den Signalen jener inneren Notwendigkeit, die, die Seele der Ereignisse erfassend, mal Blech erzittern, mal Saiten singen und ein andermal Trommeln erdröhnen läßt.

*

Mag das Glanzlicht von Kerzen äußerer Anlaß für den Einsatz blutroter Töne sein.[237]
Mag als Kontrapunkt für die Gegenbewegung der blauen Töne die Ecke eines vom roten Licht unberührten blauen Freskos dienen.
Mag das orange Thema aus dem Gold eines zufällig aufflimmernden Heiligenscheins sprühen.
Wir stellen doch den Heiligenschein, die Freskoecke oder die Kerze auch nicht um des Milieus bzw. der Ethnographie willen ins Filmbild.
Aber wir heben unter den Elementen der Ethnographie und des Alltags an der betreffenden Stelle, in der jeweiligen Szene und bei einem bestimmten Grad psychologischer Spannung ausgerechnet diese Details hervor, damit unter den gegebenen Umständen die Umgebung eben gerade durch sie am farbenprächtigsten all'unisono mit dem Darsteller das in diesem Moment des dramatischen Poems Wichtigste besingen kann, das wir auf der Leinwand gestalten.
Kerze, Heiligenschein, Freskobruchstück – ein ebenso absichtlich herausgegliederter, vom Gefühl diktierter Dreiklang, aus dem wir die Symphonie der emotionalen Atmosphäre dieser Szene komponieren, wie die kurzen Skizzen melodischer Gleichklänge, aus denen künftig un-

zählige verflochtene musikalische Schöpfungen geboren werden.
Weshalb aber nur sie selbst und nicht im selben Maße auch noch die Akkorde des emotionalen Klangs ihres Kolorits – im Unterschied zu ihrer einfachen gegenständlichen Färbung?!
Und es ist Sache Ihres Temperaments, Ihres Elans und der Ausdrucksspannung Ihres Themas, ob Sie den von Ihnen gewählten roten Faden der farblichen Ausgangsmelodie analog zu dem Thema belassen, das von einer Stimme gesungen oder auf einer Hirtenflöte gespielt – das heißt einfach harmonisch von einem elementaren Farbmuster unterlegt wurde.
Oder ob Sie es durch allseitige Variationen mittels der Magie einer Farborchestrierung entfalten – ähnlich wie ein einfaches Thema in den Labyrinthen der musikalischen Wendungen der Sechsten Symphonie von Schostakowitsch, eine naive Volksweise in den Wundern einer Bachschen Fuge oder das Krähen eines Hahnes in der unvergeßlichen Schöpfung von Rimski-Korsakow[238] aufflammen und sich ausbreiten.
Die Naturgewalt der Farbe liegt in Ihrer Hand.
Alles hängt davon ab, wie großzügig Sie ihren schöpferischen Elan einsetzen. Wie expressiv die farbliche Sublimation eines Phänomens ist, das Sie einmal fasziniert hat.
Ich fordere Sie nicht dazu auf, mir auf diesem Wege unbedingt zu folgen. Nicht jeder Brustkorb hält einem solchen Druck stand.
Doch wäre ich unsagbar glücklich, wenn sich das Flackern der Kerze in meinen Händen zum glutroten Schimmer eines feuerspeienden Schmiedeherds entfaltete und der im blauen Lasur eines Freskos leuchtende Heiligenschein zum Bild für einen einsamen majestätischen Gedanken würde, der im grenzenlosen Ozean eines herrschaftlichen Wunschtraums schwimmt, welcher aus Blut und Feuer als goldene Flut emporsteigt, mit deren Hilfe sich der Traum einen Weg ins Leben zu bahnen gezwungen sah.
Ein dramatisches Thema, eine dramatische Situation, einen dramatischen Monolog kann man ohne Worte singen.
Und das Motiv wird die emotionale Dramatik des Inhalts erschließen.

So geschieht es auch.
Und etwas einmal in der Seele zum Klingen Gekommenes verhärtet sich später zu Worten, Situationen, Sujetwindungen.
Dasselbe passiert mit der Farbe.
Ein Drama muß man zunächst einmal als schillernden Farbstrom erblicken, der die zweite Stimme der Emotionen singt. Und das fließende Spektrum schlägt sich dann in Gestalt von Gegenständen nieder.
Als Farbreflexe in den tiefen Schatten der Maske eines Schauspielers.
Im Spiel der Gewänder.
Im farblichen Leitmotiv, in der Ansicht einer Landschaft – im Gold des Herbstlaubs, im Blau der Schatten auf der Schneeoberfläche oder im hochroten Schimmer eines abendlichen reglosen Sees.
Drei Linien:
die Musik,
Sujet und Fabel
die Farbe.
Weil es mir nicht genügt ...* möchte ich, daß ein Gedanke als Farbe aufflammt und, mit dem Thema der Darstellung verschmelzend, ein Sinnbild gebiert.
Ich rufe Sie nicht dazu auf, unbedingt mit mir gemeinsam dorthin zu stürmen.
Sie brauchen auch nicht dasselbe anzustreben.
Doch was sehen wir am anderen Pol?
Am anderen Pol herrscht bisweilen noch jene bunte Katastrophe, die wir gegenwärtig von Film zu Film auf der Color-Leinwand sehen. Diese scheinen die kleineren Brüder der Schwarzweißaufnahmen des „Bioskops“ der ersten Jahre zu sein, als man, ohne zu überlegen, an gewöhnlichen, trüben Tagen drehte. Wir erinnern uns an sie – die flachen, schattenlosen Bilder, ohne Luft, Tiefe, Volumen, Faktur, ohne Helldunkel.
Genau so wurde damals aufgenommen, bevor die Berücksichtigung des natürlichen Schattens und echter Sonnenkringel im Zusammenprall mit den Reflexen der Aufhellung durch die Scheinwerfer und den Flecken der

* Auslassung im Manuskript.

willkürlich vom künstlichen Schatten verschluckten Feinheiten und Details es zuließ, ein derartiges Filmbild bei Außenaufnahmen plastisch ausdrucksvoll zu gestalten.
Und um vieles expressiver noch im Atelier, wo die geschickte Hand eines Lichtmalers gleich eine ganze Schar von Beleuchtungsböcken mit 700ern, 300ern* und Babystativen auf das neutrale Antlitz eines Objekts losläßt und diese sich gierig in den Raum hineinfressen, Räume aus der Tiefe herausreißen, Verstecktes zum Vorschein bringen und Wesentliches mit ebensolchen Greifzähnen bloßlegen, wie sie die von Gogol beschriebenen kastanienbraunen ...** im Nosdrowschen Hundezwinger haben. Wenn ich mir so das lustige Zusammenwirken der Scheinwerfer und Lampen aller Kaliber und Ausmaße betrachte, die vom Beginn der Dreharbeiten an bereit sind, sich in den Kampf zu stürzen, sehe ich sie unweigerlich in Gestalt der kastanienbraunen etc., die den Nosdrowschen Hundezwinger schmückten.
Wir stehen vor der unzerstörbaren, alltagsfixierten Korrelation der Farben – so wie der Film einst, als es die Montage noch nicht gab, „von einem einzigen Aufnahmestandpunkt aus" vor dem Geschehen stand.
Ehe die Montage begann, sich mit Nahaufnahmen in eine Erscheinung einzukerben. Den Hut und die Galoschen dort zurücklassend, wo sie hingehören; das dahinsprengende Pferd durch galoppierende Hufe und einen wehenden Schweif ersetzend, wo das nötig ist; und indem sie die marschierenden Stiefel und thronenden Uniformröcke dort läßt, wo – einer anderen Aufgabe entsprechend – einzig Augen, Gesichter und Hände über den Zuschauer herfallen.
Aus dem „Knäuel möglicher" Elemente warf die Montage mit kühnem Griff all das heraus, was an der betreffenden Stelle nicht „zwingend notwendig" war.
Genau so müssen wir vom grellbunten Teppich der unorganisierten Farbenwirklichkeit im Interesse der ausdrucksvollen Gestaltung einer Absicht jene Teile des Spektrums und jene Sektoren der gesamten Farbpalette weglassen, die mit unserer Aufgabe nicht harmonieren.

* Scheinwerfer verschiedener Helligkeit.
** Auslassung im Manuskript.

So füllte das Blau der Augen die gesamte Tiefe der Einstellung mit seinem weichen Licht.
Wurde der Gesamtton einer anderen Einstellung vom Grün eines gestohlenen Smaragds mit einem dünnen Schleier überzogen.
So wird das fließende Gold eines im Dunkel aufleuchtenden Sonnenstrahls, der alles auf seiner Bahn verschluckt, zu einer ganzen Farbskala.
Aber das ist nicht alles, die Montage hat nicht nur ausgewählt. Die Montage hat das Ausgewählte auch noch intensiviert. Die Montage bewerkstelligte das durch die Magie der Bildgröße, sie zwang ein aufgerissenes Auge, ebenso groß wie ein auf einen Menschen zurasender Eisenbahnzug zu werden und die Flamme einer Lunte, größer zu sein als die Totale jener Festung, die durch ihre Zündung in die Luft gehen sollte.
Ganz genauso muß ein Meister der farbigen Leinwand die Gruppe der ausgewählten Farbelemente intensivieren, sie zu einem echten System von Farbwerten aufputschen und hochpeitschen.
Soll er sie bald in dreifachem Fortissimo zum Klingen bringen, bald sich in sanftem Piano verlieren lassen; mal beim Einbeziehen der Umgebung und des Alltagsmilieus die Grenze der ihnen zugewiesenen Gegenständlichkeit überschreiten; mal umgekehrt sich wie ein Igel, den von allen Seiten neue Farbströme bedrängen, zu einem Farbkringel einrollen.
Farbfuge und Farbkontrapunkt sind kein Wortspiel.
Und wir sehen in künftigen Filmen deutlich die Entstehung eines Farbthemas voraus, das eine andere Farbumgebung durchdringt, mit einem anderen Farbthema verschmilzt, wir sehen den Kampf mit ihm und schließlich die triumphierende Auffüllung der Leinwandbegrenzungen mit einem Farbozean, der durch das Überlaufen der Intensität des eigenen Tons bebt und zu einer noch größeren Expressivität durch die Blitze von Farbkringeln und Reflexflecken einer fremden, gegenteiligen und zusätzlichen Farbskala aufgewirbelt wird.
Gegenwärtig stehen wir jedoch, isoliert von der Farbe wie schüchterne Knaben mit guten Absichten vor einem verlokkenden Schaufenster, abgetrennt von unserem Gestaltungs-

willen durch eine undurchdringliche Wand aus böhmischem Glas! Sie, die tatsächliche Farbwirklichkeit, liegt als gefesseltes Schneewittchen im gläsernen Sarg. Und wir stehen vor ihr, isoliert von der Urkraft der Farbe – wie Knaben mit guten Absichten.
Dabei braucht man sich nur zu bücken, einen Ziegelstein aufzuheben …
Ein kurzes Klirren.
Und im schöpferischen Rausch sind auch Sie imstande, die Farbwelt nach Art und Weise des Farbreichtums Ihrer Phantasie, Ihrer koloristischen Wahrnehmung eines Themas zu mischen und in die Tonlage des in Ihrer Imagination singenden Festivals der Farben zu bringen.
Die Gesetzmäßigkeiten der Entwicklung sind in allen Kettengliedern der Filmkunst dieselben.
Und ähnlich sind auch die Vorhaben.
Wie die Irrtümer.
Jedoch sind die Wege zur Annäherung an richtige Lösungen der Probleme gleich.
Auf allen Etappen stand und wird die Aufgabe stehen, die unerschütterliche, einmal fixierte, von Alltagserfahrungen diktierte Korrelativität von Elementen einer Erscheinung – im vorliegenden Fall von Farbphänomenen – im Namen jener Ideen und Gefühle aufzubrechen, die bestrebt sind, vermittels dieser Elemente zu sprechen, zu singen, zu schreien. Hier wird es eine natürliche Harmonie oder Dissonanz von Farben, Tönen und Kolorits sein, die durchbrochen und in neuer Qualität abermals durch das Prisma des schöpferischen Willens eines die Welt farblich umgestaltenden Künstlers rekonstruiert wurde.
Und wer – wenn nicht ein sowjetischer Künstler – soll diese Aufgabe lösen?! Immerhin ist er Sprachrohr und Angehöriger jener Millionen, die in einem Ausbruch von revolutionärem Elan und in nicht nachlassender heldenhafter Arbeit die Welt auf einem Sechstel des Erdballs im Namen der höchsten Menschheitsideale umgestaltet haben …

1946

[Farbkonzeption zum Film „Die Liebe des Dichters“]

Ich suchte nach Stoff für einen Farbfilm.
Für einen Musikfilm nimmt man „natürlich“ die Biographie eines Komponisten.
Für einen Farbfilm – zweifellos das Leben eines Malers.
Deshalb habe ich für einen Farbe und Musik vereinenden Film weder das eine noch das andere genommen.
Ich wählte die Geschichte eines Schriftstellers. Puschkins.
Aber gewiß nicht nur darum.
Sondern weil gerade die Farb*biographie* Puschkins eine so dynamische Dramaturgie der Farbe, eine solche Bewegung des Farbspektrums im Gleichklang zu dem sich entfaltenden Schicksal des Dichters hergibt, wie sie bei Gogol zwar nicht im Lebensverlauf, wohl aber in der Aufeinanderfolge der *Werke* zum Ausdruck kommt.
Durch das gesamte Œuvre zieht sich eine interessante Bewegung der Farbtöne entlang dem Spektrum, die Veränderung der Skala von den „Abenden auf dem Vorwerk bei Dikanka“ bis hin zum zweiten Band der „Toten Seelen“ …[239]
Wie durch das Gewebe der Werke Gogols die tragische Geschichte ihres Schöpfers von der überschäumenden Lebenskraft seiner Jugendjahre bis zur asketischen Verdüsterung der Übergang von einer Farbenpracht zu einer schwarz-weißen, fast filmisch strengen Farbskala hervortritt –
so nimmt die dramatische Bewegung der Farbe den gleichen Weg durch die Färbung der Umwelt, auf dem das Schicksal des Dichters (Puschkin) sich von der Sorglosigkeit des ungebundenen Lebens in Odessa bis zu der kalten Schneedecke am Schwarzen Bach auf sein tragisches Finale zubewegt.[240]
Die Bilder der Biographie schwirrten mir als farbige Imaginationen im Kopf herum.
Hier die üppige, saftige Palette der Periode höchster Blüte.
Zar Boris in sattem Gold und mit schwarzem, mit graumeliertem Bart.

Da der Monolog des Zaren – filmisch zu gestalten als Alptraum („Und vor den Augen Kinder, rot von Blut").[241] Die roten Teppiche der Kathedrale. Die rote Flamme der Kerzen. In ihrem Widerschein leuchten, wie von Blut bespritzt, die Ikonenbeschläge.
Der Zar stürzte in die Gemächer.
Die blauen. Kirschroten. Orangefarbenen. Grünen.
Sie werfen sich ihm entgegen.
Als farbiger Alptraum überkommt den Zaren in orkanartiger Kamerafahrt die bunte Vielfalt und Blumigkeit der Gemächer und Türmchen des Kremlpalastes.
Der Dichter erblickt das Antlitz des Zaren und Zarenmörders Alexander[242] in Boris' Gesicht.
Schwelende Holzscheite flammen im Kamin von Michailowskoje auf.
Es scheint, als sehe Nikolai den Dichter aus dem Kaminfeuer an (eine im Film durchaus zulässige Zeitverschiebung).[243]
Die Hand des Dichters kritzelt nervös auf Papier
Galgen.
Galgen, Galgen, Galgen.
„Auch ich, kann sein ... Auch mich ..." – Unruhe auf den Rändern dieser Erinnerungen an die Dekabristen.[244]
Blick in den Kamin.
Ein erwidernder Blick der Nikolai-Vision aus den verglimmenden Holzscheiten.
Das Papier in der Faust ist zusammengepreßt.
Wie das von Luther dem Teufel entgegengeschleuderte Tintenfaß fliegt das zusammengeknüllte Papier zu dem unheildrohenden Gespenst.
Das Gespenst verschwindet.
Grell flammt das Blatt mit den unheildrohenden Galgen auf, das von den letzten Zünglein des erlöschenden Kaminfeuers verschluckt wird.
Ein Lichtblitz begleitet das Poltern eines Gendarmensäbels.
Ein erster blutiger Lichtfleck der erneut aufflackernden Flamme blitzt als Widerschein am Gendarmenhelm auf ...
Puschkin eilt auf Nikolais Geheiß nach Moskau ...
Das Thema Blut wird durch rote Farbe ausgedrückt. Im „Requiem"[245] setzt es als roter Mützenrand von Dansas ein.[246]

Ein lebhafter Strom von Schlitten bewegt sich auf die Inseln zu.
Obwohl „Strom“ zugleich ein unglücklich gewählter Vergleich ist, weil es sich um eine winterliche Spazierfahrt handelt. Durch Schnee und auf Pferdeschlitten.
Ihn bemitleidet niemand.
Auch einige Stunden danach wird ihn kaum einer der ihm Entgegenfahrenden bedauern, wenn sein dampfendes Blut auf das Weiß des Schnees tropft.
Ihn bedauert man nicht.
Er aber ist zufrieden.
Sich höflich vor den entgegenkommenden Schlitten verbeugend, sagt er giftig zu seinem Begleiter ...*
Der Begleiter (ein Offizier) hört schlecht zu.
Er rutscht auf dem Sitz des Schlittens hin und her.
Er ist mit etwas Merkwürdigem und Undankbarem beschäftigt.
Er bemüht sich, die Aufmerksamkeit der ihm Entgegenkommenden auf das zu lenken, was er in den Händen hält.
Allerdings so, daß es sein Nachbar nicht bemerkt.
Der Gegenstand ist eine flache Kiste, in der man gewöhnlich Pistolen transportiert.
Doch die Entgegenkommenden schauen unentwegt, wenngleich feindselig, auf die immer wieder unter dem zum Gruß erhobenen Zylinder zum Vorschein kommenden krausen Haare seines Begleiters.
Noch ein mißglückter Versuch, die Aufmerksamkeit auf die Kiste in den Händen des Offiziers zu lenken.
Noch eine flüchtige, spitze Bemerkung seines kraushaarigen Begleiters.
Ihn bemitleidet man nicht.
Er aber ist zufrieden.
Fährt zum Duell.
Und ist höchst befriedigt, daß man ihn nicht aufhält.
Ein reicher Schlitten fährt vorüber.
Darin eine elegante Dame.
Aber die Dame ist kurzsichtig und erkennt den kraushaarigen Herrn nicht.

* Auslassung im Manuskript.

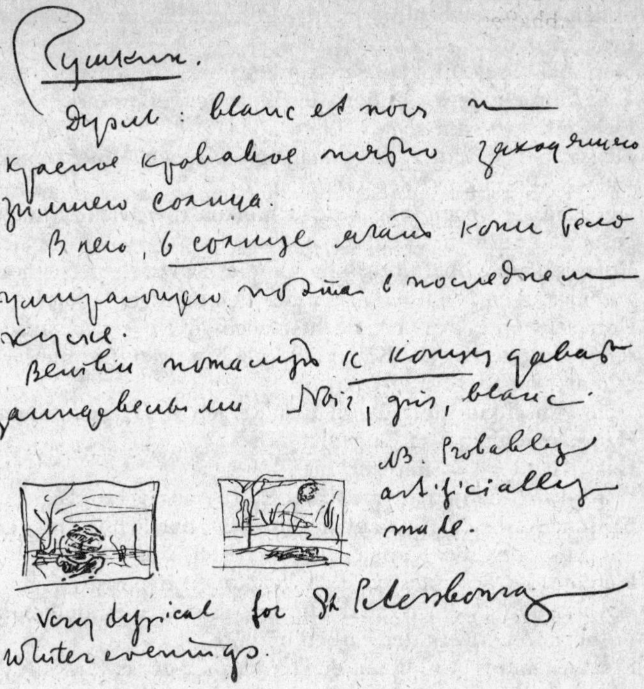

Plan der Episode „Das Duell“ für das Szenarium „Die Liebe des Dichters“

Obwohl der kraushaarige Dichter ihr Mann ist.
Übrigens, haben wir denn schon gesagt, daß der zum Duell fahrende Herr ein Dichter ist?
Puschkins Duell habe ich mir, wie alle Duelle, immer morgens vorgestellt.
Nach Art der Operninszenierung des Duells Onegin–Lenski.
Doch das Duell findet am Tage statt ... Genauer, nachmittags zwischen vier und fünf.
Und Puschkin fährt gemeinsam mit Dansas (dies ist der erregte Offizier, der um jeden Preis die Einmischung der Entgegenkommenden, denen er die sich anbahnende Tragödie nicht direkt verkünden darf, herbeisehnt) durch die glanz-

vollen eleganten Schlittenpartien auf den Inseln von Petersburg an den Ort des Duells.
Sieh mal einer an! Alles sattsam bekannte Gesichter.
Und kein einziges, auf dem der Blick verweilen möchte.
Kein einziges, um zu verweilen ...
Dansas bezeugt, daß auch Natalja Nikolajewna unter denen war, die Puschkins Weg kreuzten.
Und daß sie wegen ihrer Kurzsichtigkeit den Dichter nicht gesehen und nicht erkannt hat.
Verspielt und übermütig klingen die Tanzweisen zu den ausgelassenen Schlittenfahrten des Petersburger Adels.
Und schwerer, düsterer flechten sich in sie als musikalisches Unterthema die Klänge des noch weit entfernten Requiems von Sergej Prokofjew.
Denn Puschkin fährt durch den Reigen der Petersburger Hautevolee dem Tod entgegen.
Das „Requiem“ weitet sich aus.
Wird durch den aristokratischen Reigentanz verstärkt.
Erlischt, verblaßt. (Das äußere Motiv ist bläulicher Frost in der Luft, der die Farben aufsaugt; Reif, der die rötliche Flamme der Schnurrbärte und Koteletten dämpft; Schnee, der von den Zweigen herabfällt und als ein eigentümlicher Tüll das Feuerwerk der Farben mildert.)
Ein unsicheres Aufblitzen des kirschroten Atlas-Muffs Natalja Nikolajewnas – der „schielenden Madonna“.
Eine endgültig nebelgraue Farbskala.
Und hart: Schwarz mit Weiß.
Schnee.
Und die Silhouetten der Duellanten.
Und ein Farbfleck
Ein blutiger.
Ein roter.
Nicht auf der Brust.
Nicht auf dem Hemd.
Nicht auf der Weste des Dichters.
– Am Himmel!
Ein blutroter Sonnenkreis.
Ohne Strahlen.
Von jener himbeerfarbenen Tönung, wie sie an Frosttagen zwischen den schwarzen Silhouetten der Bäume, den Empiregittern St. Petersburgs, den Laternenumrissen, hin-

ter der Spitze der Peter-Paul-Festung am Horizont zu beobachten ist …
Der rote Rhombus des Lichtflecks fällt durch das bunte Glas der Tür im Zwischengeschoß auf die vor Entsetzen bleich gewordenen Finger Natalja Nikolajewnas.
Man trug den Dichter ins Haus.
Und als erste wünschte er nicht sie – seine Frau – zu sehen.
Sondern als erste ließ er … die Karamsina, die Frau des Historikers des russischen Staates[247], rufen.
Der rote Sonnenkringel scheint aus Blut zu sein.
Ihn von den Händen abzuwischen ist für Natalja Nikolajewna ebenso unmöglich wie für Lady Macbeth.
Natalja Nikolajewna versteckt die Hände.
Und da ist ihr üppiges, weißes Kleid bereits von einer ganzen Kaskade aus rhombenförmigen Sonnenflecken übersät.
– jetzt schon in allen Regenbogenfarben.
Und das unschuldig weiße Gewand Natalja Nikolajewnas (der Begleiter einer Farbskala von blaß-violetten Filmbildern der Liebesromanze, der Brautwerbung, der Trauung mit dem unheilvollen Omen des heruntergefallenen Ringes) wird plötzlich zum bunten Harlekinkostüm.
Weil Natalja Nikolajewna von ihrem Platz hochsprang, um die strenge, ganz in Schwarz gehüllte Karamsina passieren zu lassen, geriet sie in das Spiel aller durch das bunte Glas tretenden Lichtstrahlen.
Und ihr weißes Gewand verwandelte sich schlagartig in eine Art Maskenballkostüm der Harlekindame, das Anlaß für Puschkins besonders heftig aufflammende Eifersuchtsszenen auf dem Maskenball gewesen war, als er und auch Danthès[248] von der Eifersucht auf einen dritten aufgezehrt wurden.
Doch der blutrote Samt der Zarenloge und der unbewegliche schwarze Schutzengel, der Benckendorff-Spitzel, hüllen die Szene, die im Geist der Aufzeichnungen Lew Tolstois über die amourösen Abenteuer Nikolaus' I. gestaltet ist, in geheimnisvolles Schweigen.[249]
So verflochten sich die farbigen Leitmotive der Themen miteinander, indem sie Nuancen der Handlung aufsogen.
Doch ebenso gruppierten sich die Szenen um einen Kern.

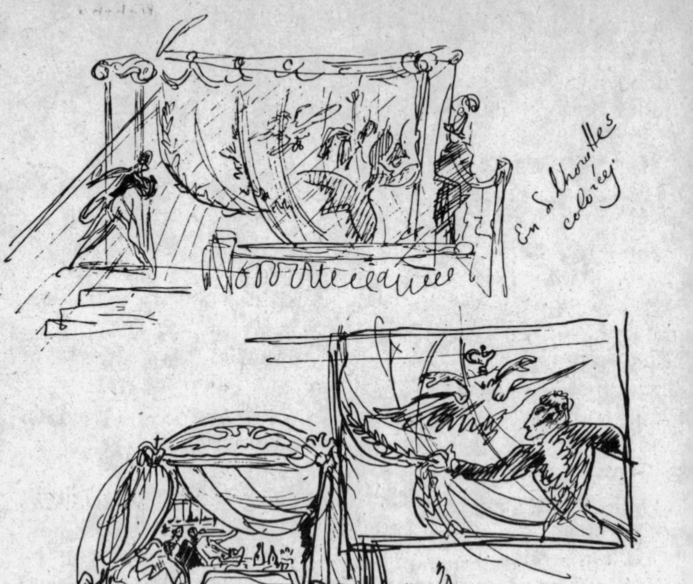

Zeichnungen Eisensteins zur Episode „Maskerade"

Als solcher Kern erscheint mir vorbehaltlos das schönste, strengste und wunderbarste unter allen möglichen Themen aus der Biographie des Dichters

– Juri Tynjanows Hypothese von der „namenlosen Liebe" Puschkins zur Frau Karamsins.[250]

Ich weiß nicht, was daran Dichtung ist und was Wahrheit.
Aber ich weiß, wieviel Reiz sie für ein Sujet hat.
Und in ihr, so scheint mir, steckt der Schlüssel (Tynjanow schreibt nicht darüber) zum Begreifen jener absolut unverständlichen, unerklärlichen und blinden Liebe Puschkins zu Natalja Nikolajewna.
Ein Schlüssel auch zu den *wahnsinnig vielen* Leidenschaften Puschkins.
Den Don-Juanismus (hat Puschkin etwa nicht den „Don Juan“ geschrieben?) entschlüsselt man nicht selten als erfolglose Versuche, die eine zu finden, die unerreichbar ist.
Die Frauen in dieser Reihe sind verschieden.
Laura – mit den feuerroten Haaren.
Donna Anna – unter strengem Schleier.
Und für die Tausend und drei (mille et tre) aus der Don-Juan-Liste läßt sich keine erschöpfende Vielfalt von Nuancen in den Haarfarben, den Stimmfärbungen, den figürlichen Linien und der Biegung der Hände finden.
Und unter allen wird nur die eine gesucht.
Ähnlichkeit mit der einen?
Sie sind doch alle verschieden.
Und trotzdem.
Bei der einen sind es die Haare. Bei der anderen ist es der Gang. Bei einer dritten sind es die Grübchen auf der Wange. Bei einer vierten – ist es die kurze Oberlippe. Bei jeder fünften auseinanderstehende Augen und das leichte Schielen. Hier die fülligen Beine. Dort die besondere Biegung der Taille. Die Stimme. Die Art, das Taschentuch zu halten. Die Lieblingsblumen. Die Ausgelassenheit. Oder die Augen, die bei ein und demselben Cembaloklang von einem Tränenschleier überzogen werden. Der gleiche Lokkenfall. Oder ein ähnlicher Widerschein der Ohrringe im Feuer eines kristallenen Kerzenleuchters.
Unergründlich sind die Assoziationsketten, die einem helfen, plötzlich – durch die Ähnlichkeit eines mikroskopischen Merkmals – ein Wesen anstelle eines anderen zu setzen, einen Menschen auf Grund einer flüchtigen Gemeinsamkeit gegen einen anderen auszutauschen und – durch eine kaum merkliche Nuance – mitunter ein menschliches Wesen für ein anderes zu halten.

Und höchstwahrscheinlich ist diese blinde, unverständliche, bis zur Wunderlichkeit läppische Liebe zu Natalja Nikolajewna auch nur so zu erklären.
Ohne Zweifel verkörperte Natalja Nikolajewna am vollständigsten jene Wesenszüge, mit denen eine erwachsenere Dame, die Gattin eines geachteten Mannes, für immer in die zügellos-leidenschaftlichen Gefühle eines verliebten Lyzeumsschülers eingedrungen war; ihr Mann belehrte ihn in ihrem Beisein und, wie es scheint, mit ihrer Hilfe ironisch darüber, wie unangebracht und albern seine Leidenschaft war.
Später aber, viele, viele Jahre danach, zeigte Karamsin in seiner Wohnung in Zarskoje Selo dem Grafen Bludow[251] jenen Platz auf dem Sofa, auf dem der inzwischen überall bekannte Schriftsteller und Dichter als Lyzeumsschüler aus diesem Grund geweint hatte.
Um diesen Kern – das verborgen-lyrische Drama des Dichters, das sich durch sein ganzes Leben zieht, unter der Hülle des zügellosen und ungestümen Don-Juan-Daseins mit der tragischen Ehegeschichte am Ende – gruppieren sich die wichtigsten Etappen der romantischen Peripetien des Menschen Puschkin und des Schriftstellers Puschkin.
Sie ergossen sich nicht nur koloritreich, nach einer strengen Farbskala, in eine konturierte Zeichnung, sondern auch in malerische Tupfer.
Nach dem kurzen Prolog rund um jenes Sofa in Zarskoje Selo, und um einen Blumenstrauß, die den feurig-jungen Lyzeumsschüler, den kühl-ironischen künftigen offiziellen Geschichtsschreiber des russischen Imperiums und Jekaterina Andrejewna Karamsina mit ihrem unerwarteten, sich selbst nicht vollends eingestandenen Anflug von Bedauern vereinten ... (diese Dame lebte offensichtlich in jenen lustigen Jahren unter dem Zeichen „Doch hat ein anderer mich gefreit, ihm bleib ich treu für alle Zeit“[252])
tauchte Alexander Sergejewitsch im Süden auf.
Zwischen den Zelten der „Zigeuner“.
Er floh aus ihren vertrauten Schatten, als Aleko plötzlich mit dem Bären zurückkehrte, in die staubig-blasse, aquarellfarbene Sanftheit südlicher Steppenlandschaften; er versank in die Brjullowsche[253] schreiende Buntheit orientalischer Aquarelle vom Beginn des 19. Jahrhunderts, im Wirbel der

verschiedenen Volksstämme Odessas („im Sommer eine Streusandbüchse zum Tintelöschen, im Winter ein Tintenfaß").[254]
Die Sporen von Tatjanas Gatten aus dem späteren „Onegin" an den Stiefeln Woronzows.[255]
„Heuschrecken flogen, flogen ..."[256]
Puschkin – „ein arabischer Dämon" aus Bessarabien.*
Von einem Schleier überzogene, potentiell koloritreiche Aquarelle des Südens. Goldener Wein, Pluderhosen, gestreifte Turbane, gelbe Seidenstoffe ...
Das graue und milchfarben-bläuliche Motiv von Schneesturm und Dämonen, das musikalisch und visuell das schneeweiße Leichenhemd des Duells und den Hexentanz des aristokratischen Hasses vorwegnimmt, setzte unter den monotonen Glöckchen des gedeckten Wagens ein, der Puschkin in die Gefangenschaft von Michailowskoje brachte.[257]
Wie nach dem Schneedunst eine grelle Flamme aus dem Kamin schlägt, so zeichnet sich mit dickem, saftigem Pinsel eine Periode schöpferischer Reife ab: Auf den „Ruslan" folgt der „Boris".
Das Spektrum ist voll, von Farben gesättigt. Die Fläche glänzt ölig.
Die südliche Dunstwolke ist gewichen.
Die Reife.
Eine ebensolche Saftigkeit der Figuren ringsum.
Der Prior des Swjatogorsker Klosters – der künftige Warlaam.[258]
Arina Rodionowna.[259]
Die rührende ländliche Liebe zu ihrer Nichte.[260]
Die Kern.[261]
(Ich gebe hier nicht die Fabel wieder. Nicht den Verlauf der Biographie. Auch nicht eine strenge Abfolge. Lediglich Farbtupfer und die Faktur.
Die Abberufung nach Moskau.
Die Istomina aus „Eugen Onegin".[262]
Die fatale Begegnung mit Natalja Nikolajewna.

* Im Russ. Wortspiel: „bes arabskij" – arabischer Dämon (Anspielung auf seine negride Abstammung); „bessarabskij" – „aus Bessarabien" (Ort einer früheren Verbannung).

Die Verzauberung, die in die weißlich-violette Symphonie der Werbung des Dichters übergeht.
Mit der krächzenden Dissonanz (im off) des Klapperns der Rechenmaschine in der Tuchfabrik[263], die darauf hoffte, die Geschäfte auf Kosten der Eingebung des Genies zu sanieren.
Die Dissonanz erreicht ihren Kulminationspunkt, indem die lila-weiße Farbskala zum silbernen Oberteil einer ikonengeschmückten Altarwand, zum Fleur-d'orange, dem Brautschleier, und zu dem verhängnisvollen Vorzeichen, dem heruntergefallenen und wegrollenden Trauring geführt wird ... – die Linie der Tuchfabrik hingegen zu einem eilig geschriebenen Zettel (am Vorabend der Trauung!) mit der Bitte um Geld (das fehlte, um die Kutsche zur Kirche zu bezahlen).
St. Petersburg.
Das blauschwarze Indigo, das die farbige Vitalität der Buntheit aufzehrt.
Allmählich.
Mit dem Anwachsen der Eifersucht, was im Verlauf des Sujets untrennbar mit Erniedrigungen in der Hautevolee und mit finanziellen Sorgen verbunden ist.
So war mir einst in den allerersten Entwürfen zu Farbkonzeptionen das Bild von der Pest erschienen, deren schwarze Farbe die Fröhlichkeit der Farben einer Landschaft, der Trachten der Feiernden, die Farbenpracht der Gärten und den Strahlenglanz des Himmels allmählich verschluckt.
Hier ist die Pest – die Eifersucht.
Und die Einstellungen sind dunkle Vierecke mit ein bis zwei aus der Finsternis gerissenen Farbflecken. Das Grün der Spieltische und das Gelb der Kerzen in einer Spielhölle, wo erstmals in einem Spiegel hinter dem Dichter die mit Fingern gezeigten Hörner erscheinen.
Die Schwärze der Nacht um den orange Saal der Golyzina[264], die die Nacht zum Tage machte, nachdem ihr prophezeit worden war, daß sie mitten in der Nacht sterben würde.
Die Begegnung mit dem Nebenbuhler.
Die Linie Puschkin–Danthès–Nikolai.
Der eherne Reiter.
Die Mondscheibe im blauschwarzen Dunkel der Nacht.

Das eherne Antlitz Nikolais.
„Oh, wehe dir!“[265]
Das Othello-Thema.
Erneut Zigeuner. Nicht im freien Süden, sondern in einer armseligen Zigeunerbehausung am Schwarzen Bach.
Morgendliche Plinsen.
Die Zigeuner singen Puschkin dessen Lied aus den „Zigeunern“ vor.
„Alter Mann, böser Mann ...“
So wurden dem Schrecklichen (dem Zaren) im Alter Sagen und Legenden über ihn und seine Eroberung Kasans vorgesungen.
Jetzt ist er selbst „der alte Mann“ (obwohl erst siebenunddreißig), der „böse Mann“.
Der Hahnrei-Orden.
Rasche Entfaltung des Duell-Themas.
Die geschilderte Schlittenfahrt.
Verbleichende Farben.
Das Leichenhemd aus Schnee.
Als Todesembleme – die Silhouetten der Bäume.
Als Blutfleck auf dem Leichenhemd steht der tote, blutrote Kreis der Sonne am blassen winterlichen Himmel über reifbedeckten Baumkronen.
Die völlige Schwärze des Sarges, der aus der Totenmesse entführt und in die Nacht verschleppt wurde.[266]
Ein Aquarell mit zarter Farbskala. Ein Ölbild mit üppigem Spektrum. Erneut die blaß-zarte, lyrische Skala. Dann die höfisch-bunte. Ein schwarz-weißer Holzschnitt mit farbigem Fleck. Ein Rückfall in die höfische Buntheit. Eine scharf konturierte schwarze Grafik auf dem Weiß des Hintergrundes. Die Schwärze mit einer grafischen Darstellung von Streifen und Farbreflexen im Finale ...
– Eine ungeordnete, nicht systematisierte Nacherzählung der dramaturgischen und visuell-farbigen Regie-Lösung eines Themas, das nicht realisiert wurde.
Für die Dreharbeiten zu einem Farbfilm erwiesen wir uns als technisch noch zu wenig vorbereitet.
Mein nächster Film wird auch farbig – schwarz-weiß.
„Iwan der Schreckliche“.

(Geschrieben während des Krieges)

Über den Raumfilm

Man trifft zur Zeit sehr viele Leute, die einen fragen: „Glauben Sie an den Raumfilm?"
Für mich klingt diese Frage genauso albern, wie wenn man mich fragte, ob ich daran glaube, daß es nach null Uhr Nacht wird, daß der Schnee auf den Moskauer Straßen wegtauen wird, daß im Sommer die Bäume grün sein werden und im Herbst die Äpfel reif.
Daß auf den heutigen Tag der morgige folgt.
Daran zu zweifeln, daß dem Raumfilm der morgige Tag gehört, ist ebenso naiv, wie am morgigen Tag überhaupt zu zweifeln.
Was aber verleiht uns eine solche Gewißheit? Immerhin sind die Dinge, die wir bisweilen auf der Leinwand sehen, kaum mehr als einsame Robinsonaden!
Und es hat fast Symbolwert, daß ausgerechnet die verfilmte Lebensgeschichte ... des Robinson Crusoe[267] das Beste ist, was wir bis jetzt gesehen haben.
Trotzdem ist der Tag nahe, an dem Häfen des Raumfilms nicht mehr nur von einzelnen Flößen solcher Versuchs-Robinsonaden angelaufen werden, sondern an ihre Stelle schlanke Galeeren, Fregatten, Galionen, mächtige Kriegsschiffe und Dreadnoughts von bereits Erreichtem treten.
Warum aber kann man das mit solcher Bestimmtheit behaupten?
Weil tatsächlich nur solche Spielarten der Kunst lebensfähig sind, deren eigentliche Natur in ihren Wesenszügen Elemente unserer innersten, wesentlichen Bestrebungen reflektiert.
Mir scheint, das trifft sowohl auf die Besonderheiten einzelner Kunstarten als auch auf den Sujetgehalt von Werken und die Prinzipien ihrer künstlerischen Gestaltung zu.
In diesem Fall sind nicht nur das Sujet und seine Gestaltungsmittel, sondern auch die Charakteristika der eigentlichen Natur jener Kunst, mit der man es zu tun hat, „inhaltsreich".
Und wenn unsere sehr tief verankerten Absichten in den Eigentümlichkeiten der einen oder anderen Kunst keinen

Niederschlag gefunden haben, so ist diese Kunstart zum Untergang verurteilt.
Nur die Kunstarten überleben, deren Struktur und Eigenschaften diesen sehr tief verankerten, inneren organischen Tendenzen und Bedürfnissen des Zuschauers und des Schöpfers entsprechen.
So stirbt vor unseren Augen beispielsweise, hoffnungslos und unerbittlich, die „gegenstandslose" Kunst.
Doch daneben existiert seit Jahrhunderten eine nicht weniger „sujetlose" Kunst – der Zirkus, und ihn wird es auch weiterhin geben.
Die abstrakte Kunst vermochte eine kurze Zeitlang als Widerspiegelung des Niedergangs der Klasse, die sie hervorgebracht hatte, zu bestehen.
Doch sie konnte natürlich kein unabhängiger Zweig, keine Spielart werden, die imstande gewesen wäre, sich selbständig neben den übrigen Künsten zu entwickeln.
Und zwar deshalb, weil sie den inneren Erkenntnisbedarf eines jeden progressiv gestimmten Menschen nicht befriedigt.
Daneben aber „überlebt" der Zirkus.
Und der Grund für seine jahrhundertewährende Lebenstüchtigkeit liegt darin, daß er es sich eben nicht zur Aufgabe macht, das Leben zu erkennen, sondern das den um vieles perfekteren Kunstgattungen überläßt – sich selbst jedoch mit der Demonstration von Geschicklichkeit, Kraft, Selbstbeherrschung, energischer Zielstrebigkeit und Mut begnügt.
Genau das findet eine permanente, lebendige Resonanz in den in unserer Natur verankerten, organischen Bestrebungen nach der möglichst vollständigen harmonischen Entwicklung unseres Willens und unserer körperlichen Eigenschaften.
Kann man denn sagen, daß das Prinzip der Dreidimensionalität im Raumfilm ebenso komplett und konsequent den in uns ruhenden Ansprüchen entspricht?
Läßt sich nun behaupten, daß die Menschheit in ihrem Drang nach der Realisierung dieser Ansprüche jahrhundertelang auf den Raumfilm als eine der umfassendsten und unmittelbarsten Ausdrucksformen dieser Neigungen „zuging"?

Mir scheint, ja.
Und ich möchte gern die Natur dieses Strebens aufdecken und dabei ein Auge auf jene historischen Gattungen werfen, mit deren Hilfe die Künste vergangener Zeiten diese Sehnsucht erfüllten, bevor der Raumfilm sie durch ein technisches Wunder auf der bisher anschaulichsten und vollständigsten Stufe und in der bestmöglichen Form verwirklicht hat.

*

Dazu muß in erster Linie die Natur des rein technischen Phänomens Raumfilm charakterisiert werden.
Umreißen wir kurz das, was den Zuschauer bei der ersten Begegnung mit dem stereoskopischen Film vor allem beeindruckt.
Der Raumfilm liefert eine vollständige Illusion der Dreidimensionalität seiner Abbildungen.
Dabei ruft diese Illusion nicht den geringsten Zweifel hervor und ist genauso überzeugend wie die Tatsache, daß sich die Leinwandabbildungen im normalen Film wirklich bewegen, – was ebenfalls nicht den Schatten eines Zweifels aufkommen läßt. Die räumliche Illusion in dem einen Fall und die der Bewegung im anderen ist selbst für jene Leute unanfechtbar, die nur zu gut wissen, daß wir es in dem einen Fall mit einem an uns vorbeischnellenden Satz einzelner, unbeweglicher, aus einem Bewegungsprozeß herausgenommener Phasen zu tun haben und im anderen Fall mit nichts weiter als dem klug erdachten Prozeß der Überlagerung zweier normaler flächiger Fotoabbildungen ein und desselben Gegenstandes, die bloß gleichzeitig aus zwei sich ein klein wenig unterscheidenden Blickwinkeln aufgenommen wurden.
Hier wie da ist die Suggestion des Räumlichen und der Bewegung von umwerfender Perfektion, und die handelnden Personen eines Films kommen uns unbestreitbar echt und lebendig vor – obwohl wir sehr gut wissen, daß sie nicht mehr sind als blasse Schatten, die durch ein fotochemisches Verfahren auf kilometerlangen Gelatinebändern fixiert wurden.
Es gibt drei Arten des Raumeffekts.
Entweder verbleibt die Abbildung in den Grenzen des nor-

malen Films als flaches Hochrelief, das irgendwo in der Fläche des Leinwandspiegels balanciert.
Oder die Abbildung drängt in die Tiefe der Leinwand, wobei sie den Zuschauer in einen früher von ihm nie gesehenen Abgrund zerrt.
Oder schließlich (und darin besteht der verblüffendste Effekt des Raumfilms): die als reale Dreidimensionalität empfundene Abbildung „ergießt" sich von der Leinwand in den Zuschauerraum.
Ein Spinngewebe mit einer gigantischen Spinne hängt irgendwo zwischen Leinwand und Zuschauer ...
Vögel fliegen aus dem Zuschauerraum in die Tiefe der Leinwand. Oder sie setzen sich gehorsam auf einen Draht, hoch über den Köpfen der Zuschauer.
Betrachtet man den unmittelbaren Vorläufer des Raumfilms – den zweidimensionalen Film – aufmerksamer, so kann man sich gewiß leicht davon überzeugen, daß im Raumfilm dieselben Bestrebungen Ausdruck fanden, die dem Film seit seinem Entstehen eigen sind – nur in weit vollkommenerer Form.
So war das auch mit dem Tonfilm, der die endgültige Realisierung mehrerer Tendenzen des Stummfilms darstellte, welcher im System des mimischen Spiels der Darsteller, in der Partitur der Geräusch- und Tonassoziationen zum Bild sowie in spezifischen Montageformen bei weitem nicht vollständig all das verkörpern mußte, was dem gesprochenen Wort, dem real aufgenommenen Geräusch, der melodischen und rhythmischen Gliederung der Musik auf der neuen Etappe mit Leichtigkeit gelang.
So war es auch mit dem Eindringen der Farbe in den Film. Hier hat der Farbfilm Ausdrucksmöglichkeiten aufgegriffen, die in einem Film mit beschränkter Schwarz-Grau-Weiß-Palette bereits angedeutet waren, und hat sie auf eine neue Qualitätsstufe gehoben.
Der Raumfilm nimmt hier nicht nur eine Tendenz der Technik auf, die unablässig nach neuen Objekten verlangte, welche die Bildtiefe am vollendetsten aufzuschließen vermögen.
Sondern er stützt sich außerdem noch auf die Tendenz, mit gestalterischen Mitteln dasselbe zu erreichen.
Am effektivsten auf diesen Wegen war und bleibt jener Typ

der „Vordergrundkomposition“, der bis heute zu den von mir bevorzugten Arten plastischen Ausdrucks gehört.
Nüchterner formuliert ist das die simple Berücksichtigung des „aktiven“ Hintergrundes: die Berücksichtigung dessen, was sich in der Tiefe abspielt – bei allgemeiner Konzentration der Aufmerksamkeit auf den Vordergrund.
In der Stummfilmperiode hat das in Amerika Erich von Stroheim[268] auf höchst bedachte und elegante Weise getan.
Dabei muß hinzugefügt werden, daß sich dieser „Hintergrund“ in seinen Filmen nicht nur mit der Alltags- und Milieumotivierung der Handlungsumstände begnügte, sondern immer die Rolle einer mit visuellen Mitteln gelösten „musikalischen“ Begleitung spielte.
So zum Beispiel durchzogen einen ganzen Film als Hintergrund für die Nahaufnahmen der Heldin Jahrmarktmotive und vor allem ein Karussell (in einem Stroheim-Film mit Mary Philbin, der irgendwann, vor sehr langer Zeit, bei uns gezeigt wurde).[269]
Und entsprechend der Rolle dieser Motive wird das Karussell gewissermaßen als musikalische Begleitung der Haupthandlung durch die Unschärfe des Objektivs gedämpft.
Allerdings geht die „Vordergrundkomposition“, die ich hier meine, in dieser Beziehung noch einen Schritt weiter.
Das beschriebene Beispiel bewirkte ungefähr, daß sich der Vordergrund nicht von der Tiefe löste und nicht aus ihr herausfiel. Anders steht es um den mich hier interessierenden Kompositionstyp.
Hier ist – im Gegenteil – alles darauf ausgerichtet, das passive Koexistieren von Vorder- und Hintergrund herauszustellen.
Alles ist darauf ausgerichtet, jede der beiden Ebenen so scharf wie nur möglich voneinander zu isolieren und sie auf neue Weise zusammenzufügen – und zwar über eine wechselseitige kompositorische Berücksichtigung der Gestaltung einer jeden Ebene; diese Gestaltung erstreckt sich real und spürbar von dem, was einst „Leinwandfläche“ war, bis hin zum … Projektionsfensterchen.
Ringsum werden Äste aufgehängt, die in den Zuschauerraum hineinragen.
Aus der Leinwand heraus springen Panther und Pumas dem

Zuschauer in die Arme usw. usf.
Eine unterschiedliche Vorausberechnung bei der Aufnahme zwingt das Bild, entweder zu einem sich unendlich in die Breite und Tiefe ausweitenden Raum –
oder zu einem sich materiell auf den Zuschauer zubewegenden, real fühlbaren dreidimensionalen … Volumen zu werden.
Und das, was wir bisher als Bild auf der Leinwandfläche zu sehen gewohnt waren, „schluckt" uns plötzlich in eine früher nie erblickte, hinter der Leinwand sich auftuende Ferne, oder es „dringt" in uns mit einer zuvor nie so ausdrucksstark realisierbar gewesenen „Heranfahrt".
Hier geht es nicht so sehr um den Vordergrund, der den Hintergrund „mit leisem Spiel begleitet" – vielmehr geht es um eine dynamische, ja dramatische (!) Wechselwirkung zwischen dem Vordergrund und der Tiefe, aus der dieser Vordergrund aktiv hervortritt, ausbricht und sich abhebt, als würde sich ihm die Tiefe entgegenstellen und durch die kompositorische Berücksichtigung dieser Kontrastierung eine neue, aktive gestalterische Einheit erlangen. Und die betonte, gleichermaßen scharfe Sichtbarkeit von Vordergrund und Tiefe unterstreicht gleichsam besonders stark die andere Qualität der Aufgaben, die dieser Typ Bildkomposition sich stellt.
Praktisch beruhte eine derartige Einstellung auf der extrem forcierten Hervorhebung des Vordergrundes, der – bei Bewahrung einer beinahe absoluten Schärfe des Hintergrundes – supernah aufgenommen wurde.
(Die Tiefenschärfe wurde nicht so weit zurückgenommen, daß der Hintergrund weniger sichtbar gewesen wäre, sondern lediglich in dem Maße, wie die Luftperspektive das verlangte – also im Interesse einer maximalen Entfernung der Tiefe vom Vordergrund.)
Eine solche Einstellung liefert über den Eindruck eines gewaltigen Intervalls zwischen den Ausmaßen der Figuren und Gegenstände im Vorder- wie im Hintergrund das maximale Empfinden einer Illusion des in die Tiefe fliehenden Raumes, und zwar mit Mitteln, die allein mit dem Maßstab zu tun haben.
Dieser Eindruck wird zusätzlich durch die Eigenschaft eines Objektivs mit kurzer Brennweite („28er") gefördert, die

Perspektive zu betonen und sie dazu zu zwingen, in der Tiefe prononciert verzerrt zusammenzufließen.
Diese Besonderheit des 28-mm-Objektivs, das übrigens seinerzeit als einziges in der Lage war, ein Detail im Vordergrund und ein Objekt in ziemlich weiter Entfernung gleichermaßen scharf zu zeichnen, begünstigt der Umstand, daß sich der Maßstab der Gegenstände, je nach deren Abstand von der Kamera, außergewöhnlich schnell verändert, während die Gegenstände in der Tiefe extrem klein geraten.[270]
Die Attraktivität derartiger Kompositionsmittel ist sowohl in den Fällen, da beide Bildebenen (Hinter- und Vordergrund) einander „sujetbedingt" gegenüberstehen, als auch dort, wo sie durch die thematische Verwandtschaft des Materials ein Ganzes bilden, gleich stark. Wie auch immer, in Fragen der Bildgestaltung sind sie für die Lösung einander unmittelbar entgegengesetzter Aufgaben gleichermaßen überzeugend.
Im ersten Fall ist es die innerhalb einer Einstellung maximal denkbare Gegenüberstellung – nicht nur der Handlungsebenen, sondern auch der Volumenkategorien (Abrundung des Vordergrundes) und des Raumes (Tiefe).
In einem solchen Fall können diese Gestaltungsmittel die Konfliktspaltung eines Themas am stärksten ausdrücken. (Zum Beispiel ein Heerführer, der aus dem Vordergrund in die Ferne – die Tiefe der Einstellung – schaut, woher die Attacke des Gegners erwartet wird.)
Im zweiten Fall werden solche Bildkompositionsmittel mit Leichtigkeit in einer Vorstellung von der Einheit des Besonderen (die Details des Vordergrundes) und Allgemeinen assimiliert (das Ganze, das die Tiefe der gesamten Einstellung ausfüllt).
(Zum Beispiel: Im Vordergrund wird eine Trommel im Takt des Marsches geschlagen, in dem sich Truppen wie eine Lawine quer durch die Einstellung bewegen.)
Gewiß hängt der Blickwinkel, unter dem man eine solche Komposition hinsichtlich ihrer Einwirkung in verschiedenen Fällen betrachtet, in erster Linie vom Handlungskontext ab, in sehr hohem Maße allerdings auch von der Gestaltung mit anderen visuellen Ausdrucksmitteln.
(Eine besondere Rolle spielen hierbei die farblichen und

lichtmäßigen Charakteristika der Einstellungsebenen, ihr „emotionaler Klang“ und die Linienausführung, ihre Soft-Parameter sowie Schärfe, Kantigkeit und Abrundung usw. usf.)

Besonders dramatisch und beeindruckend sind natürlich solche Varianten, wo die Bildkomposition beide Fälle vereint.

Das geschieht beispielsweise, wenn die thematische Einheit zwischen dem Inhalt des Vordergrundes und der Tiefe plastisch in der krassesten Gegenüberstellung des Hintergrundes und eines Elements aus dem Vordergrund – durch die Farbe wie auch den Maßstab – gestaltet wird.

Genau so wurde eine der eindrucksvollsten Einstellungen im ersten Teil von „Iwan der Schreckliche“[271] gelöst.

Dies ist ein ausreichend einprägsamer Montageabschnitt – die Kulmination – in der Szene, in der das Volk die Prozession zur Alexander-Vorstadt unternimmt, um Iwan auf den Zarenthron zurückzurufen.

Die Einstellung ist auf einem unendlichen Schneefeld mit der dünnen schwarzen Schlange der Prozession aus der Tiefe heraus gebaut worden.

Auf diesen Hintergrund senkt sich von oben, zum Zeichen des Einverständnisses, nach Moskau zurückzukehren, das gigantische Profil Iwans in die Einstellung (das Obere des Hauptes und der Hinterkopf sind abgeschnitten).

Bei krassester räumlicher und farblicher, plastischer Gegenüberstellung von Zar und Prozession eint hier beide der innere Gehalt der Szene – die Einheit von Zar und Volk, das spielerische Element des Kopfneigens zum Zeichen des Einverständnisses und die lineare Übereinstimmung des Zarenprofils mit den Bewegungskonturen der Prozession.

Zu einer besonders weit verbreiteten „Mode“ in der Filmkunst wurde dieses Kompositionsprinzip durch meine Arbeit „Das Alte und das Neue“[272] (1926–1929).

Gerade hier wurde es speziell erarbeitet und untersucht,* obwohl ich mich noch genau an meine ersten diesbezügli-

* In diesem Film tauchte ein Sinnbild für die „bürokratische Maschinerie“ auf, die – die gesamte Leinwand füllend und beinahe aus ihr herausfallend – die Gestalt einer gewaltigen, nie dagewesenen, Schrecken einflößenden Industrieanlage hatte.

In Wirklichkeit aber war es weiter nichts als der Wagen einer gechen Versuche auf diesem Gebiet im Jahre 1924 bei der Arbeit an „Streik“ erinnere; diese Versuche blieben erfolglos, weil ich seinerzeit im Arsenal meiner technischen Mittel kein … Objektiv hatte, das zu einer solchen Aufnahme gelangt hätte!

Durchaus „sensationell“ waren auch analoge Bildkompositionen in unserem Mexikofilm, der gleich nach „Das Alte und das Neue“ gedreht wurde (Mexiko, 1931–1932).[273]

Dort wurden in den Szenen des „Totentages“ die Pappschädel im Vordergrund mit der Totalen des „Lachrades“ in der Tiefe kombiniert, und mitunter verknüpfte eine Einstellung in der Diagonalen gar das Profil einer Mexikanerin mit der Gesamtansicht … einer Pyramide.

Seitdem gilt diese Manier eine Einstellung zu komponieren beinahe als unentbehrliches Merkmal meines bildgestalterischen Stils.

Allerdings sind ähnliche Kompositionen auch in den Arbeiten William Wylers[274] sehr häufig.

Ich weiß nicht, ob man hier von einem Einfluß sprechen sollte.

Zumal bei Wyler dieses Verfahren der Bildkomposition meist kaum mit thematischer Expressivität zusammenhängt und sogar ziemlich selten einer betonten Aufdeckung des Sujets dient.

Daher sind solche Beispiele in seinen Filmen, was die Form angeht, entschieden gemäßigter, und meistens ergötzt sich das Auge einfach an einer derartigen, meines Erachtens dem Film eigenen Manier der Bildkomposition, die er sehr perfekt beherrscht.

Von dieser Art sind bei Wyler zum Beispiel unzählige Einstellungen in dem wunderbaren Film „Jezebel“ (1938), die mal durch die Räder einer heranfahrenden Kutsche – mal durch die Beine eines Trinkers an der Theke einer Bar aufgenommen sind usw.

Was die rein visuelle Ausdruckskraft angeht, so stehen ihnen auch spätere Einstellungen wie in „The little Foxes“ nach Lilian Hellmans[275] Stück in nichts nach, wo der Einsatz

wöhnlichen Schreibmaschine, der mit einem „28er“-Objektiv, „allen Regeln“ der Vordergrundkomposition folgend, verzerrt aufgenommen wurde. (S. E.)

eines „28er“ Objektivs fast bis zum Mißbrauch forciert wurde – wo es aber auch eine sich besonders einprägende, großartige Einstellung gibt, in der im Hintergrund der nahen, den Atem anhaltenden Mörderin Bette Davis der sterbende Herbert Marshall[276] auf der Treppe zusammenbricht.
Wyler steht hier auf halbem Weg zwischen der Manier Stroheims (bei dem er einst als Assistent gearbeitet hatte) und der erheblich späteren Arbeit von Orson Welles, der in „Citizen Kane“ dieses Verfahren stellenweise zum Trick hin und ad absurdum führt.[277]
Als Vorläufer eines derartigen Baus der Einstellung sind in der Malerei Edgar Degas und Toulouse-Lautrec zu nennen wie auch die Kompositionsmanier jener Japaner, die sie in dieser Hinsicht deutlich beeinflußt haben.[278]
Meine frühe Begeisterung für die einen wie für die anderen half mir wahrscheinlich, meinen persönlichen Zugang zu den Prinzipien der beschriebenen Methode der „Vordergrundkomposition“ zu erarbeiten.
So oder so – für uns ist ersichtlich, daß die Besonderheiten des Raumfilms aufs engste mit der Ästhetik des nächstliegenden Gebietes, des zweidimensionalen Films, zusammenhängen. Und mehr noch: mit einem bestimmten Bereich – der Vordergrundkomposition – in Werken westlicher und östlicher Malerei.*

* Zu den Prinzipien der Vordergrundkomposition einer Einstellung läßt sich hier anmerken, daß sie nicht nur mit den Übergängen in den Bereich des Raumfilms zu tun hat.
Ihre Prinzipien sind auch aufs engste mit der Montage verbunden.
Schon vor sehr langer Zeit habe ich einmal geschrieben, daß die Montage der Sprung in eine neue Dimension hinsichtlich des Baus einer Einstellung ist.[279] Das heißt, der Konflikt innerhalb einer Einstellung „zerbricht“ auf einer bestimmten Stufe der Zuspitzung die Rahmen der Einstellung und verwandelt sich in eine Montagekollision zweier nebeneinander befindlicher, selbständiger Einstellungen.
Eine Einstellung vom Typ der Vordergrundkomposition, wie ich sie sehe, ist eigentlich diejenige Extremstufe der Spannung innerhalb der Einstellung, nach welcher ihr nur noch übrigbleibt, in zwei selbständige, im Sinne der Montage aufeinanderprallende, neue Einstellungen „zu zerplatzen“.

Hier wäre vielleicht noch die Tatsache hervorzuheben, daß gegenwärtig die meisten Beispiele für eine derartige Bildkomposition aus dem „flächigen“ Film in ihrer Wirkungskraft das übertreffen, was der Raumfilm bisher mit seinen rein technischen Möglichkeiten erreicht hat.
Das erklärt sich in bedeutendem Maße aus der Tatsache, daß die technischen Möglichkeiten einer Raumfilmaufnahme zur Zeit noch durch den Einsatz lediglich eines Ob-

Die Trommel im Vordergrund eines unserer Beispiele wird in dem Wunsch, die Intensität der Ausdruckskraft des Montageabschnittes zu erhöhen, von einer selbständigen Nahaufnahme der Trommel abgelöst, die in die sich bewegenden Truppen eingeschnitten wird.
Und die Landschaft in der Tiefe aus dem anderen Beispiel löst sich von der ursprünglichen Einstellung und wird zu einem selbständigen Landschaftsbild, das sich in der Montagefolge der Nahaufnahme des in die Ferne schauenden Heerführers anschließt.
Noch interessanter aber ist eine andere, die „historische“ Funktion dieses Kompositionstyps.
Sie hat zumindest mir persönlich sehr bei der Aneignung der Prinzipien des ... Ton-Bild-Kontrapunkts geholfen.
Tatsächlich, es war irgendwie natürlich, von der Zwei-Ebenen-Komposition zweier verschiedener räumlicher Dimensionen in eine analoge Zwei-Ebenen-Komposition hinüberzuwechseln, bei der die Parameter unterschiedlichen Gebieten, zwei verschiedenen „Sphären“, angehören: der des Bildes und der des Tons.
Ich glaube, mein intensives Suchen nach einer „Kommensurabilität“ von Ton und Bild und das Herausfinden ihrer Prinzipien mit Hilfe des für beide grundlegenden Ausgangs„gestus“ erwachsen voll und ganz aus meiner Angewohnheit, auch innerhalb des Bildes auf eine kompositorische Verknüpfung zweier Einstellungsebenen von verschiedenen Dimensionen, verschiedenen Maßstäben und unterschiedlicher plastischer Ausdruckskraft hinzuwirken.
Und im Endeffekt ist die Ton-Bild-Einstellung (ein Montageabschnitt mit unterlegtem Ton) ein absolut klar artikuliertes neues Entwicklungsstadium innerhalb des Begriffes der Vordergrundkomposition, die ihrem Wesen nach eine Zwei-Ebenen-Komposition darstellt.
Es ist hochinteressant, daß die richtigen Prinzipien der Wechselbeziehungen zwischen einem Gegenstand und der mit ihm zu verbindenden Farbe in der Art, wie sie der Ästhetik des Farbfilms zugrunde liegen können, nur aus dem Kreis derartiger Vorstellungen heraus geboren werden.
Darüber aber gesondert und an anderer Stelle.[280] (S. E.)

jektivs („50er“), das zudem das ausdrucksschwächste ist, eingeschränkt sind.
Trotzdem hat uns der Raumfilm – wenn auch nicht wirklich perfekt – immerhin jene zwei räumlichen Bestrebungen als „physisch“ wahrnehmbare Realität vermittelt, um die sich der zweidimensionale Film mit allen ihm zugänglichen Mitteln schon seit langem „gerissen“ hat.
Die Fähigkeit nämlich, den Zuschauer mit einer erstmalig so starken Intensität in das „einzubeziehen“, was einst Leinwandfläche war, und nicht weniger real und erschütternd das über den Zuschauer „hereinbrechen“ zu lassen, was früher im Spiegel der Leinwandfläche ausgebreitet dalag.
Na und? – werden Sie fragen –, warum sollen diese beiden „faszinierenden“ Möglichkeiten der Raumfilmleinwand für die Wahrnehmung des Zuschauers etwas höchst Attraktives haben?
Als Antwort auf diese Frage erinnern wir uns vor allem daran, daß der Raumfilm nicht nur die nächste, nötige Etappe der technischen Entwicklung der „gewöhnlichen“ Filmkunst, nicht nur ein Großcousin der Erfindung Lumières und Edisons ist, sondern auch noch ein Urenkel des ... Theaters, für das der Film die jüngste und neueste – heutige – Stufe seiner gesellschaftlichen Entwicklung darstellt.
Und das Geheimnis der Wirksamkeit des Raumfilmprinzips – falls ein solches in seiner Natur selbst steckt – sollte man hier natürlich auf Wegen suchen, die durch die Entwicklungsgeschichte des Theaters führen.
Und wenn wir oben die wichtigsten Merkmale des Raumfilms unter dem Vorzeichen dessen aufgedeckt haben, wie sich eine Leinwand-Schau in den Zuschauersaal „hineinbohrt“ oder den Zuschauer „verschluckt“, so ist es nur natürlich, eine Antwort auf die uns interessierende Frage gerade hinsichtlich der Wechselbeziehungen und -wirkungen zwischen Schau und Zuschauer in den Peripetien der geschichtlichen Entwicklung des Theaters zu suchen.
Hier gliedern sich diese Wechselbeziehungen sofort in drei Phasen.
Vom Stadium einer ursprünglichen undifferenzierten Existenz der Schau, die noch keine Trennung in Zuschauer

und Mimen kennt, bis hin zu ihrer Aufspaltung in Mitwirkenden und Betrachter.

Und von dieser Phase dann zu einer Wiedervereinigung von Aktion und Publikum zu einem organischen Ganzen, in dem die Schau die Zuschauermasse durchdringen und damit in sich einbeziehen würde.

Jede dieser Phasen ist im Verlauf der Geschichte prägnant und ausdrucksvoll vertreten.

Die ursprüngliche Gemeinsamkeit und Unteilbarkeit von Aktion und Publikum im Stadium der „sakralen“ Formen früher „Massenaktionen“, kollektiver Zeremonien oder Rituale.

Und darin sind sie gleichgeartet – ganz egal, ob es sich um Formen des antiken Dithyrambus handelt, der sich in der Tiefe der Jahrhunderte verliert, oder der kollektiven Riten von Siam und Bali,[281] die noch in der Mitte des vergangenen Jahrhunderts als Relikte in derselben Gestalt auftraten, in der sie höchstwahrscheinlich seit uralten Zeiten existiert hatten.

Hierzu gehört auch die uns überlieferte Beschreibung von Massenaktionen und -prozessionen unter Beteiligung der gesamten Stadtbevölkerung aus der Feder der amerikanischen Gouvernante am Hof von Bangkok in den sechziger Jahren.[282]

Und bei eben diesen Prozessionen finden wir erstaunliche Realisierungsmittel der angeblich im Prozessionsverlauf dynamisch wechselnden imaginären Handlungsorte – nämlich „akustische Dekorationen“, die diesen Wechsel begleiten:

Spezielle Geräuschemacher ahmen durch Schreie oder mit wunderlichen Instrumenten das Singen und Rufen von Affen und Vögeln nach, wenn die Prozession durch den Wald verläuft; oder sie imitieren die Meeresbrandung, um anzudeuten, daß sich die Prozession auf den Weiten der Wasseroberfläche abspielt usw. usf.

Ebenso können auch die Ströme jener Pilger als undifferenzierte „Massenaktion“ betrachtet werden, die auf Knien Pyramiden mit katholischen Tempeln an der Spitze hochrutschen, was ich selber in Mexiko zu sehen bekam.

Auf dem Weg der Pilger – an den einzelnen Pfadbiegungen – stehen steinerne Gedenkzeichen an die „zwölf Stationen“[283] auf Christi Weg nach Golgatha.

1 Michail Ossipowitsch Eisenstein und Julija Iwanowna Eisenstein (geb. Konezkaja). Riga 1897

2 Sergej Eisenstein – für das Familienalbum. Riga 1911

3 Im Proletkult-Theater. Winter 1921

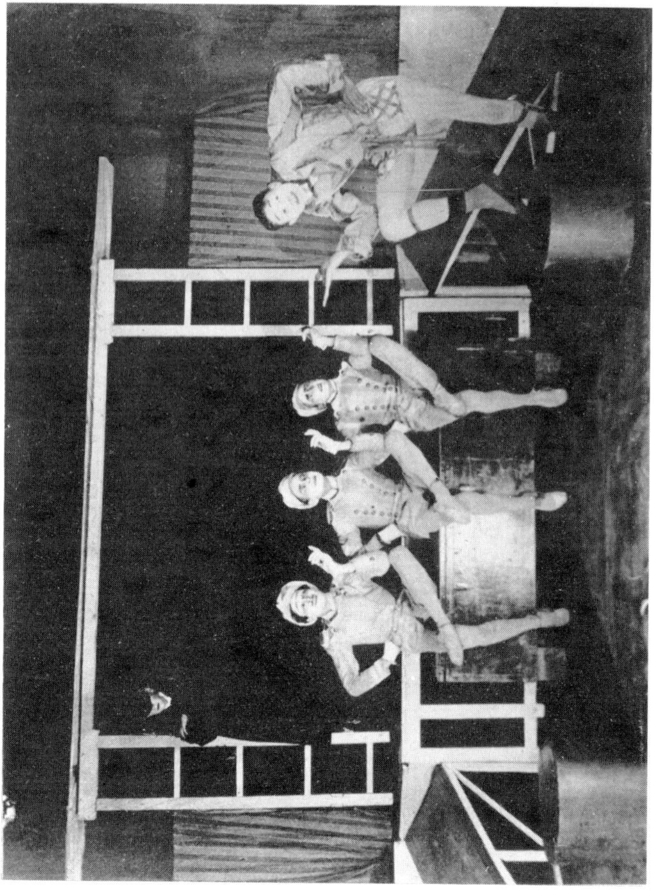

4, 5 „Eine Dummheit macht selbst der Gescheiteste“, Proletkult-Theater. Moskau 1923

6 Eduard Tissé und Sergej Eisenstein bei Dreharbeiten zu „Streik“. 1924

7 Wladimir Majakowski, Lilja Brik, Boris Pasternak, Sergej Eisenstein. Moskau 1924

8, 9 Dreharbeiten zu „Panzerkreuzer Potjomkin“. September 1925

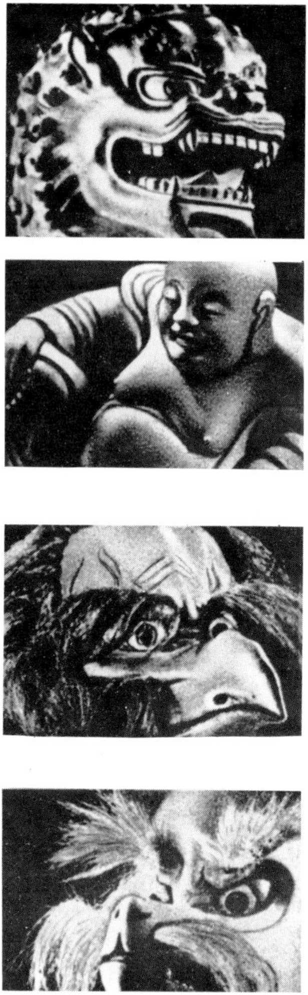

10, 11 „Oktober“ (Göttersequenz)

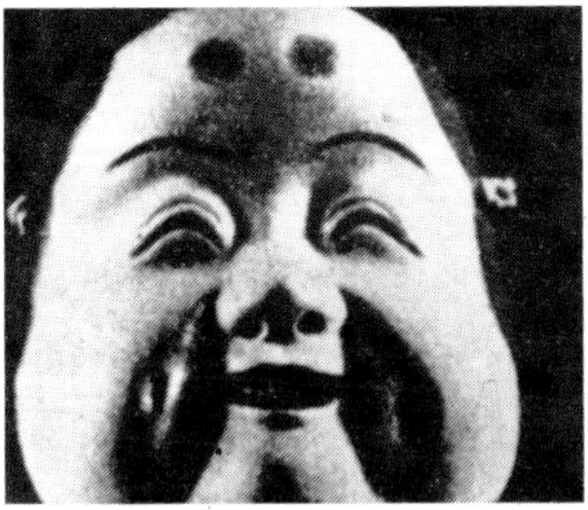
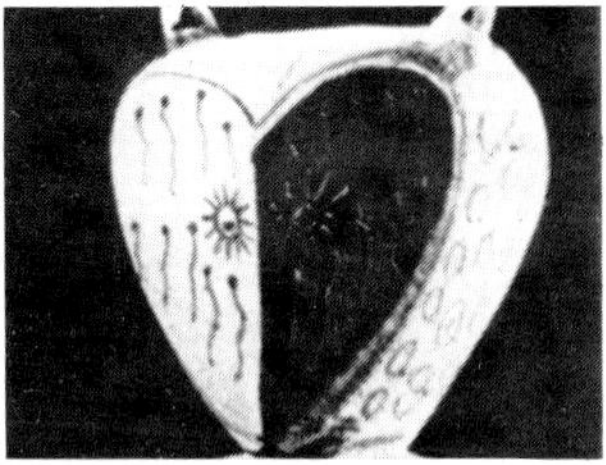

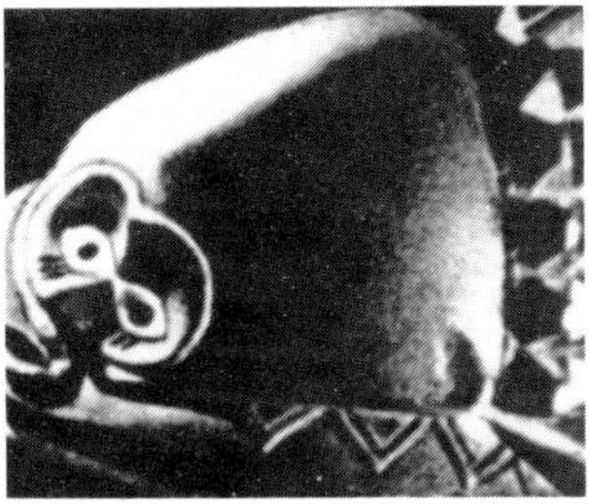

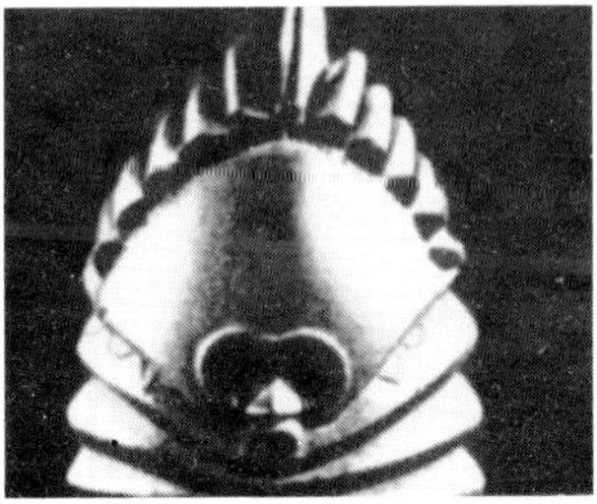

12 Mit Valesca Gert. Moskau, Ende 1928

13 1929

14 In der Kindheit. Mit Maxim Schtrauch am Rigaer Strand

15 Mit Maxim Schtrauch während der Dreharbeiten zu „Das Alte und das Neue“. 1929

16 Eduard Tissé, Charlie Chaplin, Georgia Hale, Sergej Eisenstein. USA 1930

17 Mit Marlene Dietrich und Josef Sternberg. Hollywood 1930

18 Mit Grigori Alexandrow in Hollywood. Oktober 1930

19 In seinem Haus in Hollywood. 1930

20 „Woran ich arbeite“. Während eines Aufenthalts in den USA

21 Mit Luis Buñuel in Hollywood. Juni 1930

22, 23 Dreharbeiten zu „Que viva Mexico!“. Mit Eduard Tissé. 1931

24 Übungen zur Ausdrucksbewegung. Am Staatlichen Filminstitut (GIK). 1934/35

25 Der chinesische Schauspieler Mei Lanfang, Sergej Tretjakow, Sergej Eisenstein. Moskau, März 1935

26, 27 Proben zu „Beshinwiese". Frühjahr 1935

27

28 Während der Dreharbeiten zu „Beshinwiese". Herbst 1936. Rechts: Isaak Babel

29 In Alma-Ata. 1943

30, 31 Proben zu „Iwan der Schreckliche“. Alma-Ata 1943.
Mit Nikolai Tscherkassow

31 Mit Wsewolod Pudowkin

32 Arbeit an der Musik zu „Iwan der Schreckliche". Mit Sergej Prokowjew

Und vor jedem dieser Zeichen läßt die Pilgermenge die entsprechende Episode aus dem allen gleichermaßen bekannten Drama der Christus-Passion an ihrem geistigen Auge vorüberziehen.
Später zerfällt der Dithyrambus – genau wie im Leben – in Agierende, das heißt Ausführende, und Miterlebende, also Betrachtende. So auch hier: Die steinernen Erinnerungszeichen werden erstmals belebt, „lebendige Bilder" werden im Altarraum einer Kathedrale inszeniert, um in naher Zukunft als lebendige Episoden einer szenischen Mysterienhandlung gespielt zu werden.
Und schon drängeln sich nicht mehr Pilger – sondern Zuschauer (die nicht ohne Grund später auch weiterhin mit diesem Begriff bezeichnet werden: Erinnern wir uns an die „Pilgerscharen" zu den Wagner-Festspielen in Bayreuth oder die alljährlichen Ströme von „Pilgern" zu den Reinhardt-Inszenierungen in Salzburg![284]), „echte" Zuschauer, die nach einer Schau lechzen, vor diesen Bühnenbrettern, auf die das Moment des Schauträchtigen einstiger einheitlicher Massenaktionen isoliert überging und dabei die Funktionen „Teilnahme" und „Anteilnahme" scharf in zwei selbständige Hälften teilte, zwischen denen sich die beide unversöhnlich voneinander trennende Rampenlinie abzeichnete …
Und es ist bemerkenswert, daß fast sofort mit Anbruch dieser zweiten, entscheidenden Phase in der Geschichte des Theaters – von dem Augenblick der „Aufspaltung" in Zuschauer und Agierende – die „Sehnsucht" nach der Wiedervereinigung dieser beiden getrennten Hälften einsetzt!
Und das trifft nicht nur für die Neuzeit, sondern für die gesamte Geschichte des Theaters zu, die in unzähligen Beispielen aus der Theatertechnik der Vergangenheit durch Jahrhunderte hindurch bei fast jedem Schritt unweigerlich und konsequent immer ein und dieselbe, in ihrer Form verschiedene, in ihrem Ziel aber gleiche Tendenz aufschließt – die Trennung zu überwinden und eine „Brücke" über den „Abgrund" zu schlagen, der den Zuschauer vom Darsteller isoliert.
Diese Versuche erstrecken sich von den „gröbsten materiellen" äußerlichen Verfahren zur Aufgliederung des Ortes von Schau und Handlung sowie des Verhaltens der Mimen

auf der Bühne – bis hin zu den allerfeinsten Formen einer „übertragenen" Verwirklichung dieses Traums von der Einheit von Zuschauer und Darsteller.

Dabei konkurriert, alterniert oder kooperiert versuchsweise auch hier stets und gleichberechtigt die Tendenz, in den Zuschauer „einzudringen", mit der Tendenz, den Zuschauer „aufzusaugen" – als würden sie jene besonderen Möglichkeiten vorwegnehmen, die die Hauptmerkmale der eigentlichen technischen Natur des optischen Grundphänomens Raumfilm sind!

Aber lassen wir unsere Behauptungen nicht unbegründet. Versuchen wir vielmehr, in einem flüchtigen Exkurs durch verschiedene Entwicklungsetappen des Theaters zu analysieren, wie in den unterschiedlichsten Fällen diese „durchgehende" Tendenz zur Wiedervereinigung von Zuschauer und Schauspieler, Zuschauerraum und Bühne, Zuschauermenge und Schau realisiert wurde.

Am deutlichsten läßt sich die „Spur" der ursprünglichen Einheit von Zuschauern und Darstellern gewiß am antiken Theater ablesen.

Hier gibt es die noch beinahe vollständige Umringung der Aktion auf der Orchestra durch konzentrisch angeordnete Zuschauerkreise, die auf sich jeweils stufenweise erhebenden Kränzen verteilt sind; hier ist wie in einer gigantischen Vergrößerung jener natürliche „Kreis" gegeben, zu dem sich die Tanzenden organisch um den besten Tänzer herum formieren – in ihrem eigenen Tanz durch seine Überlegenheit gestoppt –, um seine Perfektion zu bewundern.

Wo es auch immer sein mag, ob bei einem Dorfreigen, einem „Negerdancing" in Harlem oder sogar in einem Ballsaal – überall und in allen Fällen kommt es absolut natürlich zu einer kreisförmigen Anordnung um das beste Paar oder den besten Tänzer.

Und die Gliederung „im Kreis" in Agierende und Bewundernde – das ist die völlig organische, ursprüngliche Form der „Zweiteilung" eines einheitlich tanzenden Kollektivs in Zuschauer und Ausführende.

Dabei ist interessant, daß diese „natürliche Linie", an der entlang sich die Zuschauer beim Betrachten einer Schau gruppieren, nicht nur dazu beitrug, die natürliche „Rundung" des Theatergebäudes der Antike festzulegen. Son-

dern darüber hinaus existiert die Meinung, daß sie die Herausbildung eines Theaters mit „hufeisenförmigen“ Rängen begünstigte, das bis in unsere Zeit hinein die Standardform von Theatergebäuden geblieben ist.
Es gibt einen bekannten Stich von Jacques Callot, der eine Theatervorstellung im Gebäude der heutigen Uffizien aus Anlaß des Florentiner Karnevals 1616 darstellt.
Tief im Raum steht eine Bühne mit Kulissen (Wald) und einer Treppe mit zwei geschwungenen Schrägrampen, die ins Parkett führen.
Rechts und links im Parkett stehen abgestuft ungefähr acht Bankreihen für Zuschauer.
Ein weiterer Teil des Parketts wird – der Tradition gemäß – von stehenden Zuschauern eingenommen.
Im Hauptteil des Parketts jedoch agieren Tänzer, die von der Bühne herabgestiegen sind. Und die Zuschauer im Parkett umringen sie auf „natürliche Weise“ in einer hufeisenförmig gestreckten Linie.
Es existiert die Meinung, diese Linie der natürlichen Anordnung der Zuschauer, wie Callot sie in eben diesem Stich erfaßt hat, habe in der Folgezeit die Herausbildung eines Theaters mit Rängen gefördert, eines Theaters, das die Form eines Hufeisens auch dann behielt, als das Parkett ganz mit Reihen von Bänken und Sesseln für die Zuschauer gefüllt wurde.
Doch das griechische Theater enthält im Keim auch Rudimente späterer Formen der Gegenüberstellung von Schauspieler und Zuschauer. Ein Teil der Orchestra ist bereits durch das gerade Bühnenpodest der „Skene“ abgeschnitten. Und die immer stärker werdende Tendenz zu ihrer Aufspaltung und Gegenüberstellung resultiert daraus, daß die Handlung aus der Orchestra immer mehr auf das Podest übergreift, während der Zuschauer die Orchestra langsam überflutet, wobei er sie ins „Parkett“ verwandelt und lediglich einen schmalen Streifen neben dem Podest für die künftige ... Orchesterwanne übrigläßt und so an die Skene angrenzt, die bereits zur Bühne geworden und parallel zum Publikum angeordnet ist.
Diese parallele Aufteilung von Bühne und Zuschauerraum drückt natürlich noch krasser das Einander-Gegenüberstehen der beiden aus (wie eine Mauer beim Fußball gegen die

andere!) und artikuliert diese Tendenz viel deutlicher als das Stadium des ringförmigen Gegenüberstehens im früheren kreisförmig angeordneten Schautyp.

Im Mysterientheater festigt sich dieser zweite Typ, der Linienparallelismus, der den konzentrischen Parallelismus letztlich ablöste, bereits endgültig und dominiert klar.

Von dieser Art ist zum Beispiel die bekannte Ansicht eines Podestes mit vielen Schauplätzen, die eine Mysterienbühne in Valenciennes, 1547, abbildet (nach einer Miniatur von Hubert Cailleau).[285]

Trotzdem gehört in diese Zeit auch das Beispiel eines Podestes mit dekorativen „Häuschen" (Mansions), das nicht dem Publikum gegenüber aufgestellt ist, sondern in die Zuschauermenge hineinragt und sie dabei in zwei Hälften teilt, so daß sie auf die zwischen ihr ablaufende Handlung von zwei gegenüberliegenden Seiten schaut.

So sieht die Aufteilung von Bühnenpodest und Zuschauerraum in einer groben Zeichnung des 16. Jahrhunderts aus, die der handschriftlichen Aufzeichnung des Textes der „Christus-Passion" aus der zweiten Hälfte des 15. Jahrhunderts beigefügt wurde. Sie befindet sich in der Fürstenberger Hofbibliothek von Donaueschingen.

Eine analoge Auflösung szenischer Handlung, die den Raum, in dem sich die Zuschauer links und rechts befinden, durchschneidet, finden wir auch später. Es existiert beispielsweise ein Stich aus dem 16. Jahrhundert, der „Le ballet de la Royne"* darstellt; das Ballett wurde von dem Italiener Baltazarini entworfen und 1582 vor Heinrich III. und seinem Hofe aus Anlaß der Hochzeit von Marguerite de Lorrain und Herzog Anne de Joyeuse aufgeführt.[286]

(Die Inszenierung dieses Balletts kostete etwa 1200 Écus, und mit ihr beginnt die Periode jener prachtvollen Hofspektakel, durch die in der Folgezeit die Höfe Ludwigs XIII. und XIV. glänzen.)

Hier findet die Aufführung in einem geschlossenen Gebäude, in einem länglichen Saal statt.

Links und rechts erstrecken sich in der ganzen Länge

* Entschieden später nutzt der Amerikaner Norman Bel-Geddes[287] denselben Bühnentyp für ein szenisches Projekt. (S. E.)

des Saals zwei stufenweise angeordnete Ränge mit Sitzen für die Zuschauer.
Tief im Saal ist ein über seine ganze Breite reichendes Podest mit dekorativem Hintergrund errichtet.
Am anderen Ende des Saals sitzen der König und die Frischvermählten, umringt von den Ehrengästen.
Das gesamte „Parkett", das heißt der gesamte Raum des Saals, steht dem Ballett zur Verfügung, das – wie wir sehen – links und rechts von Zuschauern umrahmt wird.
Hierher, ins „Parkett", ist nicht nur die Handlung des Balletts abgedrängt worden, sondern hier wurden auch einzelne Dekorationselemente aufgestellt.
So gibt es linkerhand, etwa in der Saalmitte, ein nicht genau definierbares Gebilde.
Rechts ist eine völlig realistische Baumgruppe mit einem auf einer Hirtenflöte spielenden, als Faun verkleideten Schauspieler plaziert, und mitten in den Blättern hängen Leuchter.
Wenn ich mich nicht irre, so scheint mir, hat Nikolai Jewreinow seinerzeit auf einem Podest vom Donaueschinger Typ im Saal des Petersburger Konservatoriums die Aufführung der „Francesca da Rimini" realisiert.[288]
Das Publikum wurde zu beiden Seiten des Podests untergebracht, während die Handlung auf dem Podest mitten im Saal ablief.
Man könnte also sagen, daß das, was auf früheren Entwicklungsetappen des Theaters eine Phase der Trennung von Zuschauer und Schauspieler darstellte, später, in der Epoche des Verfalls des bürgerlichen Theaters, fast im selben Gewand ihrer „Vereinigung" diente! Denn: Läßt sich das so angeordnete Bühnenpodest etwa nicht als ein Schritt zur gegenseitigen „Durchdringung" von Aktion und Publikum inmitten der überall vorherrschenden Theatergebäude werten, die durch Rampe und Vorhang die physische Trennung der an einer Schau Teilnehmenden auf jede Weise unterstützten?
So oder ähnlich gewinnt die Tendenz der deutlichen Abgrenzung zwischen Bühne und Zuschauer zunehmend die Oberhand.
Diese Tendenz wird besonders durch den zwischen ihnen herabgelassenen Vorhang und die trennende Rampe betont.

Kaum war jedoch diese Etappe erreicht, da setzt auch schon das Spiel „zurück“ ein, und man unternimmt sofort die verschiedensten Versuche, um die verlorene Einheit mittels der Einbeziehung des Publikums in die Handlung oder der Handlung ins Publikum wiederherzustellen.
Interessant ist dabei die Feststellung, daß diese Versuche etwa „umgekehrt symmetrisch“ verlaufen.
Zuerst reduzieren sie sich auf alle möglichen Verfahren zur einfachen physischen „Überwindung der Rampe“, die Zuschauer und Schauspieler, welche einander von Angesicht zu Angesicht gegenüberstehen, trennt.
Später, je näher die Kunst unserer Zeit kommt, die durch die Entwicklung des Films gekennzeichnet ist, erleben wir immer häufiger kühne Experimente, die konzentrische Typen der Vereinigung von Schau und Zuschauer wiedererstehen lassen.
Wir brauchen uns nur daran zu erinnern, wie eilig (und fruchtbar) auf dieser Etappe die Tradition der ursprünglichen Schau im Interesse des Theaters aufgegriffen wird, die sich unverändert in Zirkusvorstellungen erhalten hat; ganz egal, ob das ein Spektakel des Zirkus Franconi in Paris zu Beginn des 19. Jahrhunderts ist oder des „Sans Pareil Théâtre“* in London zur gleichen Zeit, das über eine installierte Theaterbühne und ein „Parkett“, das sich leicht in eine Zirkusarena verwandeln ließ, zugleich verfügte, wie das bis in unser Jahrhundert bei den „Wasserpantomimen“ der Zirkusse Salamonsky, Ciniselli und Truzzi bei uns – oder im Zirkus Busch in Berlin der Fall war.[289]
Die thematische Breite solcher Pantomimen war wirklich allumfassend und unermeßlich.
So sah ich als Kind in Riga bei Truzzi eine Zirkuspantomime, die auf Conan Doyles Sherlock-Holmes-Stoff basierte.
Und in den dreißiger Jahren bei Busch eine noch farbenprächtigere Schau zu Themen aus ... der Französischen Revolution.
Der Clou dieser „Wasserpantomime“ war ihr Finale, als die von der Geschichte verurteilten „Aristokraten“ angesichts ihres unvermeidlichen Untergangs nach einem üppigen

* (franz.) – „Das unvergleichliche Theater“.

Abendessen freiwillig und stolz in der mit Wasser gefüllten Arena versanken und geheimnisvoll in ihrer Tiefe verschwanden.
Der weniger bewanderte Teil des Publikums, der nicht über die Unterwasserrohre Bescheid wußte, durch die die „ertrunkenen Aristokraten“ aus dem Bassin irgendwo hinter den Pferdeställen wieder auftauchten, blickte nach der Vorstellung noch lange verstört in die „Wassertiefen“ der Zirkusarena und erwartete, daß die an der Schau Beteiligten entweder selber auftauchten oder zumindest ihre Leichen an die Oberfläche traten.
Die Rückkehr dieser im Zirkus weiter „glimmenden“ Prinzipien ins Theater, das die Inszenierungstraditionen der Antike wiederzubeleben versuchte, und die Annäherung zwischen Aktion und Zuschauer führten seinerzeit zu so bedeutsamen Aufführungen wie dem „Ödipus“ in der Zirkusarena und dem „Danton“ im Großen Schauspielhaus (Berlin)[290], wo das gesamte Parkett des Zuschauerraums in die Handlung einbezogen wurde.
Eine derartige Anordnung ist aber nicht nur für die Massenschau und die pathetischen Dramen und Aufführungen charakteristisch, wo sie aus der Größenordnung der Ereignisse selbst resultiert.
In Washington wurde vor dem Krieg ein nach demselben Prinzip erbautes kleines Theater eröffnet, in dem ein „intimes“, ein „Zimmertheater“-Repertoire, gespielt wurde – und zwar auf einer genauso gearteten Spielfläche, die rundum von Zuschauern umgeben war.
Noch weiter gehen die Versuche zur Organisierung von Aufführungen (auf dem Platz vor dem Winterpalais oder der Petersburger Börse) zum ersten Jahrestag des Oktober.[291] In ihnen wurde konsequent eine noch frühere Phase des Theaters rekonstruiert, allerdings auf den Prinzipien der Annäherung an Elemente des kollektiven Spiels der Massen.
Diese Versuche übten jedoch ebensowenig einen entscheidenden Einfluß auf die Praxis des Theaters aus wie die Experimente zur Rekonstruktion karnevalistischer Prozessions-Spektakel.
Und das wahrscheinlich aus zwei Gründen.
Einerseits dominierte in ihnen übermäßig stark die rekon-

struierend-stilisierende Seite. Man darf nicht vergessen, daß diese Aufführungen in erster Linie solche Leute realisierten, die durch ihr Streben nach stilisierender Wiederbelebung von Theatermanieren vergangener Zeiten bekannt waren.

Und darum war in den Massenpantomimen der unserer Zeit und ihrer Thematik so wenig eigene „Geist" von Theatern anderer – ausgestorbener – Epochen, der weder sozial noch gar ... klimatisch dem nahestand, was solche Aufführungen in den ersten Jahren der Revolution hätten sein sollen, derart stark artikuliert.

Andererseits war die „Technik" dieser „Aktionen" zu archaisch. Was in der Epoche der Handwerkszünfte eine natürliche Ausdrucksform von Gefühlen der Masse war, lag nun freilich nicht ganz auf dem Niveau der Ära der proletarischen Revolution!

Doch die Tendenz der kollektiven Rekonstruktion von Originalereignissen an den Orten ihres Geschehens fand sehr schnell ihren historisch berechtigten Ausdruck im ... Film mit revolutionär-geschichtlicher Thematik, erstmalig ausgerechnet im sowjetischen Film, der quasi die Traditionen früherer Massenvorstellungen aufgriff, dabei jedoch diese Tendenz mit Mitteln des Films in neuen, also nicht abgestorbenen Formen und Techniken darzustellen vermochte.

So entwickelte sich der Trend, die Aktion in die Zuschauerumzingelung hineinzuziehen. In Beispielen von Filmen mit Massenprotagonisten hat diese Tendenz ihren Höhepunkt darin erreicht, daß durch ein dynamisches Spiel (das nicht weniger dynamisch ist als das Spiel der Darsteller) Paläste und Festungen, Brücken und Panzerkreuzer, Werke und weite Felder, das heißt die gesamte reale Umgebung der sich um die Zuschauer erstreckenden, vielfältigen Wirklichkeit, in die Handlung einbezogen wurden.

Auf diese Etappe ist es schon schwer, ein Zeichen für die Wechselwirkung zwischen Zuschauer und Umgebung auszumachen; und es ist auch schwer zu sagen, ob dies eine Expansion der Handlung, die einst durch die Zuschauerringe abgeriegelt war, nach außen – über die Grenzen des Theaters hinweg – ist, oder ob die ganze Welt mit Hilfe des

Objektivs über den von Leinwand und Mikrofon eingeschnürten Zuschauer hereinbricht.
Interessant ist allerdings, daß sich diese zweite Tendenz, den Zuschauer zu packen, zu umarmen und in die ihn umgebende Handlung einzubeziehen, nicht weniger farbenprächtig und konsequent durch die Geschichte des Theaters zieht als die erste Tendenz, eine Schau gewaltsam in das Herzstück der die Aktion umschließenden, konzentrischen Zuschauerringe hineinzuschleudern.
Wir wissen beispielsweise aus Beschreibungen, daß es im alten spanischen Theater kein in den Saal hineingestrecktes Proszenium gab, sondern ein kreisförmiges, dessen geschwungenes Podest die Zuschauersitze von allen Seiten einrahmte, so daß die Handlung um das Publikum herum auseinanderlaufen konnte.
Anschauliche Illustrationen zu dieser Variante habe ich nicht finden können. Dafür aber kann ich auf ein uns überliefertes Projekt eines Theatergebäudes aus dem 17. Jahrhundert verweisen, dessen architektonische Grundidee auf der Tendenz basierte, den Zuschauer mit Spielorten zu umzingeln.
Dieses interessante Projekt eines Theatergebäudes stammt von Joseph Furttenbach[292] (1591 geboren), der besonders dadurch bekannt wurde, daß er die Technik der griechischen Periakten, im 16. Jahrhundert „Telari“ genannt,* für die Bühnendekoration wiederbelebt hat.
Dieses Projekt stammt etwa aus dem Jahre 1655.

* Periakten hießen jene dreieckigen, sich drehenden Prismen mit verschiedenartig bemalten Begrenzungsflächen, die im griechischen Theater als Wechseldekorationen dienten, und zwar je nachdem, mit welcher Fläche sie zum Zuschauer gedreht wurden.
Irgendwann, vor sehr langer Zeit, 1921, wollte ich, vom turbulenten Tempo eines Jahrmarktgetümmels für die Inszenierung von Ben Jonsons „Bartholomäusmarkt“ träumend, nach dem System der Periakten jeweils drei Jahrmarktstände und Schaubuden konstruieren, die obendrein auf eine Drehbühne gestellt werden: Bei einer solchen Lösung wäre eine unermeßliche Menge wechselnder Handlungsorte und eine blitzschnelle Verlegung des Spiels von einer Ecke des Jahrmarkts in eine andere möglich gewesen. Dabei hätte man einen „Karussell“-Effekt in den Szenen der Verfolgungsjagd oder in Kulminationsmomenten erzielt – wenn sich „alles auf der Welt“ gleichzeitig drehen würde. Von dem, was die Montage

Ihm liegt ein achteckiger Saal zugrunde.
An vier Kanten dieses Achtecks grenzen vier selbständige Bühnen.
Die Theaterhandlung konnte auf jeder dieser Bühnen nacheinander oder auf allen zugleich ablaufen.*
Aber dieses Gebäude ist noch dadurch besonders bemerkenswert, daß es die Möglichkeit bietet, nicht nur „um" die Zuschauer „herum" – sondern auf Wunsch auch „inmitten" der Zuschauer zu spielen.
Dafür reicht es aus, die Zuschauer wie im Amphitheater auf den vier Bühnen um das Zentrum des Saals herum zu plazieren.
Ein derartiger Saal war für Turniere, Ballettaufführungen oder dergleichen Schaustellungen und Zeremonien gedacht.
Ich weiß nicht, ob frühere Erinnerungen an Furttenbachs Projekt (das ich bereits seit 1915, als ich noch Architektur studierte, kenne) oder irgendwelche anderen, dahinlenkenden Assoziationen mich beeinflußten – wie auch immer, eine ähnliche Tendenz kommt in den räumlichen Lösungen fast aller meiner noch vor dem Film „Streik" realisierten Theateraufführungen zum Ausdruck, angefangen beim allerersten Versuch – der Inszenierung von Jack Londons „Mexikaner" (gemeinsam mit Smyschljajew)[294] im Ersten Arbeitertheater des Proletkult (im Karetny Rjad, 1920).
Im „Mexikaner" wird das Furttenbachsche Prinzip teilweise realisiert, obendrein in seinen beiden Aspekten gleichzeitig.
Im Zentrum des Zuschauerraums wird ein Boxring aufgestellt (auf dem sich der Höhepunkt der Handlung abspielt), während entlang dem Bühnenportal stufenweise Sitze für jene Zuschauer errichtet werden, die von Schauspielern dargestellt werden. Diese Stufen verwandelten den Theater-

im Film mit Leichtigkeit bewerkstelligt, träumte ich bereits seit langem, und es quälte mich noch im „engen" Rahmen der Bühnentechnik. (S. E.)

* Den Plan zu diesem Theatersaal konnte ich lediglich in Georgi Lukomskis Buch „Die alten Theater", Band I, S. 273, sehen. Interessanterweise ist in den Büchern zur Geschichte des Theaters von Allardyce Nicoll, Joseph Gregor, Freedley und Reeves dieses Projekt nicht erwähnt.[293] (S. E.)

saal durch die Verbindung mit den Logen und Rängen in einen Kreis, der den Ort der Handlung umriß, welcher sich mitten im Zuschauerraum – direkt inmitten des Publikums – befand.

Wenn hier eine derartige Lösung nicht nur durch die Ausdrucksmöglichkeiten, sondern auch durch die allgemein übliche Sitzordnung der Zuschauer bei Boxkämpfen bestimmt wird, so basiert bei einem der nachfolgenden Bühnenprojekte die Erweiterung eines solchen Konzepts bereits auf ganz anderen Voraussetzungen.

Vor allem auf der Dynamik des raschen Wechsels der Handlungsorte und der Möglichkeit, die Aktion räumlich hin- und herzuverlagern.

Das war das Projekt der Inszenierung eines abenteuerlichen Kriminalstücks in „amerikanisierten" Tempi zum Thema entführter Erfinder und gestohlener Patente (1921).[295] Zwölf Theaterpodeste mit veränderlichen Dekorationen sollten den Zuschauer umgeben.

Die Handlung sollte von einer Bühne auf die andere wechseln, auf einigen Podesten zugleich bzw. auf allen synchron ablaufen und außerdem ... über den Köpfen der Zuschauer: auf hängenden Brücken und an Seilen, wohin besonders dramatische Situationen verlegt werden sollten. Die Zuschauersitze sollten drehbar sein*, obwohl es auch ein Projekt gab für ... einen drehbaren Zuschauerraum, der alle Zuschauer mit einemmal in die gewünschte Richtung gewandt hätte.

Das Stück wurde nicht inszeniert. Aber ich erinnere mich, daß der Mossowjet uns 1921 für dieses Vorhaben das runde Gebäude der ehemaligen Manege auf dem Zwetnoi Boulevard neben dem Staatszirkus zur Verfügung gestellt hatte.

Dies sind die verschiedensten Versuche zur konzentrischen Vereinigung von Zuschauermassen und Schau, angefangen mit den ältesten Beispielen bis hin zu den allerneuesten.

Ich geniere mich nicht, hier und später auf verschiedene Beispiele aus meiner eigenen Theaterpraxis zu verweisen.

* Viel später, als ich mich bereits voll und ganz der Arbeit beim Film gewidmet hatte, verwirklichte Ochlopkow in seinem Realistischen Theater am Majakowski-Platz interessante Ideen in ähnlicher Richtung.[296] (S. E.)

Und zwar deshalb nicht, weil meine Praxis mit jenem Augenblick zu tun hat, da – wie mir scheint – die Theaterkunst sich anschickte, die Möglichkeiten des Films zu nutzen, die dem Theater seinerzeit nicht zugänglich waren.
Ich habe in meiner Theaterpraxis noch die Periode erleben können, da das Theater – in seinen Schranken verharrend – versuchte, die Aufgaben zu lösen, die nur der Film mit Leichtigkeit – und obendrein realistisch! – löst.
Dabei ist klar, daß das Theater in dieser Entwicklungsperiode, um diese Möglichkeiten auch nur unvollkommen zu realisieren, fast vollständig das opfern mußte, was den Begriff Bühnenrealismus ausmacht.
Hängebrücken über dem Zuschauerraum; Podeste rings um das Publikum, um einen blitzschnellen Wechsel der Handlungsorte zu erzielen; Periakten auf der Drehbühne, die selbstverständlich keine dekorative Gestaltung in illusionistisch-malerischer Tradition zuließen, welche wiederum als untrennbarer Bestandteil des Realismus einer Theaterdekoration galten usw. usf.
Es ist besonders charakteristisch, daß die Theaterkunst von dem Moment an, da die Filmkunst fest auf eigenen Füßen zu stehen beginnt und mit ihren filmischen Möglichkeiten die meisten jener Tendenzen realisiert, nach denen das Theater strebte, völlig auf neue „Erfindungen" und auf Experimentierfreudigkeit in diesen Bereichen verzichtete.
Damit wird ein weiteres Mal die Tatsache bestätigt, daß der stürmische „Experimentiergeist" auf dem Gebiet des Theaters, der wohl in der frühen Etappe der Geschichte des Künstlertheaters ansetzt, durchaus nicht immer nur durch unmotivierte „Kunststückelei" oder die Jagd nach einer Sensation begründet war, wie einige „Theaterwissenschaftler" meinen!
In ihrem besten Teil spiegelten diese Bemühungen das sich immer mehr verstärkende Bedürfnis wieder, eine möglichst komplexe Vergegenwärtigung der Realität zu erreichen.
Die gesellschaftlich progressivere Linie des Theaters sah die Untrennbarkeit eines derartigen Realitätsverständnisses von der Aufgabe, die soziale Wirklichkeit vernünftig zu reflektieren, und trug diese Tradition nach Kräften bis an die Schwelle des Oktobers heran, von wo ab die wahrhaft reali-

stische Kunst – die Kunst des sozialistischen Realismus – erst in ganzer Breite zu existieren begann.

Von hier rührte das Streben einer ganzen Reihe von Theatern, im Interesse einer möglichst umfassenden Wiedergabe von Bildern des realen Lebens nach seiner möglichst genauen Rekonstruktion auf den Bühnenbrettern zu suchen, um die perfekte Illusion der Realität in ihren allerkleinsten Details zu liefern.

Die Anlehnung an Prinzipien des Naturalismus sowohl in der Szenographie als auch im Spiel ist hier durchaus natürlich.

Entgegengesetzte szenische Tendenzen vertrat eine andere Theaterrichtung.

Fernab von progressiven Bestrebungen (mitunter jedoch einfach reaktionär) suchten ihre Vertreter nach einer „anderen" Realität und einer „anderen" Wahrheit.

Die „absolute Realität" erblickten sie in der individualistisch-isolierten Innenwelt ihrer Helden.

Und auch in der szenischen Interpretation ihrer Aufführungen hielten die so extrem subjektiv ausgerichteten Theater nicht die Komplexität der theatralischen Widerspiegelung der objektiven Realität für den Ausgangspunkt, sondern lediglich die Authentizität des szenischen Fakts an sich.

Daher kommt es zu einer bedingten, nicht illusionistischen Abbildung der Wirklichkeit, obendrein mit einer stark betonten Ausrichtung darauf, daß in der Aufführung als einzige, absolute Realität nur die … der Inszenierung an sich gilt – und überhaupt nicht das, was dargestellt oder abgebildet wird.

Aber unter den Kunstgriffen und Ausdrucksmitteln des „bedingten" Theaters[297] gab es auch solche, die für uns einen bestimmten Wert haben.

Diesbezüglich reicht es aus, an den Akzent zu erinnern, den dieses Theater mit dem „andeutenden Detail" setzt – im Unterschied zu dem Versuch, alle Details und Feinheiten des Handlungsortes und des Spiels zu rekonstruieren.

Ein charakteristisches Detail ist imstande, in der Phantasie des Zuschauers ein real wahrnehmbares Ganzes zu induzieren – und befreit damit das Theater von der Notwendigkeit, dieses Ganze faktisch vollständig zu rekonstruieren.*

Von hierher rührt die natürliche Annäherung dieses Flügels an die impressionistische Richtung, die zu dieser Zeit in der Literatur, der Musik und in der Malerei weit verbreitet war.

So zeichnen sich zwei unvereinbare Extremvorstellungen vom Realen und von der Darstellung des Realen ab. In der vorsozialistischen Ära sind diese natürlich unfähig, eine gemeinsame Sprache im System einer gewissen Synthese von verschiedenartigen gesunden Kernen zu finden, die sie – neben unvermeidlichen Fehlern, Überspitzungen und theoretischen Irrtümern – in sich trugen.

Dafür gab es noch nicht die rechten gesellschaftlichen Voraussetzungen.

Und das „zukünftige Theater" – die Filmkunst, die allein entsprechend den Wesenszügen ihrer *technischen* Mittel und Möglichkeiten in der Lage war, selbst die *komplizierten ästhetischen* Probleme des Theaters früherer Zeiten leicht zu bewältigen, steckte noch in den Kinderschuhen.

Dabei ist erwähnenswert, daß schon in dieser Entwicklungsphase des Theaters gerade in Kreisen des russischen Journalismus die mögliche „Synthese" der beiden Entwicklungslinien der russischen Theaterkultur erahnt wurde.

Interessant ist auch, daß sich diese Autoren eine derartige Synthese nicht schlechthin außerhalb des „eigentlichen" Theaters, sondern eben im Bereich des Films vorstellten.

Berücksichtigt man den embryonalen Zustand des Films jener Jahre – ich spreche vom Jahr 1908! –, so läßt sich diesen Autoren ein gewisser „Weitblick" nicht absprechen.

Einen solchen Standpunkt vertrat damals auch der nicht unbekannte Wladimir Fritsche[298], auf dessen Konto später – bereits nach der Oktoberrevolution – eine beträchtliche Menge antimarxistischer Äußerungen zu Fragen der Kunst geht.

Vieles, was er früher verlauten ließ, enthielt im Keim schon Merkmale jener ideologischen Fehlorientierung, aus der

* Die „Nahaufnahme" im Film ist in großem Maße bereits ein realistischer, also nicht mehr „bedingter" Nachfolger dieser Tendenz. (S. E.)

sich in der Folgezeit seine irrtümlichen Ansichten entwikkelten.
In seinem Aufsatz „Das Theater in der heutigen und der zukünftigen Gesellschaft“ (siehe den Sammelband „Krise des Theaters“, Buchverlag „Problemy iskusstva“, Moskau 1908) zeichnet er ein ziemlich naives Bild vom Theater der sozialistischen Gesellschaft.
„… In der sozialistischen Gesellschaft sollte die Bühne erneut mit dem Publikum verschmelzen, und die Theateraufführungen mit ihrer Trennung in Zuschauer und Darsteller sollten von kollektiven zeremoniellen, triumphalen Prozessionen, Massenchören usw. verdrängt werden …“ (S. 185)
Hier ist die Vermischung einer tatsächlichen Rückkehr zu früheren, bereits überlebten Formen mit der „Quasi-Rückkehr“ zu Früherem, als Grundlage einer tatsächlichen Vorwärtsentwicklung, allzu offensichtlich.
Wir haben bereits auf das faktische Mißlingen einer derartigen „Restauration“ in den ersten Jahren der realen Existenz des sozialistischen Staates hingewiesen. Um aber die Bedeutung des Films für die sozialistische Gesellschaft vorauszusagen, mangelte es Fritsche natürlich an Scharfsinn.
Auf dem „Schlachtfeld“ des Wettbewerbs zwischen Theater und Film überläßt er zwar den endgültigen Sieg dem Film, jedoch sieht er in ihm nicht die wichtigste aller Künste des siegreichen Proletariats, sondern, irrigerweise, die ideale Verkörperung der Prinzipien bürgerlicher Kultur:
„… Das Schlachtfeld wird dem Film gehören, der mehr als jedes andere Theater den Bedingungen der bürgerlich-kapitalistischen Gesellschaft entspricht, die den Weg der entwickelten Maschinentechnik eingeschlagen hat! …“ (S. 174)
Und eigentlich ist es völlig überraschend und unverständlich, daß Wladimir Fritsche die Zukunft des Theaters – innerhalb der sozialistischen Gesellschaft, der Gesellschaft mit einer noch weiter entwickelten industriellen Kultur und Potenz – in der merkwürdigen Wiedergeburt typisch „bukolischer“, kollektiver Zeremonien der Antike in Gestalt von Massenaktionen und -pantomimen erblickte!
Doch uns interessieren in Fritsches Aufsatz nicht diese Passagen, sondern das, was er über die Synthesemöglichkeiten

der hauptsächlichsten Bestrebungen des „naturalistischen“ und des „bedingten“ Theaters (Fritsche nennt es das „impressionistische“ Theater) in der Filmkunst schreibt.
Den Film bezeichnet er dabei oft mit dem Terminus „mechanisches Theater“.
Dieser Begriff aber widerspiegelt offenbar in erster Linie die Tatsache, daß der Film in den Jahren vor der Revolution erst sehr wenig Schöpferisches aus dem Arsenal der künftigen Ästhetik seiner Ausdrucksmittel herauszuarbeiten vermochte, weil er sich größtenteils darauf beschränkte, mechanisch das theatralische Spiel der Darsteller zu reproduzieren.
(Vergessen wir nicht, daß erst im Jahre 1909 die berühmte „Einsame Villa“ gedreht wurde, wo unter der Leitung des jungen, ganz am Anfang stehenden Regisseurs … D. W. Griffith ein sechzehnjähriges Mädchen namens Gladys Smith zu filmen begann, dem es in der Zukunft vergönnt sein sollte, als … Mary Pickford berühmt zu werden! Während „Intoleranz“ erst acht Jahre später – 1916 – entstand.)
„… Den Platz des Theaters nahm in der Epoche des Aufblühens der Maschinentechnik die Filmkunst ein.
Wie paradox das auf den ersten Blick auch erscheinen mag, aber das mechanische Theater war in entscheidendem Maße durch das naturalistische und impressionistische Drama vorbereitet worden …
… Für den, der nach dem naturalistischen oder impressionistischen Theater ins Kino ging, war der Kontrast zwischen diesen beiden Schaukunstarten schon nicht mehr so kraß. Was dem Publikum das naturalistische Theater (eine genaue Abbildung des Lebens) und das impressionistische Theater (eine Folge von Eindrücken)* zu geben bestrebt waren, realisierte das mechanische Theater besser und leichter. Während der naturalistische Regisseur in seiner Wahrheitssuche auf der Bühne ja gerade auf unüberwind-

* Genauer wäre es, zu sagen: Im Unterschied zur „exakten“ und in allen Details komplexen „Abbildung des Lebens“ durch das naturalistische Theater lieferte das impressionistische (bedingte) Theater allein Andeutungen, anhand deren der Zuschauer auf jenes Ganze schloß, von dem das einzelne Detail, die einzelne Andeutung, einen Teil darstellte. (S. E.)

bare technische Barrieren oder zu hohe Kosten stieß und selbst die genaueste und detailliert gefertigte Kulisse – so oder so – doch immer ihren bedingten Charakter beibehielt, konnte der Film auf der Leinwand beliebige Bilder erzeugen: ein Zugunglück, eine Überschwemmung, Schlachtgetümmel, Straßen mit Verkehr und Gedränge. Das mechanische Theater konnte auf diese Weise besser als jedes andere Theater das heiße Verlangen nach Realismus befriedigen, das nach Zolas Worten den modernen Europäer quält, und das zu ignorieren sogar die Anhänger einer ‚vereinfachten' Bühne für unmöglich hielten.
Im Film konnte der Zuschauer nicht nur die fast völlige Kongruenz von abgebildeter und realer Wirklichkeit genießen, sondern er bekam auch höchst verschiedenartige, schnell wechselnde Impressionen, die – ohne ihn zu ermüden – zugleich immer wieder seine Neugier weckten. Das mechanische Theater trug auf diese Weise auch noch einem anderen Bedürfnis Rechnung, das unsere fiebrige und hektische Zeit charakterisiert – und zwar: der Gier nach ständig neuen, flüchtigen Bildern, Empfindungen und Stimmungen.
Der Film vereint, mit anderen Worten, in sich das Wesen von Naturalismus und Impressionismus: Er ist im wahrsten Sinne des Wortes das ‚Theater der Moderne' ..." (S. 172–173)

*

Wir haben soeben verschiedene Versuche zur konzentrisch-kreisförmigen Vereinigung von Zuschauermassen und Schau in unterschiedlichen Augenblicken der Theatergeschichte – von der Antike bis zur Neuzeit – betrachtet.
Man muß hinzufügen, daß auch eine andere Linie von Versuchen diesen Bestrebungen in keiner Weise nachsteht – nämlich die Tendenz (wörtlich oder im übertragenen Sinne), unmittelbar zwischen Schau und Publikum eine „Brücke zu schlagen" in dem Fall, da sie parallel zueinander angeordnet und durch Vorhang, Rampe oder einfach durch eine scharfe Kante des Podestes getrennt sind.
An erster Stelle stehen hier natürlich die Beispiele einer wirklichen Brücke – als direkter Verkörperung der Ten-

denz und ihres Grundgedankens, das Geteilte und Entfremdete miteinander zu verbinden, zu verketten, zu vereinen!

Eine derartige Brücke existiert seit dem Altertum im japanischen Kabuki-Theater.

Hier heißt sie „Hana Michi" (bzw. Hana Mitschi). Wörtlich bedeutet dies „Blumensteg".

Seinem Sinn nach ist es ein „Steg der Geschenke", weil das begeisterte Publikum entlang dieser Brücke, die sich von der Bühne in den Zuschauerraum erstreckt, Geschenke für die vergötterten Schauspieler hinlegte.

Auf diese „Hana Michi" schwappt die Handlung in den zugespitzten, dramatischen Momenten über.

Der auf diesen Steg tretende Schauspieler trägt eine „Großaufnahme" seines Gesichts in spürbarer Nähe zum Zuschauer aus, so als dringe er damit gleichzeitig in das mit ihm fühlende Publikum ein.

Das „Proszenium", das kurz vor dem ersten Weltkrieg in Mode kam und an unseren Theatern weite Verbreitung fand, hängt eng mit dieser Tradition – seiner dramatischen Bestimmung wegen – zusammen und stellt räumlich eine Art „beschnittenen" Blumensteg dar.

Und doch gibt es einen solchen regelrechten „Blumensteg" nicht nur in Japan.

Er ist nämlich auch ein untrennbarer Bestandteil eines in Amerika weitverbreiteten Show-Typs, der „Burleske".

Die Theater der „Burleske" sind gewissermaßen eine Modifikation jenes Schautyps, der in Europa unter dem Begriff „Varieté" zusammengefaßt wird. Dies ist ein Sammelsurium von kleinen Sketch- und Estradennummern, Chansons und Auftritten von „Girls".

Und gerade für letztere – für die Auftritte der „Girls" – ist die amerikanische „Hana Michi" ein äußerst notwendiges Attribut.

Auf ihr bewegen sich nämlich mehr als halbnackte Mädels im „Gänsemarsch" mit wiegenden Hüften und im Tanzschritt unaufhörlich durch den Zuschauerraum.

Die ganze „Show" dieser Art Theater, die ihrem Sujet und der Interpretation nach auf alle Nuancen von Frivolität abzielt, erlangt in den Augenblicken der größten Annäherung der Girls an das Publikum ihren Kulminationspunkt.

Und zu welchen Temperamentsausbrüchen ein derartiger Kontakt führen kann, das sollte man sich nicht in den relativ beherrschten Lasterhöhlen der New-Yorker Second Street angucken, sondern eher auf ebensolchen „Bretteln" des expansiveren Mexiko – von der Art des Teatro Molino Verde in Mexico City. Dort ist das Parkett ausschließlich von Männern besetzt, meistens von jungen schreihälsigen, hektisch veranlagten und ausgelassenen Transportarbeitern, Taxifahrern, Telegrafisten, Briefträgern, Handwerksgesellen und müßig herumlungernden Burschen, die einander in heiterer Wollust und lebensfrohem Zynismus nicht nachstehen.
Wie wir sehen, ist das „Hana Michi"-Prinzip in all seinen „Zuschnitten" ein Musterbeispiel für die anschaulichste und unmittelbarste Verkörperung jener Tendenz, nach der Elemente der Schau ins Herzstück des Publikums eindringen.
Aber mit den angeführten Beispielen sind natürlich längst nicht alle möglichen speziellen Formen erschöpft, in die die Grundtendenz der „Hana Michi", eine Brücke vom Bühnenpodest in den Zuschauerraum zu schlagen, einmündet.
So verwandelten sich in meiner Aufführung von 1923 („Eine Dummheit macht selbst der Gescheiteste") die traditionellen breiten horizontalen Podeste der „Hana Michi" in ein Drahtseil, das vom Boden der Spielfläche quer durch den Saal hoch zum Ranggeländer tief in unseren Theaterinnenraum gespannt war. Auf diesem Drahtseil lief der sich noch heute bester Gesundheit erfreuende Regisseur Grigori Alexandrow, der in dieser Inszenierung den „geheimnisvollen Bösewicht" Golutwin spielte, von der Bühne zum Rang hinauf, „durch das Publikum", und balancierte mit einem chinesischen Sonnenschirm.
Von dieser Art sind einige Varianten, bei denen ein und dieselbe Tendenz der Annäherung und gegenseitigen Durchdringung von Publikum und Darsteller immer wieder räumlich gelöst wird.
Dennoch gibt es gewiß auch unzählige andere Mittel der „Annäherung", für die eine derartige physische und räumliche „Unmittelbarkeit" durchaus nicht obligatorisch ist.
Ein Mime vermag nicht nur physisch in den Zuschauersaal „einzutreten".

Er braucht nicht erst von der Bühne „herabzusteigen“, sich auf einen freien Platz in der ersten Reihe zu setzen und Repliken mit einem Partner auszutauschen, der sich rittlings auf den Souffleurkasten gesetzt hat.
Genau so führten Pantalone und Brighella ihren Dialog in der unvergeßlichen Inszenierung der „Prinzessin Turandot“ am Theater Neslobins[299], die ich 1914 in Riga sah.
Ich erinnere mich bis heute an jene totale Erstarrung vor Begeisterung – angesichts dieser Aufführung, einer Begeisterung, die ihren Höhepunkt in eben solchen Momenten des „Herausführens aus der Spielebene“ erlangte, mit denen ich dort zum erstenmal konfrontiert war.
Diese Inszenierung war übrigens für mich ein erster Impuls, selber Theater zu machen.
Und die besonders heftige Reaktion – ausgerechnet an diesen Punkten der Aufführung – ist meiner Meinung nach kein Zufall: Es wirkte wahrscheinlich nicht einfach der mehr oder weniger amüsante Trick solcher Strukturen, sondern offensichtlich eine tief in ihm verborgene Tendenz (auf die später noch ausführlicher eingegangen wird).
Trotzdem braucht sich der Mime, um eine derartige physische Einheit mit dem Publikum zu erzielen, durchaus nicht jedesmal real von der Bühne in den Zuschauerraum zu begeben.
Gibt er sich mit seinem Spiel etwa nicht dem Zuschauer hin? Wirft er denn nicht die Früchte seiner Begabung über die Rampe?
Mitunter aber beschränkt sich ein Schauspieler nicht darauf, dem Zuschauer allein seine schöpferische Inspiration „zuzuwerfen“.
Diese Tendenz kann im Arsenal szenischer Spieltechniken ihre Verwirklichung auch in der unmittelbaren Hinwendung zum Publikum, in einer Replik, einer Tirade, einem Monolog finden, die unmittelbar an den Zuschauer gerichtet sind.
Hier erweist sich das dem Publikum direkt auf die Stirn – ins Gesicht – geschleuderte Wort als Brücke.
Besonders wenn es ein Wort ist, das appelliert oder entlarvt.
So wird in fast allen Inszenierungen der „Jungen Garde“[300] der Schwur – der Eid der heroischen Rotgardistenjugend –

direkt ins Publikum gesprochen; und fast physisch wird eine reale Brücke empfunden, nicht ein illusorischer vielfarbiger Regenbogen, über den die Götter des Wagnerschen Olymps von den Paradieswiesen auf die Erde herabsteigen, sondern eine Brücke der unverbrüchlichen Einheit zwischen dem Publikum und dem Gedenken an jene gefallenen Helden, die in diesen Augenblicken mit den Lippen der Schauspieler sprechen.
Szenisch noch einen Schritt weiter in dieser Richtung geht bezüglich des „Wortes der Entlarvung" ... das Künstlertheater, dieser konsequente Adept der „vierten Wand" (die physisch, wohl auch emotional, den Schauspieler voll und ganz vom Zuschauer abtrennt). In der „Revisor"-Inszenierung zwang es den mittlerweile verstorbenen Moskwin[301], die Worte: „Worüber lacht ihr? Ihr lacht euch selber aus!" direkt in den Zuschauerraum zu schleudern.
Und nicht nur das!
Während er sie in den Saal rief, setzte er den Fuß auf den Souffleurskasten, und in diesem Augenblick wurde der Zuschauerraum vom elektrischen Licht der Lüster und Wandleuchten überstrahlt.
Manchmal muß es auch keine Tirade sein, die über die Köpfe der Zuschauer hinwegrollt.
Mitunter ist es kaum mehr als ein schlaues „a parte"*, das im Moment der stärksten Illusion ins Publikum gesprochen wird, das diese Wirkung unmittelbar auf den Zuschauer „erdet" und das Bild auf der Bühne in dem Moment mit der Realität zusammenführt, da diese jeden Augenblick in eine spekulative Abstraktion oder eine naturalistische Täuschung abgleiten könnte.
Jede derartige „Herausführung aus einer Spielebene", wie sie das „bedingte Theater" inszenatorisch besonders vielfältig nutzte, und die vor allem die typische Darstellungsmanier unseres unnachahmlichen, bereits verstorbenen Warlamow[302] oder Eddie Cantors und Ed Wynns[303] in Amerika war, ist ihrem Wesen nach immer ein Versuch, die verlorene Einheit von Schauspieler und Zuschauer wiederherzustellen, genauso wie die von in höhere Regionen entschwebender Theaterillusion und real verlaufendem szenischem Prozeß.

* (ital.) – zur Seite.

Diese Tradition des unmittelbaren Kontakts „über die Rampe hinweg“ verwurzelt sich so fest in uns, daß sie über die Schranken des Theaters hinaus sogar auf den Film übergreift.
Hier, wo wir es nicht mit einem lebendigen Mimen, sondern mit seiner Abbildung auf der Leinwand zu tun haben, ist ein solches a parte ins Publikum natürlich doppelt kurios.
Und trotzdem hat diese Technik auch hier ihre Berechtigung.
Das sind nicht nur Einfälle in der Art, wie sie Pirandello mir erläutert hat, als wir uns in den dreißiger Jahren in Berlin trafen.[304]
Er wollte nämlich ein Szenarium schreiben, in dem sich die Darsteller von der Leinwand her mit ... dem Vorführer streiten sollten.
Mit der Realisierung eines solchen Konzepts ist ihm Chaplin in einer seiner frühesten Komödien, in der er einst den berühmten Fatty Arbuckle[305] nachahmte, um viele Jahre zuvorgekommen.
Im Verlauf der Handlung gibt es dort einen Boxkampf.
Während des Kampfes verliert einer der Teilnehmer ... seine Turnhose.
Als der Boxer nur noch in Badehose dasteht, zwinkert er zur Vorführkabine hin und bittet mit einer Handbewegung darum, ... die untere Bildkante anzuheben.
Die Luke rutscht gehorsam ein Stück nach oben, deckt somit die Figur des Boxers bis zur Gürtellinie ab und trägt auf diese Weise seinem Schamgefühl Rechnung.
In dem viel später entstandenen Film „Hellzapoppin“[306] geht die Sache noch weiter: Hier wendet man sich bereits von der Leinwand her direkt ans Publikum.
Ich erinnere mich kaum noch an Details, aber dort passiert etwa folgendes:
Von der Leinwand her wird mehrmals ein Mr. Brown gerufen (ganz genauso, wie es im Saal die Platzanweiser tun, wenn sie jemanden ans Telefon rufen oder eine Nachricht oder eine von außen herangetragene Bitte übermitteln).
Beim dritten oder vierten Mal klärt sich, warum man diesen „Mr. Brown“ von der Leinwand her ruft.
Es stellt sich heraus, daß es für seinen Sohn Zeit ist, in die Schule zu gehen.

Vater und Sohn aber haben nur eine einzige Hose!

Zu Beginn der Tonfilmära waren Filmschlager sehr populär, die der ganze Saal nach dem auf der Leinwand erscheinenden Text mitsang.

Dirigiert wurde dieser Gesang von einem weißen Fleck, der von Wort zu Wort, von Silbe zu Silbe, von einer musikalischen Sentenz zur anderen hüpfte.

So kommt im Film die gute alte Theatertradition zum Ausdruck: Eine ins Publikum geschleuderte Replik verwandelt sich in einen Refrain, den die Zuschauer singen.

Häufig fliegt nicht nur das Wort von der Bühne ins Publikum und umgekehrt.

Manchmal fliegen aus dem Zuschauerraum auch Blumensträuße.

Und oft fliegt ein Chanson nicht nur in Worten von der Estrade, sondern auch als Veilchensträußchen in den Saal.

Ich selbst erinnere mich daran, welchen Enthusiasmus die Blumensträuße im Zuschauerraum des erwähnten „Molino Verde" auslösten, die von der Bühne herab den Zuschauern in die Hände flogen.

Ebendort beobachtete ich eine Szene, die ich später nie wieder zu sehen bekam: Vom zweiten Rang wurde – an den Beinen! – ein braungebrannter Bursche aus dem Publikum herabgelassen, damit er direkt aus der Hand der Sängerin auf dem Proszenium einen Strauß entgegennehme, der nicht bis oben hin geflogen war!

Die Traditionen derartiger Kontakte zwischen Zuschauer und Schauspieler – über Blumen, Vögel und sogar ... Parfüme – gehen bis in die Antike zurück.

Sie sind ein fast untrennbarer Bestandteil von Paradeausfahrten und städtischen Zeremonien der Renaissance-Epoche.

Im Jahre 1431 ließen allegorische Figuren des Klerus, der Universität und der Stadt, die im Pariser Wappen enthalten waren, zu Ehren Heinrichs VI. aus ihren purpurroten, sich öffnenden Herzen – den Ankommenden zum Gruß – Vogelscharen fliegen und bestreuten den Weg mit Veilchen und anderen Blumen.*

* Hier darf nicht unerwähnt bleiben, daß ebensolche Vögel, die aus

Im Jahre 1486 pflückten Mädchen in Troyes vor dem Hintergrund künstlicher Felsen Rosen, flochten sie zu Kränzen und warfen diese dem König zu Füßen.
Im selben 15. Jahrhundert nahmen auch „Engel" an großen Festen teil, die mit Weihrauchfässern angenehme Düfte und Wohlgerüche verbreiteten.
Es strömten auch Aromen von der Bühne in den Zuschauerraum, als das berühmte „Olimpico"-Theater in Vicenza am 23. März 1585 eröffnet wurde, wie der begeisterte Brief von Filippo Pigaffeta bezeugt, eines Zuschauers der „König Ödipus"-Aufführung – der ersten Premiere in diesem Theater.[307]
Und diese Tradition wird durch die „Blumenkarnevals" unterstützt, die sich bis heute auf Volksfesten in Nizza und Los Angeles erhalten haben.
Im 18. Jahrhundert kommt eine weitere Art der Vereinigung von Bühne und Zuschauerraum auf – das Licht.
Dies stellt zum Beispiel A. Haytt Mayor in seiner monumentalen Biographie „The Bibiena Family" fest, welche vier Generationen von Architekten und Bühnenbildnern hervorgebracht hat:[308]
„Während die elektrische Beleuchtung unsere Bühne isoliert und einem von Finsternis eingerahmten Bild ähnlich macht, strahlte und schimmerte früher das Kerzenlicht beinahe überall gleichmäßig. Eine vollkommene Einheit entstand dann, wenn ein und derselbe Meister das Bühnenbild und auch die Ausgestaltung des Zuschauerraums besorgte. In solchen Fällen trat das komplizierte architektonische Ensemble der Kulissen über das Proszenium hinaus und eroberte den im selben Stil hergerichteten Zuschauerraum."
Den magischen Effekt einer derartigen architektonisch-lichtmäßigen Verschmelzung des Theaterinnenraums mit der Bühnenausstattung konnte beobachten, wer in den ersten Jahren nach der Revolution im ehemaligen Alexandrinski-Theater Petrograd die Inszenierung von „Maskerade" zu sehen bekam.[309]

dem Saal zur Leinwand oder von der Leinwand herab ins Publikum fliegen, in den ersten Raumfilmen in den effektvollsten Momenten eingesetzt werden! (S. E.)

Damals wurde die Aufführung noch bei Kerzenschein gespielt, und Golowins[310] faszinierende Bühnenportale und Dekorationen bildeten zusammen mit der architektonischen Ausgestaltung des Zuschauerraum ein einheitliches, organisches Ensemble.
Eine Art Licht-„Hana Michi", allerdings ein wenig anders, habe ich selbst 1940 in meiner „Walküre"-Inszenierung am Bolschoi-Theater ausprobiert.[311]
Im Finale des ersten Akts, wenn die Liebesekstase des Duetts Siegmund und Sieglinde das ganze Weltall erfaßt, richtete ein Scheinwerfersystem goldene Lichtstrahlen direkt von der Bühne in den Zuschauerraum und verstreute in dem riesigen Theatersaal Licht- und Schattenreflexe der Krone einer gigantischen sich über die gesamte Bühne erstreckenden Esche, durch die sich Strahlen einen Weg bahnten.
Hier wurde in den Kegeln goldener Scheinwerferstrahlen, die sich aktiv in den Zuschauerraum hineinbohrten … zwanzig Jahre später eine Bühnenbildkonzeption wirksam zu Ende gedacht, deren erste Hälfte bereits … 1921 in der Inszenierung des Stückes „Lena" am Ersten Arbeitertheater des Proletkult[312] realisiert worden war.
Dekoration für den Prolog dieser Aufführung war damals ein schwarz-gelber (bedingtermaßen goldener) Kegel, der vom Guckkasten der Bühne her mit seiner spitzen Seite direkt in die Tiefe gerichtet war.
Der Kegel bestand aus einem als Rinne gestalteten, grandiosen kanariengelben Sitzungstisch, der an den Rändern des Bühnenportals begann und nach oben geneigt zu der im Hintergrund der Bühne sitzenden Figur des Vorsitzenden einer Aktiengesellschaft hinstrebte.
Die zweite Hälfte des Kegels – die obere – war aus einem System sich konzentrisch entfernender und kleiner werdender halbrunder schwarzer Segmente am oberen Teil des Bühnenportals geformt und mit den Kugeln eines in ein System von Flächen zerlegten gigantischen Kronleuchters verbunden.
Und das Ganze stellte eine Sitzung von Obwaltern der wirtschaftlichen Geschicke von Goldminen dar.
In jenen Jahren hat niemand an dieser Überhöhung Anstoß genommen.

Im Finale der Aufführung, in der Apotheose des moralischen Sieges derjenigen, die im Kampf um die Goldminen an der Lena fielen, sollte der Kegel erneut auftauchen, wiederum so groß wie die gesamte Bühne.
Allerdings war der Kegel diesmal von ganz anderer Art – ein sich drehender Lichtkegel, der aus zahlreichen farbigen Spektralstrahlen bestand, die sich beim Drehen zu einem goldfarben-weißen Strahl vereinigten.
Hier jedoch sollten die Strahlen nicht grell in den Saal blenden, sondern an den Rahmen des Bühnenportals stoßen und einzig die Aufmerksamkeit des Zuschauers auf den Ausgangspunkt der Lichtstrahlen, auf ihre Quelle, hinlenken.
Der sich drehende Farb- und Lichtkegel sollte den Zuschauer quasi wie eine Schraube in die entsprechend aufgestellten monumentalen Gruppen der moralischen Sieger jener Ereignisse an der Lena hineinziehen.
Zwischen diesen beiden Unterfangen liegt noch ein Beispiel für das direkte Eindringen in den Zuschauerraum, diesmal nicht von der Bühne her, sondern bereits von der ... Leinwand.
So stießen die Kanonenmündungen des „Potjomkin" direkt von der Leinwand herab in den Zuschauerraum mit der Frage: „Schießen? Oder ..."
Von der Art ist auch die darauffolgende Einstellung des Films, wenn der Panzerkreuzer, der Sieger, mit seinem Bug in die Zuschauermenge hineinfährt.
So war auch das für die Premiere des Films konzipierte Finale gedacht (das natürlich nicht realisiert wurde!): Am Ende des Films sollte die Leinwand ... zerreißen und dem Publikum den Blick auf das Präsidium der dem Andenken der Helden des Potjomkin-Aufstandes gewidmeten Festveranstaltung freigeben.
Interessanterweise wurden sofort nach der Berliner Vorführung des „Potjomkin" – in der Saison 1926 – diese „sich in die Zuschauermenge einschneidenden" Kanonenmündungen in der Theaterinszenierung eines Shaw-Stückes aufgegriffen.[313]
In dies Aufführung bewegte sich die Mündung einer gewaltigen Kanone wie ein gigantisches Teleskop von der Bühne direkt ins Publikum, über die Köpfe der Zuschauer hinweg.

Was die „Walküre“-Aufführung am Bolschoitheater angeht, so wollte ich in ihr noch eine weitere Variante der „Verschmelzung“ des Zuschauers mit der Handlung unter Zuhilfenahme inszenatorischer Mittel verwirklichen.
Ich entwarf eine „akustische Umarmung“ des Saals, durch die Wagners Musik den Zuschauer während des pathetischsten Handlungsmoments gefangennehmen sollte. Dafür wollte ich auf dem Gang rings um den Theatersaal ein System von Lautsprechern aufstellen lassen, damit die Musik des „Walkürenritts“ wirklich von einem Ort zum anderen „reiten“, in verschiedenen Augenblicken aus den unterschiedlichsten Ecken des Theaters klingen und auf dem Höhepunkt von überall her gleichzeitig tönen und donnern könnte, um so den Zuschauer völlig in die Klanggewalt eines Wagner-Orchesters einzutauchen.[314]
Diese Idee habe ich nicht verwirklichen können, und das bedauere ich bis heute.
Ein ähnliches Experiment machte später Disney, der bei der Vorführung der „Fantasia“ gemeinsam mit Stokowski in einigen Filmtheatern den Effekt des „Stereotons“ realisierte.[315]
Hier wurde der Zuschauer ganz genauso mitten in ihn umgebende Lautsprecher gesetzt.
Leider blieb dieses Verfahren eine einmalige, zufällige „Attraktion“ und wurde weder weiter entwickelt noch vervollkommnet.*
Wenn sich die Bühne auf diese Weise und in solchen Modifikationen in den Zuschauerraum „einschnitt“, so versuchte der Zuschauer nicht weniger konsequent, in die szenische Handlung einzudringen.
In den Anfangsstadien natürlich wiederum primitiv, physisch.
Hier steht an erster Stelle die Anwesenheit von Zuschauern (von privilegierten) links und rechts auf der Bühne – eine „umgekehrte Hana Michi“ – ganz egal, ob es sich dabei um das Shakespeare-Theater oder um das spätere französische Theater handelt.
Hier gibt es genauso eine Annäherung des Zuschauerauges

* Für den Raumfilm wird der Stereoton zur äußersten Notwendigkeit. (S. E.)

an die „Großaufnahme" des agierenden Schauspielers. Dieselbe physische Nähe von Zuschauer und Darsteller, der ihm beinahe auf die Füße tritt.
Und zu einer fast vollkommenen plastischen Verschmelzung dieser Zuschauer mit den Mimen kommt es, weil, wie wir uns erinnern, nicht nur in den damaligen „Gegenwartsstücken", sondern auch in vielen historischen Stücken, die Schauspieler und die Zuschauer auf dem Proszenium fast gleich angezogen waren!
Mit dem Verschwinden der Zuschauer von der Bühne lebt diese Tradition in überhöht komischer Weise fort.
Der Zuschauer wird in den Text des Stückes „hineingeschrieben".
So kommentieren „Personen aus dem Publikum", die Ludwig Tieck in die Komödie „Der gestiefelte Kater" eingebaut hat,[316] den Verlauf des Stückes.
So nehmen im Zirkus Artisten, die als Zuschauer verkleidet im Publikum sitzen, eine Schlägerei mit einem Clown auf, nachdem sie über die Barrieren gesprungen sind und ihn auf den Sägespänen der Manege verfolgt haben.
Pirandello ging in dieser Richtung noch weiter; er führte nicht nur die Interpretation, sondern auch die Dramaturgie seiner Stücke „aus der Aktionsebene" heraus.[317]
Und das Extrem schließlich erreichte bekanntlich jener Zuschauer, der, von der Bösartigkeit einer Bühnengestalt in Harnisch gebracht, auf deren Interpreten schoß und mit der tödlichen Bleikugel seinen eigenen Haß über die Rampe feuerte.*
Aber auch rein räumlich-bildnerische Elemente einer Aufführung realisieren diese Tendenz.
Denn liegt dem unbezwingbaren Hang nach „perspektivischen" Kulissen (die im 16., 17. und 18. Jahrhundert die Theater regelrecht überschwemmten) etwa nicht das Bestreben zugrunde, „den Zuschauer anzuziehen"?
Es genügt, wenn wir uns an die klassischen Beispiele der Szenographie von Baldassare Peruzzi oder Sebastiano Serlio[318] (1545) erinnern, deren „tragische" und „komische"

* Harmlosere Fortsetzer dieser Tradition schießen noch heute mit Katapulten auf die Leinwand – auf die attackierenden Kappelew-Truppen in „Tschapajew". (S. E.)

Bühnen architektonische Ensembles darstellen, die stark perspektivisch auf ein Zentrum zustreben.*
Oder nehmen wir das bereits erwähnte Theater Palladios in Vicenza, das nicht nur an den Premierentagen angenehme Düfte von der Bühne in den Saal strömen ließ, sondern die Einbildungskraft des Zuschauers noch stärker durch die fliehenden Perspektiven dreier Straßen herausforderte, die durch drei geöffnete Portale der Bühnenrückwand in die Tiefe mündeten.
(Diese Straßen waren nicht gemalt, sondern real gebaut, jedoch unter Berücksichtigung einer stark betonten, sich allmählich „perspektivisch" verringernden Größe der einzelnen Häuser, je nach ihrer Entfernung von den Portalen.)
Ihren triumphalen Höhepunkt aber erreichte diese Tendenz erst mit der totalen Überfrachtung und Üppigkeit der Dekorationen jener bereits erwähnten Bibiena-Dynastie.
Mal ziehen komplizierte Zickzacklinien in die Höhe strebender Gewölbe und Treppen grandioser, phantastischer Architekturensembles das Auge unwiderstehlich an;
mal drängen sie es direkt in die Tiefe ab, und zwar vermittels eines Systems regelmäßig wiederkehrender Arkaden paarweiser Kulissen, die um so kleiner werden, je mehr sie sich vom Bühnenrand entfernen.
Interessant zu vermerken, daß manchmal sogar ... Darsteller dabei helfen sollen, die Illusion einer betonten, in die Tiefe der Bühne strebenden Perspektive zu beschwören.
So schreibt der große Meister des Balletts Noverre[319], einzelne Gruppen von Tänzern seien derart in der Tiefe anzuordnen, daß sie zum Prospekt hin immer kleiner werden.
Um den Effekt einer perfekten Tiefenillusion zu erzielen, empfiehlt er, als letzte Paare („am Wasser") ... Kinder aufzustellen. Doch nicht allein dieser Kunstgriff soll die Tiefe betonen.
Um die Illusion einer „Luftperspektive" zu vermitteln, soll die Farbintensität der Kostüme der Tänzer entsprechend ihrer Entfernung vom Zuschauer nachlassen. (Dabei ist be-

* Derartige ins Zentrum strebende Perspektiven des Interieurs sind sehr häufig auf den Prospekten des Kabuki-Theaters anzutreffen. (S. E.)

merkenswert, wie sehr Noverres Ratschläge in dieser Hinsicht mit dem übereinstimmen, was auf der Bühne des japanischen Theaters in dieser Richtung praktiziert wird!)
Aber diese schwindelerregenden Schöpfungen der illusorischen Perspektive einer künstlich geschaffenen Raumtiefe jenseits des Bühnenportals verschwinden allmählich von den Brettern des Theaters.
Heißt das etwa, daß die Tendenz, den Zuschauer in die Bühnenwirklichkeit einzubeziehen, ausstirbt?
Natürlich nicht!
Es vollzieht sich lediglich der nun fällige Wechsel der Mittel!
Diese Ablösung ist zutiefst sozial determiniert. Doch Aufgabe eines flüchtigen Aufsatzes ist es nicht, diese gesellschaftlichen Beweggründe aufzudecken, sondern lediglich, den Fakt der Ablösung an sich zu konstatieren – und zwei, drei Worte darüber zu verlieren, mit welchen neuen Kunstgriffen und Techniken, etwa am Vorabend der Französischen Revolution, diese uns interessierende Tendenz aufs neue ihre nicht nachlassende Lebenstüchtigkeit beweist.
Das Bacchanal des Schaffens Bibienas, das seiner Nachfolger und Schüler, bringt plötzlich etwas vollkommen Gegensätzliches hervor.
Vor uns erhebt sich nicht mehr die Phantasmagorie aufeinandergetürmter Bögen, Kolonnaden, Tempel oder sich in konzentrischen Ringen öffnender, in die Höhe schießender Himmelsweiten.
An ihre Stelle treten die vier Wände eines Zimmers.
Eben nicht drei, sondern vier.
In dem nach allen Seiten hin abgeschlossenen Zimmer spielt sich ein weinerliches häusliches Drama ab.
Und die Zuschauer?
Es gibt nur einen Zuschauer.
Der aber ist nicht von der Art König Ludwigs II. von Bayern, der sehr gern der einzige Zuschauer war und im leeren Saal der gewaltigen Königlichen Oper für sich allein die Musikdramen Wagners aufführen ließ.
Nicht nach dem Vorbild dieses im leeren Parkett Sitzenden ist jener bescheidene, unscheinbare Zuschauer geschaffen; er haust hier in demselben Zimmer, irgendwo in einer Ecke, abseits, um die Vorgänge auf der Bühne – die aufge-

hört hat, ein Podest zu sein und statt dessen zu einem einfachen, natürlichen Zimmer geworden ist – nicht zu behindern.

Gewiß ist dieses Theater, sowohl der Zuschauer als auch die Form seiner Teilnahme an der Handlung, lediglich ein Phantasiespiel.

Ein Phantasiespiel. Doch um so konsequenter artikuliert es das eigentliche Wesen der Bestrebungen, die sein Autor zum Ausdruck bringen will.

Dieser Autor ist Denis Diderot.

Die imaginäre Atmosphäre einer Aufführung, wo der Zuschauer physisch in das allerintimste Milieu der Handlungsentwicklung eingeführt ist, hat er im Vorwort und in den „Unterhaltungen über den ‚Natürlichen Sohn'" (1757) beschrieben.[320]

Mehr als hundert Jahre später wird diese Anwesenheit fremder Augen bei einer sehr intimen Handlung dank des unsichtbar durch die Aktion gleitenden Filmobjektivs möglich, was die Verwirklichung der Ideen des Träumers Diderot bedeutet; doch auf dem Weg zu der so gearteten vollkommenen Realisierung wird diese Tendenz als Sehnsucht nach der vierten Wand noch einmal wiederbelebt.

Interessanterweise entfaltet sie sich dabei in zwei keineswegs miteinander zu vereinbarenden Extremen.

Einerseits als eine Art naturalistische Rekonstruktion des realen Handlungsmilieus, so wie der Zuschauer des Stanislawski-Theaters das Leben der handelnden Personen quasi heimlich „durchs Schlüsselloch" beobachten kann.

Andererseits gibt es die extrem überhöhte Form einer Aufführung nach dem Prinzip des Monodramas von Jewreinow, wo der Zuschauer in die Natur des Mimen selbst eindringen soll, um „die Welt" real „mit dessen Augen zu sehen".

Sogar im Vorfeld des „Monodramas" – noch im Stadium des „Alten Theaters"[321] – wird Jewreinow ständig von dieser Idee beherrscht.

Hier findet sie ihre Verwirklichung in dem, was damals „Rekonstruktion des Zuschauers" genannt wurde.

Dazu zitiere ich aus der Broschüre Boris Kasanskis „Die Methode des Theaters. Analyse des Systems N. N. Jewreinow Leningrad, „Academia", 1925; S. 104:

„... Einen in dieser Beziehung mutigen Versuch unternahm Jewreinow in seiner Inszenierung ‚Anbetung der Wahrsager' (7. Dezember 1907), in der die Handlung des Stückes, um dem Zuschauer den Übergang zur mittelalterlichen Wahrnehmung zu erleichtern, von einer nachgestellten Menschenmenge aus dem Mittelalter umrahmt wird, vor der das Stück zu jener Zeit in einer Kirchenvorhalle gespielt wurde. Diese Menschenansammlung schuf eine spezielle ‚mittelalterliche Atmosphäre' und führte den modernen Zuschauer sozusagen in das besondere System des damaligen Weltempfindens ein und half ihm, die Bühne mit dessen Augen zu betrachten.
Dasselbe Verfahren zur Schaffung eines vermittelnden Milieus hatte Jewreinow auch rein dramaturgisch bei der Rekonstruktion des Jahrmarkttheaters angewandt, dessen Handlung er in das speziell dafür geschriebene Stück ‚Jahrmarkt zur Indiktion des Heiligen Denis' hineinstellte ..."
Von dieser teilweisen Wiederbelebung der Funktionen des Chors der Antike – Halbmitwirkender, Halbzuschauer und unvermeidlicher Vermittler zwischen beiden – und der Zuschauer, die in späteren Epochen die Seiten des Proszeniums füllten, ist es nur noch ein Schritt zu dem Versuch, den Zuschauer zu zwingen, die Handlung noch vollendeter mit „fremden" Augen zu betrachten – diesmal mit den Augen des in äußerste Nähe gerückten Helden.
Von hier genügt ein Schritt, und das „vermittelnde Milieu" erlangt szenisch allumfassende Spannweite.
Und tatsächlich: bereits ein Jahr später (am 16. Dezember 1908) hält Jewreinow erstmalig sein Referat „Einführung ins Monodrama" im Moskauer Literarisch-Künstlerischen Zirkel, er wiederholt es im darauffolgenden Jahr zweimal, veröffentlicht es in einer Zeitschrift und als Einzelpublikation.
Schließlich formuliert er im Vorwort zu „Vorstellung der Liebe", enthalten im ersten Buch von „Studio der Impressionisten" (St. Petersburg, 1910), nochmals seine Grundthesen dazu:
„... Als Monodrama bezeichne ich eine dramatische Aufführung, die, im Bemühen, dem Zuschauer den seelischen Zustand des Agierenden möglichst vollständig zu vermit-

teln, die ihn umgebende Welt auf der Bühne so erscheinen läßt, wie sie vom Agierenden in einem beliebigen Moment seines szenischen Lebens wahrgenommen wird. Anstelle der alten und unvollkommenen schlage ich eine Architektonik des Dramas nach dem Prinzip seiner szenischen Identität mit der Vorstellung des Agierenden vor.

Die Verwandlung einer theatralischen Schau in ein Drama bedingt das Erleben, das ansteckend wirkt und in mir ein Miterleben induziert, wobei im Augenblick der szenischen Handlung das mir fremde Drama sich in ‚mein Drama' verkehrt ...

... Das Monodrama zwingt jeden Zuschauer, sich in die Lage des Agierenden hineinzuversetzen, dessen Leben zu leben, das heißt so wie er zu empfinden und in dessen Illusionen zu schweben und vor allem dasselbe zu sehen und zu hören wie er. Eckpfeiler des Monodramas ist das Erleben des auf der Bühne Agierenden, welches das identische Miterleben des Zuschauers bedingt, der wiederum vermittels dieses Akts des Miterlebens zu einem Agierenden wird. Den Zuschauer in einen illusionär Agierenden zu verwandeln, ist die Hauptaufgabe des Monodramas ...

... Im vollendeten Drama, das zu ‚meinem Drama' wird, ist nur ein Agierender (im eigentlichen Sinne dieses Wortes) möglich, nur ein Subjekt der Handlung denkbar. Nur mit ihm erlebe ich mit, nur von seinem Standpunkt aus nehme ich die Umwelt und die ihn umgebenden Menschen wahr. Auf diese Weise sollen Letztere vor uns als in der Seele des eigentlich Agierenden gebrochen erscheinen ...

... Hier ist nicht wichtig, was sie sprechen und wie, sondern was ein Agierender hört. Wie sie an und für sich aussehen, bleibt verborgen; wir erblicken sie lediglich so, wie sie sich dem Agierenden darstellen ..."

Usw. usf. in allen Punkten, aus denen sich eine Bühnenhandlung zusammensetzt: die sich „subjektiv" färbende und nach der Stimmungslage verändernde Dekoration, Musik etc.

Die hoffnungslos berkeleyanische Voraussetzung dieses Konzepts ist offensichtlich.

Aber wir wollen hier Jewreinow in keiner Weise anzweifeln oder mit ihm polemisieren.

Obwohl die Theorie des Monodramas jetzt kaum mehr als

ein längst überlebtes Kuriosum darstellt, ist es für uns dennoch interessant, Beispiele zu erbringen, wie in unterschiedlichen Zeiten eine grundlegende Tendenz, die von kaum einer theatralischen Schau zu trennen ist, auf verschiedene Weise realisiert wurde.
Nicht weniger bemerkenswert ist auch die Tatsache, daß in derselben Epoche ein und dieselbe Tendenz, die man mit fünf Worten beschreiben kann, praktisch in absolut unvereinbare und einander ausschließende Formen umgesetzt werden kann.
Denn den ersten Teil der Deklaration zum Monodrama (der das Miterleben betrifft) hätte auch das Künstlertheater jener Jahre mit beiden Händen unterschreiben können.
Versuchen Sie aber einmal, die „praktischen Schlußfolgerungen", die das Stanislawski-Theater und das Jewreinows inszenatorisch aus ein und derselben Parole ziehen (in der die Bestrebungen beider zum Ausdruck kommen), in Beziehung zueinander zu setzen!
Daß die wesentliche Triebkraft bei der Aufführung eines Monodramas tatsächlich die jahrhundertealte, „verfluchte Trennung" zwischen Zuschauer und Schauspieler ist, schreibt Jewreinow im selben Vorwort:
„... Das Monodrama löst eines der brennendsten Probleme der modernen Theaterkunst, und zwar das der Lähmung des ernüchternden, zersetzenden Einflusses der Rampe. Diese real zu vernichten, wie es einige vorschlagen, bedeutet noch nicht, sie auch in unserer Vorstellung zu liquidieren: Die schlechte Erfahrung zwingt uns ab und an doch wieder dazu, uns die eliminierte Grenze im Kopf zu vergegenwärtigen. Man muß es so einrichten, daß sie von einer sichtbaren zu einer quasi unsichtbaren, von einer existierenden zu einer quasi nicht existierenden wird. Und wenn der Regisseur mit Hilfe der Illusions- und Bildwelt des Hauptagierenden die Verschmelzung seines ‚Ichs' mit dem ‚Ich' des Zuschauers erreicht, dann wird letzterer – als würde er sich auf der Bühne, sprich: dem Ort der Handlung, wiederfinden – die Rampe aus den Augen verlieren; sie bleibt also hinter ihm zurück, das heißt, sie wird liquidiert ..."
Die den Zuschauer am intensivsten zum Miterleben animierende Illusion sah der andere Flügel des Theaters am

entgegengesetzten Pol, nämlich – im Gegensatz zum schreienden Subjektivismus Jewreinows – in einem extrem objektiven, historischen und milieubezogenen Naturalismus der Ausstattung der szenischen Handlung.
Von den zwei Methoden zur Lösung dieser Aufgabe war das naturalistische Herangehen des frühen Künstlertheaters um etliches lebensfähiger als das ephemere „Monodrama".
Am interessantesten dabei ist freilich der Umstand, daß diese beiden, einander diametral entgegengesetzten Methoden in ein und derselben Epoche ein und dasselbe Problem zu lösen versuchen, wenn auch auf verschiedene Weise. [...]
Was die Prinzipien und Verfahren von Jewreinows „Vorstellung der Liebe" (mit dem ganzen Arsenal seiner Bühnen- und Regieanweisungen) betrifft, so genügt es, diese Inszenierung mit den MChT-Produktionen aus dieser Zeit zu vergleichen: „Ein Monat auf dem Lande" (1909), „Die Brüder Karamasow" (1910) oder „Der lebende Leichnam" (1911).
Natürlich lösen diese beiden einander entgegengesetzten Methoden die gestellte Aufgabe nicht vollkommen: weder der einen noch der anderen gelingt es, die „psychologische Rampe" der Entfremdung zwischen Zuschauer und Schauspieler gänzlich aufzuheben.
Den nächsten Schritt bei der Verwirklichung dieser Aufgabe – einen gewaltigen Schritt, durch den sie fast ganz und gar gelöst wurde – vermochte nur eine neue Kunst zu tun: der Film.
Und hier, im Vorfeld des endgültigen Sieges der Filmkunst, nimmt die Tendenz zur Verschmelzung beider Kollektive (das der Darsteller und das der Zuschauermassen) im Theater der ersten Jahre nach der Oktoberrevolution ganz besondere Formen an.
Hier wachsen diese beiden „Partner" bereits soweit heran, daß man sie als durch die Rampe getrennte Träger zweier ihrer Natur nach absolut verschiedener Urkräfte betrachten kann: der Kräfte des Fiktiven und des Realen.
Das Theater dieser Jahre gibt sich nicht damit zufrieden, daß die Wirklichkeit lediglich in die Handlungssphäre des Fiktiven „eingedrungen" ist.
Diesem Theater genügt es nicht, daß die Lebenskraft des

fiktiven Geschehens auf den Bühnenbrettern – wenn das Geschehen tatsächlich lebensecht ist – dadurch bestimmt wird, daß jede seiner Fibern vom Gefühl für das reale Leben und die Wirklichkeit getränkt ist.

Dieses Theater will außerdem noch die „Realität des Fakts" in die fiktiven Bühnengestalten und -situationen „materiell" einbringen.

Daher gelangt in fast allen avantgardistischen Theaterarbeiten dieser Periode der Zirkus auf die Bühne, für den vor allem reale körperliche Arbeit und nicht das Spiel charakteristisch ist.

Dieselbe Tendenz zwingt andererseits dazu, bei der Aufführung von Stücken mit Bürgerkriegsthematik authentische Frontberichte in den Pausen von der Bühne herab zu verlesen.

Sie ist es auch, die „echte" Motorräder, LKWs, Sä- und Erntemaschinen auf die Bühne bringt.

Mir persönlich liegt ein solches Theater besonders – in ihm vollzog sich mein Übergang vom Theater zum Film, und in meiner Theaterarbeit zollte ich dieser Tendenz einen bedeutenden Tribut.

Wenn das frühere (bedingte) Theater auf der Grundlage der unbestreitbaren Worte Tschechows von der ästhetischen Widerwärtigkeit eines „gemalten Porträts, durch das sich eine lebendige Nase gebohrt hat", mit dem Naturalismus polemisierte, so möchte ich eingedenk meiner Theaterarbeit der Jahre 1920 bis 1924 behaupten, auf einer Tschechow diametral entgegengesetzten Position gestanden zu haben.

In meiner persönlichen Arbeit wird das „illusionistische Porträt" einer Theateraufführung immer mehr von einer es beharrlich durchbohrenden ... „materiellen" Nase zerfetzt. Anfänglich in einer Richtung, die ich in meiner Zirkusperiode als „reales Machen" bezeichnet habe, später dann, bereits im Film, mit Hilfe von Elementen der Wirklichkeit, des Fakts und der lebendigen „Typage"[322], die vom Willen des Regisseurs minimal zu entstellen und vor allem durch die Kopplung in der Montage zu gebrauchen waren.

Fürs erste waren dies der reale Boxkampf im „Mexikaner" (allerdings mit einem von vornherein festgelegten Ausgang; doch man sollte sich daran erinnern, daß auch in den mei-

sten guten amerikanischen Wettkämpfen der Ausgang vorbestimmt ist), verstärkt eingesetzte Zirkuselemente, außerästhetisch wirksame Elemente des Grand Guignol[323] usw.
Ohne mich lange bei der Zwischenphase aufzuhalten, in der eine reale Grasmähmaschine inmitten konstruktivistischer Dekorationen Attraktionscharakter besaß (ein Verfahren, das ich sogar parodierte, indem ich in einer meiner Inszenierungen ein lebendiges Kamel auf die Bühne brachte!), wandte ich auch die umgekehrte Methode an: ich versetzte das fiktive Geschehen eines Stückes, das mit der Explosion eines Gasbehälters zusammenhing, in die reale Umgebung eines Gaswerkes.
Das ist offensichtlich der letzte Schritt auf dem Weg einer evolutionären Entwicklung von Aufführungsformen.
Auch hier haben wir es dem Wesen nach mit einer „kommemorativen Handlung" zu tun, das heißt mit der Rekonstruktion eines tragischen Ereignisses, das real stattgefunden hat.
(Im Mittelpunkt der Aufmerksamkeit des Stückes steht natürlich nicht die Katastrophe an sich, sondern die Selbstaufopferung und der Heldenmut, die einzelne Mitglieder des Werkkollektivs, die bei der Rettung des Volkseigentums – des Werkes – umkommen, auszeichnen.)
Nicht genug damit, daß die Handlung kommemorativ war, sie wurde noch dazu – wenn schon nicht an demselben Ort, wo die Tragödie passiert war, so doch an einem mit ihm identischen gespielt: Mochte es ein anderes Werk in einer anderen Stadt gewesen sein, es war aber ein Werk, und obendrein ein Gaswerk.
So entstanden über die kommemorative Rekonstruktion von Elementen des tragischen Schicksals des Dionysos – anfänglich am Ort des mutmaßlichen mythologischen Geschehens, dann an allen Orten, an denen sein Kult verbreitet war – aus einem tragischen Dithyrambus dramatische Aufführungen.
Ganz genau so sind auch die Mysterien des Mittelalters zunächst rein kommemorativer Natur.
In ihren allerfrühesten Entwicklungsstadien reproduzieren sie die „Passion" der zentralen Gestalt der christlichen Mythologie innerhalb jener Gebäude, in denen die Propagierung ihrer irdischen Mildtätigkeit fortgesetzt wird: zuerst

mitten in der Kathedrale, dann in der Kirchenvorhalle und erst viel später auf städtischen Plätzen, auf besonderen Podesten, die Paradies, Hölle und Weltall darstellen.
Interessanterweise fügen sich die bereits erwähnten Theaterideen Diderots in diese Reihe … Immerhin war die „Phantasie über die Aufführung des ‚Natürlichen Sohns'" als kommemorative, alljährliche Rekonstruktion am Ort des Originalgeschehens jener Tragödie gedacht, die seinerzeit die Seelen der Familie Dorval zutiefst erschüttert hatte!
Mit demselben Zuschnitt und genauso orientiert tritt unsere Kinematographie in ihre selbständige Geschichte ein. Natürlich ist nur die Filmkunst mit absoluter, wesenseigener Leichtigkeit imstande, diese Tendenz bis zur beinahe perfekten, fühlbaren Illusion zu realisieren.
Und mit dem System historisch-epischer Streifen setzt die spezifische Geschichte des sowjetischen Films ein.
Erinnern wir uns nur an die „Treppe von Odessa" oder die Erstürmung des realen Winterpalais („Oktober"), an Wiskowskis „9. Januar", Barnets „Moskau im Oktober" oder an Pudowkins „Ende von St. Petersburg".[324]
Es ist ganz offensichtlich, daß ich durch das Hinaustragen der Handlung in die Umgebung eines realen Werkes organisch – über die Grenzen des „eigentlichen Theaters" hinaus – zum Film hinüberglitt.
Dahin, wo Elemente der Wirklichkeit mit dem gesamten Arsenal realer Schiffe und Gebäude, Fabrikschornsteine und Brücken, Maschinen und einer darstellerisch „unbearbeiteten" Typage in die gespenstische Materie des Fiktiven einbrachen, und zwar in bisher nie gesehenen und durch keine vorherige andere Kunstform erreichten Ausmaßen. Sie stellten die alte „Tschechowsche Formel" in dieser neuen Entwicklungsphase faktisch auf den Kopf (oder vom Kopf auf die Füße) und machten nicht mehr die lebendige Nase, die sich durch das Leinen eines bedingten Gemäldes hindurchbohrt, sondern den Überrest einer „angeklebten Nase", der als theatralischer Anachronismus mitunter auch weiterhin aus einer filmischen Abbildung ragte,* zu etwas ästhetisch Widerwärtigem.

* Natürlich blieb unsere Filmkunst in ihrer Entwicklung nicht bei diesem ästhetischen „Maximalismus" der ersten stürmischen Jahre

Gerade die neue Kunst – der Film –, in dem die neue Entwicklungsetappe der Theaterkunst ihren Ausdruck fand, war stark genug, die Tendenz zur Verschmelzung nicht nur des Zuschauers mit dem Schauspieler, sondern auch der Urkräfte des Fiktiven mit der vom schöpferischen Willen des Künstlers umgeformten Realität endgültig zu verwirklichen.

Weder das Monodrama noch die Lehre von der „vierten Wand" waren dem jemals in solchem Maße gewachsen und werden es je sein.

Denn nur dem Film ist die Möglichkeit gegeben, mit seinem Auge und seinem Ohr, über Mikrofon und Kameraobjektiv, als tatsächlich unsichtbarer Zuschauer in einer Sphäre zutiefst verborgener, sich in vier Wänden abspielender Handlungen dabei zu sein; sich dem Schauspieler so weit zu nähern, daß sich in seinen Augen die kleinste Nuance einer aufkommenden Emotion ablesen läßt; einen kaum hörbaren Seufzer zu registrieren; die Umgebung mal unter dem Aspekt zu betrachten, was mit ihm geschieht, mal mit seinen Augen, von seinem Blickwinkel aus, der durch seine Erlebnisse emotional gefärbt ist.

Da so die „ungekünstelten" Voraussetzungen für Möglichkeiten aussehen, die bereits der einfachen Filmtechnik zugänglich sind, wollte sich der Film als Kunst damit nicht zufriedengeben. Mit Hilfe der Methodik des „inneren Monologs" versuchte er weiterzugehen und in die Prozesse des Denkens und Fühlens seiner Helden einzudringen.[325]

Flüchtig – eher im Stadium des Projekts als in der Praxis – begriff unsere Filmkunst, bald nachdem sie die visuelle Etappe dieser Tendenz absolviert hatte, daß die Bewegung der inneren Rede als Grundlage für die Ton-Bild-Syntax des Films der Übergangsperiode auf dem Weg zu einer Filmkunst der Ton-Bild-Kontrapunktik diente.

So werden in der Ästhetik des Films die Verschmelzung und das gegenseitige Ineinanderdringen von Kunstwerk

ihres Wachsens und Werdens stehen. Alles ist im Fließen, in Veränderung begriffen, und die pudweise Verwendung von Nasenkitt für das Maskenbild im ersten Teil von „Iwan der Schreckliche" zeugt davon, daß sich mit den Jahren in den Prinzipien der Filmästhetik ziemlich grundlegende Verschiebungen auf einer recht breiten Skala vollziehen. (S. E.)

und Rezipierendem, Interpretierendem, Konsumierendem besonders gründlich realisiert.
Wenn sich aber diese Wechselbeziehung hier nirgendwo in Fragen der Feinheiten von Struktur und Rhythmus in vordergründig plakativer Anschaulichkeit offenbart, so schlüpft selbige Tendenz damit zugleich unweigerlich – in extrem gegensätzlich gelagerten Beispielen von fast trickhafter Anschaulichkeit – an die Oberfläche, und zwar mit Hilfe dieses oder jenes Kunstgriffes.
Der Regisseur Hitchcock versucht in „Rebecca"[326] mit verschiedenen Kniffen die Empfindung von jenem „Ich" auf die Leinwand zu übertragen, das die Erzählperspektive in Daphne du Mauriers' Roman bestimmt.
Eine solche Schilderung in der ersten Person ist freilich auch in der Literatur eines der besten Kunstmittel – wenngleich noch lange nicht das vollkommenste –, um den Zuschauer zu zwingen, mit den „Augen" des Romanhelden „zu sehen" und mit dessen „Gefühlen zu leben".
Es werden Versuche unternommen, die innere Welt von Assoziationen, einer Symbolik des Unbewußten und der Phantastik von Traumvisionen auf der Leinwand darzustellen.
1926 kommt in Berlin ein „psychoanalytischer" Film mit Werner Kraus – „Geheimnisse einer Seele"[327] auf die Leinwand, der voll ist von wüstesten Auslegungen der ohnehin schon wüsten Thesen der „Lehre" Freuds.
Und ganze zwanzig Jahre später werden die Bretter des Broadway, die Filmstudios in Hollywood und Großbritannien von derselben Welle buchstäblich überschwemmt.
Es genügt, die Traumvisionen in den Dekorationen Salvador Dalís für den Film „Spellbound"[328] (ebenfalls von Hitchcock) zu erwähnen.
Dasselbe gilt für „Lady in the Dark" von Moss Hart[329] oder für die Alpträume in „Lost Weekend"[330], ganz zu schweigen von Elmer Rices epigonenhaftem Werk zu einem ähnlichen Thema, „Dream Girl"[331].
Immer wieder neu werden auch Versuche aufgegriffen, das „Auge des Objektivs" vollkommen, „materiell" mit dem Auge des Zuschauers zu verschmelzen und den Zuschauer somit an die Stelle des „Filmhelden" zu setzen, von dem der Film erzählt wird.

In dem einen Fall ist das Wertows „Film-Auge"[332] – eine weitläufige Demonstration dessen, was er sieht, als Ergebnis dessen, worauf er schaut! Es ist weniger eine objektive Darstellung der Wirklichkeit, sondern Wertow zeichnet sein eigenes filmisches Selbstporträt.
In anderen Fällen sind es die ziemlich häufigen Versuche, den Schauspieler durch die Kamera zu ersetzen.
So geschieht das beispielsweise in dem Film über „Dr. Jekyll and Mr. Hyde", an dessen Anfang sich die Kamera „im Namen" des Hauptdarstellers Fredric March[333] bewegt und agiert, während wir sein Gesicht zum erstenmal in dem Augenblick sehen, da die Kamera vor dem ... Spiegel haltmacht.
Und das ist durchaus logisch: Denn der Held, in dessen Auge der Zuschauer Platz fand, vermag sich selbst nur im Spiegelbild zu sehen!
Vor kurzem wurde dieses Verfahren bis zum Kuriosum und äußerlichen Trick geführt und auf einen ganzen Film ausgedehnt.
So ist der Film „Lady in the Lake"[334] gemacht.
In diesem Kriminalfilm wurde das Prinzip zum Extrem getrieben.
Eine amerikanische Zeitschrift (Januar 1947) beschreibt diesen Film unter der Schlagzeile: „Kamera wird zum Haupthelden in einem Krimi mit Robert Montgomery."
Diese Bemerkung ist freilich nicht ganz korrekt.
Genauer gesagt: Der Held wird ... zur Kamera, und über die Kamera ist der Zuschauer mit dem Helden vereint.
„... Anstatt den Helden von der Seite zu verfolgen, sieht das Publikum die gesamte Handlung mit seinen Augen (das heißt durch das Objektiv der Kamera). Wenn er sich hinsetzt, senkt sich die Kamera entsprechend; wenn er um etwas zu trinken bittet, reckt sich ihm ein Glas – direkt ins Objektiv – entgegen. Der Schauspieler selbst (Robert Montgomery) wird kein einziges Mal gezeigt, abgesehen von kurzen Augenblicken, da er in der Eigenschaft des Erzählers auftritt oder die Hand aus dem Off in die Einstellung streckt oder zu guter Letzt schnell an einem Spiegel vorbeigeht ...
... Während der Dreharbeiten kam es darauf an, die schwergewichtige Filmkamera mit der Leichtigkeit eines sich von

einem Ort zum anderen bewegenden Schauspielers zu transportieren und – für den Film – ungewöhnlich lange Passagen ohne Unterbrechung zu drehen …

… Die Identifizierung des Zuschauers mit dem Helden ging schnell vonstatten …"

Um das zu fördern, agiert die Hand des Helden nicht nur in solchen Szenen wie dem Entreißen eines Revolvers aus der Hand eines aus nächster Nähe auf den Helden (das heißt ins Objektiv) zielenden Mädchens, sondern auch in einer Reihe elementarster Handlungen: Die Hand öffnet eine Tür, greift nach einer Zigarette oder einem Wasserglas, hält ein Telegramm aus dem Off ins Filmbild.

Die Nahaufnahme eines Bösewichts, dessen mit einem ehernen Schlagring bewaffnete Faust unmittelbar ins Objektiv schlägt, „zwingt das Publikum von den Sitzen aufzuspringen …"

Ebenso unwillkürlich schnellten wir selber hoch, als wir in unserer Jugend erstmalig den Effekt zu spüren bekamen, der sich aus dem Heranfahren eines zwischen den Rädern aufgenommenen Zuges ergibt!

Und wahrscheinlich sprangen an der Wiege des Kinos, im Jahre 1903, die Zuschauer des ersten Actionfilms der Geschichte – „The Great Train Robbery"* von Porter – genauso von ihren Sitzen in die Höhe, als im Finale der halbnah fotografierte George Barnes mit einer Pistole direkt ins Objektiv – in die Kamera – ins Publikum – schoß.

Zweiundvierzig Jahre später greift Hitchcock dieses Mittel auf, er geht allerdings noch einen Schritt weiter.

Er schießt nicht mehr einfach nur ins Publikum.

Er zwingt das Publikum quasi dazu, … sich selbst zu erschießen.

Im Finale des Films „Spellbound" ist die Pistole des Dr. Murchison drohend aus dem Vordergrund auf Constance (gespielt von Ingrid Bergman) gerichtet.

Sie hat ihn eben als Mörder entlarvt und die Ausweglosigkeit seiner Lage umrissen. Dr. Murchison droht ihr, sie zu erschießen.

Aber … (ich zitiere aus dem Szenarium):

„… Langsam, ungezwungen und tapfer dreht sich Con-

* (engl.) – „Der große Eisenbahnraub".

stance mit dem Rücken zur Pistole in Dr. Murchisons Händen, geht zur Tür, öffnet sie und verläßt das Zimmer …
Die Tür schließt sich hinter ihr.
Die Pistole in Murchisons Hand ist unbeweglich auf die sich schließende Tür gerichtet.
Dann dreht er seine Hand allmählich so weit herum, bis die Pistolenmündung direkt in die Kamera gerichtet ist.
Nach einer Sekunde des Überlegens drückt Murchisons Finger auf den Abzug, und die Leinwand blitzt auf vom Schuß aus der Pistole …"
Sollte man nicht auch hierin ein „Zeichen der Zeit" erblikken?
Ist diese „Verschiebung" von der Selbstbestätigung mit der Pistole in der Hand bis hin … zum Selbstmord (beides mit ein und derselben Methode gestaltet!) nicht etwa in ebensolchem Maße charakteristisch wie auch jene, gegenwärtig im westlichen Film häufig zu beobachtende allgemeine Verschiebung vom Stil des frühen, fast dokumentaren (innerhalb der Möglichkeiten des Westens), „objektiven" Einfangens von Erscheinungen – hin zum Labyrinth einer pathologischen Subjektivität und Introspektion, die wie ein dichter und giftiger Nebel über der Kunst der kapitalistischen Länder hängt?
Im Nachkriegsfrankreich hängt das alles mit den Existentialisten und Sartre zusammen.
Ist es nicht dieselbe Tendenz, die René Daumal am Vorabend des Weltkrieges zwingt, in Nr. 5/6 der Zeitschrift „Verve" (1939), die dem menschlichen Antlitz gewidmet ist, den Aufsatz … „Der Kopf von innen" – eine Beschreibung des menschlichen Gesichts „von innen her" – zu verfassen:
„… *Kopf und Gesicht, von innen her beschrieben.*
Aus der Mitte des Kopfes, wohin ich soeben eingedrungen bin, versuche ich, das zu beschreiben, was ich von hier aus sehe. Vor mir ist ein Teil, das im wesentlichen weich und von Öffnungen durchbohrt ist, durch die ich sehen, hören, riechen, schlucken kann und was ich das Vorderteil oder Gesicht nenne; und ein anderes Teil, das hart und fest ist, nicht sieht, nicht hört, keine Geschmacksempfindungen und nicht die Fähigkeit zu schlucken hat, welches ich den Schädel oder Hinterkopf nenne …" usw. usf.

Und drängt denn nicht dieselbe Tendenz den Regisseur des englischen Films aus der Nachkriegszeit „A Matter of Life and Death“[335] dazu, sich an der Demonstration des Eintauchens eines narkotisierten Patienten ins „Nichts“ zu berauschen!

Wir sehen zunächst die weiße Kugel einer Lampe an der Decke – von unten her, aus dem Blickwinkel des Patienten auf dem Operationstisch.

Das Bild wird allmählich trüber und unscharf.

Dann beginnen plötzlich von oben und unten ... zwei „Stores“ die Leinwand abzudecken.

Das sind ... die sich schließenden Augenlider!

Und damit nicht der geringste Zweifel aufkommt, sind an die Ränder der rosa Kaschierungen schwarze Fransen ... Wimpern angenäht worden.

Übrigens wiederholte der Regisseur damit ein Verfahren, das bereits vor langer Zeit in einem Stummfilm benutzt worden war. Aber hier ist gewiß nicht die Frage der Priorität interessant, sondern vielmehr der Fakt einer derartig forcierten Aufmerksamkeit des modernen westlichen Films gegenüber einem solchen Kunstgriff an sich.

Wenn seinerzeit diese Techniken eher als Mittel des Spiels mit den Möglichkeiten der Kamera eingesetzt wurden, so dienen sie jetzt immer mehr der Artikulierung einer pathologischen Selbstbeobachtung, auf die sich die Blicke der westlichen „Schöpfer“ im wesentlichen richten, die sich für immer von einem gesunden Realismus losgesagt haben, der mit dem Dienst an der Reaktion unvereinbar ist ...

Doch alle Effekte dieser Art verblassen natürlich vor dem Hintergrund des schon erwähnten Films „Lady in the Lake“.

... Mit halbgeschlossenen Augen bewegt sich die junge Heldin langsam und schmachtend, wie verzaubert, direkt auf die Kamera – den Zuschauer – zu, indem sie dem Publikum (das zu diesem Zeitpunkt bereits völlig mit der Filmkamera verschmolzen ist) ihre halbgeöffneten, vollen, purpurroten, zum Kuß bereiten ... Lippen entgegenträgt ...

„Der männliche Teil des Publikums windet sich in den Sitzen und ereifert sich“, kommentiert eine amerikanische Zeitschrift kaltblütig.

Fast ... Raumfilm?!

Und beinahe unwillkürlich erinnert man sich an die Seiten, die in Huxleys satirisch-utopischem Roman „Brave New World“[336] (London 1932) der Zukunft des bürgerlichen Films gewidmet sind!
In diesem anfänglich amüsanten, dann jedoch tragischen Bild der künftigen bürgerlichen Gesellschaft wurden einzelne Tendenzen innerhalb der bürgerlichen Wissenschaft, Kultur und Zivilisation beobachtet und mit einer bestechenden Ironie zu ihrem logischen Abschluß – gänzlich ad absurdum! – gebracht.
Die entsprechenden Passagen über Kunst sind wohl am meisten unterhaltend, weil entlarvend.
So sind hier dem bürgerlichen Film dieser „glücklichen Zukunft“ die letzten Schleier der Scheinheiligkeit und Heuchelei endgültig genommen, die irgendwo und irgendwie noch heute seine wirkliche Tendenz verbergen: In Huxleys Utopie dient dieser Film – unverhohlen und unzweideutig – dem „Sex“ und nur dem „Sex“, der Erotik und ausschließlich ihr.
Diese „bunten und stereoskopischen ‚feelies‘“* beschränken sich, begleitet von „Aroma-Orgeln“ und der Musik aus ... „Sexophonen“ (wie bis dahin unsere heutigen Saxophone heißen werden!), einzig auf die Demonstration von Liebesspielen und -abenteuern.
Huxley beschreibt die Vorführung eines solchen „feelie's“ – „Drei Wochen in einem Hubschrauber“:
„... ‚Greifen Sie nach den Metallkugeln an den Lehnen Ihres Sitzes‘, flüsterte sie, ‚sonst spüren Sie keinen Tasteffekt ...‘
Der Ureinwohner** tat, wie sie ihm befohlen hatte. Die feu-

* Film heißt im Slang der angelsächsischen Völker „movies“ – abgeleitet von move – sich bewegen.
Huxley erfindet für die gedachte Zeit seines Romans einen neuen Terminus – „feelies“ – abgeleitet von feel – fühlen oder ertasten, da er annimmt, daß das Filmbild zu diesem Zeitpunkt bereits nicht mehr nur sichtbar, sondern auch fühlbar und ertastbar ist! (S. E.)
** Dieser Ureinwohner ist ihr Kavalier, der überhaupt zum erstenmal ein Kino betreten hat. Er gehört zu jenen „Ureinwohnern“, die von dieser Gesellschaft in speziellen „Reservaten“ gehalten werden, ohne daß man ihnen Zutritt zu den Gütern der Zivilisation gewährt – im Interesse der Bewahrung ihrer Exotik.

rigen Buchstaben des Vorspanns verschwanden; zehn Minuten lang war es absolut dunkel; und plötzlich erschienen vor dem Zuschauer – umwerfend und unvergleichlich eindrucksvoller, als wenn sie aus echtem Fleisch und Blut gewesen wären – stereoskopische Bilder eines in tiefer Umarmung verschlungenen Paars – eines gigantischen Negers und eines jungen Weibchens mit goldenen Locken, eines blonden Mädchens vom brachyzephalen Typ „Beta-plus".*
Der Ureinwohner sprang hoch. Welch feurige Empfindung auf den Lippen! Er führte die Hand an den Mund – das Gefühl verschwand; er ließ die Hand erneut auf die Metalllehne des Sitzes sinken, und wieder ergoß sich die Empfindung über seine Lippen, während aus den Aroma-Orgeln reiner Moschusgeruch ins Publikum strömte ..."
Nach einigen Abenteuern im Hubschrauber wird die gerettete Blondine zur Geliebten aller ihrer drei Befreier – schöner Jünglinge des Typs „Alpha" – zugleich.

In dieser Beziehung steht in dem Roman nicht einmal etwas „Utopisches", denn gegenwärtig verfahren die Vereinigten Staaten mit den Stammesresten der Rothäutigen ganz genauso.
Die übriggebliebenen Vertreter der Stämme Hopi, Haida, Pomo, Mandan, Ojibwa und anderer sind auch jetzt gezwungen, innerhalb der Grenzen der ihnen überlassenen „Zonen" in Arizona und anderen Steppengebieten zu leben; sowohl juristisch als auch ökonomisch unterliegen sie solchen Bedingungen, daß sie in ihren Lehmhütten auf einem fast urgesellschaftlichen Niveau weiter existieren müssen. Im wesentlichen versorgen sie Touristen mit ihren Handwerksprodukten und unterhalten sie mit ihren rituellen Tänzen.
Unter allen Formen der Rassenunterdrückung, die mit der bürgerlichen Gesellschaft untrennbar zusammenhängen, ist dies wohl eine der erniedrigendsten und die Menschenwürde am meisten beleidigenden. Und es ist schwer, sich ohne Beklemmung an diese gigantischen „zoologischen Gärten" zu erinnern, wo Tausende von Menschen auf einem künstlich gestoppten Entwicklungsstand gehalten werden – die wenigen Nachfahren derer, denen man seinerzeit durch Betrug und mit Gewalt die unermeßlichen Gebiete genommen hat, die jetzt ihren Unterdrückern gehören. (S. E.)
* Man sollte bedenken, daß alle Bewohner dieses zukünftigen Paradieses streng nach jenen psychischen und physischen Merkmalen klassifiziert sind, mit denen sie durch entsprechende Bearbeitung bereits im embryonalen Zustand der Inkubation ausgerüstet und für exakt kalkulierte Bereiche ihrer künftigen Tätigkeit vorgefertigt wurden. (S. E.)

Die Leinwand wird von Klängen der Sexophone überschwemmt; das Publikum in das Aroma von Gardenien eingetaucht; und während der letzte stereoskopische Kuß in der Ausblendung verschwindet, vergehen auf den Lippen die letzten brennenden Beben „wie ein sterbender Schmetterling" [...]

... Unzählig sind die Versuche einer „gegenseitigen Durchdringung" des Agierenden und Rezipierenden, des Schauspielers und des Publikums, des Zuschauers und der szenischen Realität.

Die Realisierung dieses Bedürfnisses nimmt, je nach historischer Epoche, wie wir gesehen haben, im Verlauf der Theatergeschichte die wunderlichsten und unerwartetsten Formen an.

Die „Potjomkinschen" Kanonenmündungen und der „Blumensteg" der Japaner, der ringförmige Aufbau der Podeste in Furttenbachs Theatergebäude und Moskwins Bühnentrick; die Darstellungsmanier Warlamows und die zum Zentrum hin fliehende Perspektive der Dekorationen von Bibiena und Serlio; die naturalistischen Züge des frühen Künstlertheaters und die Hyper-Bedingtheit von Jewreinows „Monodrama"; der über die Rampe in den Zuschauerraum fliegende Veilchenstrauß oder ein Schuß aus dem Parkett, der den szenisch allzu authentischen Bösewicht auf der Stelle tötet – all das zielt, wie wir sehen konnten, auf ein und dieselbe Tendenz.

Diese Allgegenwärtigkeit und Universalität führt unwillkürlich zu der Frage, wo und worin denn die Wurzeln dieser Tendenz liegen, die im Verlauf der Theatergeschichte so beharrlich nach ihrem immer vollendeteren Ausdruck sucht?

Die Antwort auf diese Frage drängt sich wie von selbst auf, wenn wir uns daran erinnern, daß diese Tendenz besonders intensiv und konsequent gerade im Vorfeld unserer Epoche auftritt.

Genauer: auf den letzten Etappen der unserer Ära vorangegangenen Theaterentwicklung und zum Teil sogar bis in die ersten Revolutionsjahre hinein.

Und hier sind diese fieberhaften Versuche zur Herstellung einer „Einheit" in der Theaterkunst durchaus nicht zufällig.

Beweggrund dieser Versuche ist in erster Linie der Traum von einer Einheit zwischen Persönlichkeit und Gesellschaft, zwischen Individuum und Kollektiv, zwischen dem sozial-gesellschaftlichen und persönlich-individuellen Element, deren Verlust die Periode des Übergangs vom Kapitalismus zu seinem höchsten Stadium, dem unverhüllten, räuberischen Imperialismus, so kraß kennzeichnet.
Mit diesem Stadium ist die üppigste Entfaltung eines grenzenlosen Egozentrismus und Ultra-Individualismus verbunden, die den Übergang vom 19. zu unserem Jahrhundert prägte.
Und auf dieser Etappe ist die Predigt von einer Rückkehr zu den „ursprünglichen sakralen Handlungen" aller Sologubs und Wjatscheslawiwanows[337] – jener Sprachrohre des reaktionären Flügels der Intelligenz, die sich bewußt der progressiven, revolutionären Vorwärtsbewegung, der Teilnahme am historischen Schicksal ihres Volkes entgegenstellten und auf den Zusammenschluß mit der ins Leben tretenden, jungen, einzig lebenstüchtigen Arbeiterklasse verzichteten – ein verzweifelter und zum Scheitern verurteilter Versuch, über eine als Surrogat der Wirklichkeit auftretende Kunst das Allheilmittel zu finden gegen die eigene gesellschaftliche Isolation, die diese Einzelgänger und die ihnen verbundene soziale Schicht unweigerlich zum Untergang verdammt.
Hieraus resultiert auch die abstrakt-mystische Färbung dieser „dionysischen" und „prädionysischen" Appelle – das einzige, was diesen Ultraindividualisten bleibt, die für immer die Chance der sozialen Eingliederung in die historische Kampffront der aufsteigenden Klasse des Proletariats verspielt haben, das die Lenkung der künftigen Geschicke des Volkes in die eigenen Hände nahm.
Hieraus leiten sich auch die praktischen Fehlschläge derjenigen ab, die in den ersten Jahren der Revolution ihre hysterischen Aufrufe und Massenzeremonien auf stilisierende Weise zu verwirklichen trachteten.
Und so gesehen, ist die Tendenz zur Verschmelzung keineswegs nur als Folge von Ausbrüchen einer ästhetischen Laune im Bereich der Kunst aufzufassen, sondern als Widerspiegelung eines noch tieferen Verlangens – des Wunsches nach Überwindung einer noch krasseren Spaltung der

ursprünglichen kollektiven Einheit, jener noch tragischeren Entzweiung, die mit der Differenzierung in Klassen – in Klassen von Ausbeutenden und Ausgebeuteten, in Klassen von nur Produzierenden und nur Konsumierenden – einsetzt.

Welch erstaunlichen Reflex dieses Prozesses scheint die – entsprechend in eine Gruppe „konsumierender" Zuschauer und eine andere Gruppe die Aufführung „produzierender" Darsteller zweigeteilte – ursprüngliche theatralische Handlung darzustellen!

Und wie erstaunlich ist es, daß in dem Moment, da auf einem Sechstel des Erdballs die Institution der Klassengesellschaft für immer und endgültig beseitigt wurde, der Begriff des Konsumenten erneut mit dem Begriff des Produzenten – in Gestalt eines gleichermaßen produzierenden wie verbrauchenden Bürgers des sowjetischen Staates, der auf Arbeit beruht – verschmilzt und die Einzelpersönlichkeit mit dem Kollektiv erstmalig in der Sphäre einer sozialistischen, zum Kommunismus schreitenden Gesellschaft verbunden ist – und daß ausgerechnet in diesem Land der Erfindergeist auf dem Gebiet der Kunst deren neue Abart – den Raumfilm – hervorbringt, der selbst in den elementarsten Grundlagen seines technischen Phänomens eine äußerst komplexe künstlerische Gestaltung und Realisierung jenes Drangs nach Wiedervereinigung birgt und der, wie wir gesehen haben, mit seinen Wurzeln nicht in den Bereich der Biologie oder Psychologie, sondern der gesellschaftlichen Praxis hineinreicht.

Dies sind einige allgemeine Überlegungen, die uns die – wie es scheint – ausreichend fundierte „Lebendigkeit" der Prinzipien des Raumfilms ahnen lassen, welche – wie wir sehen – bereits kraft ihrer technischen Besonderheiten für uns eine Art Sinnbild der ästhetischen Widerspiegelung einer der verborgensten und kraftvollsten Tendenzen im Streben der Menschheit nach Vernichtung der Klassengesellschaft darstellen.

Und deshalb ist es nicht verwunderlich, daß sich der bürgerliche Westen entweder gleichgültig oder sogar feindselig-ironisch zum Problem des Raumfilms verhält, dem die Forschung und Entwicklung des Sowjetlandes, seine Regierung und Filmverwaltung soviel Aufmerksamkeit schenken.

Klingt denn der muffige Konservatismus, mit dem im Westen die Nachrichten über die Arbeit an der Raumfilm-Front aufgenommen werden, etwa nicht lächerlich und ist er nicht beleidigend für die sich ewig weiter entwickelnden Tendenzen der wahrhaft lebendigen Kunst?
Klingen die Zeilen eines Louis Chavance[338] zum Raumfilm vom Juli 1946 (!) nicht nach Obskurantismus:
„... Inwiefern wird die Dramatik bestimmter Situationen mit HIlfe dieser neuen technischen Entdeckung bereichert?
Findet denn ein dreidimensional gezeigter Darsteller in dieser Dreidimensionalität zusätzliche Ausdrucksmittel?
Physische Konvexität?
Wird das zu einem Triumph der Dicken?
Was gewinnen Zorn, Eifersucht, Haß dadurch, daß sie in drei Dimensionen zum Tragen kommen?
Und das Lachen? ... Ich glaube nicht daran, daß man mehr zum Lachen animieren könnte als mit einer Cremetorte, die nach Mack Sennetts flächigen Figuren geworfen wird. Und die Story? ... Die Komödie? ...
Muß etwa noch nachgewiesen werden, daß der Raumfilm eine fruchtlose Waffe – ein steriles Werkzeug ist?
Natürlich lassen sich auch andere Hypothesen aufstellen, und ich könnte auf seine rein visuelle Seite eingehen. Doch wir brauchen nicht in eine Analogie zu den bildenden Künsten zu verfallen und uns auf Bildhauer berufen, nachdem wir über Maler gesprochen haben. Gewiß könnte man das Leben Michelangelos als Relief filmen – ebenso wie Tizians Leben in Farbe ... Ein reizendes Resultat! Ist es aber ein Vergnügen fürs Auge? Eine Plastik assoziiert den Gedanken des Befühlens, während wir die Leinwand sowieso nicht berühren ...“
So schreibt Chavance in einem Heft von „Le Magasin du Spectacle“ (Juli 1946).
Chavance bleibt, mit seiner Mißachtung gegenüber Analogien posierend, voll und ganz in ihnen gefangen. Komplett im Bannkreis der Schranken und Vorstellungen der bisherigen Künste: der Normen von „Theaterdramen“, der traditionellen Darstellungsweise, eines „platten“ Humors und der „Plastik, die den Gedanken des Befühlens assoziiert“.
Denkt denn aber Chavance nicht gemeinsam mit uns auch

daran, daß die Sprengung und völlige Revidierung der Ensembleleistung der traditionellen Künste in der Konfrontation mit neuen Ideologien der neuen Zeit, neuen Möglichkeiten neuer Menschen, mit neuen Mitteln zur Beherrschung der Natur durch diese Menschen – einfach stattfinden muß?

Das Auge, das mit Hilfe einer Infrarotbrille im Dunkeln zu sehen in der Lage ist;

die Hand, die mit Hilfe des Funks imstande ist, Raketen und Flugzeuge in ferne Sphären anderer Firmamente zu steuern;

das Gehirn, das mit Hilfe elektronischer Rechenmaschinen in einigen Sekunden Rechenoperationen auszuführen vermag, für die früher eine Armee von Rechnungsführern monatelang arbeitete;

das Bewußtsein, das in einem unermüdlichen Kampf, bereits nach dem Krieg, immer deutlicher die konkrete Gestalt eines wahrhaft demokratischen internationalen Ideals schmiedet; –

– verlangt das alles etwa nicht nach Künsten völlig neuer, nie gesehener Formen und Dimensionen, die weit hinter den Grenzen jener Palliative liegen, als welche sich auf diesem Weg sowohl das traditionelle Theater als auch die traditionelle Plastik und der traditionelle … Film erweisen?

Und wirft denn die neue dynamische Raum-Plastik etwa nicht die bisherige unbewegliche Plastik, mit deren Meßlatte Chavance an die Raum-Plastik herangehen will, über die Grenzen neuer Dimensionen und Spezifika?

Man braucht den Vormarsch dieser neuen Kunst nicht zu befürchten.

Man sollte im Bewußtsein Platz schaffen für neue, nie dagewesene Themen, die, multipliziert mit den Möglichkeiten der neuen Technik, eine nie dagewesene, neue Ästhetik verlangen, um in faszinierenden Schöpfungen der Zukunft vollendet realisiert zu werden.

Für sie Bahn zu brechen ist eine gewaltige, heilige Aufgabe, die zu lösen all jene aufgerufen sind, die sich Künstler zu nennen wagen.

Dem Sieg neuer Möglichkeiten der Technik des morgigen Tages können nur diejenigen mißtrauen, die ohnehin nicht an das Morgen glauben – und vor allem diejenigen, die historisch tatsächlich dieses morgigen Tages beraubt sind, also jene, die die Fruchtbarkeit der weiteren gesellschaftlichen Entwicklung der Völker negieren, jene, die sich ihr aktiv entgegenstellen oder angesichts der nahenden, für sie fatalen Zukunft krampfhaft an allem Rückständigen, Konservativen und Reaktionären festhalten.

Wir aber sind nicht so, und unser Land ist kein solches!

Wir bewegen uns unermüdlich unter immer neuen Anstrengungen vorwärts.

Zu neuen Bereichen der Technik.

Und der Vervollkommnung künftiger technischer Ausdrucksmöglichkeiten für unsere Ideen.

Denn das ruhmreiche, siegreiche und strahlende Morgen gehört uns.

Nur uns und denen, die gemeinsam mit uns die Menschheit einer lichten Zukunft entgegenbringen.

1947

ANHANG

Oksana Bulgakova: Bruch und Methode. Eisensteins Traum von einer absoluten Kunst

Eisenstein konzipierte Film als ein grandioses Experiment, das am perfektesten die Ideen und Versuche der neuesten Kunstentwicklung – von den kubistischen Aufgliederungen des Raums, den Theaterattraktionen, bis hin zu Joyce' innerem Monolog – verkörpern würde: Eine lange Folge von Anläufen, die nur teilweise innerhalb der Grenzen und Techniken alter Künste bewältigt wurden. Dabei entspricht Eisensteins evolutionistisches Herangehen an dieses neue technische Phänomen etwa auch dem eigenen Schicksal in der Kunst. Die Formung seines Systems fand noch außerhalb des Films statt – am Schnittpunkt erhitzter Debatten und Experimente der sowjetischen Avantgarde in den zwanziger Jahren.

Diese schlug sich entschieden auf die Seite der Revolution, bot sie doch die Chance, aus Ästhetensalons und Literatencafés, aus der Rolle provozierender und doch zugleich das bürgerliche Publikum unterhaltender „poètes maudits" ins Leben auszubrechen. Die Revolution formte die aggressive Wucht der Negation und Destruktion in eine Energie der Konstruktion zum Ausprobieren neuer Wege funktionaler Kunst um. Es entstand ein besonderer Typ des russischen Intellektuellen – der Regielaborant, -experimentator, -ingenieur – und ein neuer Typ seines Lebens in der Kunst. Die Schicksale dieser Künstler der Revolution und Revolutionäre der Kunst ähneln einander. Ihre wechselseitigen Verbindungen zeichnen sich auf verschiedenen Ebenen ab.

Meyerhold kam vom elitären symbolistischen Theater des Stils zur groben Volkstümlichkeit des Jahrmarkttheaters Balagan.

Majakowski, der sich in die Situation eines unverstandenen Propheten verstrickt hatte, fand eine pragmatische Funktion für seine Dichtung, den sozialen Auftrag, und machte die äußeren Zwänge des Revolutionskampfes zu seinen inneren.

Eisenstein kam zur Revolution, die ihn von einer vielversprechenden bürgerlichen Karriere befreite, über die Schüt-

zengräben des Bürgerkriegs – die Frontlinie seiner Herkunft. Er blieb Einzelkämpfer, zunächst ein ‚schlechter' Proletkultler, dann ein ‚schlechter' Mitstreiter der LEF, und fiel aus jedweder Gruppierung heraus. Deshalb setzte er 1928 seine Unterschrift unter das Manifest der Gruppe „Oktober", die erklärte, über der „Brudermordpolemik" des Ausgangs der zwanziger Jahre stehen zu wollen. Eine Absicht, für deren Realisierung es bereits zu spät zu sein schien.
Der Abschied vom ersten Lehrer und geistigen Vater Meyerhold, der Weggang von Foregger, die Distanzierung von der FEKS, Konflikt und Bruch mit dem Proletkult, die Debatte mit Wertow, das Treffen mit Majakowski und die doch nicht zustandegekommene Begegnung, das Zerwürfnis mit der LEF standen am Anfang der Gründung eines eigenen Universums. Eisenstein nahm das jeweilige Ideenkonzentrat auf und ging freihändig weiter.
Sein „Panzerkreuzer Potjomkin" war „die logische Vollendung der Arbeit der Linken Front"[1].

Die Schriftmuster des Theaters

1898 wurde auf der Bühne des „Allgemeinzugänglichen Künstlerischen Theaters", in Tschechows „Möwe", der Schauspieler Wsewolod Meyerhold geboren. Im selben Jahr kam in Riga der Architektensohn Sergej Eisenstein zur Welt.
Ein Vierteljahrhundert später wird der 25jährige Eisenstein seine erste Inszenierung, „Eine Dummheit macht selbst der Gescheiteste", dem Lehrer Meyerhold widmen. Einen Ausschnitt dieser Aufführung gibt er als Premiere des Experiments in einer Soiree aus Anlaß von Meyerholds 25jährigem Bühnenjubiläum zum besten.
Hinter den zufälligen Überschneidungen innerhalb der Kunst ist man nicht selten geneigt, Gesetzmäßigkeiten zu vermuten. War es nun ein Zufall, daß Eisenstein, mit einem Mandat zum Studium der japanischen Sprache an der Akademie des Generalstabes in der Tasche, verzweifelt gemeinsam mit seinem Frontkameraden, dem Sohn des Komponisten Arenski, durch das September-Moskau des Jahres 1920 auf der Suche nach einer Übernachtung schließlich an die

Tür einer Wohnung klopfte, in der, wie Arenski einfiel, dessen ehemalige, nun mit dem Regisseur des Ersten Arbeitertheaters des Proletkult, Walentin Smyschljajew, zusammenlebende Frau vielleicht beiden Unterschlupf gewähren würde und die Begegnung für Eisenstein ein unerwartetes Engagement-Angebot brachte? Oder noch früher: An einem Februartag 1917 unternahm der Student der Petrograder Hochschule für Zivilingenieure Sergej Eisenstein eine keineswegs leichte Wanderung durch die von der Revolution geschüttelte Stadt, um im Alexandrinski-Theater Meyerholds „Maskerade“ zu sehen, die er als einen Donnerschlag empfand, ihn „in der vorerst noch nicht ausgesprochenen Absicht bestärkte, den Beruf des Architekten fallenzulassen und sich ganz der Kunst ‚hinzugeben‘“[2].
Einige Tage später dankt Zar Nikolaus II. ab.
Eisensteins Begegnung mit Meyerholds Revolution auf dem Theater und der auf der Straße stand in einer Reihe mit den anderen „Zufällen“, die das Schicksal vorbestimmten.

Die Genesis des Films wird gewöhnlich aus zwei Linien abgeleitet: entweder aus der Geschichte technischer Erfindungen (Georges Sadoul) – oder aus der jahrhundertelangen Entwicklung der Schaukünste, die allmählich einem Ideal der komplexen Wirklichkeitsreproduktion zustrebten und durch die ständige Erneuerung der Technik zunehmend befähigt wurden, den „Mythos vom totalen Film“ (André Bazin) zu verkörpern. Dabei ist interessant, daß sich der Film nicht als totale Schau, sondern als Montagekunst realisierte: Raum und Zeit wurden von dem in sie eindringenden Subjekt aufgespalten. Die Entdeckungen Griffith' um 1910 (Nahaufnahme und Parallelmontage) waren eine erste Stufe dieser Entwicklung. Die zweite Etappe ging von der Eskalation des sowjetrussischen Montagefilms aus. Dieser jedoch formierte sich im Schoß des bedingten Theaters, das auf die Aktivierung des Subjekts abzielte.
Bei der Erforschung von Verwandtschaftsbeziehungen zwischen der Theater- und Filmästhetik greift man gewöhnlich das Beispiel abbildend-illusionistischer Bühnenkunst auf. Ihr liegt eine adäquate Reproduktion der Wirklichkeit zugrunde, und nachdem die Abbildgrenzen im Theater erreicht zu sein schienen, kam der Film auf, um das Theater

vom Zwang fotografischer Genauigkeit zu befreien. Bestätigt wurde diese Ansicht durch den Wechsel vom Naturalismus zum Symbolismus auf dem Theater, der parallel zur Durchsetzung des Films verlief.
Doch die Poetik des Montagefilms beruhte nicht nur auf der Faszination des Dokumentaren. In nicht geringerem Maße stellte sie eine Negation der Ästhetik des bedingten Theaters dar.
Dessen Wege führten ebenso zum Film. Die Formung einer neuen Theaterästhetik näherte sich stellenweise so sehr der angrenzenden neuen Art darstellender Kunst, daß Eisenstein, der das System seines Lehrers Meyerhold konsequenter befolgte als dieser selbst, schließlich das Theater verließ. Seinen Weggang interpretierte er häufig als die Suche nach einem maximalen Ausdruck jenes Kunstkonzepts, das sich in den Grenzen des Theaters schon nicht mehr in so hohem Grad realisieren ließ, wie es allein der Film mit seinem Spektrum an Möglichkeiten vermochte.[3]

Aber die Wanderjahre des „Zauberlehrlings" durch die Theaterlandschaft lohnen eine mehr als nur biographische Neugier.
Die Revolution beschleunigte den Prozess der Destruktion alter Theatermodelle, der durch die seit Beginn des Jahrhunderts geführten Erneuerungsversuche vorbereitet wurde. Die Revolutionierung des Theaters ließ sich jedoch nicht ausschließlich auf Neuerungen in ihm selbst reduzieren: 1917 setzt in Rußland die Entwicklung des politischen Theaters ein.
Die akademischen Bühnen schwiegen. Später, 1922, schrieb Stanislawski an Nemirowitsch-Dantschenko aus Berlin: „Es wäre lächerlich, sich über den Erfolg des ‚Fjodor' oder der Tschechow-Aufführungen zu freuen der stolz darauf zu sein. Wenn in den ‚Drei Schwestern' Werschinin von Mascha Abschied nimmt, gerate ich in Verwirrung. Nach allem, was vorangegangen ist, kann man nicht darüber weinen, daß der Offizier abreist und seine Dame zurückbleibt ... Das Alte fortsetzen ist unmöglich, aber für das Neue haben wir keine Leute."[4]
Das Theater beginnt sich unter zwei Bedingungen zu wandeln: Die Revolution zwang es einerseits zur Erschließung

neuer Wirklichkeitsbereiche, andererseits zum Überdenken seiner sozialen Funktion. Daraus ergab sich die Notwendigkeit erhöhter Einwirkungsintensität, was die Theaterleute zu einer grundlegenden Inventur ihrer Wirkungsmittel veranlaßte. Das Erfordernis, einem neuen Zuschauer die Tür zu öffnen, brachte verschiedene Konzeptionen des Volkstheaters in Umlauf.

Als Regisseure kommen nicht mehr nur Schauspieler ins Theater, wie es früher üblich war – sie rekrutieren sich nun aus bildenden Künstlern, die ihre Faszination des Visuellen als Hauptkapital an das Regiepult mitbringen. Die traditionelle Verbindung zur Literatur reißt ab. Das Theater schöpft aus dem Reservoir angrenzender niederer Massenschaukünste: Jahrmarkttheater, Zirkus, Music-hall, Film. Doch alle diskutierten Modelle – das von Kershenzew oder Arwatow – Meyerholds „Theateroktober“, der Exzentrismus der FEKS, Radlows Volkskomödie, Foreggers Agit-Hall oder die Attraktionsmontage – zielten in eine Richtung: Die Grenzen des Theaters und alte Dramaturgiemuster zu sprengen, weil sie überkommenen Denk- und Wertungsschemen entsprachen.

Proletkult

Am 20. Oktober 1920 wird Eisenstein zum stellvertretenden Leiter der Dekorationsabteilung des Proletkult ernannt. Anfang Dezember nimmt er seine Lehrtätigkeit in den Werkstätten des Proletkult auf.

Die Kompliziertheit im und um den Proletkult führte zu dem Brief des ZK vom 1. 12. 1920, der sein Schicksal besiegelte: Der Anspruch auf eine Autonomie in Fragen der Schaffung einer proletarischen Kultur, die im Kontext weitreichender politischer und ideologischer Debatten stand, wurde ihm versagt. Bogdanow zog sich von der Führung zurück. Eisenstein kam zum Proletkult wie ein zu spät gekommener Zuschauer, der gerade noch die Kulmination und das Finale erlebt. Aber sogar später, 1922, als Eisenstein Chefregisseur der Wandertruppe des Moskauer Proletkult wurde, war die Situation nicht einfacher. Ideelle Klarheit gab es nicht, künstlerische um so weniger. Das Prolet-

kult-Programm zur Gründung einer neuen, bürgerlich nicht infizierten Kultur wurde in der zumeist banal-traditionellen Praxis kaum realisiert. Die spontane Massenbewegung des Proletkult hatte nur wenig zu tun mit den scharfen ideologischen Auseinandersetzungen an der Spitze, und die Klubs führten mit fröhlicher Betriebsamkeit und Hingabe Melodramen nach bekannten Klischees der bürgerlichen Unterhaltungskunst auf. Der Proletarier, den man sich als eine Art Tabula rasa vorstellte und von dem man Neues, Originelles, bisher nie Gesehenes in der Kunst erwartete, war von diesen Kunstmustern – noch dazu erbärmlichster Prägung – gründlich verseucht.[5] Eine neue Kultur sollte entstehen, aber was dabei herauskam, war zumeist Laienkunst, der es an Kultur mangelte.
Eisenstein bewegte sich innerhalb des Proletkult in einer Atmosphäre des künstlerischen Chaos. Es gestattete zwar nicht, für die vielen Theaterstudios, in denen verschiedene Regisseure arbeiteten, ein einheitliches Gesicht zu finden, bot ihm jedoch die Chance, sich auf diesem Hintergrund zu profilieren.
Er kam zum Proletkult mit einem beträchtlichen Gepäck an Kultur und ergoß über seine Schüler Shakespeare und das erst vor kurzem für sich entdeckte Kabuki-Theater, mittelalterliche Mysterien und das ukrainische Puppentheater Wertep, das Guignol, Physiognomie und Ausdrucksbewegung – alles, was er selber als Baustein seines Modells einer Kunst des Ausdrucks empfand.
Die Beziehungen zur Proletkult-Führung, repräsentiert durch Pletnjow, gestalteten sich kompliziert und angespannt. Sie gründeten sich auf gegenseitige Erniedrigung (Pletnjow hielt Eisenstein für einen „trotzköpfigen Lehrjungen", rief ihn aus den Proben zu sich und ließ ihn stundenlang im Vorzimmer warten; nach den Gesprächen war der „Lehrjunge" blaß vor Zorn!), auf die Forderung nach Treue zum Proletkult-Dogma und gipfelten schließlich im Zank um die Urheberrechte von „Streik". Pletnjow hatte ein Buch über Methoden des Streikkampfes geschrieben, das er als Vorlage für das Szenarium betrachtete. Daß im Film nur wenig davon übriggeblieben war und der Streifen trotzdem herauskam, verärgerte den Vorgesetzten. Jetzt folgte ein langer interner Streit um die Ausmaße des Plagiats, ausge-

tragen in offenen Briefen (Nr. 6 und Nr. 10 der „Kino-Nedelja", 1925).[6]

Der Konflikt endete am 4. Dezember 1924 mit einem Bruch. Und doch war „Streik" bei allen Meinungsverschiedenheiten ein Kind des Proletkult; „Potjomkin" mit dem kollektiven Helden, dem eisernen Organismus des Panzerkreuzers, stand noch immer seiner Poetik nahe; „Oktober" ließ sich als Echo auf seine Massenpantomimen interpretieren.

Zum Katechismus der Theaterpolitik des Proletkult wurde Kershenzews Konzept eines „schöpferischen Theaters"[7]: die Idee, das Theater durch Massenpantomimen, Prozessionen, Chöre und Festumzüge zu ersetzen. Es sollte kein Theater *für* das Volk, sondern *des* Volkes sein, wo Schauspieler und Zuschauer in einer Person zusammenlaufen. Kein Theater des Spiels, vielmehr der Entäußerung des Spielinstinkts.

Kardinalbedingung für die Existenz eines solchen Theaters war laut Kershenzew die Zugehörigkeit zum Proletariat und eine nichtprofessionelle Ausübung von Kunst, um die Verbindung zur Klasse nicht abreißen zu lassen. Diese Idee war Ausdruck der wohl am weitläufigsten, buchstäblich aufgefaßten Demokratisierung des Theaters. Die im Verlauf der Revolution zur Aktion provozierten Massen sollten diesen Impuls des Handelns ins Theater der Massenaktionen übertragen, wo im wesentlichen die Weltgeschichte als Theater rekonstruiert wurde. Doch in diesen Rekonstruktionen erblickte Eisenstein zuviel stilisierend Archaisches, zu wenig lebendiges Schöpfertum.[8]

Dieser gewaltsamen Erweiterung seiner Grenzen hielt das Theater auf die Dauer nicht stand. Doch später wurden diese Massenaktionen in den Film übernommen, ohne den Beigeschmack von etwas Archaischem zu haben. „Oktober" rekonstruierte das Originalgeschehen nicht stilisierend, sondern zielte auf den Eindruck seiner fotografisch-authentischen Vergegenwärtigung.

Aber nicht nur in diesem Fall ließ sich eine solche Evolution des Theaters, die ihre Fortsetzung in einer angrenzenden Schaukunst fand, beobachten. Gemäßigtere Formen wie „Mysterium buffo" verblieben auf der Bühne. Insgesamt versuchte Kershenzews Konzept radikaler als alle anderen, das Theater außerhalb von Bühne und Drama zu installieren.

Arwatows Laboratorium der Lebensformen

Am 23. Oktober 1920 beginnt Eisenstein als Bühnenbildner an Arwatows Jack-London-Dramatisierung des „Mexikaners" mitzuarbeiten. Allmählich reißt er auch die Regie an sich, verdrängt in einigen Episoden den Regisseur Smyschljajew. Die erste öffentliche Aufführung findet am 18. Mai 1921 statt.

Arwatow korrigierte Kershenzews Konzept. Die Losung „Theatralisierung des Lebens" wurde ersetzt durch den Ruf nach dessen Organisierung. Neue Lebensformen werden im Laboratorium des Theaters modelliert, das sich in eine Fabrik zur Herstellung qualifizierter Menschen verwandeln sollte. Dies würde es erlauben, die im szenischen Labor erzielten Resultate ins Leben hineinzutragen, um neue Formen des Alltags, der staatlichen Theatralik und des Umgangs miteinander im Privaten herauszuarbeiten. Ein Programm solcher Formen entwickelte Arwatow zusammen mit Eisenstein.[9]

Aber eine derartige Umfunktionierung des Theaters erwies sich als nicht weniger tückisch. Eisensteins Inszenierung der „Gasmasken" von Tretjakow – der Arwatows Konzept aufgriff und zu seiner Standard-Theorie weiterentwickelte – wurde in ein Gaswerk verlegt, um dort Anlaß für die Diskussion von Verhaltensmodellen zu liefern, ... fiel durch und katapultierte den Regisseur endgültig in den Film.

Tretjakows Diskussionsstück „Ich will ein Kind haben" verblieb im Stadium der Inszenierungsskizzen von Meyerhold/ Lissitzky und Igor Terentjew.

Meyerhold: Von der Holzschaubude zum elektrischen Balagan

Am 13. September 1921 legt Eisenstein die Aufnahmeprüfungen an den soeben eröffneten Regiewerkstätten ab, lernt hier auch den Mitbewerber Jutkewitsch kennen, studiert bei Meyerhold bis November 1922 und wird zum Zeugen der Geburt der Biomechanik sowie der Inszenierungen „Großmütiger Hahnrei" und „Tarelkins Tod".

Die von Meyerhold mit aller Entschiedenheit gehißte Fahne des Theateroktober ruft noch heute neben Begeisterung einige Unschlüssigkeit hervor – angesichts des heftig

vollzogenen Übertritts dieses ‚distinguierten Ästheten' zur politischen Kunst in den groben Formen des Balagans.
Als Vorsitzender der Theaterabteilung des Volkskommissariats für Bildung macht Meyerhold sich die Zeitschrift „Vestnik teatra" zum Sprachrohr und erklärt hier 1921, daß der Revolution im Leben eine Revolution in der Kunst auf den Fuß folgen müsse.[10]
Im Prolog zur Inszenierung der ersten Fassung des „Mysterium buffo" (1918) rissen Schauspieler Theaterplakate in Fetzen, auch das der letzten Arbeit Meyerholds im Alexandrinski-Theater, „Pjotr Chlebnik". Die Rebellion des Theatermannes, sein Abschied von dem bisherigen Credo zugunsten eines Theaters als Meeting wurde durch diese symbolische Handlung szenisch deklariert. Aber die Plakat- und Meeting-Periode des Revolutionstheaters gerät bereits 1921 in ihre erste Krise: Fast alle Subventionen für die Theater, mit Ausnahme des Bolschoitheaters, werden beim Übergang zur NÖP gestrichen, was zur Schließung vieler Häuser, auch des Meyerhold-Theaters, führte. So wurde er gezwungen, sich in das Laboratorium seiner Regiewerkstätten zurückzuziehen, um den ersten Korrekturversuch an seinem System vorzunehmen: 1922 tritt Meyerhold mit der Biomechanik wieder an die Öffentlichkeit. Aber davor gab es noch ein Experiment – die Neuinszenierung der zweiten Fassung des „Mysterium buffo", deren Proben Eisenstein heimlich belauschte.[11]
Dieser „Oktober der Dramaturgie" lieferte Meyerhold Stoff für die Realisierung seiner Konzeption eines Theaters als Schaubude (Balagan).
Den Balagan, der im 20. Jahrhundert Reste des karnevalistischen Weltempfindens bewahrte, sah Meyerhold als sein Modell des Volkstheaters auf Straßen und Plätzen an.
Einerseits beruhte dieses Konzept auf einem tiefwurzelnden Traditionsbewußtsein (Zirkus, Commedia dell'arte, russisches Jahrmarkttheater), andererseits reformiert er kühn das Drama, die Guckkastenbühne, die Technik des Spielens und die Art der Kommunikation zwischen Theater und Zuschauer. Das ermöglichte ihm Majakowskis Stück mit seinem Fabelbegriff, der Komposition, dem Fehlen von Liebe und Psychologie, schießlich der Sprengung alter Bühnenillusion und dem Heraustreten ins Leben. Der Text wurde

für jede Aufführung abgewandelt und erweitert, indem man auf brandaktuelle Nachrichten reagierte: Sabotage und Intervention, Skandale aus der internationalen Politik, Diskussion über Gewerkschaften, den Elektrifizierungsplan usw. Das Theater verstand sich als eine Werkstatt, eine Art Baustelle, wo jetzt produziert wird und also kein fertiges Produkt vorliegen kann. Der Balagan verlachte Kirche und bürgerliche Lebensweise, den politischen Gegner und apolitischen Spießer. Diese Erweiterungen erlaubten eine neue Stückkonstruktion – eine Karkasse, auf der das Auswechseln einer Episode durch eine andere möglich war.
Das Novum dieser Dramaturgie rief nicht wenig Verwunderung hervor – war es noch Kunst? Furmanow schrieb als Korrespondent der Zeitung „Rabočij Kraj“: „Das Stück an sich ist ziemlich chaotisch, roh, künstlerisch schwach; es weist eine Menge technischer Defekte und billiger Rummelplatz-Witzeleien auf; *hat schließlich keinen inneren logisch-zwingenden Zusammenhang, weder zwischen den Akten noch den einzelnen Episoden eines Akts.“*[12]
Meyerhold dagegen war begeistert von den Möglichkeiten dieser Dramaturgie und erklärte: Majakowski sei souverän in der Beherrschung der Komposition.[13]
Ihr lag ein neues Prinzip der Auswahl und Gliederung des Materials zugrunde, wodurch sich das Konstruktionsschema des Dramas änderte. Keine Imitation des Lebensflusses, sondern einzelne dynamische, in sich abgeschlossene Momente werden aus der Realität herausgerissen und neu montiert, nicht unbedingt in chronologischer Abfolge, dafür in konzeptionellen Zusammenhängen. Das Stück gliedert sich nicht mehr in Akte, sondern in Episoden. Sein Verlauf wird nicht von einzelnen Figuren und deren psychologischer Entwicklung diktiert, sondern von einem in Ereignisse – Attraktionen – aufgespaltenen Thema. Nach diesen Prinzipien waren „Der Wald“, „Der Revisor“ und „Verstand schafft Leiden“ ummontiert worden.
Die Epoche zergliederte Zeit und Raum auf allen Ebenen der Kunst: Kubismus, Suprematismus, Divisionismus in der Malerei; Légers „Mechanisches Ballett“; die Aufteilung der Bühne bei Meyerhold; Majakowskis Treppenvers; die Analysen der Formalen Schule in der Literaturwissenschaft. Es wird eine neue Sprechweise herausgearbeitet, die zur Or-

thographie des Films reift. Meyerhold selbst verneinte eine Analogie zum Film und berief sich auf Shakespeare, doch ein derartiges Dramenverständnis war eine Etappe in einer ganzen Reihe von Versuchen, auf der in der Vergangenheit Shakespeare und Puschkin – in der Zukunft der Film standen.

Der Theaterregisseur Brecht schuf sich seine neue Dramatik selbst. Meyerhold bedurfte eines Autors, darum ist er ohne Majakowski und Tretjakow nicht denkbar, die ihm die Tür zur Gegenwart aufstießen. Das ‚Umschneidern' von alten Stücken hatte seine Ursache im Mangel an neuen. Ein alarmierendes Symptom ist das Telegramm an Majakowski vom 4. Mai 1928: „Letztes Mal appelliere ich an Deine Einsicht. Das Theater geht unter. Keine Stücke."[14]

Die revolutionäre Idee ruft auch nach einem neuen Helden. Meyerhold vergegenwärtigt ihn als Idee und schafft ihr eine Bühne. Er geht in seinen Montagen von einer Konzeption der Einheitlichkeit der Welt aus, die die längst noch nicht geeinte Realität als Idee überragt.

In Deutschland, wo die Novemberrevolution nicht mit dem Sieg endete, entsteht ein Theater der unvollendeten Historie. Die Brechtsche aggressive Demontage des Kapitalismus und seiner Kulturindustrie verhält sich zu Meyerholds Utopie wie die blutige, gescheiterte Revolution in Deutschland zur russischen, nicht weniger blutigen, jedoch siegreichen.

In Rußland war für Meyerhold nicht so sehr der Kampf gegen den öffentlichen Geschmack wichtig, vielmehr war es die Beseitigung des allgemeinen ästhetischen Analphabetentums und die Heranbildung eines neuen Publikums, was nicht heißt, daß auf diesem Weg keine Fallen aufgestellt waren, als der Theateroktober vertausendfacht wurde. In Rußland gab es keine Kulturindustrie in dem Maße wie in Deutschland. Damals sang man noch in Rußland, und die Folklore konnte zu einem Garanten der neuen Zivilisation werden. So war die Hinwendung zum Balagan keineswegs ein Zufall.

Meyerholds Anstrengungen waren nicht darauf gerichtet, das System des alten Theaters durch ein Sortiment von neuen Techniken und Kunstgriffen zu verjüngen, sondern sie zielten auf die Ablehnung der alten Theaterästhetik, die

sich auf die aristotelischen Kategorien Nachahmung und Katharsis stützte. Vor ihm operierte das Theater lediglich in der dritten Person, in der Bedeutung „hier" und „jetzt". Sein bedingtes Theater durchbrach die „vierte Wand" und führte auf der Bühne das „Du" und „Ihr" ein, den zusätzlichen Helden Zuschauer. Es eliminierte die Unbedingtheit der in sich geschlossenen Handlung unter dritten Personen, die die Realität als eine nach außen abgeriegelte Illusion darstellte. Dieses Theater versuchte von den Klischees der Wirklichkeitswahrnehmung wegzukommen, nicht nur vom traditionellen Fabelverständnis. Die Attraktion aus der bearbeiteten Realität sollte bewußt mit dem Zustand des Zuschauers – als eines Mitwirkenden – operieren. Die zweite Person „Du" und „Ihr" wird aktiviert, in den historischen, theatralischen und später auch filmischen Prozeß eingeschlossen und im Verlauf der Handlung zur Selbstbewußtwerdung von der Objekt- zur Subjektfunktion geführt. Das Theater wie auch die Geschichte bekommen in dieser Epoche ihren direkten Adressaten. Es präsentiert in der unvollendeten Gegenwart eine Idee, die in einer Metapher materialisiert und zur allgemeinen Diskussion gestellt ist. Dabei wird das Angebot nicht als Museumsexponat demonstriert, sondern in eine Welt variabler Bezüglichkeiten gesetzt.
Die Geburt dieses Theaters einer zu installierenden Weltanschauung zeugt nicht nur von der Verdrängung des alten Theaters, auf dessen Höhe sich der Balagan begab (es kommt zu einer Angleichung des Repertoires beider!), sondern ebenso von dem Versuch, auf die Überwindung der Position des Nur-Zuschauers im Theater wie im Leben hinzuwirken.
Der Regielaborant Eisenstein bekommt die Aufgabe, ein Bühnenbild zu Tiecks „Gestiefeltem Kater" zu entwerfen. Vom 24. Dezember 1921 bis zum 13. Januar 1922, also zwischen dem europäischen Weihnachten und dem russischen alten Neujahr, lösen drei Projektskizzen einander ab: von der traditionellen, Tieck folgenden Anordnung einiger Zuschauersessel auf der Bühne über das Einrichten einer zweiten Bühne auf der Hauptbühne (so daß das Stück rücklings zum Zuschauerraum gespielt wird, während sich ihm direkt gegenüber der fiktive Zuschauerraum befindet, der den realen widerspiegelt) bis hin zur letzten Variante dem

Ineinanderübergehen zweier Zuschauerräume in der Ellipse eines Amphitheaters. Damit bekommt das Meyerhold-Konzept seine plastische Realisierung in Eisensteins Szenographie.

Der Lehrer rüstete seinen Schüler mit der ihm eigenen Inszenierungslogik aus. Kunst als Zergliederung; Wahrnehmung beim Wechsel von einer Ebene zur anderen; Einwirkung nicht per Theaterillusion im Miterleben, sondern durch die aktivierende Wirkung des Phänomens an sich; Verzicht auf die übliche Genreeinteilung, die Story, das alte Heldenverständnis und die Rolle des Zuschauers.

Das Theater versucht ein Attentat auf ihm fremde Techniken zur Verarbeitung der Wirklichkeit und die reale dingliche Umwelt, auf den Gegenstandsbereich des Films. Automobile, Erntemaschinen, Motorräder sind auf der Bühne genauso real wie einmontierte Frontberichte und Dokumentaraufnahmen aus dem Bürgerkrieg. Meyerhold spricht erst später vom Einfluß des Films auf seine Theaterexperimente.[15]

Doch im Unterschied zum Brecht-Theater war dies nicht ein Theater der Epoche des Films; man war noch nicht bereit, die Gegenstands- und Einflußbereiche dieser beiden Künste exakt zu trennen. Wenn vom „Filmkomplex" Meyerholds und des bedingten Theaters die Rede ist, geht es nicht um einen direkten Einfluß des Films auf das Theater, sondern um die Wechselwirkungen der in Entwicklung begriffenen Spezifik beider Künste unter der Formel „Kinofizierung", die zu Beginn der zwanziger Jahre impulsiv in Kraft traten.

Der Montagefilm wird die Theaterästhetik nicht nur auf Grund biographischer Verwandtschaften reproduzieren, wie es die Übertritte Eisensteins, der FEKS oder Jutkewitschs vom Theater zum Film vielleicht vermuten lassen. Das Theater fungiert in diesem Fall als Laboratorium, das dieses künstlerische Experiment vorbereitet und in seinen Methoden zur Verarbeitung der materiellen Welt, in der Subjektivierung des Vermittelns eines Geschehens, dem neuen Identifikationsangebot das anfängliche System der Grammatik des Montagefilms entwirft.

Die Kinofizierung wird über die Faktendarstellung und deren Einwirkung zur Kulmination einer Entwicklung in der

Dramaturgie, die den Zerfall des traditionellen Dramas perfekt macht. Film fungiert im Theater als direkter Durchbruch zum Leben, als Dokument und Beweisstück, das sich noch materieller nicht herstellen läßt, als Technik an sich, und bewirkt, daß die Relation zwischen Mensch und Gegenstand, erster und zweiter Aktionsebene, das Problem der Dynamik im Arrangement und die Frage des Rhythmus konzeptionell neu durchdacht werden.
Interessant ist in diesem Zusammenhang die Beobachtung Konstantin Rudnizkis, daß in der Mitte der zwanziger Jahre, als die Kinos beim Publikum den Stellenwert der alten Balagans erobert hatten, Meyerhold von dort her Einwirkungsmittel bezieht und Film als den neuen, elektrischen Balagan des 20. Jahrhunderts auffaßt.[16] Dabei wird der dingliche Realismus mit verdichteter Expressivität und Biomechanik verknüpft. Die Nutzung nichttheatralischer Einwirkungsmittel aus dem Bereich niederer Genres erfaßt neben Film und Balagan auch Music-hall und Zirkus. Deren Exzentrik wird futurisiert und zusätzlich politisiert. Auf der Suche nach einem Volkstheater schöpft man aus dem Vorrat der Massenunterhaltungskünste, die der bürgerliche Markt dem Volk anbietet. Dabei kommt es zu einer Vermischung älterer Unterhaltungsformen (Zirkus) mit jüngeren (Music-hall).

Zirkus

Im Herbst 1922 arbeitet Eisenstein bis zur Premiere am 24. November als Regielaborant an den Proben zu „Tarelkins Tod" mit. „Tarelkin starb auf der Bühne mit letzten balaganesken und zirkushaften Zuckungen."[17]
In der Periode von 1919 bis 1922 wird Zirkus zu einer entscheidenden Komponente bei der Schaffung einer Schau. „Mysterium buffo" war ursprünglich für eine Aufführung im Zirkus Ciniselli gedacht. Im Zirkus der Nikitins inszeniert Granowski dann das Stück für die Delegierten des Kominternkongresses. Im Jekaterinoslawer Zirkus führt Alexandrow es auf, bevor er nach Moskau geht.
Der Zirkus brachte die lang ersehnte Befreiung von Alltag und Psychologie in der Darstellung, bot statt dessen einen

notwendigen Grad an Abstraktion, festlichen Schauwert und allgemeine Verständlichkeit.

Das Fehlen eines konkreten Milieus auf der Bühne wird durch die Betonung des Materials der Dekoration – Holz, Draht, Seile – und die Konkretheit des arbeitenden Schauspielers ersetzt. Eisenstein stellte das Eindringen des Zirkus ins Theater auf eine Stufe mit dem Hereinbrechen der rohen Realität über die Bühne, denn für diese Kunst ist vor allem reale körperliche Arbeit und nicht das nachahmende illusionistische Spiel charakteristisch.[18]

Im Zirkus sieht er später das Modell jeglicher Kunst in einem Urzustand, die Konstruktionsgerüste ihrer Sprache, wie sie dem sinnlichen Denken entsprechen: Hier entfernt sich der Mensch in den Darstellungskünsten am weitesten von naturalistischer Nachahmung; hier läßt sich kein idealthematischer Inhalt transportieren, dafür überwiegt eine sinnlich tonisierende, emotional ansteckende Erlebniskomponente, wie sie die Kunst der Einwirkung sich zum Vorbild machen sollte.[19]

Das Streben nach einer maximalen Intensität des Ausdrucks führte dazu, daß „die Theaterform einen Purzelbaum schlug, der sie in die traditionelle Zirkusarena versetzte"[20]. Bei Eisenstein wurde das Ostrowskische Milieutheater durch eine Komödie von Masken ersetzt und der Zirkus in die urbanistische Variante des alten Balagans verwandelt.

Bedingtheit in der Darstellung zu erzielen und die Alltäglichkeit der Körperbewegung zu überwinden ist im Theater ohne strenge Stilisierung nicht möglich. Einen Ausweg bot die Akrobatik.

Die abstrakte Schönheit der Bewegung untergrub endgültig die alten Theaterwerte: Literatur und verfeinertes psychologisches Spiel. Ein Stück wurde auf den Anlaß einer Inszenierung reduziert: auf den Grundeinfall, nach dem ein neues Szenarium geschrieben wurde. „Der Gescheiteste" war nicht das erste und nicht das letzte Experiment auf diesem Weg. „Die Heirat" der FEKS, „Die Herren Skotinin" von Roschal, die Tätigkeit der Werkstatt des Kommunistischen Dramas mit ihrer kollektiven Umarbeitung alter Schauspieltexte nach Kershenzews Forderung „Ändert Stücke um!"[21] und die Zirkusimprovisationskomödie Radlows bereiteten ihn vor. „Der improvisierende Schauspieler hilft dem Theater, ein bösartiges Wesen zu töten: den Literaten, der in der abgeschiedenen Stille seines Arbeitszimmers Worte für die Bühne schreibt."[22]

Diese Kunst ohne Literatur erfordert keinen vorgebildeten Zuschauer. Die zu ihrem Inhalt gewordene Losung war so klar und einfach wie die Form ihrer Darbietung, zusätzlich jedoch von enormer Schlagkraft. Auf diese Weise bediente das zirzensierte Theater zwei generell verschiedene Typen des russischen Zuschauers: den hochgebildeten, belesenen Rezipienten, der, der Kriseleien des elitären Theaters müde, sich an diesen naiven Formen erfrischen konnte, und den „Kulturbarbaren, die von der Revolution an die Oberfläche katapultiert worden war"[23].

Dabei ist bezeichnend, daß bereits um 1925, als das Niveau des neuen Publikums etwas gestiegen war, die Neugierde auf derart naive Schaustücke abzunehmen begann. Die politischen Clowns klagen über nachlassende Begeisterung des Publikums. Der Zirkus verabschiedet sich von einer Phase aktuellen Journalismus inszenierter ROSTA-Fenster, und im Theater geht die Ära der Zirzensierung zu Ende. Sie fing glänzend mit dem „Ersten Weinbrenner" Juri Annenkows an und blühte in den Aufführungen der Radlowschen Volkskomödie auf, deren improvisierte Stücke hauptsächlich von Zirkusartisten und -attraktionen getragen wurden.

In „Tarelkins Tod" zwang Meyerhold die Schauspieler, „lautstark aus Pistolen zu schießen, die Partner mit Gummiknüppeln und aufgeblasenen Ochsendärmen zu verprügeln, einander mit Wasser zu begießen, mit springenden um sich schießenden und lärmenden Möbelstücken zu kämpfen"[24]. All das war von Jahrmarktgetöse und Rummelplatzleben umgeben: Bälle flogen durch die Luft, in der Pause ließ man große, gemalte Äpfel an Schnüren von den Rängen herab und warf Plakate durch die Gegend, auf denen geschrieben stand: „Tod den Tarelkins, Bahn frei für die Meyerholds"[25].

Nach den Inszenierungen der FEKS und Eisensteins war von einer einfachen Einbeziehung der Elemente des Zirkus ins Theater nicht mehr die Rede, sondern von einer kompletten Unterwerfung des Theaters unter den Zirkus. Meyerhold trat bereits 1919 gegen einen solchen Maximalismus

mit äußerster Heftigkeit auf,[26] blieb aber der einzige, der die Grenzen des Theaters zwar erweiterte, jedoch nicht passierte.
Eine derartig universale Entfesselung der Bühnenkunst endete für viele mit dem Heraustreten aus dem Theater. Die Entwicklung Radlows und Annenkows verlief in Richtung einer suprematistischen Schaukunst, wo der Laut nicht unbedingt ein Wort und die Bewegung nicht in jedem Fall eine dechiffrierbare Geste zu sein hatte. Das Wichtigste war die Konfiguration von Laut und Bewegung in Raum und Zeit.[27] Das „Opus Nr. 1", aufgeführt in Radlows Wohnung, näherte sich den Konzeptionen eines totalen Theaters von Oskar Schlemmer und Moholy-Nagy. Die abstrakte Schönheit der Bewegung besiegte das Theater. Eisenstein sah in der Konfrontation von Gegenständlichkeit und Abstraktion in der Darstellung zwei Trendmöglichkeiten – *nach unten,* zum Zirkus, und *nach oben,* zum Film.[28]

Music-hall und Foregger

Im Oktober 1921 beginnt Eisenstein als Ausstatter in Nikolai Foreggers Theater zu arbeiten. Am Silvesterabend findet die Premiere einer ihrer wichtigsten Aufführungen, „Gute Behandlung der Pferde", statt.
Auch Music-hall-Elemente wurden von Eisenstein für die Herausbildung eines Montagedenkens verarbeitet.[29]
Dem Theater des Lebensflusses stand zu Beginn des Jahrhunderts die Wiederbelebung des Theaters kleiner Formen gegenüber. „Die aus dem zeitgenössischen Theater verbannten Prinzipien des Balagans haben vorläufig eine Zufluchtsstätte in den französischen Cabarets, dem deutschen Überbrettl, in den englischen Music-halls und den in der ganzen Welt verbreiteten Varietés gefunden." – schrieb Meyerhold 1912.[30]
Nach der Revolution war mit dem Fehlen neuer, großer Stücke diese Tendenz, hin zu den kleinen Formen, abermals gerechtfertigt. Die Estrade wird als eine mobile und revolutionsutilitaristische Kunst aufgefaßt. In den Jahren des NÖP spielt sie eine besondere Rolle. Die „Blaue Bluse" entsteht als Reaktion auf eine Flut der Spelunken-Estrade.

„Aber die Invasion der Politik in die Kneipe war von den meisten Stammgästen dieser Einrichtung als eine Verletzung ihrer ureigensten Rechte, jener Kneipenfreiheit, angesehen worden", konstatierte Ossip Brik.[31]

Die Theater der revolutionären Satire setzten sich mit ihren Agitkas ebenso intensiv auf der Bühne durch wie Film und Zirkus.

Als Verteidiger der niederen Kunst tritt Aruatow auf den Plan und erklärt, daß sich deren Triumph unter dem Banner der linken Kunst vollzieht und mit ihrer unmittelbaren Proletarisierung zusammenhängt. Diese nichtkanonisierte Kunst wird als ein Mittel der sozialen Einwirkung aufgefaßt. Die Nachahmungsfunktion ist auf ein Minimum reduziert und hat nichts mit dem Ideal illusionistischer Schönheit zu tun. Sie basiert auf der Technik, ist operativ und unterhaltend.[32]

Analogien zu Marinetti, der das Varieté zur einzigen Form modernen Theaters erklärte (die der idealen Vorstellung eines Theaters der futuristischen Synthese am nächsten kommt), sind lediglich äußerlich. Die sowjetische Avantgarde interessierte sich für Music-hall, nicht weil es das traditionsloseste aller Theater war, sondern weil sie in dieser Form Chancen für eine *sozial-utilitaristische* Einwirkung erblickte. Hier vereinten sich Balagan-Folklore, Koketterie der bürgerlichen Music-hall und die Einfachheit der politischen Tageslosung auf unkomplizierte Weise miteinander.

In Rußland, wo das Proletariat zu Anfang des Jahrhunderts zahlenmäßig gewachsen war, existierte kaum eine kommerziell verbreitete Unterhaltungskunst. Der Prozeß einer Assimilation dieser Kultur vollzog sich jetzt beschleunigt und ging nach der Revolution mit dem Parodieren importierter Formen und deren politisierter Modifikationen einher.

Nikolai Foreggers Theater war ein Versuch, die neue Agithall zu gründen. Sein erstes Programm bestand aus Parodien, die den Kampf an der Theaterfront als lustigen Nachhall des Theateroktober reflektierten. Von der Parodie kam die Werkstatt rasch zur Verarbeitung der Wirklichkeit in Form von „Paraden" mit einem festen Sortiment zeitgenössischer Masken: Eine Kommunistin mit Aktentasche, die sich in Losungen artikuliert und die Theorie der freien Liebe nach Alexandra Kollontai propagierte; ein mystischer Intellektueller nach dem Vorbild Andrej Belys; ein Milizionär; ein ehemaliger Kavallerist, jetzt Taxichaffeur mit eigenem FIAT; eine Schwarzmarkthändlerin und ein rothaariger Clown. Die „Paraden“ und die aus ihnen montierte Revue „Gute Behandlung der Pferde“ setzten sich als ein exzentrisches Theater ohne Fabel und Psychologie durch. Foregger entwirft den Konstruktionsplan und die fabrikmäßige Vorfertigung einzelner, jeweils neu zusammensetzbarer Teile und Elemente seiner Reklame-Stücke.

„Das Sujet ist kein psychologisches Skelett und bedeutet nicht die Entwicklung einer Idee in Handlung. Es ist die verkettete Folge von Kombinationen und Situationen, die letzten Endes auch Beginn und Finale des Stückes bestimmen, das Gerüst der Aktion. Im Gegensatz zum bisherigen dramatischen Charakter des Sujets (Idee, Wort, Psychologie) ist das moderne Sujet filmisch (Gegenständlichkeit, Raum, Zeit). Möglich sind parallele Wege und Entzweiungen, rückwärtige Verläufe und Unterbrechungen ... Eine bedeutende Rolle beim Bau des Sujets kommt dem Alogismus (Nichtübereinstimmung der Maßstäbe von Ursache und Wirkung, Anlaß und Resultat etc.) und dem Kontrastieren zu ... Wichtig ist die Gegenständlichkeit von Anlässen und Impulsen, die Ertastbarkeit aller Kollisionen, anders gesprochen: der Trick. Als Grundlage für die Konstruktion eines Stückes.“ – schrieb Foregger in „Stück. Sujet. Trick“, das im Januar 1922 erschien und als Vorbote von Eisensteins Attraktionsmontage angesehen werden kann.[33]

Aber Foregger verweilte nicht lange auf dieser Etappe der revolutionierten Music-hall. 1924 brannte sein Theater ab – buchstäblich, aber auch im übertragenen Sinn. Foregger zog sich auf Formen eines kommerziellen, rein unterhaltenden Music-hall-Betriebes zurück.

Das Theater des Oktober rieb sich an der NÖP,
die NÖP assimilierte den Theateroktober.

Die Entwicklungsperspektive Foreggers war Resultat dieser Reibung.

Sein Ausstatter Eisenstein, der hier das „Strumpfband der Columbine“, eine „Erfindung szenischer Attraktionen“, inszenieren wollte, wechselte bereits vorher zur Wandertruppe des Proletkult über.

FEKS: Die Fabrik des exzentrischen Schauspielers

Im April 1922 fährt Eisenstein nach Petrograd zur FEKS – eine Verbindung, die sich über Jutkewitsch herstellte.

Nach der Premiere von Meyerholds „Großmütigem Hahnrei" besucht Eisenstein die kurz zuvor proklamierte „Fabrik des exzentrischen Schauspielers", der er sich eine Zeitlang anschließen wollte. Die Reise enttäuschte ihn, blieb jedoch nicht ohne Folgen.

Am 5. Dezember 1921 fand in Petrograd ein Disput unter dem Motto „Exzentrismus" statt, infolgedessen sich die „Fabrik" konstituierte. Im Juli 1922 wurde das Depot der Exzentriker eröffnet, und am 25. September die „Heirat" uraufgeführt.

Die Urheber dieser neuen Kunstrichtung waren Grigori Kosinzew, Leonid Trauberg, Sergej Jutkewitsch und eine Weile auch Georgi Kryshizki. Ihr „Exzentrismus"-Manifest erschien bereits im Januar, kurz nach dem Disput. Neben der allenthalben üblichen Ablehnung der aristotelischen Poetik, von Literatur, Psychologie, illusionistischen Dekorationen etc. forderten die FEKSe:

– Demokratisierung der Avantgarde auf der Grundlage ihrer „Boulevardisierung" (die Verknüpfung mit Film, Jahrmarkt, Zirkus, Music-hall, Boulevardliteratur, Reklame);

– Konstruktion einer Schau aus der Mischung verschiedener Gattungen (Oper und Zirkus, Drama und Operette, Film und Varieté);

– Organisierung des Materials nach dem Bauprinzip der Trick-Kette, die die Fabel ersetzt und die eingeschlummerte Kommunikation provoziert.[34]

Der Exzentrismus manifestierte sich als eine selbständige Entwicklungslinie innerhalb der Avantgarde. Die „Heirat" wurde zur ästhetischen Vitrine des Systems. Eisenstein, der zur Premiere angereist war, forcierte das Tempo der Darstellung in der letzten Probe vor der Aufführung.[35]

Die Trick-Kette als Grundlage der Organisierung des Materials, die mit der neuen Einwirkungskonzeption zusammenhing, und der Exzentrismus mit seinem Angebot an Aufklärung jeglicher Art in albern-unterhaltenden Formen gingen in Eisensteins Attraktionstheater ein.

Im Inszenierungsplan der FEKS war auch das „Strumpfband der Columbine" als Gemeinschaftsproduktion von Jutkewitsch und Eisenstein enthalten. Doch ernüchtert vom Dilettantismus der FEKS, fuhr Eisenstein nach Moskau zurück, in der Hoffnung, sein Projekt bei Foregger verwirklichen zu können.

Die FEKSe verweilten nicht lange auf den Brettern des Theaters und wechselten zum Film über. Schuld daran war die NÖP-Situation der kommerziellen Konkurrenz, der sie nicht standhalten konnten. Aber der Film bot ihnen auch ein weiteres Feld zur Realisierung des Exzentrismus-Programms, in erster Linie auf der Ebene des Tricks.

Nach der Premiere des „Gescheitesten" und der Veröffentlichung des ersten Eisenstein-Manifests, „Montage der Attraktionen", waren die FEKSe tief gekränkt und beinahe zu einer Plagiat-Klage bereit.

Genau dasselbe, nur bezüglich der FEKS, hatte kurz zuvor Radlow empfunden. Doch die Entwicklung setzte sich ungeachtet dessen stoßartig fort.

„Eine Dummheit macht selbst der Gescheiteste"

Im Oktober 1922 nimmt Eisenstein die Proben zum „Gescheitesten" auf. Im November trennt er sich – auf Anraten der Frau Wsewolod Meyerholds – von seinem Lehrer.

Der Unterschied zwischen dem „Gescheitesten" und der „Heirat" lag nicht nur in den 65 Proben für den ersteren, wogegen die FEKS ganze drei Durchläufe aufzuweisen hatte.

„Der Gescheiteste" erschien selbst Meyerhold außerordentlich: „Mein ‚Wald' ist im Vergleich zu dem, was er [Eisenstein] machte, eine absolut naive Angelegenheit."[36] Allerdings vermerkte er auch, daß Eisenstein sich eine eigene Gangart erarbeitete. Schlecht sei nur, daß er es öffentlich macht.[37]

Das Konstruktionsprinzip der Aufführung beruhte nicht auf der Psychologie der Helden, sondern zielte auf die Realisierung einer Partitur von im Zuschauer zu produzierenden Emotionen. Die Schauspieler setzten nicht auf eine illusionistisch-darstellende Bewegung, vielmehr auf den *realen* Fakt der Akrobatik: „Die Wut stellt sich in einer Kaskade dar, Begeisterung in einem Salto mortale und das Lyrische in einem Hinaufsteigen auf den Todesmast."[38] Die Authentizität dieser Attraktionen (die Schauspieler arbeiteten ohne Longe!) untergrub nicht die parodistische Diktion der Theateraufführung.

Eisensteins Einwirkungsprinzip schloß jede illusionistische Darstellung aus. Dieses Bestreben führte schon im „Mexikaner" zu entschiedenen Eingriffen in die Regie: anstelle Reaktionen auf einen Boxkampf hinter der Bühne zu spielen, ließ Eisenstein auf ihr selbst einen Ring aufstellen.

Resultat seines ersten eigenständigen Experiments wurde eine Theorie, in der er sich deutlich von seinen Nachbarn abgrenzte. Eisensteins Attraktion stammt nicht aus dem Zirkus oder der FEKS und hat auch nichts mit einem Trick gemein. Sie ist nicht nur die strukturelle Maßeinheit einer Aufführung, sondern auch die Maßeinheit für Wirkung. Eisenstein überträgt ein Prinzip, das vor ihm auf der Ebene neuer Kompositionsstrukturen verwendet wurde, auf die nächste Stufe – die Einwirkungsebene. Die Formel „Attraktion = Erreger" wurde ausgerichtet auf die Produktion einer bestimmten Reaktion des Rezipienten, der zum Grundstoff des Theaters erklärt worden war. Die Attraktions*montage* als programmierte Folge zum Entrollen seiner Gefühle.

Es ging nicht darum, den Zuschauer zu schockieren oder in eine Ekstase prickelnder Emotionen einzutauchen. Die Masse sollte aus dem Zustand allgemeiner Abstumpfung, Unwissenheit, Gleichgültigkeit, schließlich aus dem „Automatismus der Wahrnehmung" herausgeführt werden.[39] Die Attraktionstheorie entblößte die Kunst als ein Mittel zur Steuerung des menschlichen Erlebens, zur Lenkung der Psychotechnik des Zuschauers.

Die Attraktion trat in ihr als ein noch nicht von der Empfindung losgelöster Urbegriff auf, der „physiologisch wirkte, visuell artikuliert war und in sich jenen Inhalt trug, der in alten Poetiken Sujet hieß und durch die Wechselbeziehungen einzelner Episoden transportiert wurde", meinte Schklowski.[40]

Die Montage von Attraktionen war eine Variante der „erschwerten Form", wo nicht einzelne Elemente, sondern ihre Verknüpfung eine Form schufen und deren Sinn ausdrückten.

Diese Verbindung konnte durch Handlung motiviert werden, aber auch durch thematische und assoziative Kopplungen. Die Handlung garantierte ein Minimum an Aufmerksamkeit. Im „Gescheitesten" spielte sie eine ganz geringe Rolle; einige Attraktionen wurden durch eine eher zufällige Motivierung eingebaut und führten weg: zu Politsatire, Alltagssatire und Theaterparodie.
Die Theorie der Attraktionsmontage tangierte die fieberhafte Suche des Theaters nach Erneuerungen, deshalb ist die Bemerkung Eisensteins „wird erstmalig verwendet" nicht ganz exakt. Die Attraktion selbst stellt kein Novum in der Kunst dar. So oder ähnlich wurde sie im alten Theater instinktiv als starkes Einwirkungsmittel zur Anwendung gebracht, nie jedoch in einer bewußt konstruierten Kette.
Die Hierarchie der Einwirkungsmittel an sich wird in dieser Kette abgeschafft: („Ein Paukenschlag hat denselben Stellenwert wie der Monolog Romeos ..."), was keine Inflationierung ihrer Werte bedeutete, sondern die potentielle Gleichberechtigung aller Erreger meinte und Möglichkeiten zur Entwicklung von Schauformen eröffnete.
Der engste Mitarbeiter am „Gescheitesten" und Autor der Textfassung, Tretjakow, interpretierte die Attraktionsmontage innerhalb seiner operativen Ästhetik. Nach langem Verweilen bei der Produktion von Illusionen suchte sich das Theater erneut einen Platz unter den utilitaristischen Künsten. Auf diesem Weg seien zwei Formen möglich: Die Bewußtwerdung der Funktion von Kunst als etwas Dinglich-Pragmatischem oder die Analyse seiner formalen und materiellen Elemente.
Das Theater als Apparat der klassenmäßigen Einwirkung stand laut Tretjakow vor zwei Aufgaben: Agitation und Reklame (der gescheiterte Versuch Foreggers) und Demonstration des Alltags (seine eigene Idee vom Standard). Aber auf dem Weg dorthin galt es, eine Periode der Aneignung des Materials des Theaters, seiner Konstruktion und der Arten zur Bearbeitung des Publikums zu absolvieren.[41] In diesem Zwischenraum fand das Experiment mit dem „Gescheitesten" statt, dem die Funktion des formalen Ausprobierens zugedacht war. Darum war er ebenso „abstrakt" wie seinerzeit das Manifest der Biomechanik – „Der großmütige Hahnrei". Die Agit-Attraktion artete mitunter in linke Sa-

lonscharaden aus, verstrickte sich im Gespinst komplizierter logisch-literarischer Assoziationen.
Mögliche Entwicklungsperspektiven aus diesem Zustand heraus deuteten bereits Radlow und Foregger an: Suprematismus oder Unterhaltung. Aber Eisenstein neigte nie zu einem Theater des Stils, sondern zu einem Theater der Methode. Der Einfluß Arwatows und Tretjakows, die ihn zu funktional-utilitaristischer Kunst hinzogen, war stärker. Seine Theaterlaufbahn erwies sich als Sprint.
„Hörst du, Moskau?!" war Test und Demonstration von Agitationsmöglichkeiten des Theaters, ausgerichtet auf zwei starke Emotionen: Haß auf die Reaktion und Mitleid mit den deutschen Kommunisten. Es sollte auf Bahnhöfen gespielt werden, um die freiwilligen Kämpfer, die zur Weltrevolution nach Deutschland gebracht wurden, vor ihrer Abfahrt ideologisch-„emotional aufzuladen". Aber dazu kam es nicht, und der Versuch, Verhaltensmodelle direkt in einer Werkhalle zu demonstrieren („Gasmasken"), scheiterte, wodurch der Regisseur in „Streik" katapultiert wurde, „der keinen Anspruch darauf erhob, den Bereich der Kunst zu verlassen"[42].
Die Haltung gegenüber Tretjakows Maximalismus war vorsichtig-ironisch, der endgültige Absprung aus dem Theater ins Leben wurde ersetzt durch die Bewegung in eine neue Dimension der Kunst – den Film.
Die Theorie der Attraktionsmontage, die auf einer objektivierten Existenz des Zuschauers und dem subjektivierten Bühnengeschehen beruhte, assimilierte die Erfahrung des linken Theaters in Vorbereitung auf den Wechsel zum Film.
Eine letzte Übung in der Montageschule Eisensteins, der das Abc des Theaters absolviert hatte, war das Ummontieren des „Dr. Mabuse", Ende März 1924, am Schneidetisch gemeinsam mit Esfir Schub.

Möglichkeiten der Weiterentwicklung des Theaters

Die Geburt des Films liquidierte das Theater nicht, wie man es zu Beginn des 20. Jahrhunderts befürchtet hatte. Jedoch setzte Mitte der zwanziger Jahre nach einer kurzzeiti-

gen, aber starken Überlappung ihrer Gegenstandsbereiche, Darstellungs- und Wirkungsmittel sowie Einflußsphären merklich ein Prozeß der Differenzierung ein. Dies fiel mit einer anderen Tendenz zusammen.
Nach der Revolution wollte man die Realität nicht in die überlieferten, fertigen Systeme dramaturgischer Kategorien pressen. Das Drama sollte außerhalb des Theaters, auf der Straße, auf der Tribüne eines Meetings, im Zirkus, im Balagan oder dem Laboratorium neuer Lebensformen entstehen. Doch Mitte der zwanziger Jahre bilden sich mit der Stabilisierung der Gesellschaft erneut Wertungssysteme und Erzählstrukturen heraus, innerhalb derer die Realität wieder geformt wird. Es entstehen erste Dramen (Trenjows „Ljubow Jarowaja"), in denen das alte Typisierungsprinzip und die Liebe-Pflicht-Konstellation zu den herkömmlichen Erzählmustern gerinnen.
Das Theater kehrt allmählich in seine Ufer zurück.
Der Theateroktober verliert seinen anfänglichen Atem, verwandelt sich zunehmend in einen Stil, der zur Massenerscheinung wird.
Über die Perspektive des Theaters denken zwei Urheber der Attraktionsmontage, Eisenstein in „Die beiden Schädel Alexanders des Großen" (1926) und Tretjakow in seinen „Notizen des Dramatikers" (1927), parallel nach.
Der erste meint, daß jede neue Tendenz im Theater bereits im Leben ihre Vollendung erfuhr. Nur die Aufhebung der Trennwand zwischen Illusion und Fakt blieb als Problem offen. Einen Versuch in dieser Richtung stellten die „Gasmasken" dar. Ihr Text entpuppte sich als Melodrama, dem Theater gelang es nicht, zum *Fakt* zu werden und seine ästhetisch-emotionale Substanz vollends in der Realität aufzulösen.
Tretjakow mußte rückblickend feststellen, daß die Zeitung besser und operativer mit Tatsachen umgeht als die moderne Dramatik, die dem Fakt nur die Anekdote entleiht. Er schlug einen anderen Weg vor, nämlich Probleme zu prognostizieren oder die Arbeit in Klubs zu verlegen, wo in kürzester Zeit ohne Umweg ein aktueller Fakt auf die Bühne gebracht werden kann.[43]
Weder der eine noch der andere Weg interessierte Eisenstein. Ihm verblieb als einzige Möglichkeit der Film, wo

auch weiterhin ohne Fabel, individuelle Psychologie, stabile dramaturgische Strukturen und alte Typisierungen experimentiert werden konnte.
Aber die Frage nach den „Perspektiven" des Films stellte sich bald in gleicher Weise.

„Streik"

Filmprinzipien wurden zunächst im Theater ausprobiert. Der „Gescheiteste" war eine Parodie, „Streik" ein Drama mit tragischer Note. Anstelle der Demontage von Kultur – der Versuch einer Synthese aus Realitätsmaterial. Das Theater trat seine revolutionäre Rolle an den Film ab. „Streik" jedoch atmet noch die Sehnsucht nach dem nicht realisierbaren, absoluten Theater. So entsteht Eisensteins Theater im Film. Alles wird durch-, hoch- und ausgespielt. Sämtliche technischen Tricks des Films werden benutzt: Rahmenblende, Kaschs, bewegliche Zwischentitel, doppelte Belichtung ... Keine exzentrische Möglichkeit wird ausgelassen: Seien es die Verspottung des Sündenbocks auf den Müllbergen, konspirativer Sitzungen auf dem Klosett und unter Wasser, der Fässerfriedhof, Liliputaner im Restaurant, Schlägereien mit akrobatischen Salti. Die Auflösung der Demonstration wurde als traditioneller Gag (Wasserschlacht) konzipiert. – Exzentrische Möglichkeiten werden auch später nicht verschenkt, eine Erinnerung an die eigene Jugend.
Eisenstein verzichtet schnell auf Überblendung und Kaschs. Einstellungen und Schrifttitel werden strenger. Doch selbst in der Szene der Meuterei auf dem Panzerkreuzer zollt er Alexandrows und Ljowschins akrobatischen Talenten Tribut. Füße tanzen auf der Tastatur eines Klaviers – als Mikrosituation der einstigen Vernichtung von Kultur, aufgehoben in einem neuen Sujet. In „Oktober" wird der Thron – und mit ihm die Monarchie – einen Purzelbaum schlagen.
Der erste Film ist noch ein Lexikon, ein Katalog von Möglichkeiten, die später nicht alle zur Ausprägung gelangen.
Neben betonter Exzentrik, Clownaden stehen andere Szenen: Die naturalistisch-brutale Verprügelung eines Arbeiters und die Zerschlagung der Demonstration, Impressio-

nen einer Straße, auf der sich Jungen um die Suppenhändlerin scharen, expressive Originalaufnahmen aus einem Schlachthof.

Eisenstein folgte keiner Story. In „Streik" ergibt sich das Sujet aus der Logik des Streiks, seiner Organisierung und seines Verlaufs. In „Potjomkin" treibt der Ausbruch revolutionärer Kraft die Handlung voran, in „Oktober" ist es die Dynamik der Revolution.

Die Wege von der Absicht zur Realisierung sind gleich. „Streik" ist der fünfte und einzig realisierte Film aus einer Serie „Zur Diktatur", „Panzerkreuzer Potjomkin" eine Episode aus der Epopöe „Das Jahr 1905" – „Oktober" klammert einige Momente der Vorgeschichte des Aufstandes zusammen.

Der Abschied von Fabel und Held auf dem Weg vom Theater zum Film ist endgültig.

Während der Endfertigung des „Streik" versucht der Systemkünstler Eisenstein seine Erfahrung mit der Attraktionsmontage im Film theoretisch zu durchdringen. So entsteht sein zweites Manifest: „Montage der Filmattraktionen".

„Der Einsatz der Attraktionsmontage ... ist im Film noch eher möglich als im Theater, denn diese Kunst ... bedarf kraft ihrer Demonstration von bedingten fotografischen Abbildungen und nicht von Fakten (im Gegensatz zum „realen Machen" im Theater) ... für die Darlegung selbst einfachster Erscheinungen der *Kopplung*, ... der Montage."[44]

Montage ist in Eisensteins Konzept das wesentliche Spezifikum des Films, begründet durch die Besonderheiten von dessen Wahrnehmung, die sich über Assoziationen herstellt. Die Fotoabbildung eines Gegenstandes erhöht den Grad seiner Abstraktion, darum werden bei der Filmmontage nicht eine reale Erscheinung an die andere, sondern Assoziationen untereinander gekoppelt, die im Zusammenhang damit entstehen.

Die Montage der Filmattraktionen entfernt sich von physiologischer Einwirkung und kann zu einer Abstraktion führen, die sie, was die Kommunikation angeht, in die Nähe der Sprache und des Denkens bringt. Darin deutet sich bereits die nächste Perspektive der Attraktion an: intellektuelle Montage.

Kuleschow erteilte Eisenstein für die Regie des „Potjomkin“ eine Drei.[45]
Zu den Lehr- und Wanderjahren Eisensteins gehörte auch die Teilnahme an einem Regiekurs, der vom Vater der russischen Filmtheorie, Lew Kuleschow, in den Werkstätten des Proletkult Ende 1922/Anfang 1923 veranstaltet wurde. Doch Eisenstein nutzte (nach Aneignung der Methode des Zerlegens und Zusammenfügens von Raum, Zeit, Menschengestalt und Phasen des Spiels), seiner alten Neigung zur Destruktion folgend, Kuleschows Montageeffekt noch kühner und realer. Ihn interessierte nicht die Aneinanderreihung von Bildern, er wollte den Zusammenprall: der Konflikt wird in die Montagekopplung eingespeist. Auf diese Weise produziert anstelle der Fabel die Montage filmische Dynamik.
Schließlich der dritte Abschied nach dem von Story und Held: der vom Genre.
Die Einwirkungskunst strebt nach der Verbindung zweier Extremhaltungen zum Dargestellten in einer Gestalt. Von hier rühren auch der Drang nach Genreverschmelzung und die Ablehnung des Genres als kommerzieller Verpakkung.
Das illusionistische Theater vermied genremäßige Extremtemperierungen. Das bedingte Theater dagegen tendierte in eben diese Richtung: Tragifarce und exzentrische Komödie.
Meyerholds Überlegungen zur Groteske[46], die auf der Herausführung aus einer Wahrnehmungsebene in eine andere beruht, Gegensätze vermischt, Widersprüche zuspitzt, leicht von Häßlich-Seltsamem zu Hyperbolischem überwechseln kann – genauso von übertriebener Buffonade zu pathetischem politischem Appell, kommen den Eisensteinschen Vorstellungen sehr nahe. Aus dem Molekül der Attraktion entwickelt sich später folgerichtig Eisensteins Fragestellung „Wie wird das Pathos gemacht?“.
Die Pathos-Konzeption gründet sich darauf, daß für jedes Element die Bedingung des Außer-sich-Geratens und des Übertritts in einen neuen, meist entgegengesetzten Zustand eingehalten wird.
„Die Fässer-Episode [in ‚Streik‘] als Einkeilen rein amerikanischer Slapsticks in eine große, bittere Sache. Ich erinnere

mich, wie ich dadurch motivierte, daß die Zuschauer nach vier düsteren Akten müde werden und man ihnen eine komische détention des nerfs* zum Zweck einer stärkeren Wahrnehmung des Finales bieten muß."[47]

Das erste exzentrische Experiment hielt zwei Perspektiven offen: in Richtung einer emotionalisierten Beschäftigung mit der intellektuellen Montage – und einer intellektualisierten Analyse der Ekstase.

Ironie und Pathos verbinden sich in Eisensteins Werk nach den Gesetzen der Exzentrik vielfach miteinander.

Am widersprüchlichsten prägte sich dieses Konglomerat in „Oktober" aus, dessen ironischer Teil den pathetischen überragte. Der Kritiker Blejman kommentierte giftig, daß „schon die deutschen Romantiker den Vorzug der Ironie gegenüber dem Pathos kannten. Um kraftvoll zu wirken, ist die Pathetik phantastisch und hyperbolisch zu machen. Doch das lebendige Material der Geschichte erlaubte dies nicht."[48]

In „Streik" und „Potjomkin" wurde keine derartige Störung des pathetisch-ironischen Gleichgewichts empfunden. In „Oktober", der fast durchgehend mit Zeichen der Kultur arbeitete, erwiesen diese sich als zu müde für Pathetik. Das neue Verfahren ließ sich nicht auf den pathetischen Teil des Films anwenden, meinte Schklowski.[49]

Es kam zur Überschneidung zweier Intentionen: Der Fakt wurde zum Pathos kondensiert und in einen Traktat verwandelt – bei kühner Handhabung des Arsenals der Kultur, was den endgültigen Bruch mit der LEF und eine zunehmende Distanz von Tretjakow mit sich brachte.

Um den Fakt

Die Beziehungen zwischen den beiden Sergej Michailowitschs – Eisenstein und Tretjakow, der im Herbst 1922 in den futuristischen Kreisen Moskaus auftauchte – waren immer freundschaftlich: Vom ständigen Textautor für Eisensteins Proletkult-Inszenierungen und späteren Mitarbeiter an den Drehbüchern und Zwischentiteln zieht sich ein di-

* (franz.) – Entspannung der Nerven.

rekter Faden zur LEF, in der Tretjakow einer der führenden Theoretiker war und nach dem Austritt Majakowskis Chefredakteur der Zeitschrift NOVYJ LEF wurde.
Um sie konzentrierte sich das Spannungsfeld der Fakt-Debatten. Die theoretische Auseinandersetzung zum Problem des Materials und seiner Bearbeitung prägte entscheidend die Beziehungen zwischen Eisenstein, der Zeitschrift und dem Dokumentaristen Dsiga Wertow, der dieses konfliktgeladene Dreieck komplettierte.

Tatsachenfanatismus und NOVYJ LEF

Die übliche Analogie zur Renaissance, bei der Betrachtung der russischen Revolutionskunst fast zum Allgemeinplatz geworden, bedarf einer kräftigen Korrektur. Die Renaissance wandte sich den Mythen der Antike zu und begründete auf ihnen ihr Ideal. Für die LEF hingegen existierte die entmythisierende Orientierung auf die Realität, die über alle mögliche Utopien gestellt wurde. Die Wirklichkeit schien plötzlich realisierte Utopie zu werden. Darum wurde der Kunst nicht der Mythos, sondern der Fakt zugrunde gelegt.
Die Verdrängung des Alten und der Antritt des Neuen fanden ihre Entsprechung in einer kurzen Periode mythenfreier, auf das Irdische gerichteter Kunst, die vorerst mit der Wirklichkeit im gleichen Takt schritt, sich aber bald rascher entwickelte und das hinter ihren Ideen zurückbleibende Leben schließlich überholte. An dieser Bruchstelle reifte eine Krise der Kulturen heran.
Darum ist der Faktenfanatismus der NOVYJ LEF nicht so naiv, wie es auf den ersten Blick scheinen mag. Die auf ihm begründete Literatur des Fakts formierte ihr Konzept einer Revolutionskultur in der Epoche des Umbruchs.
Seine Aggressivität erhöhte sich unter dem Druck einer neuerlichen Kommerzialisierung der Kunst, die in den Jahren der NÖP einsetzte.
Der kleinbürgerlichen „Flucht aus der Wirklichkeit“ und russischen „Hypertrophie der Kunst“ sollte eine neue Beziehung Kunst – Realität entgegengehalten werden. Brik entwickelte dieses Postulat so: Die russische Intelligenz war

im Verlauf vieler Jahrzehnte weit entfernt von jeglicher praktischer Tätigkeit. Sie führte ihr Vermögen, fiktive Tatsachen und Ereignisse als reale zu erleben, zu großer Virtuosität und lernte dabei, sich zu einem Fakt wie zu einer Erfindung in Beziehung zu setzen. – Menschen gingen in Gerichtssäle und vergaßen, daß es kein Theater war. Zugleich wurden Prozesse gegen Romanhelden geführt. Die Grenzen waren völlig verwischt. – Dieses Erbe mußte überwunden werden, um für Aktionen zu mobilisieren, die auf die Wirklichkeit gerichtet waren.

Fakten mag das Kleinbürgertum nicht: Als zu jämmerlich und erbärmlich empfindet es sein Leben. Darum schuf es sich eine andere Wirklichkeit, eine exotische und heroische, in der die „Fakten" tausendmal üppiger und reicher sind.[50]

Beim neuen Menschen aber, der anders leben würde, verschwindet dieses Bedürfnis. Die Kunst sollte ihn nicht mit feinen Giften aufzehren, sondern mit Fakten für den Kampf in der Realität „aufladen".

Früher ein berauschendes Narkotikum, eine Traumfabrik – ein „Illusorium"[51] – möge sie jetzt andere Funktionen übernehmen: Informator, Lebenserbauer, „Affektorium"[52].

Im Extremismus der Schlußfolgerung, daß die belletristische Kunst zu vernichten sei, brachte die Gruppe ihre Losung hervor: „Schätzt alles Gegenwärtige und Zeitgenössische!"[53]

Das „goldene Zeitalter" wurde nicht wie in der archaischen Kultur in der Vergangenheit und auch nicht wie in der Kultur der „Faust"-Epoche in der Zukunft gesehen – es sei bereits angebrochen.

Gebraucht wurde das Heutige und sein Faktum. Aber das variable Heute versah es mit einem romantischen Schimmer. Zu seiner Darstellung taugten die alten Kunstgriffe des Illusionismus nicht mehr: Sie verfälschten den Fakt, indem sie ihn in das System der tradierten literarischen Verallgemeinerung preßten. Der Fakt lief Gefahr, seine Konkretheit in der Abstraktion einzubüßen. „Packt den Fakt mit neuen Methoden!" lautete eine weitere Losung der LEF. Der Fakt war nicht für die Konservierung im Archiv, sondern für die Einwirkung auf das Bewußtsein nötig. Der Kunst wurden zwei Aufgaben zugemessen: Fixierung von

Fakten und Agitation, die durch Emotionalisierung oder Intellektualisierung der Fakten zu verwirklichen sei.[54]
Dabei wird ein neues Konzept des Autors entworfen, der nicht mehr Epiker, Moralist oder ein Analytiker der Gesellschaft ist – sondern Lebensorganisator, Produzent, Spezialist.[55]
Dies zog eine neue Ästhetik für Literatur, Theater, Film und Malerei nach sich. Der Belletristik werden Reportage und Tagebuch entgegengehalten – als praktische Arbeit mit dem Fakt und dem Wort. Anstelle des Epos – die Zeitung, anstatt des Romans – das Bio-Interview. Zeitungsarbeiter, Referent, Instrukteur und Losungserfinder werden als „Akteure" des literarischen Alltags benannt. Das Theater ist Demonstration des Alltags mit publizistischer Diskussion von Verhaltensmodellen. Malerei wird durch Fotografie ersetzt.
Die Literatur des Fakts kann vulgär verstanden werden – als oberflächliche Widerspiegelung der Wahrhaftigkeitsidee. Sie läuft auch selbst Gefahr, vulgär zu wirken. Ihr Extremismus ging von einer Grundhaltung aus, „nämlich der Vorsicht vor allzu rascher künstlerischer Verallgemeinerung in den üblichen Verfahrensweisen. Es wird aufgerufen, länger bei der Analyse der Fakten zu verweilen, genauer hinzusehen, um ihr Beziehungsgefüge herauszubekommen und sie nicht zum Opfer eines eingeführten Beziehungsmusters oder gar eines eingeführten Genres zu machen."[56] Die Arbeit im Grenzgebiet zur Realität führte schließlich und endgültig zu einer Übertretung der Markierungen zwischen ihr und der Kunst. Autorenschaft wurde abgelehnt, der einzelne Autor durch kollektives Schaffen ersetzt, de-individualisiert und ent-professionalisiert, eingegliedert in die Produktionsnöte der Fabriken und Kolchosen.[57]
Aber nicht nur die Grenze zwischen Kunst und Realität wurde einer Revision unterzogen. Das Streben nach Genauigkeit sollte auch die Abgrenzung zur Wissenschaft aufheben. Die Kunst sollte auf der bewußten Kenntnis der Dialektik basieren. Anderenfalls bliebe ihre Aufgabe, als Instrument des Klassenkampfs dem Millionenrußland die Augen zu öffnen, unerfüllt.
Die LEF war als breiteste Front der linken Künste konzi-

piert. Zunächst blieben ihre Ideologen und Theoretiker tolerant, was die Haltung zu neuen Techniken, den Fakt zu fixieren, betraf. Bald aber wurde die Herausarbeitung einer neuen Ästhetik leidenschaftlich auf den Schnittpunkt der Probleme Material, Konstruktion, Funktion getrieben, und allmählich verhärteten sich die Vorstellungen von der Verarbeitung eines Fakts zu erschreckend kasuistischen Dogmen. Außerdem begann die Zeitschrift Abtrünnige mit inquisitorischer Leidenschaft zu verfolgen. Heftige Unstimmigkeiten führten zum Bruch: Wertow und Eisenstein, deren Manifeste in einem Heft abgedruckt waren,[58] verließen die Gruppe. Ihre Arbeitsmethoden erschienen den LEF-Theoretikern willkürlich, später akzeptierten sie weder den einen noch den anderen. Die Auseinandersetzungen waren deshalb so scharf, weil die Gruppe den Film mit seinem fotografischen Reproduktionscharakter für die Realisierung ihres Programms als geradezu prädestiniert ansah. Aber nicht nur die LEF verhielt sich ablehnend, auch beide Künstler bekämpften sich unerbittlich, obwohl ihre Prinzipien in vielem ähnlich waren und sie einander viel verdankten.

Wertows Filmfabrik der Fakten

Der „ungestüme Dsiga", der die Wahrheit und nichts als die Wahrheit des Fakts verlangte, wurde unerwartet für alle und sich selbst zum Paten des Autorenfilms. Er rang um seinen „Filmoktober" als Gegensatz zur kommerziellen Traumfabrik (Spielfilm), formulierte seine Theorie und begann sie zu verwirklichen. Er proklamierte das Primat des Lebens, lehnte konsequent den Schauspieler und das Szenarium als die Fiktion eines einzelnen Menschen oder einer Gruppe ebenso ab wie das Inszenieren, narkotisierende Einwirkungen und die Verbindung zu jeder Art Theater, auch dem exzentrischen.

Das Prinzip der Rekonstruktion des Lebens sollte durch das Prinzip „Film-Auge" ersetzt und in die Demonstrationsformel „überrumpeltes Leben" gepreßt werden.[59] Doch sie lag der Arbeitsmethode Wertows nicht zugrunde. „Das überrumpelte Leben" war nie identisch mit der „versteckten Ka-

mera", und das nicht nur auf Grund der technischen Unmöglichkeit, dieses Verfahren mit der behäbigen und lärmenden Aufnahmetechnik der zwanziger Jahre zu realisieren.
Wertow begann mit der Erarbeitung von Prinzipien der Filmsprache, die alle Mittel und Techniken der Kamera und der Montage erfaßten. Sein Programm des Dokumentarismus schloß nicht nur den Fakt als Grundstoff ein, sondern auch dessen experimentelle Bearbeitung, was zum Unterpfand der neuen Autorenschaft wurde. Wertow „überrumpelte" zwar das Leben, organisierte aber die Fakten zu einem neuen Ganzen, zu einem Extrakt, einer Verallgemeinerung.
Wertows Konzept schien zunächst den LEF-Ideen sehr verwandt und erinnerte an Majakowskis Artikel in der Zeitschrift „Kino-Fot"[60], die bei der Formierung der Gruppe um Dsiga Wertow eine besondere Rolle spielte. (Hier trat sie mit ihrem ersten Manifest auf.) Wegen dieser Ähnlichkeit blieb Wertows Eigenart lange Zeit unentdeckt. Seine Filme wurden als ein Teil des Kampfes um den Fakt in der Literatur aufgefaßt, unterdessen entfernten sie sich weit von Tagebuch, Reportage, Bericht und der postulierten Ablehnung einer Autorenschaft.
Wertow erfüllte nach Meinung seiner Kritiker, die ihn scharf attackierten, nicht einen dieser Punkte. Er beraube viele Szenen ihres Dokumentarcharakters, und zwar nicht nur mit technischen Tricks (der Zurückverwandlung eines Stücks Fleisch auf dem Ladentisch in einen Ochsen oder der Zerteilung des Bolschoi-Theaters in zwei Hälften). Wertow konnte nicht wegkommen vom Inszenieren, vom fabulierend-thematischen Organisieren des Materials und auch nicht vom Menschen auf der Leinwand, der nach *seinem* Willen agierte. Außerdem zeigte er nicht das Leben, wie es war, sondern so, wie er es sah.
Bilder aus „Vorwärts, Sowjet!" und „Ein Sechstel der Erde" waren als dokumentare Information konzipiert. Die Wertow-Gegner meinten jedoch, der Dokumentar-Gestus sei verlorengegangen. Von Dokumentaraufnahmen verlangte man, daß diese an einen bestimmten Ort, einen Zeitpunkt gebunden sind – bis hin zur Authentizität der Registriernummer einer Dampflokomotive, die durchs Bild fährt.[61]

Wertow schuf nicht nur den idealen, real nicht existenten Raum und Menschen[62], er strebte auch nach Begriffen, die im Bewußtsein des Zuschauers aus der Kopplung einzelner Einstellungen entstehen sollten. Darum konnten die Ziegelsteine einer Baustelle mit dem Bauch einer Schwangeren in einer Folge montiert werden. Die Montage fügte Fakten nach den Assoziationsgesetzen des Spielfilms zusammen – deformierte sie also. Das stieß auf Ablehnung. „Die Montage von Dokumentarmaterial erfordert keinerlei Verfahrensweisen des Spielfilms – Verschlüsselung und Enträtselung von Geheimnissen, Verzögerung, Beschleunigung, Pausen, Unterbrechungen und andere Techniken der Dramatisierung. Dokumentareinstellungen sind an sich wertvoll!" erklärte Brik.[63]
Wertow wehrte sich dagegen: Er zeige nicht Ausschnitte der Wahrheit – sondern die ganze Wahrheit, nicht die Einzelaufnahme eines Fakts oder ihre Summe – sondern dessen höhere Mathematik.[64] „Es ist falsch zu behaupten, daß ein von der Filmkamera fixierter Lebensfakt das Recht einbüßt, sich als solcher zu bezeichnen, wenn auf dem Filmmaterial nicht seine genaue Benennung, Tag, Ort und Nummer vermerkt wurden."[65]
Doch diese Freiheit im Umgang mit Dokumentarmaterial und seine Montage nach Spielfilmgesetzen galten nicht als Wertows einzige Sünde. Die poetischen Zwischentitel waren keiner geringeren Kritik ausgesetzt. Entgegen dem erklärten Verzicht auf Literatur kam er bei der Konstruktion seiner Filme ohne sie nicht aus. Die Zwischentitel enthielten die wesentlichen ideellen Aussagen, verketteten die Bilder, vermittelten ihnen Symbolgehalt und agitatorisches Pathos. Das Material wurde wie ein Satz mit rhetorischer Technik – Aufzählung, Vergleich, Anrede – organisiert. Das zeigte sich besonders in „Ein Sechstel der Erde". „Dies ist die Rede eines Rhetorikers, aber kein Film", schrieb Michail Blejman, „er ist mit rednerischen Techniken und Wiederholungen gestaltet. Als ob er eine Losung ausruft und manchmal sogar deklamiert."[66]
Schklowski bemerkte: „Die Frage des Nichtspielfilms ist sehr kompliziert. Im Säuglingsalter des sowjetischen Films behauptete man, dies sei das ‚überrumpelte Leben'. Es zeigte sich aber, daß er in erster Linie durch die Montage

zustandekommt ... Für die selektive Filmform Wertows erwies sich nicht die Arbeit mit zufälligen Laien als vorteilhaft, sondern die Verlagerung von kompositorischen Aufgabenstellungen aus dem Bereich der Fabel in den Bereich einer rein vergleichenden Konfrontation des Materials."[67]
So stellte sich heraus, daß Wertows Dokumentarfilme ein Entwurf für den Film ohne Fabel waren.
„Vor uns erhebt sich die Frage", schrieb Schklowski, „womit wir fabellose Konstruktionen zusammenhalten sollen. Das Beispiel Dsiga Wertow zeigt, daß die pure Negation der Fabel keine Lösung ist. Fabelstrukturen existieren seit Jahrtausenden, und zwar nicht irrtümlicherweise. Sie gestatten es, die Verarbeitung eines Stoffes zu intensivieren ... Wertow dachte, er vermag die wiederkehrenden Fabelmomente durch lyrische Refrains zu ersetzen, einzelne Segmente aus bestimmten Situationen herauszuschneiden und diese als einheitlichen Kehrreim zu montieren. Doch dieses Verfahren ging nicht auf."[68]
Schließlich ließ Wertows jegliche Inszenierung ausklammerndes System sie eben dort zu, wo das Material nicht ausreichte. In dieser Frage waren die Kritiker gnadenlos. Schklowski belächelte Wertows Regieassistenten, einen Kleinbauern, der in der „Kino-Pravda" als Mittelbauer auftrat.[69]
Das Prinzip „überrumpeltes Leben" schien unvereinbar mit dem Eingriff in die Authentizität der Abbildung. Darum war die NOVYJ LEF gegenüber Wertow so erbarmungslos: Wessen Hand agiert zum Beispiel, wenn in „Vorwärts, Sowjet!" eine Toilettenspülung betätigt wird? Das ist nicht festzustellen, höchstwahrscheinlich war es die eines Schauspielers, wenn auch vielleicht keines professionellen.[70]
Oder: Der Regisseur holt sich für Filmaufnahmen einen Holzfäller, mag es gar ein echter sein, der zudem tatsächlich Holz hackt – trotzdem ist es inszeniert.[71]
Die in Heft 11/12 des Jahrgangs 1927 geführte Diskussion beendete den Streit mit dem Entwurf einer allgemeinen „Filmplattform", auf der für Wertow kein Platz mehr war.
Die Vorbereitung des Wirklichkeitsmaterials zur Demonstration, Imitation und willkürliche Montagekopplungen wurden dem Regisseur verwehrt.
Im Interesse der exakten Abgrenzung des Spielfilms vom

Nichtspielfilm wurde Wertow das Recht auf Fiktion und poetische Verallgemeinerung abgesprochen.

Er selbst verteidigte mit ebensolcher Intoleranz die „Reinheit der Gattung“ und warnte vor der Bedrohung durch den Spielfilm, „der sich als Dokumentarfilm zu maskieren begann“.

„Jetzt ... genügt allein schon die Entlehnung der äußeren Machart des ‚Film-Auges‘ durch den sogenannten ‚Kunst-Film‘, um auch auf diesem Gebiet des Films Lärm zu machen (‚Streik‘ und ‚Potjomkin‘) ... Wie schnell, auf welchen Wegen und um den Preis welcher Enttäuschungen der proletarische Zuschauer allmählich zur Einsicht in die Unmöglichkeit der Rettung des dahinsiechenden und degenerierenden ‚Schauspieler-Films‘ bei regelmäßiger Injektion einzelner Elemente des ‚Film-Auges‘ kommt, das wird die Zukunft zeigen ...

Neben einer vereinigten Filmfabrik der Grimassen (Zusammenschluß aller Arten der Film-Theater-Arbeit von Sabinski bis Eisenstein) soll

eine Filmfabrik der Fakten gebildet werden.

... Keine FEKS ... und auch keine Fabrik der Attraktionen Eisensteins ...“[72]

Aber sowohl Wertow als auch der von ihm angegriffene Eisenstein kamen, zwar von verschiedenen ästhetischen Plattformen ausgehend, folgerichtig zum Autorenfilm der Montage. Beide begannen mit der Behauptung vom Tod der alten kommerziellen Genrekunst, die auf Schauspieler, Fabel und Theaterrudimente baute, und verschrieben sich ihrem Umsturz. Allerdings übersah Wertow in puncto Attraktionsorientierung seine Ähnlichkeit mit Eisenstein. Und nachdem sie sich bei Filmaufnahmen gleich am ersten Tag verzankt hatten (Wertow sollte für den „Gescheitesten“ den Filmteil „Glumows Tagebuch“ drehen), strebten beide nicht mehr nach Versöhnung. Doch sogar zu jener Zeit empfanden die Kritiker die Verwandtschaft der Zerstrittenen recht deutlich, „weil die dokumentarischen [Wertow] wie auch die inszenierten Stücke [Eisenstein] bei der Aufnahme und Montage in gleichem Maße einer stilisierenden Bearbeitung unterliegen“[73]. „Die Methoden Attraktionsmontage und ‚Film-Auge‘ ersetzten das unvollkommene Auge eines Schaulustigen und zeigten, was man wie sehen muß, um zu handeln.“[74]

Eine paradoxe Situation: Wertow bezichtigte Eisenstein der

Übernahme von „Film-Auge"-Methoden in seinen Spielfilm und war doch selbst beschuldigt worden, die assoziative Montage aus dem Spielfilm benutzt zu haben.

Eisensteins Film-Faust gegen Wertows Film-Auge

Wertow wollte Dokumentaraufnahmen dramatisch organisieren, Eisenstein „dokumentarisierte" das Drama. Dabei zollte er allen Neuerungen Wertows den nötigen Tribut: Schärfe der realen Faktur, Montage kurzer Einstellungen mit extrem verschiedenen Aufnahmewinkeln, rhythmische und thematische Kopplungen, Zergliederung eines Geschehens in einzelne Phasen; schließlich war sein Kameramann Tissé bei der „Kino-Pravda" entscheidend geprägt worden. Dennoch zog Eisenstein eine klare Trennungslinie zu Wertow. Er teilte nicht so sehr dessen Begeisterung für die technischen Möglichkeiten der Filmkamera und verstand daher die eigene Position nicht als die eines „Auges": „Wir brauchen kein Film-Auge, sondern eine Film-Faust."
Ohne einen „genetischen Zusammenhang" mit Wertow zu leugnen, verwies Eisenstein auf den „krassen prinzipiellen Unterschied" zwischen ihnen. Wertows Arbeiten seien lediglich der „Februar", der den Sturz der Monarchie des Spielfilms vollzogen hatte, – „Streik" hingegen sei der „Oktober". Allein schon deshalb, weil er „keinen Anspruch darauf erhebt, den Bereich der Kunst zu verlassen, und gerade darin seine Stärke liegt". Wertows Gruppe verneint die Kunst, was sie in eine höchst lächerliche Lage bringt, „weil man nach einer Formanalyse ihrer Arbeit zu dem Schluß kommen muß, daß diese sehr wohl zur Kunst gehört, ja sogar zu einer der ideologisch am wenigsten wertvollen Erscheinungsformen – dem primitiven Impressionismus ...
Wertow wählt aus seiner Umgebung das aus, was ihn beeindruckt, und nicht das, wodurch er imstande wäre, den Zuschauer so zu beeindrucken, daß er dessen Psyche umpflügt."[75]
Wegen dieses Impressionismus dringt das „Film-Auge", nach Eisensteins Meinung, nicht in die Statik und Kausalität der Lebensbeziehungen ein, überwindet es das Material Wirklichkeit nicht, sondern beugt sich ihm.

Die „Kino-Pravda" „packt den Zuschauer durch den Attraktionscharakter ihrer Themen und die rein äußerliche, formal perfekte Montage einzelner Passagen", schrieb er in „Montage der Filmattraktionen". Aber die Kanonisierung des Materials allein „beraubt die Filmkunst ihrer Flexibilität hinsichtlich der umfassenden gesellschaftlichen Aufgaben ...", es „bleibt einzig und allein eine ästhetisierte Verliebtheit in den Alltag"[76].

In seiner Kontroverse mit Wertow verteidigte Eisenstein die konsequente Inszenierung eines ganzen Films und jeder einzelnen Einstellung. Darin widerspiegelt sich auch seine Theaterkultur, und gerade dieses Prinzip führt ihn schließlich zu „Iwan der Schreckliche". Die Annäherung einer Einstellung an eine Dokumentaraufnahme war für ihn nur innerhalb der Grenzen zulässig, die von der Realisierung einer künstlerischen Idee diktiert wurden.

Der Dokumentarbegriff erschöpfte sich nicht im Material des Fakts, seiner technisch perfekten und betont expressiven Fixierung bei klar abgestecktem sozialem Auftrag. Der Fakt aus dem Leben sollte zum Fakt der Kunst umgeformt werden.

Darum sind Authentizität der Abbildung, Verzicht auf Maskenbild und gebaute Dekoration nur eine Vorbedingung.

Die Rekonstruktion der Fakten in „Oktober" war virtuos. Die Juli-Demonstration und der Sturm auf das Winterpalais wirkten wie Originalaufnahmen. Lange Jahre hingen in Revolutionsmuseen Bilder aus „Oktober" als „echte" Fotografien von den Ereignissen. Ihre Authentizität wurde nicht in Zweifel gezogen.

Und doch waren „Streik", „Potjomkin" und „Oktober" nicht nur eine technische Nachgestaltung und Vergegenwärtigung der Geschichte, sondern der Versuch, die Begriffe Streik, Aufstand und Revolution zu definieren. Eisenstein strebte danach, zwei Pole zusammenzuführen: die maximale Authentizität der dokumentaren Abbildung und die maximale Erlangung eines gültigen Modells.

Eisenstein knüpfte das Material nicht zu Handlungsknoten, sondern koppelte inhaltliche Elemente so, daß sie zu kompositorischen wurden.
Schklowski schrieb dazu: „Einst wurde ein Verfahren geschaffen, um inhaltliche Elemente durch ein Heldenschicksal zu klammern. Das ist nicht die einzige Methode, auf jeden Fall ist es eine, aber nicht die Norm.
Eisenstein meint, wenn man jetzt einen Szenaristen beauftragt, den Krieg unter sieben Gesichtspunkten darzustellen, so würde dieser eine Familie mit sieben Söhnen erfinden. Unterdessen zeigt die Technik der Kunst, daß kompositorische Verfahren inhaltliche ersetzen können und dabei denselben Effekt hervorrufen ... Der Film bedarf gegenwärtig nicht der traditionellen Fabel ... Der Nichtspielfilm leistet dabei eine Hilfestellung als jenes Hindernis, das die neue Technik zur Lösung dieser Aufgabe hervorbrachte. Eigentlich existieren Handlungsszenarien, das heißt die kommerziellen, die immer noch geschrieben werden, schon wie Mumien. Leider aber sind Mumien sehr langlebig."[77]
Das Problem der Beherrschung und Brechung narrativer Strukturen wurde im Film anders gelöst als im Theater und auch anders als in der Literatur, wo man es noch energischer debattierte. Aufrufe, bei den Abenteuerromanen des Westens in die Schule zu gehen (Lew Lunz und die Serapionsbrüder) standen neben der Zurückhaltung Tynjanows, dem Verzicht auf tradierte Handlung in der Literatur des Fakts und den Spötteleien Majakowskis und Briks über Sujetmuster.[78]
Der avantgardistische Film ohne Fabel war in der Minderzahl. Tretjakow äußerte in dem Aufsatz „Produktionsszenarium" sein Entsetzen über die Vorherrschaft von „Fabelmachern", die ein Sortiment schematischer Situationen handhabten wie beim Kartenlegen, was dazu führte, daß authentisches Material entweder ignoriert oder, als exotische Beigabe, der Fabel angepaßt wurde.[79]
Er meinte, daß der neue Stoff nicht durch eine „alttestamentarische" Interpretation (das heißt durch Fabel und Komposition) verkrüppeln sollte.[80] Die Konfrontation Ma-

terial – Fabel wurde von ihm mit höchster Empfindlichkeit aufgenommen.
Nachdem Griffith im amerikanischen Film epische und romanhafte Formen für die Erzähltechnik in der Montage verarbeitet hatte, zehrte der kommerzielle Film lange Zeit von der Trivialliteratur. Aber auch innerhalb der sowjetischen Avantgarde existierte eine derartige Ausrichtung: Kosinzew und Trauberg versuchten in der FEKS Elemente dieser Literatur stilisierend zu verwerten.
Die von Tynjanow eingeführte Differenzierung der Sujettypen in auf die Fabel, die Semantik der Handlung gestützte und in außerhalb der Fabel entfaltete hatte ihre Gültigkeit auch im Film, der analog dazu verschiedene Arten der Montage hervorbrachte.[81]
Zu dem zweiten Sujettyp kamen Eisenstein und Wertow gleichzeitig.
Eisenstein entwickelte, der Chronologie des Fakts folgend, nicht die Handlung, sondern das Thema. Als Impuls wird eine dramatisch geladene Situation genommen, womit sich die Bewegung der Handlung erschöpft. Danach wird mit Hilfe einer ganzen Folge von Sinnbildern die Situation aufgeschlüsselt. „Oktober" ist in dieser Hinsicht exemplarisch.
Eisenstein definierte diese neue Filmform als einen „Essayband mit Themen, die den Oktober ausmachen"[82].
Das Aufklappen der Brücken ist enorm gedehnt. Schklowski bemerkte, Eisenstein habe sie so aufgeklappt, daß ihm nichts mehr zur Erstürmung des Winterpalais blieb.[83] Die Kamera verweilte auf den Kronleuchtern, die von Schüssen erzitterten („Als ob sich die Auswirkungen der Oktoberrevolution nur an Kronleuchtern widerspiegeln!" rief Brik aus[84]), oder auf einem Pferdekadaver, der die Kritiker schockierte.
Wenn auch „Oktober" äußerlich den Massenpantomimen folgte, die ein Jahrzehnt zuvor auf demselben Schloßplatz aufgeführt wurden, so entfernte sich der Film doch weit von deren naiver Geschichtsreproduktion. Die Kamera verharrte auf einer Reihe von Gegenständen, die nach Eisensteins Konzeption zu Begriffen wachsen und die Ereignisse interpretieren sollten.

„Oktober" war eine Deklaration der Ästhetik statischer Einstellungen. Die Dynamik wurde „jenseits der Einstellung" angesiedelt und ergab sich nun aus dem Gedankensprung von einer zur anderen. Die Abstraktion der weder in einer konkreten Zeit noch in einem konkreten Raum verankerten Nahaufnahme gestattete es, eine solche Bewegung zu realisieren. Die Codierung des Films nahm zu.
Die erste Episode zeigt den Abriß eines Zarenmonuments. Der Fakt – die Statue Alexanders III. wurde tatsächlich abgerissen – wurde fotografisch fixiert. Doch in Eisensteins Montagefolge verwandelt sich der Fakt in einen Begriff für den Sturz der Macht. Zunächst wird der Begriff Macht aus Zeichen, Details des Denkmals, zusammengefügt: Epauletten, Krone, Zepter, Reichsapfel, Thron, die Statue im ganzen. Dann wird durch die Demontage des Denkmals ein zweiter Begriff – ihr Umsturz – konstruiert.
Die zweite Episode – Februarrevolution – wird aus einer Serie statischer Einstellungen montiert: Gewehre, Sensen, eine Schlange nach Brot, Explosionen und ein in Gang gesetzter Mechanismus, der als Sinnbild für die Kriegsmaschine stehen soll, während die ersten drei Einstellungen quasi den Forderungen des Minimalprogramms – „Frieden", „Land", „Brot" – entsprachen.
Die dritte Episode – Gottesdienst für die Provisorische Regierung – baut auf die bereits vermitteltenden Bilder auf, die allerdings in anderer Reihenfolge montiert werden.
Eisensteins Film ist wie eine sich aufspaltende und wieder zusammengehende Tonleiter, wie die „abnehmende intellektuelle Tonleiter" der Götter.[85] Die Wiederholungen auf verschiedenen Ebenen überfrachten die Komposition und lösen die letzten Rudimente von Handlung auf.
Das ließ sich bereits an der dritten Episode ablesen. Die Demontage des Denkmals wird in umgekehrter Reihenfolge rückgängig gemacht: Das Monument wird mit dem technischen Trick des Rückwärtslaufs wiedererrichtet, wie die alte Macht.
Der Gottesdienst keilt sich in eine andere Episode – Front – ein, die so montiert wird: Bewegung aus den Schützengräben – Verbrüderung – Meeting – Gottesdienst – Explo-

sion – Abbruch des Meetings – Rückkehr in die Schützengräben.

Die Messe ist nach demselben Prinzip gebaut. Die erste Einstellung zeigt das strahlende Gold des Priestergewands, dann folgt ein Weihrauchfaß, Bourgeois- und Generalsgesichter alternieren mit dem dreifachen Zwischentitel: „Hurra!", und nun setzt die Wiederholung von Weihrauchfaß und „Gesichtertonleiter" in umgekehrter Reihenfolge ein. Die letzte Einstellung – das strahlende Gold des Priestergewands – wiederholt die erste. Danach kommt die zweite Hälfte der Episode „Front", die ‚seitenverkehrt' die erste Episode ‚widerspiegelt'. Vor ihrem Beginn steht wie zur Warnung ein Zeichen: Der Adler, Symbol der Selbstherrschaft, mit fletschenden Zähnen.

An verschiedenen Stellen werden einzelne Einstellungen, kurze Abschnitte einzelner Montagesequenzen wiederholt.

Diese refrainartige Wiederkehr schafft eine rhythmisch organisierte Komposition, die einer geschlossenen Autorenkonzeption folgt.

Selbst in „Potjomkin", der sich einer klassischen Fabelkonstellation noch am meisten näherte,[86] gab es eine Fülle rhythmisch organisierter Wiederholungen.

Das brutale, bei Eisenstein häufige Motiv des gewaltsamen Sterbens von Kindern wird in der Episode „Treppe von Odessa" in zwei Phasen zergliedert. Der Kopf des getöteten Kindes, die Nahaufnahme seines zertretenen Gesichts, die Mutter, die den Verstand verloren hat – stehen als Vorankündigung der Kulmination in der Sequenz „Kinderwagen". Nach der Lehrerin, die „Menschenkinder" zu retten versucht, sehen wir eine Frau in Schwarz mit Madonnengesicht. Sie wird sofort in Trauer gezeigt, um im Zuschauer die Empfindung der Todesnähe zu forcieren. Das Kind ist schon getötet, man tötet auch die Mutter, und erst dann holpert der zerbrechliche Kinderwagen, die schweren, langsamen Bewegungen der Soldatenstiefel wiederholend, die Treppe hinunter.

Die Dramaturgie des „Potjomkin" ließe sich nicht nach den Gesetzen von Griffith' Melodramen beurteilen, „Oktober" nicht nach den „Potjomkinschen" Konstruktionsprinzipien, meinte Eisenstein, sich selbst verteidigend.[87] „Oktober" zerschlug das organische Ganze des „Potjomkin" und wirkte bahnbrechend für ein prinzipiell neues Verständnis der Filmform. Er bedeutete den vollständigen Verzicht auf die dramaturgische Anekdote. Die Historie selbst lieferte das Material zu ihrer dialektischen Enthüllung.

Auf diese Weise gerieten vor dem Zuschauer Fakt und Erzähltechnik in Konflikt. Der Regisseur suchte in einer Kette von Fakten nach Gesetzmäßigkeiten ihres Zusammenhangs. Er betrachtete die Umgebung eines Geschehens und entlieh ihr Sinnbilder, so daß er nicht Erzähler war, sondern Interpret.

Als Wertow Spiel und Inszenierung, die „deformierenden Vermittler" zwischen Kamera und Realität, ablehnte, ahnte er nicht, daß außer dem Darsteller und „Fabelmacher" auch der Regisseur am Schneidetisch als solcher Vermittler fungiert.

In seinen Kompositionen vereinigte er Fakten nicht auf Grund von deren Nachbarschaft oder Alltagsbezug. „Vorwärts, Sowjet!" und „Ein Sechstel der Erde" zeigten Situationen, die an sich einfach waren, jedoch variiert, kontrastiert und zu einem übergreifenden Thema geklammert wurden: Bewegung jetzt – Lähmung damals („Vorwärts, Sowjet!"), Alltag und Arbeit in dem „Sechstel der Erde" – und in der Welt des Kapitals.

Wertow und Eisenstein bewegten sich beide auf *eine* filmische Dichtkunst zu – der eine auf der Ebene kontrastierender Vergleiche, der andere mit Hilfe metaphorischer Sinngebung.

Die Attacke der NOVYJ LEF

Trotz der Tatsache, daß die Ereignisse in „Oktober" mit ungeheurer Pietät unter Zuhilfenahme von Fotos, Archivmaterialien, durch Befragung von Augenzeugen und Teilnehmern rekonstruiert wurden (der einstige Leiter des Petrograder Revolutionskomitees, Nikolai Podwoiski, kommandierte die Erstürmung des Winterpalais zum zweiten Mal), schockierte das Resultat: Eisenstein formte ein Faktum zum Traktat.

Die NOVYJ LEF trat entschieden gegen diese Eigenwilligkeit auf: „Die Oktoberrevolution ist ein so gewaltiger Fakt, daß ein Spiel mit ihm undenkbar ist.“[88] Noch heftiger reagierte man darauf, daß Lenin durch einen porträtähnlichen Laien ersetzt und über die Montagesequenz (Menschenmenge, Scheinwerferstrahlen, wehende Fahnen, Losung, Denkmalgestus – die vorwärtsweisende Hand) vermittelt wurde. „Eisenstein will den Film nicht als Methode zur Demonstration der realen Wirklichkeit auffassen“, schrieb Brik, „er erhebt den Anspruch auf philosophische Filmtraktate … Auf diesem Weg aber kommt man über ideographische Symbolik nicht hinaus.“[89]

Eisenstein entgegnete, ein Künstler könne niemals nur Sklave des Materials sein. Wer sich dem Stoff unterwerfe, gelange zu reiner Empirik.

In den zwanziger Jahren dominierte im Film nicht die fotografische Objektivität. Mit betonter Subjektivität versuchte der Film sich gegen die Anschuldigung, er sei lediglich ein technisch perfekteres Reproduktionsmittel der Wirklichkeit, als Kunst zu verteidigen. In diesem Prozeß der Selbstfindung stand er vor der Aufgabe, sich eine eigene Methode der Vermittlung von Raum und Zeit zu schaffen – die Montage.

Das Zusammentreffen dieser Subjektivität mit dem Rohmaterial Wirklichkeit brachte einen spezifischen Begriff des Dokumentaren hervor.

Eisensteins Bruch mit der NOVYJ LEF kommentierte Ossip Brik so: „Die Kunstgeschichte kennt nicht wenige traurige Beispiele für die schnelle Fabrizierung eines Genies und den Untergang dieses Genies infolge der Unverhältnismäßigkeit der in es gesetzten Hoffnungen.“[90]

Die Beziehungen der LEF-Kritiker zu Wertow und Eisenstein gestalteten sich kompliziert. Illusionen gingen allerseits verloren. Aber die im Verlauf der Auseinandersetzungen aufgetauchten Probleme waren nicht privater Natur. Zwei Paradoxa blieben: Der Verzicht auf den Mythos im Namen des Fakts und die Umformung des Fakts in einen Traktat, später in ein Mythos. Der Fakt wurde mit Hilfe eines der subjektivsten Ausdrucksmittel, der Montage, verarbeitet. Deshalb lieferte die Kunst Wertows und Eisensteins ein für ihre Zeitgenossen so unerwartetes Resultat. Um so

mehr, als in ihren Manifesten das Primat des Fakts den Anspruch auf Subjektivität sehr weit zurückdrängte.
Beide bewegten sich auf die Schaffung einer absoluten Filmsprache zu, die bei dem einen in „Der Mann mit der Kamera“ und bei dem anderen auf dem Weg von „Oktober“ zu „Kapital“ deklariert worden war. Eisenstein wollte dessen „formale Seite James Joyce widmen“.[91]

Anbruch der literarischen Periode

Den Versuch, eine filmische Sequenz über die Symbolik der Sprache zu realisieren, nennt Eisenstein Eintritt in die „zweite literarische Periode“.[92] Die erste, charakterisiert in dem unvollendeten Aufsatz „Die Löwen, die aufbrüllten“, verkündete die Entlehnung von Fabel, Komposition, Charakter. Nun entdeckt Eisenstein, daß die einzige Analogie zur Montage in der Konstruktion einer verbalen Aussage liegen kann.
Bereits in „Glumows Tagebuch“, der filmischen Attraktion aus dem „Gescheitesten“, versuchte er, die dem Theater verwehrten Möglichkeiten assoziativer Montage sich mit Hilfe des elementaren Zusammenklebens zweier Filmeinstellungen anzueignen, um den verbalen Vergleich direkt zu realisieren. Das Chamäleon Glumow verwandelte sich durch Überblendung (um die Vorstellung der handelnden Personen von ihm zu verbildlichen): In einen Esel vor Miljukow; in einen Säugling vor der Tante, die eine Leidenschaft für den jungen Neffen hegt; in ein Maschinengewehr vor dem General.[93]
1926, während der Arbeit an „Oktober“, erscheint Eisensteins Aufsatz „Bela vergißt die Schere“. In der Polemik mit dem Theoretiker Bela Balázs behauptet er: „Der Ausdruckseffekt des Films ist das Ergebnis von Zusammenstellungen. Und hierin liegt das Spezifikum des Films. Eine Einstellung deutet den Gegenstand nur im Hinblick auf dessen Verwendbarkeit in einer Zusammenstellung mit anderen Sequenzteilen. Balázs spricht immer nur von ‚Bild‘, von ‚Einstellung‘, und niemals von einem ‚Sequenzteil‘! Die Einstellung indessen ist nur die Verlängerung einer Auswahl, der Auswahl eben dieses einen und keines anderen

Gegenstandes von eben diesem Aufnahmepunkt aus, in eben diesem und keinem anderen ‚*Ausschnitt*' (wie die Deutschen sagen), und die Bedingungen des Films erschaffen die ‚bildliche Gestalt' aus genau dieser ‚*Ausschnitt*'-Zusammenstellung.

Die Symbolik des Films ... darf nämlich nicht aus der gefilmten Symbolik der Gestikulationen – oder auch mehrerer – Menschen aufgebaut werden (Nähe zum Theater) und ebensowenig aus einer selbständigen Gemälde-Symboliererei ... (Nähe zur Malerei) ...

Das Filmverständnis tritt jetzt in seine ‚zweite literarische Periode'. In die Phase der Annäherung des Films an die Symbolik der Sprache. Der Rede. Der Rede, die der ganz konkret materiellen Bezeichnung einen symbolischen (das heißt nicht-buchstäblichen) Sinn bzw. ‚Bildhaftigkeit' verleiht, und zwar durch eine der buchstäblichen Bedeutung wesensfremde Kontext-Zusammenstellung, das heißt also auch durch die Montage."[94]

Eisenstein und Wertow zielten auf die Überwindung des realen zeitlichen und räumlichen Seins eines Gegenstandes, auf seine Verwandlung in ein Symbol. Filmeinstellungen sollten wie Begriffe funktionieren.

„Wertow versucht, über das Wort den Einstellungen Semantik zu vermitteln", schrieb Ossip Brik in seiner Rezension zum „Elften Jahr", „aber das geht nicht auf. Semantik kann Filmeinstellungen nicht von außen beigegeben werden. Sie ist in ihnen selbst enthalten. Wenn es sie in einer Einstellung gibt, läßt sie sich nicht mit verbalen Aufschriften verändern. Oder beseitigen. Wertow nimmt aus einer ganzen Passage einzelne Einstellungen heraus, kombiniert sie mit einzelnen Einstellungen einer anderen Passage über Zwischentitel und meint, er habe die unterschiedliche Semantik der Einzeleinstellung zu einer neuen verschweißt. In Wirklichkeit zerfließen die Bilder, streben nach ihrem ursprünglichen Gehalt, und der Zwischentitel baumelt über den Einstellungen, ohne sie in irgendeiner Weise zusammenzukitten."[95]

Anschaulichkeit führte nicht zum Sinnbild, obwohl in einigen Fällen „ein Gegenstand seine Gegenständlichkeit verlor und Transparenz zu erlangen begann wie die Werke der Symbolisten. Ein Mensch, der auf breiten Skiern in den

Weiten des Schnees verschwand, wurde zum Symbol für die schwindende alte Zeit", schrieb Schklowski.[96]
Eine Einstellung konnte zwar zum Zeichen werden, doch die Filmmetapher erwies sich bald als ein vielschichtiger Komplex.

Majakowski

Die Beziehungen zwischen Majakowski und Eisenstein waren in ihrem Wesen weitaus komplizierter als die biographisch rekonstruierbaren. Aufschluß darüber liefert nicht nur die Zeile „Majakowski und wie keine Freundschaft zwischen uns zustande kam" aus den autobiographischen Aufzeichnungen Eisensteins.[97]
Majakowski bedauerte 1923, daß nicht er den Text für den „Gescheitesten" geschrieben hatte[98], dennoch fanden sie auch später zu keinerlei Kooperation als Drehbuchautor und Regisseur. Das Monumentale der Eisensteinschen Filmwelt stand im Gegensatz zu Majakowskis Filmentwürfen „aus persönlichen Motiven über den kollektiven Alltag".[99]
Ihr konkretes filmisches Denken ist verschieden. Majakowski nennt Kuleschow als möglichen Regisseur für seine Filme. Eisenstein äußert sich, allerdings schon nach dem Tod des Dichters, über dessen Szenarien in scharfer Form: „Völlig umsonst kanonisiert man diese Drehbücher. Nicht in den kläglichen Szenarien, sondern in seiner Denkweise war er filmisch".[100]
Während die Poetik Majakowskis zur extrem materiellen „filmischen" Konkretheit strebte, formierte sich Eisensteins Filmmethaper zunehmend unter dem Einfluß literarischer Prinzipien.

Gegenstand und Name

In der Entwicklung der Lyrik kämpfen permanent zwei Tendenzen miteinander: Die Dichtung entfernt sich immer wieder von alltäglicher Sprache, und sie nähert sich ihr stets aufs neue. „Im deskriptiven Poem des 18. Jahrhunderts zum Beispiel werden die Gegenstände der Wirklichkeit nicht beim Namen genannt, sondern mit Hilfe von Bezügen und Assoziationen aus anderen Reihen metaphorisch ‚umschrieben'. Um zu sagen ‚der aus dem Teekessel fließenden Tee', hieß es in einem solchen Poem: ‚Der kochende und duftende Strahl, sprudelnd aus funkelndem Kupfer'", hatte Juri Tynjanow beobachtet, und: „... Würde man die verbalen Reihen durch Reihen echter Gegenstände ersetzen, so entstünde ein unwahrscheinliches Chaos von Dingen und nichts weiter."[101]

Die Alltagslexik trat allmählich in die poetische Sprache ein und machte sie zunehmend gegenständlicher. Bei Puschkin ist der Himmel noch ein „dichtes, dunkles Blau" – bei Benediktow schon ein „stickiger Schleier" – bei Jessenin ein „blaues Tuch".

Majakowski schlug vor, die abgegriffenen Metaphernklischees durch Alltäglichkeit und Gegenständlichkeit zu überwinden (Sternenkleingeld; die Nacht, stickig wie ein Bus).[102]

Für Eisenstein wird das Problem der Verwandlung einer gegenständlichen Abbildung in ein Zeichen zu einem der wichtigsten Ansätze bei der Arbeit am „intellektuellen Film".

Der Verlust an Gegenständlichkeit interessiert ihn vorrangig, und es ist kein Zufall, daß er später unter diesem Gesichtspunkt das Ornament studieren wird.

Den Weg zur Überwindung der Konkretheit einer Abbildung sah Eisenstein zunächst in der Montage: Die Kopplung zweier Bilder vermittelt etwas graphisch nicht Darstellbares – eine Bedeutung.

Nach einem Prinzip für diese Kombination sucht er in Techniken des Ausdrucks, die „jenseits der Einstellung" liegen – in der Dichtung und Hieroglyphik.

Wie entsteht dort ein Verb aus zwei Substantiven:

Hund + Mund = bellen
Auge + Wasser = weinen
Mund + Vogel = singen.[103]

Die europäische Kunst leidet nach Eisensteins Ansicht an einer Hypertrophie des Abbildend-Darstellerischen, deshalb auch zieht ihn das japanische Theater, in dem die Bedeutung das Konkret-Gegenständliche zurückdrängt, so stark an.

Wie konnte man von der dem Film immanenten, stabilen Verbindung zwischen Abbildung und Gegenstand wegkommen? Der „intellektuelle Film" versuchte das Problem der Beziehung reales Objekt – Sinnbild zu lösen, um durch die Hülle des Konkreten zum Wesen vorzudringen. „Dies wird die Sphäre der Begriffsdarlegung sein, die vom Sujet, von Primitivem, befreit ist: ‚Liebe – wie ich liebe', ‚Müdigkeit – ein müder Mensch'."[104]

Der Film bewegt sich auf eine Verfilmung von Begriffen zu, er ist imstande, „die Dialektik des Wesens ideologischer Debatten in reiner Form auf die Leinwand zu bringen" – das sind die „Perspektiven" aus der Sicht des Jahres 1929.[105]

Eine teilweise Verwirklichung erfuhr dieses Konzept in „Oktober", wo es einen Sprung gab „aus milieuhafter Darstellung in verallgemeinernde, nicht-milieubezogene Bildhaftigkeit"[106].

Die nächste Verwandlung der Attraktion

Die Theorie des intellektuellen Films stellte, bei aller Sprunghaftigkeit, die Metamorphose der Attraktionsmontage in der „zweiten literarischen Periode" dar. Eine Vorstufe war die „intellektuelle Attraktion – 28" („I. A. – 28"), der unveröffentlichte Entwurf eines den „Perspektiven" vorausgehenden Aufsatzes. Während die Attraktion in ihrer ersten Phase – im „Gescheitesten" – auf sinnliche Einwirkung zielte, strebt sie jetzt, in der zweiten Phase, nach *intellektueller* Einwirkung.

„Das Spiel von Syllogismen löst das lebendige Spiel der Leidenschaften des Wahrnehmenden ab. Der Erkenntnisweg über das lebendige Spiel der Leidenschaften des Wahrnehmenden ist für das Theater spezifisch ..., und dort wurde er wohl dreißig Jährchen lang für den Film ausgeliehen. Hier wird erstmalig entschieden eine prinzipielle Grenzlinie zwischen Theater und Film gezogen. Ein für allemal. Das Attraktionsprinzip ist unzerstörbar. Ob die Attraktion emotional oder intellektuell ist, ihre soziale Zielsetzung bleibt gleich: die geistige Bearbeitung. 1928 wird die Attraktion so korrigiert: Im Theater zielt sie auf das Gefühl, im Film auf das Bewußtsein."[107]

Der Terminus bleibt, obwohl die Attraktionstheorie qualitativ neu durchdacht wird. Zehn Jahre nach der Revolution ist der Künstler nicht mehr Mittler zwischen politischen Forderungen des Tages und Publikum. Die intellektuelle Montage agitiert nicht, sie bietet sich als Sprache für das Erlernen der Begriffe der Dialektik an.
Die Theaterattraktion funktionierte nach dem Prinzip des Kondensierens und Provozierens einer Emotion. „Zwischen den in eine Montage eintretenden intellektuellen Attraktionen liegt die ‚Ähnlichkeit' nicht im Sinnlichen. Also im Absoluten und Nicht-Äußerlichen ... Ein Barock-Christus und ein Holzklotz sind einander absolut unähnlich, bedeuten jedoch dasselbe. Balalaika und Menschewik sind sich nicht physisch, sondern abstrakt ähnlich."[108]
Eisenstein pauste das System der poetischen Sprache für seine Filmsprache ab, weil er meinte, daß Denken und Dichtung mit einem gemeinsamen Material – dem Wort – operieren.

Parallelen

Zu eben dieser Zeit, 1927, erscheint die „Poetik des Films" – ein Sammelband der russischen Formalen Schule.
Boris Eichenbaum vertrat hier die Ansicht, daß die Filmmontage dem Prozeß der Bildung der inneren Rede im Zuschauer entspricht: „Für das Studium der Gesetze des Films (vor allem der Montage) ist es sehr wichtig zu erkennen, daß Wahrnehmung und Verstehen des Films unauflöslich zusammenhängen mit der Bildung einer inneren, die einzelnen Einstellungen untereinander verbindenden Rede." Damit der Zuschauer diese Verkettung wahrnimmt, habe der Regisseur bei der Konzipierung eines Films die Gesetzmäßigkeiten der Rede zu berücksichtigen.
„Wie jede Kunst entwickelt sich der Film auf der Grundlage seiner spezifischen, künstlich geschaffenen, bedingten, sekundären Natur, die entstanden ist als Resultat einer Transformation von Natur und Material. Die künstlich in abstrakte Teilchen (Filmbilder) zerlegte Bewegung setzt sich vor den Augen des Zuschauers auf der Leinwand aufs neue zusammen, allerdings auf eine spezifische, den Gesetzen des Films gemäße Art."

Diese technischen und psycho-physiologischen Voraussetzungen schafften die Möglichkeit einer Filmsprache mit eigener Semantik. Sie werde sich auf die innere, *elliptische* Rede gründen.

Ein konkretes Beispiel dafür sei die Bildung einer Filmmetapher, die nur möglich sei bei „Stützung auf eine Sprachmetapher. Der Zuschauer kann sie nur dann verstehen, wenn in seinem sprachlichen Paradigma ein korrespondierender metaphorischer Ausdruck existiert."[109]

Eisensteins Konstruktion einer Filmmetapher

Der Film verharrte in den Schranken des Gegenständlichen. Selbst wenn man akzeptierte, daß eine Bedeutung aus der Kopplung zweier Abbildungen entstehen konnte, blieb unklar, wie ihr Zusammenschluß wahrgenommen wird. Werden „abstrakte Ähnlichkeit" und Bedeutungsbezug erkannt?

Eisenstein schlägt eine Montage nach der Bedeutungsdominante vor (wobei die Vieldeutigkeit einer Abbildung weitestgehend reduziert werden sollte) und die Angleichung der individuellen Wahrnehmung an eine kollektiv orientierte, was ihm bei einem sozial homogenen Publikum möglich erscheint.

Die Verständlichkeit von Gegenüberstellungen kann über den Verlust von Begleitbedeutungen erlangt werden. Daraus folgt: „Ein dünner Arm" müßte in zwei Einstellungen vermittelt werden, von denen die erste „das Dünne" und die zweite „den Arm" liefert.[110]

Die Eindeutigkeit einer Einstellung wurde erstmalig von Kuleschow postuliert: Die Einstellung sei ein Buchstabe, der leicht zu „lesen" sein sollte.[111] Für Kuleschow kann Bedeutung innerhalb der Einstellung transportiert werden, für Eisenstein ist das nur in der Dynamik des Wechsels von einer zur anderen möglich. In der Polemik mit Balázs definiert Eisenstein die Montage nicht als das Zusammenkleben isolierter Bildchen, nicht als Reihung von ‚Ziegelsteinen' wie Kuleschow, sondern als Konflikt vieler, zumindest aber zweier Ebenen.

Die utopische Forderung nach Eindeutigkeit einer Dominante wird rasch fallengelassen. In „Die vierte Dimension des Films" wurde „der ‚Aristokratismus' einer Dominante von der Methode der ‚demokratischen' Gleichberechtigung aller Erreger abgelöst, die summarisch als Komplex betrachtet werden."[112]

Eine Filmmetapher gründet sich auf zwei Komponenten:

1. eine Nahaufnahme, die die notwendige Abstraktion von alltags- und milieubezogener Abbildung, Raum und Zeit, liefert;
2. den Parallelismus – ein dem abstrakten Denken entlehntes Verfahren.

Griffith zum Beispiel erlag bei dem Versuch, eine Whitman-Metapher in die Sprache des Films zu übertragen, einem Irrtum, als er Lillian Gish die „Wiege der Menschheit" schaukeln ließ. Diese Metapher war „unlesbar", sie geriet bestenfalls zur Illustration des Zwischentitels.

Eisenstein schien einen Weg aus dieser Sackgasse gefunden zu haben, als er den Einstellungskontext und die abstrahierende Nahaufnahme in seine Überlegungen einbezog. Die Methodik seiner Vergleiche stützte sich dennoch auf ein abgeleitetes verbales Schema: Menschewik – Balalaika; Kerenski – Pfau. Aber die nach dem Prinzip dieser rationalen Sprache gebauten Metaphern in „Oktober" wurden nicht angenommen: Kracauer meinte, Eisenstein „hatte die Lektion von Griffith' ‚Intolerance' zu gut gelernt."[113] – Balázs sprach von einer Reproduktion gestellter Bilderrätsel.[114]

Die Vieldeutigkeit einer visuellen Abbildung schien überhaupt nicht mit der Metapher vereinbar. „Wenn wir sagen ‚ängstlich wie ein Hase', meinen wir keinen konkreten Hasen, sondern eine Summe von Eigenschaften. Diese kann in ihrer Abstraktion nicht von einer Einstellung geliefert werden: Wir haben nicht Merkmale vor uns, sondern einen realen Hasen", erklärte Ossip Brik.[115]

Die metaphorische Vergleichsstruktur

Bedeutete die naive Offenheit der Eisensteinschen Symbolik, daß Metapher und Film prinzipiell nicht miteinander vereinbar sind?

Brik stellte fest, daß die Metaphern in „Oktober" lediglich

ein Fundament für den Vergleich, nicht aber ein Vergleich seien. Es sei notwendig, eine motivierte Einführung der Metapher in die Filmsprache zu erzielen.[116]
Metaphernparallelismen sind auch in der Literatur ein abstraktes Verfahren, obwohl die Sprache dort solche Flexibilität erlangt hat, daß ein Wort in einen beliebigen Kontext gestellt werden kann. Doch auf welche Weise vermag ein Parallelismus zwei Ebenen im Film miteinander zu verknüpfen?
Eisenstein kombinierte schon in „Glumows Tagebuch" kühn Menschen und Gegenstände. Dort allerdings wurde die Metapher als Metamorphose verwirklicht. In „Oktober" gab er diese Motivierung auf und konstruierte weitläufig entfaltete Vergleiche. Er kam von der ihm vorgeworfenen literarischen Filmsprache nicht los. In diesem Sinn ist die Bezeichnung „intellektuelle Montage" sehr treffend: sie drückt Qualität *und* Wesen dieser Technik aus.
Der Zusammenhang zwischen diesem Verfahren und der „neuesten russischen Poesie" wurde allerdings übersehen. Roman Jakobson untersuchte in seinem Essay über Chlebnikow einige ihrer Tendenzen: Seine These: Eine Form existiert für uns nur so lange, wie es uns schwerfällt, sie aufzunehmen, wie wir den Widerstand des Materials fühlen. Wenn die Form vollends das Material beherrscht, so daß es völlig von ihr bedeckt wird, entwickelt sich die Form zum Klischee, und wir verspüren sie nicht mehr. Um einen neuen Widerstand zwischen Material und Form zu erreichen, wird das Verfahren verändert. In der russischen Dichtung kam es nicht nur zu einer Verschiebung in Richtung Alltagssprache und zu einer Reform des Rhythmus, sondern ebenso zur Aufhebung des syntaktischen Gleichgewichts. Nicht allein die Fabel wird entblößt, auch das Verfahren selbst offenbart sich. Früher war der Bau einer Trope durch den Affekt oder einen pathologischen Zustand gerechtfertigt, also logisch. Chlebnikow legt die Struktur der Trope frei, ohne diese psychologisch zu rechtfertigen.[117]
Griffith hatte die Einführung zweier extrem bedingter Verfahren, Nahaufnahme und Parallelmontage, als ungerechtfertigt und widernatürlich empfunden. Deshalb schuf er sich eine Reihe von Hilfsmitteln, die diese Verfahren kaschieren sollten: Sich wiederholende Einstellungen von Türen, Die-

len, Alleen, Straßenecken, Toren, Eingängen usw. imitierten die kontinuierliche Bewegung eines Subjekts und den Wechsel aus der Totalen in die Nahaufnahme. Zunächst rechtfertigten Erinnerungen und Visionen (in Überblendungen) den Einsatz der Parallelmontage.[118] Später entfiel die Notwendigkeit derartiger Motivierungen. Eisenstein verzichtete nicht nur auf psychologische, sondern auch auf sujetbezogene Motivierungen und forcierte so den Abstraktionsgrad dieser Verfahren, die dadurch noch spürbarer wurden.

Die Einbettung einer Nahaufnahme in den Montagekontext war inhaltlicher Natur. Zwischen den einzelnen Gliedern existierte keine andere Verbindung als die logische. Das verbale Skelett schimmerte zu deutlich durch. Mitunter wurde dieser rationale Zugriff ironisch gebrochen, und die Metapher bekam etwas von einem parodistischen Wortspiel. Auf diese Weise war die Einführung des neuen Verfahrens erleichtert.

Die wichtigste Funktion der Nahaufnahme bestand nicht im Zeigen und Darstellen, vielmehr im Bedeuten, Bezeichnen, Hervortretenlassen, schreibt Eisenstein in „Dickens, Griffith und wir".[119] Licht, Aufnahmewinkel, Bildkomposition zielen nicht darauf ab, einen Gegenstand abzubilden – sondern ihn unter emotionalem und inhaltlichem Aspekt aufzuschließen. Ein Gegenstand erscheint also nicht als Einstellungsinhalt an sich, dafür als Zeichen, das eine Folge von Assoziationen freisetzt. Auf diese Weise bilden die Komponenten Kontext und Nahaufnahme eine Grundlage für die begriffliche Filmsprache.

Die Götter in „Oktober" kann man als Statuen betrachten, die in einem Museum gefilmt wurden (wie es übrigens tatsächlich, im Petrograder Ethnographischen Museum, geschah). Die Frage war nur: Würden sie eine Sammlung von Gegenständen assoziieren – oder einen Sammelbegriff?

Mensch und Modell

„Ich gelte als einer der ‚unmenschlichsten' Künstler!" schrieb Eisenstein 1937.[120]

In seinem totalen System hatte der Mensch Unterbringungsschwierigkeiten.

Das Heldenmodell verändert sich mit der Revolution in Rußland radikal. Der Ästhet und Intellektuelle wird durch den Proletarier abgelöst, dessen Psychologie für die Revolutions-Künstler eine Art *black box* ist. Die Annahme dieses Helden und der Versuch, ihn künstlerisch zu formen, deckt sich mit dem abstrakten Pathos der Revolutionsbejahung. Seine Modellierung vollzieht sich über gestisch-körperliche Ausdrucksfindungen, was mit der Visualisierung des Theaters einherging.
Nach 1917 bieten sich den Schauspielern zwei Rollentypen: der Proletarier – als Zeichen, der Bourgeois – als Karikatur. Ihre Masken waren in den ROSTA-Fenstern zu sehen, traten in „Mysterium buffo" auf die Bühne, durchliefen die satirischen Wandertheater, veränderten ihr Antlitz in Foreggers Werkstatt und erlangten in Meyerholds „Theater der sozialen Maske" einen Höhepunkt.
Die Verbindung zur Literatur wird aufgegeben, Bewegung dominiert. Das Wort verliert an Macht.
Die Konzeption der Ausdrucksbewegung, die sich in Rußland seit Beginn des Jahrhunderts forciert entwickelt hatte, bekommt neuen Nährboden. Sie deckt sich nun mit den Ideen der Taylorisierung der menschlichen Bewegung in Alltag und Produktion.[121] Die Biomechanik setzt Arwatows Programm fort: Das Theater sollte eine „Fabrik sich qualifiziert bewegender Menschen" sein.

Bio- und Bi-Mechanik

Die Biomechanik wird zur wichtigsten Entdeckung Meyerholds zur Zeit seiner Experimente in den Regiewerkstätten GVYRM. Für ihn entspricht das Spiel eines Schauspielers direkt der Arbeit eines Arbeiters. Die Darstellertätigkeit soll wissenschaftlich fundiert sein, sie darf keinerlei unproduktive und überflüssige Bewegungen enthalten. Auf der Bühne muß die Relation zwischen Arbeit und Erholung perfekt organisiert werden. Höchstmögliche Produktivität, Ökonomie und Präzision der Bewegung sind anzustreben.
Meyerhold lehnte Spielsysteme, die über das Innenleben und das Erleben funktionieren, als für die Psyche des

Schauspielers schädlich und zerstörerisch ab. Sein System ging davon aus, daß die Arbeit eines Schauspielers sich nicht ausschließlich auf die positive Psychologie gründen läßt. Vielmehr müsse man ihre Bedingtheit durch psychologische Prozesse berücksichtigen und dies in eine umgekehrte Abhängigkeit zur Psychologie stellen. Der Reflex ist nicht Folge einer Emotion, sondern umgekehrt: Er zieht eine Emotion nach sich. „Wir weinen nicht, weil wir traurig sind, sondern sind traurig, weil wir weinen." Der berühmte Satz von William James könnte als Motto dieses Systems gelten.[122]

Die Biomechanik reduzierte sich nicht auf Körpertraining – sie war als prinzipiell neues Modell der Schauspielkunst gedacht, das allgemeine Gesetzmäßigkeiten des konstruktiven Formverständnisses jener Zeit aufarbeitete. Nicht nur die Konstruktion von Szene, Rolle und Aufführung insgesamt wurde entblößt, auch die Technik des Spiels. Dem Irrationalismus der Intuitivisten wurde ein äußerster Rationalismus entgegengehalten, dem Kult des Innenlebens Stanislawskis ein Kult der Form.

Eisenstein war der konsequenteste Theoretiker der Biomechanik Meyerholds. Er konservierte ihre Prinzipien in allen seinen Filmen – bis hin zu „Iwan der Schreckliche".

1931, als eine Falschmeldung über Meyerholds Tod nach Mexiko gedrungen war, schrieb Eisenstein in einem Nachruf auf seinen Lehrer: Meyerholds Theater sei eine methodologische Schatzkammer gewesen, doch der Meister habe es nicht vermocht, sie zu ordnen. Darum beschloß Eisenstein, der „glückliche Salieri", seinem geistigen Vater einen Ehrendienst zu erweisen und dessen System zu obduzieren.[123]

Einen solchen Versuch hatte er schon 1922 unternommen – in dem Aufsatz „Ausdrucksbewegung", von dem ein Teil in die „Montage der Filmattraktionen" einging.

Der Wert einer Ausdrucksbewegung bestehe im Grad ihrer Fähigkeit anzustecken. Die Muskeln des Zuschauers wiederholen vielfach reduziert die physische Bewegung des Darstellers. Diese nachahmende Reaktion läßt sich auch im Alltag beobachten: wenn ein Mensch auf der Straße hinfällt, kommt es in den „Zuschauern" zu ähnlichen, allerdings reduzierten Muskelbewegungen. Auf diese Weise wird Spannung physiologisch erlebbar. (Darauf bauen zum Beispiel Verfolgungsjagden im Action-Film.) Eisenstein wollte bewußt auf den Reaktionsapparat des Rezipienten einwirken können, deshalb steht die Theorie der Ausdrucksbewegung mit der Attraktionsmontage in einem direkten Zusammenhang.

Ausdrucksbewegung entsteht aus dem Konflikt zwischen der Bestrebung des Körpers als ganzem (die den Tendenzen des Instinkts entspricht) und der hemmenden Rolle der Extremitäten (die durch die Willenshemmung bedingt ist). Daraus leitet sich das Konzept der Gegenbewegung (otkaz) ab – einer vorläufigen, geringfügigen Bewegung, die der eigentlichen entgegengesetzt verläuft. Sie zerlegt anschaulich die Hauptbewegung in Impuls und Bremsung. Der Konflikt dieser beiden Kräfte stellt für Eisenstein den Kern dar, deshalb benennt er die Biomechanik in Bi-Mechanik um.

Eine solche Verdichtung der Bewegung im Theater führte zu maximiertem Ausdruck. Die theatralische Vermittlung von Emotionen wurde durch die zirzensierte Abstraktion der Akrobatik ersetzt: „Wut stellte sich in einer Kaskade dar, Begeisterung in einem Salto mortale und Lyrisches im Hinaufsteigen auf den Todesmast."[124]

Die Bedingtheit der schwarz-weißen, flächigen, stummen fotografischen Abbildung im Film, die den menschlichen Körper in einzelne Teile und das Spiel in einzelne Phasen zerlegte, ermöglichte von vornherein einen anderen Abstraktionsgrad der Darstellung als im Theater, woraus ein neues, eigenes Typisierungsprinzip erwachsen konnte.

Typage

Typage galt in der Filmtheorie lange Zeit als Bestandteil des Dokumentarismus-Programms, das dem kommerziellen Film und seinen Stars den Kampf angesagt hatte.

Eisenstein dagegen faßte Typage als Maximum an Ausdruckskraft auf. Sie ist, schreibt er in „I. A. – 28", „die deutlichste Ausprägung der ganzen Kompliziertheit sozialen und individuellen Verhaltens im menschlichen Gesicht. Eine sozial-biologische Hieroglyphe."[125]

Die Methodik, einen Charakter über eine Kette dramatischer Situationen zu entfalten, wird von Eisenstein abgelehnt. Die komprimierte Statik der Typage vermittele dieselbe Information. Diesem Gesicht, meint Eisenstein, entnehmen wir die Voraussetzungen, die zu seiner Formung führten.

Einerseits ist Typage ein Fakt. Andererseits wird sie zum Zeichen für einen Menschen. Eisenstein sieht in der Typage die Fortsetzung seiner forcierten Suche nach Verbindungen zwischen Bezeichnung und Bedeutung, Abbildung und Sinn-Bild, realem Gesicht und Symbol. Darum bringt er sie konsequent mit der Maske der Commedia dell'arte in Zusammenhang. „Die Typage hat im Film als Extrem an Ausdruckskraft denselben prinzipiellen Stellenwert wie die Maske im Theater. Je ausgeprägter eine Typage ist, je mehr sie sich einem vollendeten Zeichen des abzubildenden Menschen nähert – desto weniger hat ihr Träger zu spielen."[126]

Das Element maximierter Theatralik – die Maske – wird zum Element der maximalen Reinheit des Filmischen.

Das Theater der Masken zielt nicht auf die Entschlüsselung eines Charakters, dieser wird gesetzt. Ein Mensch betritt die Bühne als stilisierter Typ, der auf der Grundlage einer kollektiven Zuschauererfahrung erarbeitet und fixiert werden konnte, – mit einembestimmten „Ausweis" von Eigenschaften. Die Typage entsteht infolge derselben sozial-biologischen Erfahrung und bringt diese in konzentrierter Form im Gesicht zum Ausdruck. Sie löst eine Kette von Assoziationen aus und darf deshalb als spezielle Modifikation der Attraktion betrachtet werden.[127]

In den „Tiermasken" der Spitzel („Streik") war eine Vorstufe der Typage angeboten worden: die Stützung auf folkloristische Grundmuster. Ein Tier signalisiert bestimmte Eigenschaften. Dieses Prinzip nutzte Eisenstein auch später – für die Stilisierung der Heldengalerie in „Iwan der Schreckliche": der fuchsrote Hund Maljuta, die Ratte Jefrossinija, die weiße Taube Anastassija.

Als forcierte Typage könnte man die Statuen und Denkmäler in „Oktober" werten – ein Extrempunkt statischer Ausdruckskraft und des Verzichts auf Spiel.

In „Die Generallinie" führte Eisenstein die sich verändernde Heldin ein, und doch gab er sein Typage-Prinzip nicht auf. Das Übergangsmoment von einem emotionalen Zustand in den anderen wurde herausgeschnitten und an seine Stelle die Konfrontation der zwei Zustandspole durch Montage gesetzt, um den expressiven Effekt zu maximieren. Dieselbe Technik erkannte Eisenstein im Kabuki-Theater.[128] Wieder kamen ihm bei der Überwindung des Abbildcharakters der europäischen Kunst Verfahren der fernöstlichen Kunst zu Hilfe.

Bruch und Methode

Die dreißiger Jahre brachten ein anderes Pathos: „Momentan sind wir an einem wendepunkt: das extensive thema übergiebt seinen vorrang an das intensive. Die reportage literatur sucht große formen und lyrik dringt sich ins epos hinein. Der einseitige intellektualismus (technizismus) wird vom emotionellen prinzip schärfst angegriffen. Emotionelle kompliziertheit wird gefordert." – schreibt Tretjakow 1934 an Brecht.[129]

Die Avantgarde unternimmt Korrekturversuche.[130] Kosinzew und Trauberg, die einstigen „FEKSimalisten", rufen zur Vereinfachung auf. Alexandrow kopiert Amerikas Musicals.

Eisenstein kommt zur „Beshinwiese", davor aber liegen die bittere Enttäuschung in Hollywood; der Abbruch des Mexiko-Films, in dem er versuchte, das revolutionäre Pathos mit einem anderen, exotischen Material aufzufrischen; viele zurückgewiesene Projekte; der Abschied von den „Perspektiven" des Stummfilms; Depressionen und Verzweiflung.

Mit „Beshinwiese" steht vor ihm erneut das Problem der Verarbeitung eines Fakts aus der sozialen Wirklichkeit, der Kollektivierung. Das Drama von Vater und Sohn, Kulak und Pionier, wurde nach einem biblischen Muster, der Opferbringung Abrahams, geformt. Solche Mythisierung der Realität war vom Pathos des Dokuments, des Fakts extrem entfernt – Schlußpunkt und Vollendung von Eisensteins Kunstkonzept, das auf die Überwindung des Widerstandes von Material und Form zielte.

Darum ist das mythologische Moment in „Beshinwiese" so betont. Von hier aus spinnen sich die Fäden zu Eisensteins

Beschäftigung mit Olga Frejdenbergs „Paläontologie des Sujets", der historischen Poetik Wesselowskis, Wagners Mythen-Konzept und schließlich zur Walküre-Inszenierung am Bolschoi-Theater.

Eisensteins Verhältnis zur Kunst gestaltet sich immer wieder kompliziert und nie eindeutig. In den zwanziger Jahren wirft er der Kunst vor, Fiktion zu sein.[131] In der Krise der dreißiger quält ihn, daß Hingabe an die Kunst einen kulturellen Rückfall bedeute: Ihre Mechanismen würden immer mehr ausgefeilt, um den Rezipienten in einen emotionalen Affekt zu versetzen, der die differenzierte Tätigkeit der höheren Gehirnzellen lähmt und etwa wie Alkohol und Drogen betäubt. Eisenstein ist sogar bereit, diese „schändliche Beschäftigung" aufzugeben. Nach der rationalen Utopie der Avantgarde, mit Kunst das Bewußtsein operativ beeinflussen zu können, wird die neue Erfahrung qualvoll ausgetragen und mit Hilfe der Dialektik in der Theorie sublimiert: „Die Wirkung eines Kunstwerkes beruht darauf, daß in ihm ein zwiespältiger Prozeß abläuft: das ungestüm progressive Emporstreben auf höhere Stufen des Bewußtseins und zugleich das Eindringen (über die formale Struktur) in allertiefste Schichten des sinnlichen Denkens. Das polarisierende Aufspalten dieser beiden Linien schafft jene wunderbare Spannung in der Einheit von Form und Inhalt, durch die sich echte Kunstwerke auszeichnen."[132]
Eisensteins Montagekonzept durchläuft ähnlich große Veränderungen. Nach der Arbeit am Projekt „Eine amerikanische Tragödie" entschlüsselt er die Montage als eine der inneren Rede adäquate Struktur. (Dabei verstand Eisenstein die innere Rede nicht als inneren Monolog, der in klar formulierten logischen Sätzen rezitiert wird, sondern als Baugesetz der Filmdramaturgie.) So zieht sich eine Linie von der Erforschung der Zeichen filmischer Montagesprache zu Versuchen, mit den Mitteln des Films und der Wissenschaft in die Gesetze der inneren Rede einzudringen. Darum erneuert sich der Kreis der Interessen und Neigungen Eisensteins: Joyce, Jewreinows Monodrama, Wygotskis „Denken und Sprechen".

Die Evolution der Kunst ist untrennbar vom Fortschreiten der Technik, die Evolution des Films in besonderem Maße. Sie wurde von Eisenstein (der selbst all ihre Etappen – vom Stummfilm über den Ton-, Farb-, Breitwand- bis zum Raumfilm mit Stereoton – durchlief) als Entfaltung der Grundtendenz darstellender Kunst aufgefaßt, die auf maximale gegenseitige Durchdringung von Aktion und Zuschauer zielt – sei es in der Arena, auf der Bühne oder auf der Leinwand.
Die betont systematische Erforschung der Kulturgeschichte und die fast visionär klingende Wertung des Films als höchstes Stadium der Kunstentwicklung kennzeichnen Eisensteins theoretisches Denken.
Technik, Wissenschaft und Kunst bilden für ihn ein sich wechselseitig bedingtes Gefüge: Die Verbindung zwischen Kunst und Technik wird durch das Vergleichen der Verfahren des Films mit denen anderer Künste aufgedeckt und untersucht.
Das filmische Prinzip des Ton-Bild-Kontrapunkts erkannte Eisenstein im Kabuki-Theater, wo es zu einer Verflechtung von akustischen und visuellen Elementen kommt, die gleichwertig sind und einander nicht doppeln. Dieses Prinzip sollte auf den Film übertragen werden, um die naturalistische Untermalung des Bildes durch den Ton zu vermeiden.[133]
Die Kopplung von Gestik und Musik, wie Eisenstein sie am Beispiel der Schlacht auf dem Peipussee in „Alexander Newski" analysierte,[134] hatte er zehn Jahre zuvor in einem Kabuki-Schauspiel beobachten können.[135]
Seit seinem ersten Aufsatz über den Tonfilm spricht Eisenstein von der Rolle des Tons als einem Äquivalent der Montage. Im Stummfilm fungierte die Montage als Rhythmusgeber, was es notwendig machte, kurze Einstellungen zusammenzukleben. Eine Lösung dieses Widerspruchs und zugleich die Chance, von der Montage kurzer Abschnitte dort, wo sie die Dramaturgie nicht bedient, wegzukommen, sah er im Ton-Bild-Kontrapunkt.
Die Idee, Montagerhythmus durch den Ton zu ersetzen, die einzelne Einstellung zu verlängern und damit der Bildkomposition mehr Bedeutung beizumessen – kündigte die

Prinzipien eines neuen filmischen Stils an. Die Montage von Vordergrund- und Raumkompositionen entwickelte sich im Film der dreißiger Jahre zum Tiefenschärfearrangement: Der Konflikt zweier benachbarter Einstellungen wurde in das Innere eines Filmbilds übertragen – in die Konfrontation von Vorder- und Hintergrund. Die Verlagerung der Montage ins Einstellungsinnere, wie sie Eisenstein in seinen Überlegungen zum Raumfilm beschreibt, bringt ihn in die Nähe der Stilistik Orson Welles' und der Theorie André Bazins, der in der Tiefenschärfe einen Ersatz für die Montage sah.[136]

Eisenstein selbst realisierte diese Ideen nicht mehr. Sein Experiment mit dem Ton-Bild-Kontrapunkt sollte in „Beshinwiese" stattfinden. Es ist nicht rekonstruierbar. Der Parallelismus von Gestik und Musik in „Alexander Newski" demonstrierte nur eine Möglichkeit des Kontrapunkts.

Eisensteins Terminologie (Vertikalmontage) und seine Filme waren lange Zeit ein Hindernis dafür, die Ähnlichkeit zwischen seinem ästhetischen Konzept und der Entwicklung des modernen Films zu erkennen. Allzu voreilig ordnete man ihn den Vätern eines überholten Filmbegriffs zu, der nicht wiederzubeleben wäre.

Eine Chance, die Aufgaben des Ton-Bild-Kontrapunkts zu lösen, erblickte Eisenstein im künftigen Farbfilm. Nicht von ungefähr ist der Mittelteil der „Vertikalmontage" der Analyse verschiedener symbolischer Bedeutungen der Farbe gewidmet. Auch die Farbe sollte von der illustrierenden Funktion befreit werden. Gleichberechtigt mit dem Ton obliegt ihr die Realisierung eines Themas.

Eisenstein konnte diese Idee nicht mehr in praktischen Leistungen durchsetzen. Die Qualität des sowjetischen Farbfilms erlaubte es ihm nicht, das Projekt „Puschkins namenlose Liebe" in Angriff zu nehmen.

Seine Visionen im Film zu verwirklichen, war Eisenstein nicht vergönnt. Darum ist die Rückkehr zum Theater der Musik und der Farbe kein Zufall. In der Walküre-Inszenierung trafen sich die Vorstellungen von der Nutzung neuer technischer Möglichkeiten des Films mit der Neigung zum Mythos.

Wieder wurde das Theater zum Laboratorium des Films. Der Kreis schloß sich.

Anmerkungen

Die Anmerkungen stützen sich auf die Ausgabe: Sergej Ėjzenštejn, Izbrannye proizvedenija v 6 tomach, Moskau 1964–1971.

Abkürzungen:

Eisenstein-Ausgaben:

AA – Ausgewählte Aufsätze, Berlin 1960
IP – Izbrannye proizvedenija v 6 tomach, Moskau 1964 bis 1971
St – Stationen, Berlin 1967
S – Schriften, Bde. 1, 2, 3, München 1973–1975
ÜF – Über mich und meine Filme, Berlin 1975

SMT – Sergej Tretjakow. Lyrik, Dramatik, Prosa. Leipzig 1972
WEM – Wsewolod Meyerhold. Schriften. Aufsätze, Briefe, Reden, Gespräche. 2 Bde. Berlin 1979
DV – Dziga Vertov. Stat'i, Dnevniki, Zamysly. Moskau 1966
DW – Dsiga Wertow. Aufsätze, Tagebücher, Skizzen. Reihe Filmwissenschaftliche Mitteilungen. Berlin 1967
CGALI – Zentrales Staatsarchiv für Literatur und Kunst

Armer Salieri (anstelle einer Widmung) (Bednyj Sal'eri [vmesto posvjaščenija])

Geschrieben 1940 als Vorwort zu einer geplanten Ausgabe von Eisenstein-Aufsätzen. Erstmals veröffentlicht in IP/III, S. 33/34.

1 Zitiert nach A. S. Puschkin, Mozart und Salieri, Vier kleine Tragödien, Leipzig 1974, S. 25.

2 Wahrscheinlich meint Eisenstein die folgenden Worte Lessings: „Ich bin daher immer beschämt oder verdrüßlich geworden, wenn ich zum Nachteil der Kritik etwas las oder hörte. Sie soll das Genie ersticken, und ich schmeichelte mir, etwas von ihr zu erhalten, was dem Genie sehr nahekommt. Ich bin ein Lahmer, den eine Schmähschrift auf die Krücke unmöglich erbauen kann. Doch freilich, wie die Krücke dem Lahmen wohl hilft, sich von einem Orte zum anderen zu bewegen, aber ihn nicht zum Läufer machen kann, so auch die Kritik ..." (aus: Hamburgische Dramaturgie; zitiert nach: G. E. Lessings Werke in 5 Bänden, Berlin 1975, Bd. 4, S. 485).

Montage der Attraktionen (Montaž attrakcionov)

Im CGALI wird das Autograph, datiert vom 20. Mai 1923, aufbewahrt. Erstmals veröffentlicht in: LEF, Moskau 1923, Nr. 3, S. 70–75, übersetzt nach IP/II, S. 269–273.

Am 22., 26. 4. und 8. 5. 1923 wurde im Ersten Moskauer Arbeitertheater des Proletkult in der ehemaligen Villa von Sawwa Morosow (heute Haus der Freundschaftsgesellschaften, Kalinin-Prospekt 16) „Eine Dummheit macht selbst der Gescheiteste" aufgeführt, eine Bearbeitung des gleichnamigen Alexander-Ostrowski-Stückes (1868) von Eisenstein und Tretjakow.

Der Aufsatz über „die von nur wenigen verstandene Attraktionsmontage, die bis heute noch diejenigen in Zuckungen versetzt, die für Mäßigung und Akkuratesse in der Kunst auftreten" (IP/V, S. 434) wurde zu Eisensteins erstem programmatischen Manifest. Es rief im Verlauf von sechs Jahrzehnten die widersprüchlichsten Einschätzungen hervor und galt entweder als wichtigstes theoretisches Novum oder wurde für formalistisch und unzulänglich erklärt bzw. als veraltet abgehakt.

Die Attraktionsmontage durchlief viele Entwicklungsstadien: (Vgl. „Montage der Filmattraktionen" und „Intellektuelle Attraktion 1928" [Ausschnitte dieses unveröffentlichten Aufsatzes publizierte R. Jurenew innerhalb seines Artikels in Voprosy kinoiskusstva, Moskau 1976, Nr. 17, S. 185–225], sie bestimmte den Kern der Ton-Bild-Kontrapunktik in der „Vertikalmontage" (IP/II, S. 189–269) und die Theorie des Farbfilms.

Der Attraktionsbegriff taucht erstmalig in einem gemeinsamen Projekt mit S. Jutkewitsch („Das Strumpfband der Columbine") auf, einer komplizierten Theaterparodie auf Meyerholds „Schärpe der Columbine" (1910) und Tairows „Schleier der Pierette" (1913). Vgl. S. Jutkewitsch: Kontrapunkt der Regie, Berlin 1965, S. 335ff.

3 Auf dem Plakat stand: „Eine Dummheit macht selbst der Gescheiteste – Agitbuffonade in fünf Akten nach dem gleichnamigen Stück von Alexander Ostrowski. Textbearbeitung: S. Tretjakow und A. Archangelski, Montage der Attraktionen: S. Eisenstein, Assistent: G. Mormonenko (Alexandrow), Training: P. Rudenko, musikalischer Teil: K. Listow und Golubenkow ..." Die Handlung des Stückes wurde ins Pariser Emigrantenmilieu verlegt, der Text ummontiert, stellenweise verändert und erweitert. Die ursprüngliche Handlung wurde durch die angehefteten Attraktionen fast aufgelöst. Die Personnagen verwandelten

sich in modernisierte und politisierte Masken: *Mamajew* wurde zu Mamiljukow (gespielt von M. Schtrauch), eine parodistische Anspielung auf Pawel Miljukow (1859–1943; Führer der Konstitutionell-Demokratischen Partei, Außenminister der Kerenski-Regierung; beteiligte sich nach der Oktoberrevolution im Exil maßgeblich am Zustandekommen der ausländischen Intervention.) *Krutizki* (A. Antonow) wurde zu César-Joseph-Jacques Joffre, eine Anspielung auf den französischen Marschall Joffre (1852–1931),einen der Organisatoren der Intervention gegen Sowjetrußland. *Golutwin* (G. Alexandrow) wurde zu einem NÖP-Mann, *Gorodulin* (I. Pyrjew) zu einem italienischen Faschisten, *Manefa* bekam Züge Grigori Rasputins, eines Abenteurers, der bekannt war für seinen Einfluß auf die Zarenfamilie und 1916 von einer Gruppe Monarchisten ermordet wurde. Den *Glumow* selbst spielte Clown George (I. Jasykanow).

4 Die Bemerkung zu den zwei Richtungen der Entwicklung des Proletkult geht auf einen Artikel des Theaterkritikers S. Lewman zurück: „Der Proletkult fiel von einem Extrem ins andere. Nachdem er auf Miterleben, Stimmungen und Naturalismus verzichtete, stürzte er sich in die Clownade, Buffonade, Groteske." (in: Rabočij zritel', Moskau 1923, Nr. 6).

5 „Morgenröte des Proletkult" war eine Inszenierung des Proletkult-Theaters, die von Wassili Ignatow zum 1. Mai 1921 als polemische Antwort auf Meyerholds „Les aubes" (Morgenröte) von Émile Verhaeren (am 7. 11. 1920 im I. Theater der RSFSR, Moskau) nach Versen proletarischer Dichter (Pawel Arski, Jakow Berdnikow, Alexej Gastew, Wladimir Kirillow, Nikolai Kusnezow u. a.) uraufgeführt wurde.

6 „Lena" – Stück von Walerian Pletnjow über die Ereignisse an den Goldminen der Lena von 1912. Wurde zur Eröffnung des Ersten Moskauer Proletkult-Theaters am 11. Oktober 1921 uraufgeführt. Eisenstein war gemeinsam mit Leonid Nikitin für das Bühnenbild verantwortlich. Die Dekoration wird in dem Aufsatz „Über den Raumfilm" beschrieben.

7 Boris Arwatow (1896–1940) – Theoretiker der Linken Front (LEF), entwickelte die funktionale Ästhetik. Starker Einfluß auf Eisenstein, besonders in der Periode des Wirkens beim Proletkult. Werke u. a.: „Iskusstvo i klassy" (Kunst und Klassen), Moskau 1923, „Iskusstvo i proizvodstvo" (Kunst und Produktion), Moskau 1926, „Ob Agit- i Proziskusstve" (Über Agit- und Produktionskunst), Moskau 1930.

8 „Der Mexikaner" – eine Jack-London-Dramatisierung von B. Arwatow. Eisensteins erste Arbeit im Proletkult, gemeinsam mit W. Smyschljajew; aufgeführt am 18. 5. 1921 am Zweiten Zentralen Studio des Proletkult. Eisenstein fing hier – zusammen mit L. Nikitin – als Bühnenbildner an, schaltete sich später in Smyschljajews Inszenierung ein.

9 Walentin Smyschljajew (1891–1936) – Schauspieler und Regisseur am I. Studio des Künstler-Theaters; in den zwanziger Jahren Chefregisseur des Ersten Moskauer Proletkult-Theaters.

10 MChT – Moskauer (– seit 1920 –: Akademisches) Künstler-Theater. Begründet von K. Stanislawski und W. Nemirowitsch-Dantschenko, im Oktober 1898 eröffnet. Erste Erfolge mit Tschechow- und Gorki-Inszenierungen im Stil psychologisch-realistischen Theaters. Reformierte die Kunst des Schauspielers und tradierte Inszenierungsprinzipien ausgehend von der inneren Einheit von Werk und theatralischer Interpretation. Wurde in den zwanziger Jahren zum Symbol für akademisch-unflexible Kunst.

11 „Über der Schlucht" – Stück von W. Pletnjow aus dem Jahre 1922, uraufgeführt am Proletkult-Theater. Zunächst sollte Eisenstein das Stück des führenden Proletkult-Theoretikers und -Organisators inszenieren, er brach jedoch die Arbeit am Projekt nach Zerwürfnissen mit Co-Regisseur Smyschljajew und dem Autor ab.

12 „Der Widerspenstigen Zähmung" wurde im März 1923 von W. Smyschljajew, A. Tscheban und W. Gotowzew im I. Studio des Künstler-Theaters inszeniert. Im wesentlichen Streben nach freier Improvisation im Geist der Commedia dell'arte.

13 Gemeint ist W. Smyschljajews Buch „Technika obrabotki sceničeskogo zrelišča" (Technik der Bearbeitung eines Bühnenwerkes), Moskau 1922, Teil I/II.

14 Alexander Ostushew (1874–1953) – Schauspieler am Maly-Theater Moskau, berühmt durch seine außerordentlich variationsfähige schöne Stimme; spielte Helden und Tragöden, geschult am klassischen Repertoire, galt als einer der besten ‚Romeos' auf der russischen Bühne.

15 „Das Heimchen am Herde" (The Cricket on the Hearth) – eine Dickens-Dramatisierung des I. Studios des Künstler-Theaters aus dem Jahre 1915.

16 Le Théâtre Guignol oder La Grand Guignol – Theater der Grausamkeit. 1899 in der Pariser rue Chaptal eröffnet, gegründet von Max Maurey.

17 George Grosz (1893–1959) – deutscher Graphiker und Maler, einer der Begründer der Collage.

18 Alexander Rodtschenko (1891–1956) – sowjetischer Maler, Graphiker, Designer, Fotograf, Konstrukteur. Mitarbeiter der LEF, 1920 erste Experimente mit der Fotomontage. Arbeitete als Buchgestalter, Plakatkünstler, schuf die Zwischentitel für Dsiga Wertows Filme. Wirkte gemeinsam mit Majakowski an Reklameentwürfen, baute die Dekorationen zum zweiten Teil von „Wanze" am Meyerhold-Theater.

19 Der Epilog zum „Gescheitesten" bestand aus 25 Attraktionen, die von Eisenstein im Aufsatz aufgezählt werden. In IP/II, S. 528/529, wird ein ungefähres Inszenierungsschema dieses Epilogs wiedergegeben, das auf Bitten der Herausgeber von den noch lebenden Teilnehmern der Aufführung (Michail Gomorow, Arkadi Kurbatow, Alexander Ljowschin, Iwan Jasykanow) unter der Leitung von Maxim Schtrauch rekonstruiert wurde:

1. Auf der Bühne (Manege) steht Glumow, der in einem einleitenden Monolog verkündet, daß sein Tagebuch gestohlen wurde und ihm nun die Entlarvung droht. Glumow beschließt, Maschenka blitzartig zu heiraten, und ruft zu diesem Zweck Manefa (einen Clown) auf die Bühne, dem er die Rolle eines Popen überträgt.

2. Das Licht geht aus. Auf einer Leinwand wird der Raub des Glumowschen Tagebuchs durch einen schwarzmaskierten Mann (Golutwin) gezeigt. Parodie auf einen amerikanischen Kriminalfilm.*

3. Licht im Saal. Maschenka tritt im Kostüm einer Automobilsportlerin mit Brautschleier auf. Ihr folgen die drei abgewiesenen Freier auf dem Fuß, Offiziere (in Ostrowskis Stück ist es *ein* Held – Kurtschajew), die künftigen Zeugen der Trauung mit Glumow. Da wird die Szene „Abschiedstrauer" durchgespielt: Maschenka singt eine herzzerreißende Romanze „Mag nur das Grab mich bestrafen"; die Offiziere singen, Wertinski** parodierend, „Ihre Hände duften nach

* Eigens für diese Inszenierung wurde von dem Kameramann Boris Franzisson das Sujet „Glumows Tagebuch" (120 m Länge) gedreht, das später in Wertows „Kino-Pravda" einging. Diese Arbeit nannte Eisenstein seinen ersten Film (ÜF, S. 49–50) und verglich sie mit ähnlichen Experimenten des Einbauens von Filmteilen in Theateraufführungen in Wsewolod Pudowkins und Wladimir Gardins Inszenierung „Eiserne Ferse" (1919) oder G. Kosinzews/L. Traubergs „Heirat" (1922) in deren Werkstatt FEKS.

** Alexander Wertinski (1889–1957) – Schauspieler, Textautor,

Weihrauch". (In Eisensteins ursprünglicher Regiekonzeption war diese Szene als exzentrische Musiknummer mit Xylophon geplant; Maschenka sollte auf Schellen spielen, die als Knöpfe auf die Offiziersuniformen genäht waren.)

4., 5., 6. Nach dem Abgang Maschenkas und der drei Offiziere erscheint Glumow erneut auf der Bühne. Aus dem Zuschauerraum stürzen Gorodulin, Joffre und Mamiljukow – drei Clowns – einer nach dem anderen, auf ihn zu: jeder führt seine Zirkusnummer vor (Jonglieren mit Kugeln, akrobatische Sprünge usw.) und verlangt dafür Geld. Glumow lehnt ab und tritt weg („Clownsentree mit je zwei Sätzen"), d. h. bei jedem Auftritt zwei Sätze Text; die Repliken des Clowns und Glumows.

7. Die Mamajewa tritt auf, herausfordernd luxuriös gekleidet („Star"), mit einer Zirkuspeitsche in der Hand; ihr folgen die drei Offiziere. Die Mamajewa möchte Glumows Hochzeit verhindern, tröstet die abgewiesenen Heiratsanwärter. Nach ihrer Replik bezüglich des Pferdes („Wiehert meine bekannte Stute") knallt sie mit der Peitsche, und die Offiziere laufen in der Manege im Kreis. Zwei imitieren ein Pferd, der dritte den Reiter.

8. Auf der Bühne erscheint der Pope (Manefa), es beginnt die „Trauung". Alle bei der Hochzeit Anwesenden singen „Der Pope hatte einen Hund". Manefa führt eine Zirkusnummer vor („Kautschuk-Mensch"), imitiert einen Hund.

9. Aus dem Lautsprecher ertönt der Ausruf eines Zeitungsverkäufers. Glumow verläßt die Trauung und rennt fort, um in Erfahrung zu bringen, ob nicht vielleicht sein Tagebuch schon in der Presse abgedruckt worden ist.

10. Der Dieb des Tagebuchs tritt auf, ein Mann in schwarzer Maske (Golutwin). Das Licht geht aus. Auf der Kinoleinwand erscheint Glumows Tagebuch: Im Film wird von seinem Verhalten gegenüber höheren Gönnern erzählt und entsprechend auch über seine Verwandlungen in verschiedene Symbolgestalten (in einen Esel vor Mamiljukow, in einen Panzersoldaten vor Joffre usw.)

11. Die Trauung wird fortgesetzt. Den Platz des geflohenen Glumow nehmen die drei Offiziere ein, die abgewiesenen Bewerber.

Komponist, Interpret eigener Chansons. Begann seine Karriere 1913 und erlangte rasch eine ungewöhnliche Popularität. Arbeitete bewußt mit kitschigen Themen und Versatzstücken, die durch ironische Darstellung gebrochen wurden. Emigrierte 1919 nach Paris. 1943 Rückkehr in die UdSSR.

12. Angesichts der Tatsache, daß Maschenka mit drei Bräutigamen gleichzeitig getraut wird, tragen vier Manegendiener einen Mulla auf einem Brett aus dem Zuschauerraum heran, der die begonnene Trauung fortsetzt und dabei parodistische Couplets zu brandaktuellen Themen singt: „Allah verdi"*.

13. Nach Beendigung seiner Couplets tanzt der Mulla einen lesginischen Tanz, bei dem alle mitmachen. Der Mulla hebt das Brett, auf dem er saß, hoch; auf der Rückseite steht geschrieben „Religion ist Opium fürs Volk". Der Mulla tritt ab, hält das Brett in der Hand.

14. Maschenka und die drei Frischvermählten werden in Kisten verpackt (aus denen sie, für die Zuschauer unsichtbar, verschwinden). Die Teilnehmer der Trauungszeremonie werfen Tontöpfe gegen die Kisten, parodieren damit einen alten Hochzeitsbrauch beim „Zubettbringen der Jungvermählten".**

15. Drei Teilnehmer der Zeremonie (Mamiljukow, Joffre, Gorodulin) singen ein Hochzeitslied „Wer von uns wohl jung ist und wer noch unverheiratet".

16. Das Lied reißt ab, als Glumow hereinkommt, der eine Zeitung in der Hand hält: „Hurra! In der Zeitung steht nichts!" Alle lachen ihn aus und lassen ihn allein auf der Bühne zurück.

17. Nach Bekanntwerden des Tagebuchs und dem Mißerfolg bei der Hochzeit gerät Glumow in Verzweiflung. Er beschließt, Selbstmord zu begehen, verlangt von einem Manegendiener einen Strick. Von der Decke wird ein Sicherheitsseil herabgelassen. Er heftet sich „Engelsflügel" an den Rücken und wird, mit einer brennenden Kerze in der Hand, zur Decke emporgehoben. Der Chor singt: „Am Himmel ein Engel um Mitternacht flog"*** nach der Melodie der Arie

* „Allah verdi" – Abk. von (persisch) „Allah verdicavad" = Gruß- und Wunschformel. Anfang des Jahrhunderts gab es eine russische Romanze mit dieser Formel als Refrain, deren Melodie in den Couplets des Mullas anklang.

** Der Versuch, ein Wortspiel in einer Aktion zu versinnbildlichen: Die Jungvermählten werden in Kisten verpackt, weil sie ins Ausland („hinter die Grenze") verschickt werden sollen. Das Wort „Grenze" wird hier gleichgesetzt mit der Schwelle, an die beim Polterabend Geschirr geworfen wird.

*** Die erste Zeile aus Michail Lermontows Gedicht „Engel" (1831).

„Oh, wie so trügerisch ..." aus „Rigoletto". Diese Szene parodiert die Himmelfahrt.
18. Auf der Bühne erscheint Golutwin („der Bösewicht"). Glumow beginnt, nachdem er seinen Feind entdeckt hat, diesen mit Schimpfworten zu überhäufen; er läßt sich wieder auf die Bühne herab und stürzt sich auf den „Bösewicht".
19. Glumow und Golutwin fechten mit Degen. Glumow siegt. Golutwin fällt um, und Glumow reißt von dessen Hosen einen großen Aufkleber ab, unter dem das Wort NÖP zum Vorschein kommt.
20. Golutwin singt Couplets über die NÖP. Glumow stimmt mit ein. Beide tanzen. Golutwin schlägt Glumow vor, sein Gehilfe zu werden und mit nach Rußland zu fahren.
21. Golutwin läuft über ein ansteigendes Seil, mit einem Regenschirm balancierend, über den Zuschauern zum Rang hin, er „fährt nach Rußland".
22. Glumow entschließt sich, seinem Beispiel zu folgen, erklettert das Drahtseil, stürzt aber ab (Zirkuskaskade) und folgt Golutwin mit den Worten „Oh, wie glatt! Oh, wie glatt! Ich gehe lieber Nebengäßchen entlang" auf einem weniger gefährlichen Weg durch den Zuschauerraum „nach Rußland".
23. Der Rothaarige (der Clown) betritt die Bühne, er weint und führt, vor sich hin murmelnd, Selbstgespräche: „Alle sind abgereist ... Und mich haben sie vergessen ..."*. Vom Rang läßt sich über das Drahtseil ein anderer Clown an den Zähnen herab.
24., 25. Zwischen beiden Rothaarigen kommt es zu einer Streiterei; der eine begießt den anderen mit Wasser; dieser fällt vor Überraschung hin. Einer von beiden ruft „Ende" und verbeugt sich vor dem Publikum. In diesem Moment gibt es unter den Zuschauersitzen im Saal einen pyrotechnischen Knall.**

Montage der Filmattraktionen (Montaž kinoattrakcionov)

Geschrieben im Oktober 1924 während der Montage von „Streik". Die Beschreibung der Filmmethodik Eisensteins war zunächst in A. Belensons Buch „Kino segodnja, Očerki sovetskogo Kinoiskusstva. Kulešov. Vertov. Ejzenštejn." (Film heute. Beiträge zur so-

* Die letzte Zeile aus Tschechows „Kirschgarten".
** Gedacht als Diskriminierung der Zuschauerapplaudissements.

wjetischen Filmkunst. Kuleschow. Wertow. Eisenstein), Moskau 1925, enthalten. Sie gründete sich auf Gespräche des Autors mit dem Regisseur am Rande der Dreharbeiten und legte in verzerrter Form dessen Überlegungen zur Montage der Filmattraktionen dar, Eisensteins Aufsatz dazu wurde nicht veröffentlicht. Empört über das Erscheinen des obengenannten Buches, schrieb er einen Brief an die Redaktion einer Zeitschrift, „In einer persönlichen Angelegenheit", der aber ebenfalls unveröffentlicht blieb.
„Montage der Filmattraktionen" wird hier erstmals veröffentlicht (mit freundlicher Genehmigung der Nachlaßkommission). Text nach dem CGALI-Manuskript f. 1923 op. 1, ed. chr. 751. Der zweite Teil geht auf die erste theoretische Arbeit Eisensteins zurück, die er gemeinsam mit Tretjakow 1922/1923 unter dem Titel „Ausdrucksbewegung" verfaßte.

20 Kinoki – abgeleitet von Kino-oko (Film-Auge): von Dsiga Wertow (Denis Kaufman, 1896–1954) gegründete Gruppe radikaler Erneuerer des Dokumentarfilms, die sich 1919 formierte. Zu ihr gehörten die Schnittmeisterin Jekaterina Swilowa (Wertows Frau) und die „Kamera-Kundschafter" Michail Kaufman (Wertows Bruder), Iwan Beljakow, Alexander Lemberg, Ilja Kopalin. 1922/23 wurden die wichtigsten Manifeste der Gruppe veröffentlicht: „My. Variant manifesta" (Wir. Variante eines Manifests) in: Kinofot, Moskau 1922, Nr. 1 und „Kinoki. Perevorot." (Kinoki. Umsturz.) in: LEF, Moskau 1923, Nr. 3 – deutsch in: DW S. 53–57, 65–75.

21 Gemeint sind Eisensteins „Montaž attrakcionov" (Montage der Attraktionen) und Tretjakows „Teatr attrakcionov" (Theater der Attraktionen).

22 „Kino-Pravda" – periodisch erscheinende Wochenschau (deren Titel im Anklang an die Zeitung „Pravda" entstand), wurde vom 5. 6. 1922 an bis 1925 von der Gruppe um Dsiga Wertow produziert. Es entstanden insgesamt 23 Ausgaben, in denen über die Veränderungen in Sowjetrußland berichtet und zugleich Wertows filmisches Konzept erprobt wurde.

23 „Hörst du, Moskau?!" – Inszenierung Eisensteins nach dem „Agit-Guignol" von Sergej Tretjakow in vier Akten. Premiere: 7. November 1923 am Ersten Arbeitertheater des Proletkult.

24 „Die ungewöhnlichen Abenteuer des Mr. West im Lande der Bolschewiki" – Film von Lew Kuleschow (1924).

25 Gemeint ist die Kurzmetrage „The Bank" (auch „Charlie at the Bank"), 1915.

26 In der letzten Novelle von Griffith' „Intolerance" (1916), „Die Mutter und das Gesetz", wurde der Held durch Arbeitslosigkeit so weit gebracht, daß er als Zuhälter in die Bande von Musketier (dargestellt von Walter Long) geriet.

27 „Palast und Festung" – Film von Alexander Iwanowski, entstanden 1923 nach einem Drehbuch von Olga Forsch und Pawel Schtschegoljew. Das tragische Schicksal des revolutionären Demokraten Michail Bejdeman (1840–1887), der zwanzig Jahre in der Peter-Paul-Festung zubrachte und dort den Verstand verlor, war in diesem Film in ein Melodrama mit unglücklicher Liebe verpackt worden, die den jungen Mann zu rebellischer Gesinnung geführt hatte.

28 Ravelin – Befestigungsanlage einer Burg, die zur Abdeckung und zum Schutz der Bastionen diente. In der Peter-Paul-Festung befanden sich hier die Gefangenenzellen.

29 Sergej Netschajew (1847–1882) – russischer, dem Anarchismus nahestehender Revolutionär, starb in der Peter-Paul-Festung. Im Film „Palast und Festung" Prototyp einer handelnden Person.

30 Das Problem des Drehbuchs wurde Ende der zwanziger Jahre ungewöhnlich heftig diskutiert. Über welche Erzählstrukturen sollte der Film verfügen? In welcher Form sollten sie fixiert werden – technisch oder assoziativ? Ist ein Drehbuch Literatur? Handelt es sich dabei lediglich um eine schematische Skizze des zukünftigen Werkes oder bereits um ein eigenständiges Werk? Wer entscheidet in erster Linie – der Regisseur oder der Drehbuchautor?
Die Diskussion stand im engen Kontext mit Auflösungstendenzen der tradierten Fabel in der Literatur der zwanziger Jahre. Ihre Kernfrage war, in welcher Form ein Szenarium niedergeschrieben werden sollte: Ob als „eisernes" Nummerndrehbuch oder als „emotionales Szenarium"? Letzteres sollte dem Regisseur emotionale Ladung und gedankliche Impulse für die Inszenierung vermitteln, anstatt wie das Nummerndrehbuch präzise Angaben zu Aufnahmeobjekt, Einstellungslänge und Bildausschnitt zu liefern.
Bekanntester Vertreter der zweiten Richtung war Alexander Rsheschewski, der später für Eisensteins „Beshinwiese" (1934) die Vorlage lieferte.
Der Streit um das Szenarium fiel zeitlich zusammen mit dem Interesse von Schriftstellern (Majakowski, Tynjanow, Schklowski, Kawerin, Brik u. a.) an dieser neuen Kunst, ihren praktischen Versuchen sowie der Heranbildung erster

professioneller Filmautoren wie Nathan Sarchi und Walentin Turkin.

31 Die entschiedenste Attacke gegen Spielfilm jeder Art führte Dsiga Wertow in „My. Variant manifesta“ (vgl. Anm. 20), in „Chudožestvennaja drama i kinoglaz“ (Kunstdrama und Kinoglas; 1924, deutsch so in: DW, S. 101–103) und in „Fabrika faktov“ (Fabrik der Fakten; 1926, deutsch in: DW, S. 117–119). – Der Vorwurf richtete sich dagegen, daß Eisenstein Fakten rekonstruierte und inszenierte, um so Wertows äußere Manier zu kopieren. Dieser meinte jedoch, daß der alte „Spielfilm“, selbst bei regelmäßigen Injektionen einzelner Dokumentarelemente, nicht zu retten sei. Während Eisenstein hier noch verkürzt dazu Stellung nimmt, widmet er ein Jahr später dieser Problematik einen ganzen Artikel: „K voprosu o materialističeskom podchode k forme“ (Zur Frage des materialistischen Herangehens an die Form; deutsch in: ÜF, S. 51–58).

32 „Andrej Koshuchow“ war ein populärer Roman (engl. erschienen 1889, russ. 1898) von Sergej Stepnjak-Krawtschinski über die Bewegung der Sozialdemokraten, den Jakow Protasanow 1917 verfilmte.

33 „Stepan Chalturin“ – Film von A. Iwanowski nach einem Drehbuch von Pawel Schtschegoljew (1925), dem die Biographie eines der Führer des „Nordbunds Russischer Arbeiter“, Stepan Chalturin (1856–1882), zugrunde lag.

34 Roman Malinowski (1876–1918) – Geheimagent der Sicherheitspolizei. Schloß sich 1906 der Arbeiterbewegung an, wurde zum Sekretär des Vorstandes der Metallarbeitergewerkschaft gewählt. Lieferte seit 1907 geheime Auskünfte an die Sicherheitspolizei, 1910 eingetragen als Geheimagent, 1912 auf der Prager Parteikonferenz zum Mitglied des ZK gewählt. Deputierter der IV. Staatlichen Duma (Gouvernement Moskau). Legte vor dem ersten Weltkrieg sein Mandat nieder und ging ins Ausland. Kehrte 1918 nach Rußland zurück, wo er vor Gericht gestellt und erschossen wurde. Seine Geheimagententätigkeit war nach der Februarrevolution bekannt geworden, als die Außerordentliche Untersuchungskommission der Provisorischen Regierung zur Aufdeckung der Verbrechen des Zarismus Materialien der Sicherheitspolizei veröffentlichte.

35 Wahrscheinlich meint Eisenstein den Film „Nathan der Weise“ (Deutschland, 1922), Regie: Manfred Noa, mit Werner Krauss, Carl de Vogt u. a.

36 Der Bau des Roten Stadions begann 1923 nach einem Projekt des Architekten Nikolai Ladowski und seiner Studen-

tenbrigade auf den Worobjower Bergen gegenüber dem heutigen Leninstadion. Wertow drehte darüber zwei Sujets: den Skilauf um das Rote Stadion (in: „Goskinokalendar" 1920, Nr. 11) und die Eröffnung des Roten Stadions am 4. Mai 1924 mit einer Parade von Turnern, Reitsport und Wettkämpfen (in: „Goskinokalendar" 1924, Nr. 20).

37 Die Losung „Demonstration des Alltags" wurde seinerzeit von der LEF und Alexej Gan (1887–1938), dem theoretischen Inspirator Wertows, fast gleichzeitig aufgestellt. Während jedoch Arwatow und Tretjakow die Organisierung des Lebens und die Modellierung neuer Verhaltensweisen auf der Theaterbühne meinten, sah Gan darin eher eine Chance zur soziologischen Analyse mit den Mitteln des Films. Dieser konstruktivistische Theoretiker und Maler, Regisseur und Herausgeber der Zeitschrift „Kinofot" definierte „Demonstration des Alltags" als „Enthüllung tiefer sozialer Ursprünge der Alltagskonflikte". Gan versuchte, Wertow in diese Richtung zu lenken. Sein Konzept kann als ein erster Versuch gewertet werden, Film in den Dienst der soziologischen Analyse zu stellen. Diese Funktion sollte vollends die ästhetische ablösen. Technische Bedingung dafür war die versteckte Kamera. Aber die Wege Gans und Wertows liefen rasch auseinander, und Gan versuchte allein, seine Prinzipien praktisch zu reasieren. Sein Experiment in dem Film „Insel der Jungen Pioniere" (1924) ging jedoch nicht auf. Wertow dagegen reduzierte die „Demonstration des Alltags" oft auf das effektvolle Vorführen exotischen Alltagsmaterials.

38 Höchstwahrscheinlich meint Eisenstein den Film „Auge um Auge, Gas um Gas" von Alexander Litwinow (Baku, 1924) darüber, wie ein Spion in die UdSSR eindringt und in einem chemischen Werk Diversionsakte betreibt.

39 „Das lebende Modell" (naturščik). Eigentlich stammte der Terminus von W. Turkin. Kuleschow versah ihn mit seinem Inhalt, und der Begriff war fortan nicht mehr von ihm zu trennen. Der „Naturščik" ist kein posierendes Modell für den Regisseur, wie es Turkin in Analogie zum Foto- bzw. Malmodell vorschlug, sondern „ein natürlicher, organischer Mensch – wie im Leben –, der jedoch alles perfekter zu tun in der Lage ist, als ein Theaterschauspieler" (L. Kulešov, Na krasnom fronte [An der roten Front] in: Iskusstvo kino, Moskau 1968, Nr. 2, S. 10). – Ein „lebendes Modell" verstand sich weder als „Laie" noch als Theaterschauspieler mit dem modifizierten Einsatzbereich Film, sondern als professioneller Filmschauspieler, dessen spezifische Heranbildung

auf Lew Kuleschow als Urheber zurückgeht. In seinem programmatischen Buch „Iskusstvo kino. Moj opyt" (Die Filmkunst. Meine Erfahrung), Moskau 1929, legte Kuleschow die Grundlagen und -formeln seines spezifischen Systems dar, das er mit abgelehnten Bewerbern der Filmhochschule in seiner Werkstatt für spezielles Training und ein systematisches Alphabet des Schauspielens im Film erarbeitet hatte. Eisenstein lernte Kuleschows Konzept 1923 über seinen Freund, den Kuleschow-Schüler Leonid Obolenski, während der Proben zum „Gescheitesten" kennen.

40 Diese Bemerkung Eisensteins richtet sich polemisch gegen die Schule des Spielens „per Intuition" und zwei Grundsätze der Theorie Kuleschows: „lokale Emotion" und „Bewegung in drei Achsen". – Im Zusammenhang mit seiner Vorstellung von der „Einstellung als Buchstabe" („Filmkunst ...", S. 44/45), die für den Zuschauer von der Leinwand her leicht lesbar sein sollte, verlangte Kuleschow eine ebenso einfache Codierung und Decodierbarkeit des mimisch-gestischen Spiels vor der Kamera. Um einen psychischen Zustand über physisch sichtbare Handlung zu vermitteln, suchte man in seiner Werkstatt nach charakteristischen reflektorischen Bewegungen, die dann fixiert wurden. Diese Bewegungen sollten eine von Nuancen befreite, „gereinigte" Emotion – wie Angst, Verzweiflung, Freude – im höchsten Grad ihrer Entäußerung darstellen, was unter dem Begriff „lokale Emotion" in Kuleschows „Lexikon" einging. Um den Schauspieler von zufälligen, unnötigen, überflüssigen Bewegungen im klar abgegrenzten Viereck der Leinwand freizumachen, wurde ein Koordinatensystem für seine eindeutig organisierte und festgelegte Bewegung in drei Achsen – vertikal, horizontal, diagonal – entworfen.

41 Es geht hier um den unveröffentlichten Aufsatz „Vyrazitel'noe dviženie" (Ausdrucksbewegung; 1922/1923).

42 Theodor Lipps (1851–1914) – deutscher Philosoph und Psychologe, Professor an den Universitäten Bonn, Breslau, München. Neben Wilhelm Wundt und Hermann Ebbinghaus war Lipps einer der Systematiker der deutschen Psychologie gegen Ende des 19. Jahrhunderts. Gründete seine Philosophie auf die unmittelbaren psychischen Erfahrungen. Sah die Psychologie als Grundwissenschaft von Logik, Ethik und Ästhetik an.
Über „das Wissen von fremden Ichen" – siehe in: T. Lipps, Leitfaden der Psychologie, II. Auflage Leipzig 1906, S. 34ff.

43 Wladimir Bechterew (1857–1927) – russischer Psychiater

und Neurologe. Erforschte Gewebe und Funktionen des zentralen Nervensystems, bereicherte die Diagnostik um die Kenntnis wichtiger Reflexe. Entwickelte die Reflexologie, einen während der zwanziger Jahre stark entwickelten Wissenschaftszweig, der sich mit dem Studium der Reflexe befaßte und die Psychologie ersetzen sollte. B.s Reflexologie übte einen großen Einfluß auf die Herausbildung des Einwirkungskonzepts Eisensteins aus, der, wie viele Künstler der zwanziger Jahre, die psychologischen Gesetzmäßigkeiten des Baus von Kunstwerken erforschen und entmystifizieren wollte, um bewußt mit ihnen umgehen zu können und sowohl die Technik des Schauspielens als auch die der Einwirkung auf den Zuschauer zu erneuern.

44 Guillaume Duchenne de Boulogne (1806–1875) – französischer Arzt, Begründer der modernen Elektrodiagnostik und Elektrotherapie. Eisenstein bezieht sich hier auf sein Buch „Mécanisme de la physionomie humaine ou analyse electrophysiologique de l'expression des passiones, appliquable à la pratique des arts plastiques", Paris 1862.

45 Rudolf Bode (1881–1970) – einer der Altmeister der deutschen Gymnastik, Schüler von Dalcroze, bekämpfte aber später dessen Methode. Schuf die nach ihm benannte Ausdrucksgymnastik. Gründete 1911 in München ein Institut für Rhythmus und Bewegung. 1922 Gründung des Bode-Bundes, der bis 1943 die Zeitschrift „Rhythmus" herausgab. Werke: „Ausdrucksgymnastik", München 1922; „Rhythmus und Körpererziehung", Jena 1923; „Musik und Bewegung", Kassel 1930 u. a.

46 Ferdinand Hueppe (1852–1938) – deutscher Bakteriologe und Hygieniker, bis 1912 Professor an der Prager Universität. Formulierte die Idee einer Produktionsgymnastik und der Organisierung der Produktionsbewegungen. Eisenstein meint seinen Aufsatz „Hygiene der Körperübungen", Leipzig 1910.

47 Ludwig Klages (1872–1956) – deutscher Philosoph und Psychologe, promovierter Chemiker, wirkte als Privatgelehrter in München, wo er 1905 das Seminar für Ausdruckskunde gründete. Führender Verfechter der biozentrischen Metaphysik des Lebens.

48 Hermann Nothnagel (1841–1905) – Internist, Professor in Freiburg, Jena, Wien. Erforschte die Psychologie und Pathologie des Nervensystems. Siegmund Freud hatte sich bei ihm um eine Assistentenstelle beworben. Herausgeber des Handbuchs der Speziellen Pathologie und Therapie in 24 Bänden (1884–1908).

49 „Gasmasken“ – Sergej Tretjakows Melodrama wurde in der Inszenierung von Eisenstein am 4. und 6. März 1924 in einer Halle des Moskauer Gaswerks aufgeführt.

50 Fatty (eigentlich Roscoe Arbuckle), (1881–1933) – gehörte zu der Generation amerikanischer Filmkomiker, die bei Mack Sennett begannen, wie Buster Keaton, Harold Lloyd u. a. Wurde in einer Reihe von Ländern unter dem Namen „Fatty“ bekannt.

51 Louis Delluc (1890–1924) – französischer Filmkritiker, Theoretiker, Szenarist und Regisseur. 1919 erschien in Paris sein wichtigstes Werk, „Photogénie“, das 1924 in russischer Übersetzung in Moskau herauskam. Um ihn herum formierte sich eine Gruppe von Filmkünstlern, später die „erste Avantgarde“ oder „Filmimpressionisten“ genannt, die für eine von Literatur und Theater freie Filmkunst auftraten. D. faßte den Begriff „Photogénie“ sehr weit und definierte ihn als Grundlage der Filmkunst überhaupt. Dieser Begriff, der etymologisch eine Verbindung zur Fotografie herstellt, beinhaltete die Forderung nach einer weitgehend ausdrucksstarken Wiedergabe von Gesichtern, Körpern, Gegenständen, Natur vermittels der neuen, entfesselten Sprache der Kamera. Andere inhaltliche Aspekte, die nicht über in Bewegung befindliche sichtbare Gestalten vermittelt werden, können nicht als „fotogen“ gelten. (Nicht zu verwechseln mit dem heute gängigen Begriff der Fotogenität.) Dellucs Photogénie-Vorstellungen stießen in der sowjetischen Filmavantgarde auf große Zustimmung und wurden um bestimmte Auslegungen erweitert.

52 Die Zeitschrift „Vešč’“ (Gegenstand/Objet) wurde 1922 in Berlin von Ilja Ehrenburg und El Lissitzky russisch, deutsch und französisch herausgegeben. Insgesamt erschienen drei Nummern. – Eisenstein las die Zeitschrift bei Kosinzew, dessen Schwester (Ehrenburgs Frau) sie ihm aus Berlin geschickt hatte. Eine Notiz über Dellucs „Photogénie“-Begriff stand in Nr. 3, S. 19, und faßte die wesentlichen Punkte seines Buches zusammen. Der Mode widmet D. im Buch ein ganzes Kapitel (S. 99ff. der russischen Ausgabe). In der Zeitschrift jedoch wird die Fotogenität des Kostüms nicht erwähnt.

53 Kardinal Louis-René-Edouard de Rohan (1734–1803). Eisenstein bezieht sich auf eine Episode aus dessen Leben: Er hatte der Gräfin de la Motte geglaubt, daß die Königin Marie-Antoinette von einem Kollier im Werte von 1600000 Livres träumte, welches ihr der König angeblich verwehre. In dem Bemühen, die Sympathie der Königin zu erwerben,

besorgte der Kardinal den Halsschmuck und vertraute ihn der Gräfin zur Weitergabe an. Das teure Stück verschwand, der Kardinal konnte es nicht bezahlen, die Sache wurde aufgedeckt, und 1785 sperrte man ihn in die Bastille, später wurde er aus Paris ausgewiesen. Die Gräfin wurde mit Stockschlägen bestraft und in ein Armenhaus geschickt.

54 Vgl. Anm. 40.

Konstanza (Konstanca)

Wohin der „Panzerkreuzer Potjomkin" steuert.

Geschrieben 1926, erstmals veröffentlicht in dem Sammelband „Bronenosec ‚Potemkin'", Moskau 1965, S. 290a–292b. Entstand in der Blütezeit der NÖP, die für den Film eine verstärkte Kommerzialisierung mit sich brachte. Der „Potjomkin" wird hier von Eisenstein als eine Metamorphose der Attraktion interpretiert.

55 Der Panzerkreuzer hatte alle Vorräte an Brennstoff und Proviant aufgebraucht, war somit gezwungen, Kurs auf Rumänien zu nehmen, um dort am 25. 6. 1905 in Konstanza anzulegen. Trotz anderslautender Versicherungen der rumänischen Behörden wurde die Mannschaft an die zaristische Regierung ausgeliefert und schließlich in Rußland vor Gericht gestellt.

56 Anspielung auf den amerikanischen Film „The Thief of Bagdad" (Der Dieb von Bagdad; 1924), Regie: Raoul Walsh.

57 Auf dem X. Parteitag der KPdSU (B) im März 1921 wurde auf Vorschlag Lenins die Neue Ökonomische Politik (NÖP) eingeführt, was die Naturalsteuer für Bauern, Zulassung privater Kleinunternehmen und ausländischer Kapitalbeteiligung bedeutete, um die durch den Bürgerkrieg hervorgerufene Wirtschaftskrise zu überwinden.

58 Gemeint ist die Verfilmung von Puschkins „Postmeister" (1925), Regie: Juri Sheljabushski und Iwan Moskwin, der auch die Titelrolle spielte.

59 Im Sprachgebrauch der LEF gab es eine Einteilung in die „rechte", d. h. traditionelle, illusionistisch-abbildende, passive, und die „linke", d. h. revolutionär-aktivierende Kunst der Einwirkung und Lebensgestaltung.

60 Bezieht sich auf die berühmte Einstellungsfolge aus dem 3. Akt, Anfang der Szene „Trauer um Wakulintschuk". Den Vorwurf, die Arbeit des Kameramanns E. Tissé sei „zwar gut, jedoch mandelsüß", formulierte A. Gan in einer Diskussion der Assoziation der revolutionären Kinematographie (vgl. „Bronenosec ‚Potemkin'", S. 197b.).

Eduard Tissé (1897–1961) – einer der berühmtesten sowjetischen Kameramänner. Arbeitete seit 1914 beim Film, 1916–1918 als Frontkameramann. Drehte 1918–1922 Reportagen vom Bürgerkrieg und einige Agitfilme. Wirkte als Kameramann an allen Filmen Eisensteins mit, der ihm den Aufsatz „25 i 15" („25 und 15", deutsch in: AA, S. 128–133) widmete.

61 „Muire & Merilees" – bekannter Handelskonzern, dem u. a. ein großes Kaufhaus in Moskau, neben dem Bolschoi-Theater (heute ZUM), gehörte.

62 Eisenstein meint hier die berühmte Schlußsequenz „Abschlachtung eines Stiers".

63 Vgl. Anm. 43.

64 „Film-Auge" (russ. „Kino-glaz") – Konzept der um Dsiga Wertow versammelten Gruppe von Dokumentaristen (vgl. Anm. 20). Das „Film-Auge" sprach dem menschlichen Auge eine visuelle Vorstellung von der Welt ab, es erweiterte seine Vorstellung daher um unerwartete Blickwinkel, Beobachtungen mit veränderter Bildfrequenz pro Sekunde (Zeitlupe, Zeitraffer), technische Tricks und Visionen, die durch Montage zustande kommen. Das Programm des „Film-Auges" bestand in der Fixierung des Lebens ohne dessen Verzerrung mittels fiktiver Fabel, Inszenierung und Schauspielerei (vgl. DW, S. 101–105). – Ein interessantes Experiment in dieser Richtung war Wertows Film „Film-Auge" (1924), der als Panorama des Lebens der Gegenwart und Demonstration filmischer Möglichkeiten zugleich gedacht war.

65 Die Szene des Massakers auf der Hafentreppe von Odessa, auf die der Panzerkreuzer mit einer Geschützsalve in Richtung des Stabes der zaristischen Flotte reagierte, endete mit drei aufeinanderfolgenden kurzen Einstellungen: den steinernen Plastiken eines schlafenden, eines erwachten und eines aufbrüllenden Löwen (aufgenommen im Schloß des Grafen Woronzow). – War dies die Verkörperung des revolutionären Zorns oder der Wut der Konterrevolution? Eisenstein meinte, es war die Realisierung des einfachen metaphorischen Ausdrucks „Die Steine brüllten" (vgl. AA, S. 226). Die Analyse dieser Szene beschäftigte Eisenstein immer wieder, in ihr sah er einen Ansatz zum intellektuellen Film.

66 Harold Lloyd (1893–1971) – amerikanischer Filmkomiker. Spielte seit 1917 den „Mann mit der Hornbrille und dem Strohhut".

67 Zwei markante Blutbad-Szenen in Eisensteins Filmwerk.

68 „Ich will ein Kind haben" – Stück von S. Tretjakow (1926/1927). Die von Meyerhold geplante Inszenierung kam

nicht zustande. Majakowski meinte über dieses Stück, es könne für Westeuropa ein zweiter „Panzerkreuzer Potjomkin“ werden (vgl. V. Majakovskij, Sočinenija, Bd. 13, Moskau 1961, S. 233).

Die beiden Schädel Alexanders des Großen (Dva čerepa Aleksandra Makedonskogo)

Geschrieben im August 1926, erstmals veröffentlicht in der Zeitschrift „Novyj zritel“, Moskau 1926, Nr. 35, S. 10. Übersetzt nach: IP/II, S. 180–182.

69 Eine der ersten Museumsformen in Rußland, begründet von Zar Peter I., wo unsystematisch verschiedenste Raritäten und exotische Stücke zusammengetragen wurden.

70, 71 Religiöse Sekten. Die Lehre der Stundisten ist im Süden Rußlands verbreitet, die der Wiedertäufer in West- und Mitteleuropa sowie den USA.

72 Buster Keaton (1895–1966) – berühmter amerikanischer Filmkomiker. Eisenstein spielt hier auf eine markante Szene in „Our hospitality“ (Unsere Gastfreundschaft), 1923, an. Regie: Buster Keaton/Jack Blystone.

73 Gemeint ist Fernand Crommelyncks Drama „Le cocu magnifique“ (1920), das am 25. 4. 1922 von Meyerhold am Teatr aktëra, Moskau, in Iwan Axjonows Übersetzung als „Der großmütige Hahnrei“ aufgeführt wurde.

74 Siehe Anm. 3.

75 „Die Erde bäumt sich“ – Stück von Marcel Martinet (frz.: „La nuit“), das von Sergej Gorodezki übersetzt, von Tretjakow bearbeitet und von Meyerhold inszeniert wurde. Premiere: 4. 3. 1923 im Meyerhold-Theater. War ursprünglich als Massenpantomime konzipiert und wurde auch unter freiem Himmel gespielt – z. B. am 29. 6. 1924 auf den Leninbergen.

76 Siehe Anm. 49.

77 Gemeint ist der russisch-sowjetische Physiker Jewgeni Nikolai (1880–1951), der sich mit der theoretischen Mechanik befaßte.

78 „Mandat“ – satirische Komödie von Nikolai Erdman, die Meyerhold inszenierte. Premiere: 20. 4. 1925 in Moskau.

79 Biomechanik – von Wsewolod Meyerhold begründetes Konzept für Ausbildung, Training und Arbeit des Schauspielers. Wurde Anfang der zwanziger Jahre in den Regiewerkstätten GVYRM erarbeitet. Erstmalig öffentlich vorgestellt im „Großmütigen Hahnrei“. – In der Biomechanik sind James'

Psychologie, Bechterews Reflexologie, Arwatows Vorstellungen vom Theater als modellierendem Laboratorium neuer Verhaltensformen im Alltag sowie verschiedene Lehren der Ausdrucksbewegungen dialektisch aufgehoben. Eisenstein führte die Biomechanik seines Lehrers weiter zur Bi-Mechanik, einem Prinzip des Reagierens in Widersprüchen, das er in „Montage der Filmattraktionen" ausführlich beschrieb.

80 Die Tanznummern in der Aufführung „D. E." (Siehe Anm. 81) wurden von dem Choreographen Kassjan Golejsowski (1892–1970) inszeniert, der als Führer des Moskauer Modernismus im Ballett galt und sich Anfang der zwanziger Jahre der Tanzexzentrik zuwandte. – G. erprobte akrobatische Tricks im Ballett, bei denen das Bein gestikulierend wirkte, während der Körper die Stützfunktion übernahm. In Meyerholds „D. E." schuf er durch die Hyperbolisierung moderner Tanzbewegungen ein Sinnbild für das foxtrottfiebernde Europa.

81 „D. E." („Daëš' evropu!" [Her mit Europa!]) – eine Inszenierung Meyerholds, die unter Verwendung von Kellermann- und Ehrenburg-Motiven entstand. Premiere: 15. 6. 1924 in Leningrad.

82 Produktionskleidung (Prozodežda) – entsprach dem konstruktivistischen Verständnis von Kostümmodellen, das zum Programm der Umgestaltung des Alltags gehörte und sich funktionalen wie rationalen Erwägungen unterordnete. – Eine bequeme, hygienische, die Bewegungen des Menschen nicht behindernde Kleidung, die seiner beruflichen Tätigkeit entsprach und eigentlich Berufsbekleidung war; galt als universell und für alle Situationen des Lebens geeignet. Vorgesehen waren auch verschiedene Möglichkeiten der Transformation des Kostüms – durch Anknöpfen anderer Elemente, Kombinieren einzelner Teile des Ensembles (Warwara Stepanowa) oder in mehreren Schichten übereinandergezogener Kleidungsstücke (Alexandra Exter). Praktisch jedoch fand die Produktionskleidung kaum Verbreitung, worin sich einer der wesentlichsten Konflikte der sowjetischen Produktionskünstler offenbart: Für die Verwirklichung ihrer Produktionsideen fehlte jegliche Produktionsbasis. Bei Meyerhold sollte die Produktionskleidung zum Universalkostüm des Schauspielers – in jeder Aufführung neu verwendbar – werden. W. Stepanowa entwarf sie für die Meyerhold-Inszenierung „Tarelkins Tod".

83 In der Meyerhold-Inszenierung von Alexander Ostrowskis Komödie „Wald" (Premiere: 19. 1. 1924) trugen die Schau-

spieler in den ersten Aufführungen verschiedenfarbige Perücken: Alexej eine grüne, der Pope eine goldene usw.

84 „Brülle, China!" – Stück von Sergej Tretjakow (1926), wurde von Wassili Fjodorow, einem Schüler Meyerholds, unter dessen Anleitung im Meyerhold-Theater inszeniert. Premiere: 23. 1. 1926.

85 „Sturm" – Drama von Wladimir Bill-Belozerkowski, wurde von Alexej Ljubimow-Lanskoi am Moskauer Theater der Gewerkschaften MGSPS inszeniert. Premiere: 8. 12. 1925.

86 „Windbeutel" – Komödie von Boris Romaschow über die Intrigen zwischen NÖP-Männern. Inszeniert von Alexej Gripitsch am „Theater der Revolution". Premiere: 19. 1. 1925. Das Stück leitete die Hinwendung dieses Theaters zu feuilletonistischer Alltagsschilderung ein, weshalb Meyerhold seine zeitweilige Mitarbeit in dem Haus abbrach.

DENKPROZESS UND FILMFORM

In diesem Kapitel sind Aufsätze zusammengefaßt, die Eisenstein zu einem „kugelförmigen Buch" vereinen wollte. Von diesem Projekt, das am 24., 25. und 31. 7. 1929 erarbeitet wurde, zeugt sein Tagebuch (aufbewahrt im CGALI, 1–1012, 1 und 2, 1–1030, 1.12).

Am 5. August 1929 entwarf er ein Vorwort für dieses Buch: „Ein Buch zu schreiben ist sehr schwer. Weil jedes Buch zweidimensional ist. Ich wollte aber, daß sich dieses Buch durch eine Eigenschaft auszeichnete, die keinesfalls in die Zweidimensionalität eines Druckwerks paßt.

Diese Forderung hat zwei Seiten.

Die erste besteht darin, daß das Bündel dieser Aufsätze auf gar keinen Fall nacheinander betrachtet und rezipiert werden soll. Ich wünschte mir, daß sie alle zugleich wahrgenommen werden könnten, weil sie schließlich eine Reihe von Sektoren darstellen, die, auf verschiedene Gebiete ausgerichtet, um einen allgemeinen, sie bestimmenden Standpunkt – die Methode – angeordnet sind.

Andererseits wollte ich rein räumlich die Möglichkeit schaffen, daß jeder Beitrag unmittelbar mit einem anderen in Beziehung tritt, daß einer in den anderen übergeht. Daß sie sich wechselseitig aufeinander berufen. Einer den anderen ergänzt. Solcher Synchronität und gegenseitigen Durchdringung der Aufsätze könnte ein Buch in Form ... einer Kugel Rechnung tragen! Wo alle Sektoren der Kugel auf einmal präsent sind, und egal, wie weit sie voneinander entfernt sind – immer ist ein direkter Übergang von einem zum anderen über das Zentrum der Kugel möglich. Aber leider ...

Werden Bücher nicht als Kugeln geschrieben …
Also greift man nach Palliativa.
Die erste Forderung mußte erfüllt werden, indem die Kugel auf eine Fläche projiziert und schließlich sogar zur Linie umgeklappt wurde; die Aufsätze mußten als scheinbar auseinander hervorgehend dargestellt werden, obwohl sie alle synchron existieren.
Die zweite Forderung mußte ich, wie immer, wenn sich die Form nicht beugt, durch einen Prozeß ersetzen. Und (nur dort, wo es „strictement" notwendig ist) auf die Wechselbeziehungen verweisen, sowohl rückwärts als auch *nach vorn.*
Mir bleibt nur die Hoffnung, daß dieses unentwegt die Methode der wechselseitigen Umkehrbarkeit erörternde Buch nach eben derselben Methode gelesen wird.
In der Erwartung, daß wir es lernen werden, Bücher als sich drehende Kugeln zu lesen und zu schreiben!
Bücher, die wie Seifenblasen sind, gibt es auch heute nicht wenige! Besonders über Kunst!"

Die ersten drei Aufsätze dieses Kapitels sind als „Sektoren" dieses kugelförmigen Buches gedacht. Sie werden vor allem dadurch gekennzeichnet, daß Eisenstein hier die ihn zunehmend interessierenden Gesetze des Denkens zu den Gesetzmäßigkeiten der Kunst ins Verhältnis setzt und so Prinzipien der Form als Ausdruck der tieferen Strukturen der Psyche des Menschen, seines Denkprozesses und seiner Rede erforscht. In diesem Sinne schließt sich hier Eisensteins „Rede auf der Allunionskonferenz sowjetischer Filmschaffender" (1935) an, ein Konspekt seines Buchprojekts „Methode".

Perspektiven (Perspektivy)

Erstmals veröffentlicht in der Zeitschrift „Iskusstvo" (Moskau 1929, Nr. 1–2, S. 116–122). Übersetzt nach IP/II, S. 35–44, wo der Text nach dem vom 2. März 1929 datierenden Autographen ergänzt wurde.
Gestützt auf einige Beispiele aus „Oktober", sucht Eisenstein nach Möglichkeiten der anschaulichen „Verfilmung" abstrakter Begriffe und interpretiert sie als exemplarischen Fall eines prinzipiell neuen Filmverständnisses.
Das Programm des intellektuellen Films in reiner Form zu realisieren, gelang ihm nicht. Sein Manifest blieb eine Utopie, ebenso wie das Projekt zur Verfilmung von Marx' „Kapital". (Veröffentlicht in: „Iskusstvo kino", Moskau 1973, Nr. 1, S. 56–78, deutsch in: S/III, S. 289–311.)

87 In der zweiten Hälfte der zwanziger Jahre erhebt sich von neuem die Diskussion über den Schauspieler und den Laien im Film, angeheizt durch den offenen Brief einiger Leningrader Regisseure in der Zeitung „Kino“ (Leningrad 1928, Nr. 22 vom 27. Mai). Anlaß für ihn war eine rein administrative Entscheidung: Beunruhigt über die wachsende Zahl arbeitsloser Schauspieler, erwirkte die Schauspielergewerkschaft POSREDRABIS ein generelles Verbot, Laien bei Filmaufnahmen einzusetzen.

88 Georgi Plechanow (1856–1918) – russischer marxistischer Theoretiker, Politiker, Publizist. Begründer der ersten russischen marxistischen Gruppe, „Befreiung der Arbeit“, Übersetzer von Marx, Mitbegründer der II. Internationale. Befaßte sich ausführlich mit Problemen der Kunst in der Urgesellschaft.

89 Zitiert nach: G. Plechanow, Kunst und Literatur, Berlin 1955, S. 229.

90 Die öffentliche Wertung der Position Gorkis war zum Zeitpunkt des Entstehens von „Perspektiven“ keineswegs eindeutig. Dieser lebte damals in Italien und kehrte erst 1930 in die UdSSR zurück. Plechanows Äußerung bezieht sich auf eine frühere Phase der Annäherung Gorkis an die von Lenin scharf kritisierte Gruppe „Vperëd“ (Vorwärts) um A. Bogdanow (die sogenannten Gottbildner). Eisenstein überträgt sie ironisch und ambivalent in eine andere historische Situation – die von 1929.

91 George Berkeley (1685–1752) – englischer Philosoph und Theologe, von 1734 bis 1752 Bischof der anglikanischen Kirche in Irland. Entwickelte den Sensualismus zu einer extrem subjektiven idealistischen Philosophie. Eisenstein bezieht sich hier auf Berkeleys Traktat „Abhandlung über die Prinzipien menschlichen Wissens“ (1710).

92 Zitiert nach: Ernst Cassirer, „Philosophie der symbolischen Formen. 1. Teil. Die Sprache“, Berlin 1923, S. 77.

93 Karl von Steinen (1855–1929) – deutscher Ethnograph und Weltreisender. Professor an der Marburger Universität. Sein Buch „Unter den Naturvölkern Zentral-Brasiliens. Reiseschilderung und Ergebnisse der zweiten Schingo-Expedition 1887–1888“, Berlin 1894, wurde ins Russische übersetzt und mehrfach aufgelegt.

94 A. a. O., S. 158.

95 „Die Schienen dröhnen“ – Drama (1927) von Wladimir Kirschon, Vertreter der RAPP.

96 „Der eiserne Strom“ – Roman (1924) von Alexander Serafimowitsch. Eines der ersten als klassisch geltenden Werke

der sowjetischen Literatur. Näherte sich mit seiner Konzentration auf die Darstellung der Massen Eisensteins Intentionen. Dieser strebte mehrfach die Verfilmung dieses Romans an, zum erstenmal nach Beendigung von „Streik" 1924, später als „Nach-Oktober-Teil" in „Oktober" (1927). Schließlich schlug er 1930 in Hollywood die Romanverfilmung vor. (Vgl. IP/V, S. 525.)

97 Leonid Andrejew (1871–1919) – russischer Prosaiker und Dramatiker.

98 1928 unterzeichneten der amerikanische Außenminister Frank Billings Kellogg (1856–1937) und sein französischer Amtskollege Aristide Briand (1862–1932) den Briand-Kellogg-Pakt, der den Krieg als Mittel zur Lösung von Streitfragen ablehnte. Wurde von fast allen Staaten unterzeichnet. 1928 trat die UdSSR dem Vertrag bei. 1929 erhielten die beiden Initiatoren den Friedensnobelpreis.

99 Siehe Anm. 43.

100 Joseph Ernest Renan (1823–1892) – französischer Religionshistoriker, Philosoph und Orientalist. Eisenstein bezieht sich auf dessen Arbeit „Die intellektuelle und moralische Reform" (1871).

101 Zitiert nach: a. a. O., S. 256.

102 Eisenstein meinte wahrscheinlich 1. Mose 4,17: „Und Kain erkannte sein Weib, die ward schwanger ..."

103 Julian Sochozki (1842–1928) – Mathematikprofessor an der Petersburger Universität, Autor einiger Lehrbücher. Eisenstein hörte Sochozkis Vorlesungen am Institut für Zivilingenieure und bewunderte in ihm einen „Poeten der Mathematik".

104 Camille Desmoulins (1760–1794) – französischer Journalist und Revolutionsführer. Veröffentlichte im Juni 1789 eine Anklageschrift gegen das Ancien régime und rief zum bewaffneten Aufstand 1789 auf; nahm am Volksaufstand 1792 teil; wurde gemeinsam mit Danton wegen Auflehnung gegen die jakobinische Diktatur hingerichtet.

105 Léon-Michel Gambetta (1838–1882) – französischer kleinbürgerlicher Politiker, glänzender Redner. Organisierte als Innen- und Kriegsminister 1870/1871 die Verteidigung gegen die preußischen Truppen. 1881/1882 Premier- und Außenminister.

106 Moissej Wolodarski (1891–1918) – führender bolschewistischer Revolutionär. Ab 1917 Präsidiumsmitglied des Allrussischen Exekutivkomitees WZIK; Kommissar für Presse, Agitation, Propaganda. Wurde 1918 von rechten Sozialrevolutionären ermordet.

107 Émile Jaques-Dalcroze (1865–1950) – Schweizer Musikpädagoge und Komponist, Begründer einer auf der Einheit von Körperbewegung und Musik beruhenden rhythmischen Gymnastik. Eröffnete 1911 in Hellerau bei Dresden und 1914 in Genf Schulen für Tanz und charakterbildende rhythmische Körpererziehung. 1920 wurden nach seinem System in Moskau und Petrograd Institute für Rhythmus gegründet.

108 Erster Satz aus Johannes 1,1.

109 Am Anfang des Aufsatzes spricht Eisenstein vom „sozialen Auftrag" – am Ende vom „lebendigen Menschen", eine keineswegs zufällige Einrahmung der „Perspektiven" in die zwei Grundthesen von LEF und RAPP.

Die RAPP (Russische Assoziation Proletarischer Schriftsteller) war eine Literaturorganisation, die sich 1925 als führende Abteilung der schon seit 1920 existierenden WAPP (Gesamtrussische Assoziation Proletarischer Schriftsteller) konstituierte. Diente zur Durchführung der Kulturrevolution und wurde von der Partei unterstützt. Im Verlauf ihrer Entwicklung verstärkten sich sektiererische Positionen, „kommunistische Überheblichkeit" und Versuche, die Literaturentwicklung zu administrieren. 1932 wurde die RAPP auf Beschluß der Partei aufgelöst. Mit dem Begriff „der lebendige Mensch" unternahmen einige RAPP-Theoretiker den Versuch, ein Modell für die Menschendarstellung in der sozialistischen Literatur zu postulieren. Es war als Reaktion auf asketische Menschenmodelle anderer Gruppierungen und der künstlerischen Praxis gedacht. Orientierte auf Psychologismus einschließlich der Überbewertung biologischer Momente. Eisenstein kritisierte an dem Konzept vor allem die mechanistische Tendenz der Entzweiung von Logischem und Sinnlichem, Aussage- und Formaspekten, die den Menschen in ein soziale Ideen belebendes Anhängsel verwandelte.

110 Siehe Anm. 10.

111 AChRR (Assoziation der Künstler des Revolutionären Rußlands) – Organisation sowjetischer Maler, die von 1922 bis 1932 existierte und die die zahlenmäßig stärkste und einflußreichste Künstlervereinigung war. Entstand noch auf der Grundlage der Genossenschaft von Wanderkünstlern (peredvižniki), die bis zu Anfang der zwanziger Jahre bestanden hatte. Die AChRR faßte Veteranen dieser Bewegung und einige Vertreter des Verbandes russischer Künstler zusammen. Formulierte die Losung vom „revolutionären Realismus", die in der Praxis lediglich auf thematischer

Ebene realisiert wurde. In formaler und kompositorischer Hinsicht blieben ihre Mitglieder vollständig den Traditionen des 19. Jahrhunderts – der Schule der Wanderkünstler – verhaftet. Einfache traditionelle Sprechweisen verschafften der AChRR Verständnis und offizielle Unterstützung. Das Archaische im Ausdruck beschwor dagegen den heftigen Protest der linken Künstler herauf.

112 Bekannte Formel Lenins, die er im Januar 1922 – in einem Gespräch mit Lunatscharski – geprägt hatte. (Vgl. „Lenin über den Film", Berlin 1971, S. 174.)

Jenseits der Einstellung (Za kadrom)

Geschrieben im Februar 1929. Veröffentlicht als Vorwort zu N. Kaufmans Buch „Japonskoe kino" (Der japanische Film), Moskau 1929, S. 72–92. Übersetzt nach IP/II, S. 283–296.

113 Bezieht sich auf N. Kaufmans Buch „Der japanische Film".

114 „Intellektueller Film" – einer der zentralen Begriffe dieses Zyklus von Aufsätzen; Eisenstein führte ihn Ende der zwanziger Jahre in die Lexik der Filmästhetik ein. Die Theorie des „intellektuellen Films" hängt mit der Vorstellung zusammen, daß die Montage in Analogie zur Sprache konstruiert werden kann, um verbale Begriffe visuell-sinnlich erlebbar zu machen. Als Impuls zur Erarbeitung dieses Konzepts diente Eisenstein die „Götter"-Sequenz aus „Oktober". Doch die Vordergründigkeit dieser Montagefolge divergierte mit dem wesentlich breiter gefaßten Konzept des „intellektuellen Films" und den Möglichkeiten, die Eisenstein in ihm für die Zukunft erblickte. Die Theorie des „intellektuellen Films" wurde oftmals vulgarisiert, wogegen sich Eisenstein immer wieder zu verteidigen hatte. (Vgl. S. 114.)

115 Hai-kai (später Haiku) – japanische Gedichtform, häufig als dreigeteilter rhythmisierter Aussagesatz strukturiert, metrisch festgelegt; seit dem 16. Jahrhundert in Epigrammdichtung benutzt.

116 Toshūsai Sharaku (um 1770 – nach 1825) – japanischer Maler, selbst Schauspieler des Nō-Theaters, schuf 1794 etwa 136 Bilder von Kabuki-Schauspielern.

117 Julius Kurth – deutscher Kunstwissenschaftler, Autor einer Sharaku-Monographie (München 1922).

118 Nakayama Tomisaburō – japanischer Schauspieler der zweiten Hälfte des 18. Jahrhunderts.

119 Nō – Mitte des 14. Jahrhunderts entstandene japanische Theaterkunst, deren Sprache in Gestik, Musik, farblichen und graphischen Formen stark verschlüsselt ist. Im Nō-Theater kommt es zu einer Synthese von Bewegungskunst, Tanz, Gesang und Rezitativ mit Instrumentalbegleitung. Die im Mittelalter gebildeten Ausdrucksformen blieben unverändert, wurden bis heute streng bewahrt.

120 Alexander Luria (1902–1978) – sowjetischer Psychologe, Professor der Moskauer Universität, mit dem Eisenstein befreundet war.

121 Eisenstein bezieht sich hier nicht auf den Positivismus als philosophische Richtung, sondern meint eine flache, naturalistische Abbildung der Wirklichkeit.

122 Jōruri – alte japanische Erzählkunst, die durch das Puppenspiel zu Bedeutung gelangte und Synonym für dieses wurde. Ging ins Kabuki-Theater als Verfahren zur Trennung von Darstellungs- und Erzählkunst ein: Ein spezieller Rezitator begleitet kommentierend die mimische Darbietung. Eisenstein vermischt hier Form (japanisches Marionettentheater) und Verfahren (Erzählkunst).

123 Kabuki – klassische japanische Theaterform, die eine eigentümliche Synthese von Elementen des Schau-, Sing- und Tanzspiels darstellt. Entstand Ende des 16. Jahrhunderts. Die Bühnensprache des Kabuki-Theaters ist ebenfalls streng codiert. Das Kabuki-Theater verlor in der zweiten Hälfte des 19. Jahrhunderts jede Beziehung zur Wirklichkeit, ist jedoch noch heute als Traditionsstätte sehr populär, die ebenso wie das Nō und die Marionettentheater ihre ursprünglichen Ausdrucksformen streng bewahrt.

124 Spielt auf einen populären Schlager der zwanziger Jahre an.

125 Lew Kuleschow (1899–1970) – sowjetischer Filmregisseur. Unternahm als einer der ersten Experimente mit der Montage, dem Filmschauspieler und dem Rhythmus (vgl. Anm. 39, 40). Sein berühmter Montageeffekt geht auf das Zusammenkleben ein und derselben Nahaufnahme von Iwan Mosshuchin, dem Star des russischen vorrevolutionären Films, nacheinander mit einem Teller Suppe, einem Kindersarg und einer fast entblößten Frau zurück, was im Zuschauer die Vorstellung hervorrufen sollte, der Schauspieler stelle Hunger, Leid und Wollust dar.

126 „Der lustige Kanarienvogel" – Film von L. Kuleschow (1929) über das Wirken von Untergrundkämpfern und feindlicher Abwehr. Das Kabarett „Der lustige Kanarienvogel" diente als Treffpunkt verschiedener Gruppierungen. In

den Pressemeinungen und -diskussionen jener Zeit galt der Film als Beispiel bürgerlichen Kitsches.

127 Wsewolod Pudowkin (1893–1953) – sowjetischer Filmregisseur, Schüler von Lew Kuleschow. Seine Filme „Die Mutter", „Das Ende von St. Petersburg" und „Sturm über Asien" prägten den sowjetischen Montagefilm entscheidend mit. P. vereinte in seiner Arbeit die Erfahrungen verschiedenster Richtungen, verwertete neben Montage und Typage auch die Darstellungskultur des Künstler-Theaters sowie das Gorkische Fabelverständnis eines in Entwicklung begriffenen Charakters, wofür Wiktor Schklowski seine Methode „centaurisch" nannte. Vgl. V. Šklovskij „Za 40 let" (In 40 Jahren), Moskau 1965, S. 96–99.

128 GTK – Staatliches Filmtechnikum (gegründet 1919, später Filmhochschule GIK), an dem Eisenstein mit Unterbrechungen zwischen 1928 und 1948 Regie unterrichtete.

129 „Russische goldene Serie" – Filmfirma von P. Timan und Rejngardt, die für Verfilmungen mit teuerer Ausstattung bekannt war.

130 Zeitlupe – beschleunigte Filmaufnahme mit erhöhter Bildfrequenz (36 bis 100 Bilder pro Sekunde [B/s] im Unterschied zur Norm: 24 B/s), die auf der Leinwand den Effekt einer 1,5 bis 4fach verlangsamten Bewegung erzielt.

131 Schtschukin-Museum – Moskauer Museum, in dem nur westeuropäische Kunst ausgestellt ist. Grundlage bildet die von dem Moskauer Kaufmann und Sammler Sergej Schtschukin zusammengestellte reiche Kollektion neuer französischer Malerei (1918 verstaatlicht).

132 Darüber schreibt Eisenstein in seinem Aufsatz „Neždannyj styk" (Die unerwartete Kopplung), in: IP/V, S. 303–310. (Vgl. Anm. 145.)

133 „Die Schwarzen" (Kurogo) im Kabuki-Theater sind Souffleur und Bühnengehilfe zugleich. Wirken beim Umkleiden der Schauspieler und Umschminken während der Vorstellung auf der Bühne mit. Gelten durch ein schwarzes Kostüm mit Kapuze überm Gesicht als unsichtbar.

134 „Narukami" (der Donner, Donnergott) – populäres Kabuki-Stück von Tsuuchi Hanshiro. Erstmalig 1684 aufgeführt; 1911 von Ichikawa Sadanji wieder ins Repertoire aufgenommen.

135 Ichikawa Sadanji (1880–1940) – Theaterdirektor und Schauspieler, einer der bedeutendsten Kabuki-Vertreter des 20. Jahrhunderts.

136 Typage – zentraler Begriff des sowjetischen Montagefilms der zwanziger Jahre, hängt eng zusammen mit dem Pro-

gramm zur Wandlung des alten Filmverständnisses. Prinzip zur nicht-dramaturgischen Typisierung im Film.

137 Gemeint ist „Die Generallinie" („Das Alte und das Neue"), 1929 unter der Regie von S. Eisenstein und G. Alexandrow entstanden.

138 Eisenstein analysiert hier die Aufführungen des Kabuki-Theaters während des Moskauer Gastspiels von 1928.

139 „Yashaō" (Der Maskenmacher) – Stück des Kabuki-Theaters.

140 „Chūshingura" (Die 47 Getreuen) – Kabuki-Stück von Izumo Takeda aus dem Jahre 1748.

141 Siehe Anm. 56.

142 „Swenigora" – Film von Alexander Dowshenko (1926), geprägt durch besondere Verknüpfungen von Realem und Phantastischem, Aktuellem und Mythologischem, so daß Eisenstein, nachdem er den Film gesehen hatte, seine Eindrücke sehr farbenprächtig niederschrieb und Dowshenko einen „roten E. T. A. Hoffmann" nannte. (In: AA, S. 124/125.)

143 „Der Mann mit der Kamera" – Film von Dsiga Wertow (1929), der in ästhetischer Nachbarschaft zu Walter Ruttmanns „Berlin. Symphonie einer Großstadt" (1927) und Jean Vigos „Apropos Nizza" (1930) entstand. Letzteren drehte Boris Kaufman, Dsiga Wertows Bruder. Diese „visuelle Symphonie" drückte am deutlichsten Wertows Suche nach einer neuen Filmsprache aus. – „... ‚Der Mann mit der Kamera' stellt den Versuch einer filmischen Wiedergabe visueller Erscheinungen dar, ohne Zuhilfenahme von Zwischentiteln (ein Film ohne Zwischentitel), ohne Zuhilfenahme eines Szenariums (ein Film ohne Szenarium), ohne Zuhilfenahme des Theaters (ein Film ohne Schauspieler und Bühnenbilder).
Diese neue experimentelle Arbeit der Kinoki (vgl. Anm. 20) zielt auf die Schaffung einer internationalen Sprache des Films, auf die Schaffung einer *absoluten Kinematographie,* auf die völlige Trennung des Films von Theater und Literatur." (In: DW, S. 308.)

144 „La chute de la maison Usher" (Der Fall des Hauses Usher) – französischer Film von Jean Epstein (1928).

145 Es geht erneut um den Aufsatz „Die unerwartete Kopplung". (Vgl. Anm. 132.) – Hier hebt Eisenstein die Untrennbarkeit und Gleichberechtigung visueller und akustischer Ausdrucksmittel besonders hervor, was seiner Meinung nach die „monistische" Kunst des japanischen Kabuki-Theaters mit dem Bild-Ton-Kontrapunkt im Film verwandt macht.

146 Gemeint sind Schauspieler, die keine bewußte Methodik und professionelle Darstellungstechnik beherrschen, ihre Arbeit statt dessen auf pure Intuition gründen.

Die vierte Dimension im Film (Četvertoe izmerenie v kino)

Geschrieben im August 1929. Der erste Teil wurde in der Zeitung „Kino", Moskau 1929, vom 27. 8., veröffentlicht; erstmals vollständig in IP/II, S. 45–59, wonach auch die Übersetzung entstand. Nach der Arbeit an „Oktober" und „Die Generallinie" fügt Eisenstein verschiedene Techniken der Montage zu einem System. In dem Streben nach einer Definition ihrer Gesetzmäßigkeiten greift er zur Terminologie der Musik.

147 Eisenstein zitiert aus „Die unerwartete Kopplung". (Vgl. Anm. 145.)

148 Fortsetzung der Polemik mit Kuleschow (vgl. S. 80 und Anm. 39, 40, 125). – Eisenstein hält Kuleschows Vorstellung von der Eindeutigkeit einer Einstellung als Buchstabe entschieden den gedanklich-emotionalen Mehrklang einer einzelnen Einstellung entgegen, die er jetzt als Komplex psycho-physischer Erreger definiert.

149 Claude Debussy (1862–1918) – französischer Komponist, Pianist und Dirigent, führender Vertreter des Impressionismus.
Alexander Skrjabin (1872–1915) – russischer Komponist und Pianist. Schuf (z. B. in dem symphonischen Poem „Prometheus" von 1910) ein eigenes Harmoniksystem, das er aus hochzahligen Obertönen ableitete.

150 Im Manuskript steht folgende Anmerkung:
„Hier gibt es genauso eine Desindividualisierung des *Charakters* einer Empfindungskategorie wie zum Beispiel bei einem anderen „psychologischen" Phänomen: Dem Empfinden eines *Genusses*, der von übermäßigem *Leiden* herrührt (eine bis zu einem bestimmten Grad allen bekannte Empfindung). Über sie schreibt Stekel: ‚Schmerz wird bei affektierter Überanstrengung nicht mehr als Schmerz empfunden, sondern lediglich als Nervenanspannung ... Jede starke Beanspruchung der Nerven übt eine tonisierende Wirkung aus. Die Erhöhung des Tonus ruft ein Gefühl des Vergnügens und des Genusses hervor.'"
Wilhelm Stekel (1868–1940) – deutscher Psychologe; Mitglied der sog. Mittwochsgesellschaft, einer Diskussionsgruppe früher Anhänger der Psychoanalyse, die sich seit

Herbst 1902 regelmäßig in Freuds Wartezimmer traf. Mitbegründer des Zentralinstituts der Psychoanalyse.

151 Kuleschow experimentierte mit der Rhythmisierung der Montage dahingehend, daß er die Metrage eines Einstellungsabschnittes Taktlängen anglich.

152 „Das elfte Jahr" – Film von Dsiga Wertow (1928), konzipiert als dokumentarisches Poem über die Veränderungen im Sowjetland des elften Jahres der Revolution, war besonders überfrachtet mit Montage- und Kameraexperimenten.

153 Der metrische Modul – in der Architektur Bestandteil der Konstruktion eines Gebäudes, der zu dessen Maßeinheit erklärt wurde.

154 „Das Ende von St. Petersburg" – Film von Wsewolod Pudowkin (1927).

155 Berühmte Episode in „Panzerkreuzer Potjomkin".

156 „Sturm über Asien" – Film von W. Pudowkin (1928), nach einem Drehbuch von Ossip Brik.

157 Weiter ist im Manuskript-Text durchgestrichen: „Zum kompliziertesten und packendsten Gestaltungstyp der letzten Kategorie erwächst jener Fall, in dem nicht nur der Konflikt der Abschnitte als physiologische ‚Klangkomplexe' berücksichtigt wird, sondern in dem auch noch die Möglichkeit beibehalten wird, daß einzelne den Abschnitt ausmachende Erreger darüber hinaus mit entsprechenden Erregern benachbarter Abschnitte in eigenständige, konfliktreiche Wechselbeziehungen treten können.
Dann erlangen wir eine eigentümliche Polyphonie. Ein spezifisches Orchester, das organisch die selbständigen Parts einzelner Instrumente miteinander verflicht, die ihre Linie durch den gemeinsamen Orchesterklangkomplex hindurchführen.
In den besten Lösungen der ‚Generallinie' gelang es, dies zu erreichen (zum Beispiel im 2. Akt – und hier besonders in der Kirchenprozession)."

158 Kasimir Malewitsch (1878–1935) – russisch-sowjetischer Maler polnischer Herkunft, Begründer des Suprematismus.

159 Zitiert nach W. I. Lenin, Werke, Bd. 38, S. 212–214.

160 In der „Götter"-Sequenz in „Oktober" werden die Darstellungen der Gottheiten und Idole verschiedener Religionen so miteinander montiert, daß die Figuren allmählich ihr Dekor verlieren und eine Entwicklung vom barocken Christus bis zum archaischen primitiven Götzen aus Holz durchmachen. Diese Montagefolge diente als Kommentar zu der monarchistischen Losung „Im Namen Gottes".

Rede auf der Allunionskonferenz sowjetischer Filmschaffender (Vystuplenie na Vsesojuznom tvorčeskom soveščanii rabotnikov sovetskoj kinematografii)

Das Stenogramm der Rede vom 8. Januar 1935 wurde erstmalig in dem Band „Za bol'šoe kinoiskusstvo" (Für die große Filmkunst), Moskau 1935, S. 22–49, veröffentlicht. Im Eisenstein-Archiv wird das Stenogramm mit Zusätzen, Korrekturen und handgeschriebenen Erweiterungen aufbewahrt, das in dieser Form in IP/II, S. 95–124, erstmals publiziert wurde und nach dem auch die Übersetzung entstand. Die Rede endete mit einem Schlußwort, das hier ausgelassen wurde.

Dieser Text ist nach „Montage der Attraktionen" und „Perspektiven" Eisensteins neues programmatisches Manifest auf einer neuen Etappe. Der Übergang zu den dreißiger Jahren bedeutete einerseits den Wechsel zum Tonfilm und damit den Verlust bestimmter Vorleistungen der Montage-Bild-Sprache des Stummfilms, zum anderen ging dieser Prozeß mit der allgemeinen Krise und dem Zerfall der Avantgarde einher. Auf der Tagesordnung stand jetzt eine neue Kulturpolitik mit der Hauptforderung nach Verständlichkeit der Kunst für die Massen im Zusammenhang mit der Rolle, die ihr als Mobilisierungsfaktor im Prozeß der ökonomisch-sozialen Veränderungen, forcierter Industrialisierung und Kollektivierung der Landwirtschaft zugedacht worden war. Auf der Konferenz von 1935 entstand eine scharfe Polemik, deren Verfechter sich in einem Punkt trafen: Es sei notwendig, die neue Wirklichkeit und den Charakter des sich in ihr verändernden Menschen zu erschließen.
Im Zusammenhang damit riefen viele nach einer Revision der avantgardistischen Errungenschaften des vergangenen Jahrzehnts und einem weitgehenden Verzicht auf sie.
Eisenstein war in einer komplizierten Situation: Sein Film über Mexiko blieb unvollendet, viele Projekte der Jahre 1930–1934 wurden abgelehnt, und die Schwierigkeiten mit der „Beshinwiese" standen erst noch bevor. So konzentrierte er sich auf seine pädagogische Arbeit an der Filmhochschule GIK und vertiefte sich in die theoretische Forschung. Seine ehemaligen Freunde aus der avantgardistischen Jugendzeit Jutkewitsch, Kosinzew, Trauberg und seine Schüler Georgi und Sergej Wassiljew (die soeben die Arbeiten am populärsten Film der dreißiger Jahre, „Tschapajew", abgeschlossen hatten) warfen ihm den Rückzug von den operativen Fragen des Tages vor.
In der Entgegnung auf heftige Angriffe und auf die Forderung nach Vereinfachung versucht Eisenstein, sein Recht auf die Analyse der Probleme von Form und Schaffensprozeß zu behaupten.

Im zweiten Teil der „Rede" zeichnen sich erste Umrisse seines umfangreichen Buches „Methode" ab. Sie ist Bestandteil der ersten Fassung dieses Buches („Grundproblem"), an dem Eisenstein bis zum Ende seines Lebens arbeitete. Der Kern der Untersuchung lag im Erfassen der wechselseitigen Durchdringung des Sinnlichen und Rationalen im Schaffensprozeß, im Kunstwerk und dessen Rezeption, im Erforschen der inneren Gesetzmäßigkeiten der Formstruktur.
Eisensteins operative Ästhetik nähert sich jetzt noch mehr der Psychologie. Während er zu Beginn der zwanziger Jahre bei der Erarbeitung der Attraktionsmontage allenfalls unter dem Einfluß Bechterews stand, machte er sich in der zweiten Hälfte dieses Jahrzehnts mit den unterschiedlichsten Konzepten vertraut: der Gestaltpsychologie und der Psychoanalyse, dem Behaviorismus und der ethnischen Psychologie. Eisenstein studiert aufmerksam die Schriften von Wilhelm Wundt, Sigmund Freud, Otto Rank, Ernst Kretschmer, James George Frazer, Lucien Lévy-Bruhl, trifft sich mit Wolfgang Köhler und Hanns Sachs. Die Persönlichkeit Freuds interessiert ihn sehr stark, aber sein Wunsch, ihm zu begegnen, bleibt trotz der Bemühungen Stefan Zweigs unerfüllt. – In diese Zeit fällt auch seine Freundschaft mit Alexander Luria und Lew Wygotski.

161 Gemeint ist Sergej Dinamow (1901–1939), Literaturwissenschaftler (hauptsächlich auf dem Gebiet der Anglistik/Amerikanistik), der in seiner Funktion als Abteilungsleiter des ZK der KPdSU auf der Konferenz das Hauptreferat hielt.
162 Gemeint ist Eisensteins Aufsatz „Samoe važnoe iz iskusstv" (Die wichtigste aller Künste; zum 15. Jahrestag der sowjetischen Kinematographie), der am 6. 1. 1935 in der Zeitung „Izvestija" erschienen war (deutsch in: AA, S. 93–100).
163 „Tschapajew" – Film von Sergej und Georgi Wassiljew aus dem Jahre 1934, der eine außerordentliche Popularität erlangte.
164 „Maxims Jugend" – Film von Grigori Kosinzew und Leonid Trauberg, Bestandteil der Maxim-Trilogie, einer der populärsten Filme der dreißiger Jahre.
165 „Bauern" – Film von Friedrich Ermler aus dem Jahre 1935.
166 „Das Glück" – satirische Stummfilmkomödie von Alexander Medwedkin aus dem Jahr 1934.
167 Vgl. Anm. 136.
168 Vgl. Anm. 64.
169 Vgl. Anm. 39, 40.
170 Vgl. Anm. 127.

171 Marfa Lapkina war eine Bäuerin, die Eisenstein für die Hauptrolle in „Die Generallinie“ gefunden hatte.

172 Gemeint ist das Referat „Les principes du cinéma russe“ (Prinzipien des neuen russischen Films. Über den intellektuellen Film), das Eisenstein am 17. Februar 1930 in der Pariser Sorbonne gehalten hat. (Deutsch in: Film und Fernsehen, Berlin 1982, Nr. 1, S. 25–31.) – Das von S. Dinamow angeführte Eisenstein-Zitat aus diesem Referat war im korrigierten Wortlaut der Konferenzdokumente („Für die große Filmkunst“) nicht mehr enthalten.

173 Vgl. Anm. 109.

174 Zitat aus „Perspektiven“, S. 68.

175 Iwan Anissimow (1899–1966) – sowjetischer Literaturwissenschaftler, korrespondierendes Mitglied der Akademie der Wissenschaften der UdSSR. Mitglied der RAPP, trat Anfang der dreißiger Jahre unter dem Pseudonym Prim als Theater- und Filmkritiker auf.

176 Wladimir Sutyrin (geb. 1902) – sowjetischer Filmkritiker, aktives Mitglied der RAPP.

177 Mitläufer (poputčik) – mit diesem Terminus wurden von der RAPP (vgl. Anm. 109) Schriftsteller nichtproletarischer Herkunft belegt, denen gegenüber sich die RAPP sektiererisch verhielt.

178 Bezieht sich auf die Resolution des ZK der KPdSU (B) vom 23. April 1932 „Über die Umwandlung der literarisch-künstlerischen Organisationen“, die die Liquidierung der RAPP und anderer Vereinigungen beinhaltete, an deren Stelle einheitliche Künstlerverbände treten sollten. Diese Resolution spielte nicht nur hinsichtlich struktureller Umgruppierungen eine entscheidende Rolle, sondern stellte auch den Versuch dar, alle Künstler auf der gemeinsamen Plattform des sozialistischen Realismus zu einen.

179 Sergej Jutkewitsch (1904–1985) – sowjetischer Filmregisseur, lernte gemeinsam mit Eisenstein an Meyerholds GVYRM, Ausstatter bei Foregger, Mitbegründer der FEKS. Trat 1935 auf der Konferenz als ein Hauptopponent Eisensteins auf. Gestützt auf die Praxis der sogenannten Leningrader Schule (geprägt durch die Filme „Gegenplan“, „Maxims Jugend“ u. a.), rief er zur kritischen Überprüfung der theoretischen Maxime des Montagefilms auf. Sein Referat ist ebenfalls in dem Sammelband „Für die große Filmkunst“ veröffentlicht worden. – J. leitete die Eisenstein-Nachlaßkommission und betreute als verantwortlicher Herausgeber die Edition seiner ausgewählten Werke in 6 Bänden.

180 „Die letzte Maskerade“ – Film von Michail Tschiaureli. Produktion: Goskinprom Grusinien, 1934.

181 Im Oktober 1932 bereiste Eisenstein Armenien und Grusinien zu Drehbuchrecherchen. Während dieses Aufenthalts hielt er auch Vorträge über seine Auslandsreisen.

182 „Der Gegenplan“ – Film von Friedrich Ermler und Sergej Jutkewitsch (Produktion: Rosfilm Leningrad, 1932). Eines der ersten Beispiele für die Charakterformung eines individualisierten Helden im Film der dreißiger Jahre.

183 Am 21. 4. 1930 nimmt Eisenstein in Paris erste Verhandlungen mit dem Produktionschef der „Paramount“, Jesse Lasky, über ein mögliches Filmprojekt für Hollywood auf. Am 30. 4. 1930 wurde mit der „Paramount“ ein Vertrag unterzeichnet, der Eisenstein völlige Freiheit bei Stoffwahl und Regie garantierte. Am 8. 5. fuhren Eisenstein und Tissé nach New York, während Alexandrow zunächst die Arbeiten an seinem Film in Paris beendete und später nachfolgte.

Noch in Paris schlug Lasky Eisenstein einige Projekte vor: die Verfilmung des Kolportageromans „Menschen im Hotel“ von Vicki Baum (der später, 1932, von Edmound Goulding mit Greta Garbo in der Hauptrolle verfilmt wurde), des utopischen Romans „Krieg der Welten“ von Herbert G. Wells (was wegen zu hoher Kosten von der Firma abgelehnt wurde) u. a.

In Hollywood folgten weitere Angebote: „Jud Süß“ von Feuchtwanger, „Die Rückkehr“ von Remarque, „Aufruhr der Engel“ von Anatole France, Swifts „Gulliver“, Čapeks „RUR“, Kellermanns „Tunnel“, auch Émile Zolas „Germinal“. Von allen Angeboten interessierte Eisenstein am meisten ein damals in Deutschland vielgespieltes Stück, „Die Affaire Dreyfus“ von Rehfisch und Herzog. (E. schreibt darüber in St, S. 188ff.) – Konkret jedoch befaßt sich Eisenstein mit drei Projekten: mit „Sutters Gold“, „Eine amerikanische Tragödie“ und mit einem Film über die Revolution auf Haïti. (Vgl. W. Sudendorf, Sergej M. Eisenstein, Materialien zu Leben und Werk, München 1975, S. 220–222.) Ferner entwarf er eine Filmidee über die Lebensgeschichte des Finanziers Basil Zacharoff.

184 In Paris interessiert sich Eisenstein für die Verfilmung des 1926 erschienenen Romans von Blaise Cendrars, „Gold“, dem die Lebensgeschichte des Schweizer Abenteurers Johann Sutter zugrunde liegt. Dieser wanderte 1840 nach Kalifornien aus, bringt es rasch, als auf seinen Ländereien Gold gefunden wird, zu ungeheurem Reichtum, bis ihn die Goldgräber erschlagen.

Zunächst erhält Eisenstein die Zustimmung der „Paramount", verfaßt gemeinsam mit Ivor Montagu und Alexandrow ein Drehbuch, in dem der Stoff eine soziale Zuspitzung erfährt, was schließlich zur Ablehnung des Projekts durch die Firma führt. – 1935 wird der Roman von dem Regisseur James Cruze unter dem Titel „Sutters Gold" verfilmt. – Dieses Projekt wie auch die zwei weiteren belegen Eisensteins Übergang von Filmen mit Massenprotagonisten zu prononciert individuellen, dramatischen Lebensgeschichten.

185 François-Dominique Toussaint-L'Ouverture (1743–1803) – Führer der Befreiungsbewegung auf Haïti. Trat 1791 an die Spitze der bürgerlich-demokratischen Revolution zur Befreiung der Insel von spanischer und französischer Kolonialherrschaft. Schloß sich nach der Aufhebung der Sklaverei durch französische Konventkommissare (1793) den Franzosen an, erhielt den Rang eines Generals. Wurde 1802 verhaftet und nach Frankreich gebracht, wo er im Kerker starb. – Seinen Kampf setzte Jean-Jacques Dessalines (1758–1806) fort.

Auf der Grundlage des Romans „Black Majesty" (Die schwarze Hoheit) von George V. Vandercook plant Eisenstein in Hollywood einen Film über Toussaint-L'Ouvertures Adjutanten, den Negergeneral Henri-Christophe, dessen Schicksal E. „als die Entartung eines Führers zum Despoten" interessierte (vgl. Sudendorf, a. a. O., S. 222). Für die Hauptrolle war Paul Robeson vorgesehen. Aber die „Paramount" lehnte auch dieses Projekt ab.

1932 kehrte Eisenstein, bereits wieder in der UdSSR, zu diesem Thema zurück. Im Mittelpunkt steht nun die Figur Toussaint-L'Ouvertures. Den Impuls dazu lieferte ein Brief des sowjetischen Literaturwissenschaftlers und Schriftstellers Anatoli Winogradow vom 27. Mai 1932 an Eisenstein mit der Bitte um Unterstützung seines Filmprojekts „Der schwarze Konsul". Wahrscheinlich wußte Winogradow von Eisensteins Interesse für die Revolution auf Haïti.

Am 23. 7. 1932 unterzeichnen beide einen Drehbuchvertrag mit dem Moskauer Studio „Sojuskino". Die Hauptrolle sollte der bekannte Schauspieler und Regisseur des Staatlichen Jüdischen Theaters Moskau, Solomon Michoëls, übernehmen, während Robeson die Rolle Dessalines' zugedacht war. Der Film wurde nicht produziert, 1933 erschien Winogradows Novelle „Der Schwarze Konsul" mit der vorangestellten Widmung: „Ich widme dieses Buch S. M. Eisenstein zur Erinnerung an unsere Begegnungen, unsere Freundschaft und Zusammenarbeit."

186 Paul Robeson (1898–1976) – afroamerikanischer Sänger und Schauspieler, Freund Eisensteins. Bereiste mehrmals die Sowjetunion. Über sein Moskauer Gastspiel von 1936 schreibt Eisenstein in IP/V, S. 408/409.

187 „Eine amerikanische Tragödie" – Roman von Theodore Dreiser (1925). Eisenstein, Alexandrow und Montagu schrieben nach ihm ein Drehbuch, in dem Eisenstein seine Theorie des inneren Monologs in die Praxis umzusetzen versuchte und der soziale Aspekt des Romans verstärkt wurde. Dreiser akzeptierte das vorgelegte Konzept, die „Paramount" lehnte es jedoch abermals ab. Entgegen allen Protesten Dreisers wurde der Roman 1932 von Joseph v. Sternberg verfilmt. Dreiser schrieb in einem Brief an Eisenstein (September 1931): „Ich fürchte, daß Paramount niemanden hat, der die „Amerikanische Tragödie" genauso gut machen könnte wie Sie. Mich hat deren absolut kommerzielles und eng pragmatisches Herangehen in Wut gebracht ..., mit dem sie diesen originellen Plan verworfen haben." (IP/II, S. 499.)

Nach Eisensteins Idee sollte sich der innere Monolog auf die Entfesselung von Gedanken und Assoziationen des Helden stützen, die mit Hilfe seiner Stimme im Off realisiert werden – allerdings nicht als fertige Schlußfolgerung, sondern im Prozeß ihrer Entstehung im Bewußtsein. Der Bau der Montage wird als Struktur der emotionalen Rede entschlüsselt, und zwar keiner mündlichen oder schriftlichen – sondern der inneren Rede, wo die affektbedingte Struktur am vollständigsten und in der reinsten Form auftritt. (Vgl. AA, S. 221ff.) Die Vollendung dieses Konzepts deckt sich mit Eisensteins Interesse für James Joyce und der Annäherung an Wygotski. 1934 erscheint dessen berühmtes Werk „Denken und Sprechen", in dem Wygotski u. a. das Problem der inneren Rede als einer Form, in der die Bewußtseinsarbeit eines erwachsenen Menschen verläuft, behandelt und dabei feststellt, daß sich ihre Genesis aus der egozentrischen Sprache eines Kindes herleitet.

Ein Beispiel, das dieses Verfahren veranschaulicht, liefert Eisenstein in dem Aufsatz „Odolžajtes'!" (Bedienen Sie sich!; 1932, in: IP/II, S. 60–80), wo eine Sequenz aus der Dreiser-Verfilmung – die Ermordung der Roberta – beschrieben ist (deutsch in: AA, S. 373–382). – Der Einsatz des inneren Monologs im heutigen Film folgt zumeist nicht dem von Eisenstein angestrebten Prinzip und reduziert sich häufig auf einen Sprecherkommentar mit unterschiedlichen Funktionen (informativen, dramaturgischen u. a. Hilfestellungen). – Nach Ansicht des sowjetischen Wissenschaftlers Wjatscheslaw Iwanow entwickelte Pier Paolo Pascolini in einigen Aufsätzen (vgl. „La lingua scritta dell'azione", in: Nuovi argumenti, nuova serie, 2, 1965) ein analoges Konzept des inneren Monologs.

188 „Goldene Berge" – erster Tonfilm von S. Jutkewitsch (1931), von Eisensteins einführenden Worten zur Aufführung dieses Films in New York ist im Archiv kein Zeugnis erhalten.

189 Nathan Sarchi (1900–1935) – einer der ersten sowjetischen Filmautoren. Arbeitete von 1924 an nur noch für den Film, vornehmlich mit Pudowkin.

190 Gemeint ist Pudowkins Film „Die Mutter" (1927) nach Gorki, zu dem N. Sarchi das Drehbuch schrieb.

191 „Das Gewitter" – Film von Wladimir Petrow (1934) nach dem gleichnamigen Drama von Alexander Ostrowski.

192 „Petersburger Nacht" – Film von Wera Strojewa und Grigori Roschal aus dem Jahre 1934, nach Motiven zweier Novellen von Dostojewski („Netotschka Neswanowa", „Weiße Nächte").

193 Gemeint ist eine Episode aus „Gegenplan" (vgl. Anm. 182), ein Spaziergang der Helden durch das nächtliche Leningrad.

194 Johann-Kaspar Lavater (1741–1801) – Schweizer Dichter, Mystiker, Physiognomist. Seine dreibändige Ausgabe „Physiognomische Fragmente zur Beförderung der Menschenkenntnisse und Menschenliebe" erschien 1776–1778 in Leipzig.

1968 wurde (ebenfalls in Leipzig) eine Faksimileausgabe seiner „Physiognomie – Lehre über die Methode der Definition des menschlichen Charakters nach seinen Gesichtszügen" herausgegeben.

195 Vgl. „Goethe und Lavater. Zeugnisse ihrer Freundschaft. Aus ihrem Briefwechsel", Zürich 1918.

Emil Ludwig schreibt in seiner Biographie „Goethe. Geschichte eines Menschen", Stuttgart und Berlin 1924, S. 118/119: „Und wirklich ist die Physiognomik, die Lavater wie eine neue Entdeckung eben nach Deutschland bringt, für den Augenblick beinahe Lavaters Erfindung und Patent, halb Kunst, halb Wissenschaft, ein Verfahren, zu dem soviel Intuition als Beobachtung, soviel dichterisch heißes Vorgefühl für Seelen als naturforschendes kühles Betrachten von Körpern nötig ist. Auf diesem halbsachlichen Felde begegnen sich beide, lernend und im Lernen produzierend, Goethe, hingerissen vom Schüler sein Lehrer ...

Es gibt Blätter in Lavaters großem physiognomischen Werke, auf denen man Art und Handschrift beider Autoren nebeneinander betrachten kann, und gleich ist alles klar. Hastig schräge, wilde Züge kündigen in der Mitte Goethes schnell fassende Art an, zierlich und vertikal gruppierte Lavaters Hand um diesen feuerigen Kern seine klugen Kommentare ..."

196 Eisenstein meint die Rede Maxims Gorkis „Über sowjetische Literatur" auf dem I. Kongreß sowjetischer Schriftsteller am 17. August 1934 (deutsch in: „Sozialistische Realismuskonzeptionen. Dokumente zum I. Allunionskongreß der Sowjetschriftsteller", Frankfurt am Main 1974.) Die erwähnte Passage über den Kriminalroman auf S. 58ff.

197 James Fenimore Cooper (1789–1851) – amerikanischer Schriftsteller, der seinen Ruhm mit spannenden Romanen über den amerikanischen Unabhängigkeitskrieg („Der Spion"; 1821, „Lederstrumpferzählungen"; 1845, „Der Pfadfinder"; 1840 usw.) begründete.

198 Eugène Sue (1804–1857) – französischer Schriftsteller. Um sich von Geldsorgen zu befreien, wurde er Begründer des überwiegend von kommerziellen Erwägungen diktierten Zeitungsromans in Fortsetzungen. Sein bekanntestes Werk war „Die Geheimnisse von Paris" in zehn Bänden (1842 bis 1843).

199 Gemeint sind Werke von Victor Hugo, Honoré de Balzac, Eugène Sue.

200 Paul Féval (1817–1887) – französischer Schriftsteller boulevardhaft-feuilletonistischer Färbung. Das Beispiel stammt aus seinem Roman „Messer von Gold" (1856).

201 Synekdoche – sprachliches Bild, dessen Bedeutung auf erweiternder und verengender Bedeutungsberührung beruht. In der S. werden Art und Gattung, Teil und Ganzes, Singular und Plural miteinander ausgetauscht.

202 Afanassi Potebnja (1835–1891) – russischer Philologe, Professor an der Universität Charkow, einer der Begründer der modernen russischen Sprachwissenschaft.

203 Tschud – im alten Rußland allgemeine Bezeichnung für einige westfinnische Stämme.

204 Serafima Birman (1890–1976) – Schauspielerin des Künstler-Theaters, spielte in Eisensteins „Iwan der Schreckliche" die Jefrossinija Starizkaja.

205 Wilhelm Max Wundt (1832–1920) – deutscher Psychologe, Physiologe und Philosoph, Mitbegründer der experimentellen Psychologie. Eröffnete 1879 in Leipzig das erste experimentale psychologische Laboratorium. – In seiner „Völker-

psychologie" (1900–1920) versuchte W. die Entwicklungsgesetze von Sprache, Mythos, Sitte, Recht u. a. als psychologische zu bestimmen. Eisenstein zitiert aus Wundts Buch „Elemente der Völkerpsychologie. Grundlinien einer psychologischen Entwicklungsgeschichte der Menschheit." (Leipzig 1912, S. 72).

206 Lucien Lévy-Bruhl (1857–1939) – französischer Wissenschaftler, Philosoph und Soziologe. Positivist und Anhänger von Auguste Comte. Entwickelte in seinen Werken die Theorie vom prälogischen Denken der Naturvölker. Im Russischen erschienen die Bücher „Pervobytnoe myšlenie", Moskau 1930 (La mentalité primitive, Paris 1922), und „Sverchestestvennoe v pervobytnom myšlenii", Moskau 1937 (Le Surnaturel et la nature dans la mentalité primitive, Paris 1931).

207 Herbert Spencer (1820–1903) – englischer Philosoph und Soziologe, einer der Begründer des Positivismus. Eisenstein meint „The Philosophy of Style" aus „Essay Scientific, Political and Speculative" London 1868–1888. Spencers Werke erschienen in Rußland 1899–1900.

208 Zitiert nach: Marx/Engels, Werke, Bd. 19, Berlin 1962, S. 202/203.

209 Olivier Leroy – französischer Anthropologe, der in seinem Buch „La raison primitive. Essai de réfusation de la théorie du prélogisme", Paris 1927, Lévy-Bruhl kritisierte.

210 Zitiert nach a. a. O., S. 205.

211 Verfremdung (ostranenie) – von Wiktor Schklowski in dem Aufsatz „Iskusstvo, kak priem" (Kunst als Verfahren; 1916, deutsch in: „Texte der russischen Formalisten", München 1969, Bd. 1, S. 3–35; und „Die Erweckung des Wortes", Leipzig 1987, S. 11–32) eingeführter Begriff, der zu einer zentralen Kategorie der russischen Formalen Schule wurde. Mit ihm wurde der Versuch unternommen, das Verfahren der Verfremdung zu begründen, welches Kunst von Nicht-Kunst, poetische von praktischer Sprache unterscheidet. Später stieß dieser Versuch, die Kunst als Verfahren zu definieren und die Verfremdungstechnik nach Schklowski zu einem universellen Kunstgriff zu erklären, auf Widerspruch. Die Warnung, diese Theorie nicht zu verabsolutieren, wurde nicht allein von Gegnern der Formalen Schule, sondern auch von ihrem Mitglied Roman Jakobson ausgesprochen. Trotzdem erwies sich dieser frühe Schklowski-Aufsatz als überaus einflußreich auf die Theoriebildung innerhalb der Formalen Schule.

Seine „frühe Verfremdungs-These läßt noch deutlich zwei

unterschiedliche Intentionen der Verfremdung erkennen. Einmal dient die Verfremdung dazu, die durch sprachliche und gesellschaftliche Konventionen ‚automatisierte' Wahrnehmung zu erschweren, dadurch ein neues Sehen der Dinge zu erzwingen und so das eigene Verhältnis zur Umwelt zu korrigieren. Zum anderen wird in einer Art gegenläufigen Bewegung die durch Verfremdung erschwerte Wahrnehmung auf die verfremdende und erschwerende Form selbst gelenkt. Diese Form und die für sie konstitutiven Verfahren werden zum eigentlichen Gegenstand kunstgemäßer Wahrnehmung und schließlich zum eigentlichen Gegenstand der Kunst", schreibt Jurij Striedter im Vorwort zu den „Texten der russischen Formalisten" (S. XXIII).
Schklowskis These darf nicht mit Brechts V-Effekt verwechselt werden. Während sich Schklowski ausschließlich der ästhetischen Natur dieser Verfremdungstechnik zuwendet, ordnet Brecht ihr eine sozialrelevante Funktion zu.

212 1935 wurde am GIK (Staatliche Filmhochschule) eine zweijährige Filmakademie für Autoren und Regisseure eröffnet.

213 Vgl. Anm. 212.

214 Nikolai Marr (1865–1934) – russisch-sowjetischer Sprachforscher, Archäologe, Kaukasiologe. Mitglied der AdW der UdSSR. Erörterte in seinen Werken Probleme der Formierung und Entwicklung der Sprache sowie deren Zusammenhang mit dem Denken. Eine Reihe seiner Arbeiten, besonders die *japhetische Theorie,* provozierten heftige Diskussionen und stießen in den fünfziger Jahren auf scharfe Kritik. Diese linguistische Theorie untersuchte die nacheinanderfolgenden Stadien der Sprachentwicklung und erforschte die Verwandtschaft kaukasischer Sprachen mit denen des Altertums.
Eisenstein interessierte sich dank seiner Neigung, jedes Phänomen in dessen historischer Evolution zu betrachten, für die Prinzipien der Paläontologischen Sprachlehre Marrs.
Dessen Tod brach die Arbeit an einem gemeinsamen Projekt zur Erforschung der Sprache der Kunst ab, an dem auch der Psychologe Lew Wygotski mitwirken sollte.

215 Le Corbusier (eigtl. Charles-Édouard Jeanneret), (1887 bis 1965) – schweizerisch-französischer Architekt und Architekturtheoretiker, führend in der modernen bürgerlichen Architektur. Unter Benutzung neuartiger Baumaterialien (Beton, Stahl, Glas) entwickelte er Skelettkonstruktionen und schuf durch Betonung der strukturellen Elemente ein-

heitliche Raumgebilde mit einem starken Akzent auf deren Zweckmäßigkeit.
Nach seinen Projektierungen wurden Ende der zwanziger Jahre in Moskau einige Gebäude errichtet.
Iwan Sholtowski (1867–1960) – russisch-sowjetischer Architekt. Seine Arbeiten basieren auf der Wiederentdeckung der klassischen Renaissance-Architektur.

TECHNIK UND KINO

Die in diesem Kapitel zusammengefaßten Aufsätze sind keine futurologischen Voraussagen. Vielmehr interpretiert Eisenstein hier die technische Revolution im Film vom Standpunkt der Evolution der Kunst und stellt sie in einen weitgefaßten kultur- und kunstwissenschaftlichen Kontext.

Die Zukunft des Tonfilms. Ein Manifest. (Buduščee zvukovoj fil'my. Zajavka)

Das Manuskript dieses von Alexandrow (vgl. Anm. 218) geschriebenen, mit Ergänzungen von Pudowkin (vgl. Anm. 127) und Notizen Eisensteins versehenen kollektiven Manifests wird im CGALI aufbewahrt.
Die maschinenschriftliche Kopie trägt Eisensteins Unterschrift und das Datum vom 20. Juli 1928. Erstmals veröffentlicht in „Sovetskij ėkran", Moskau 1928, Nr. 32, S. 5. Übersetzt nach IP/II, S. 315/316.
Das Aufkommen des Tonfilms wurde Ende der zwanziger Jahre von vielen Theoretikern und Praktikern wie Chaplin, René Clair, Rudolf Arnheim negativ bewertet. Ihrer Ansicht nach brachte er die Gefahr mit sich, den Film nicht zu bereichern, sondern verarmend auf ihn zu wirken, da seine Entwicklung auf naturalistische Abbildung und illusionistische Vorspiegelung hinausliefe. Vor diesem Hintergrund ist Eisensteins entschiedene Bejahung des *Films mit Ton* bei Verzicht auf jeglichen illustrativen Einsatz des Tons und mechanische Nachahmung des Theaters wichtig und markant. – Weitere Untersuchungen zu diesem Problem sind in dem unvollendeten Buch „Montage" (1937), in dem Aufsatz „Vertikalmontage" (1940), in den Notaten zur Vertonung von „Die Generallinie", „Sutters Gold", „Eine amerikanische Tragödie", „Beshinwiese" u. a. enthalten.

216 Erster kommerzieller Nutzen aus der sensationellen Erfindung des Tonfilms wurde durch abgefilmte Broadway-Spektakel und Sprechtheater-Inszenierungen erzielt, was die äs-

thetischen Errungenschaften des Stummfilms zu liquidieren drohte.

217 Eines der Hauptargumente gegen den Tonfilm wurde darin gesehen, daß ein akustisch vermittelter Dialog den Film für Länder anderer Sprache unverständlich machte. In der Stummfilmzeit wurde dieses Problem durch das einfache Austauschen der Zwischentitel gelöst. Und tatsächlich bestanden vor der Einführung von Untertiteln zunächst Schwierigkeiten im internationalen Filmaustausch. Einen zeitweiligen Ausweg sah man darin, eine Aufnahme in unterschiedlichen Sprachen, mehrfach, zu drehen. Deshalb spricht Eisenstein vom „Eingesperrtsein" des Films in nationale Märkte.

218 Grigori Alexandrow (1903–1983) – sowjetischer Filmregisseur. Schüler Eisensteins im Theater des Proletkult. Schauspieler und Regieassistent bei „Streik" und „Panzerkreuzer Potjomkin", Co-Regisseur bei „Oktober", „Die Generallinie" und „Que viva Mexico!".
Widmete sich in den dreißiger Jahren selbständig der Regie und schuf das Genre der sowjetischen musikalischen Komödie: „Lustige Burschen" (1934), „Zirkus" (1936) u. a.

Das dynamische Quadrat (Dinamičeskij kvadrat)

Im CGALI befindet sich das englischsprachige Originalmanuskript der Rede Eisensteins auf einer Diskussion über den Breitwandfilm am 17. September 1930 in der Amerikanischen Filmakademie Hollywood. Die russische Übersetzung aus dem Englischen wurde erstmals in „Voprosy kinoiskusstva", Moskau 1960, S. 218–257, veröffentlicht.
Übersetzt nach IP/II, S. 317–328.

219 Trajanssäule – Höhe 33 m, errichtet unter dem römischen Kaiser Trajan auf dem Forum Romanum (113 u. Z.)

220 Eiffelturm – errichtet im Jahre 1899, Höhe 300 m. Die New-Yorker Wolkenkratzer „Times" und „Chrysler" sind 176 m bzw. 314 m hoch.

221 Eisenstein zählt hier einige amerikanische Filme jener Zeit auf, die die Kolonialisierung des amerikanischen Westens romantisierten: „The Big Trail" (Der große Treck; 1930), Regie: Raoul Walsh; „The Covered Wagon" (Der Planwagen; 1923), Regie: James Cruze; „Fighting Caravans" (Kämpfende Karawanen; 1931), Regie: Otto Brower, David Burton; „Old Man River" war ein Song von Paul Robeson, den er später in dem Film „Show Boat" (1936) von James Whale sang.

222 Gemeint sind die Brooklyn-Brücke (1883 erbaut, Länge 450 m) und die George-Washington-Brücke (1931 erbaut, Länge 1050 m).

223 Das Tal des Todes in der Mohavewüste (Kalifornien) ist viermal so lang wie breit.

224 William Tecumseh Sherman (1820–1891) – amerikanischer Militär. Bedeutender Brigade- und Armeekommandeur des Bürgerkrieges 1861/1865, Mitstreiter von Simpson Ulysses Grant (1822–1885) – amerikanischer Politiker, erfolgreicher Heerführer der Nordstaaten im Bürgerkrieg. Von 1869–1877 Präsident der USA.

225 Teilabdeckung des Bildfeldes in Kamera oder Projektor.

226 Primo Carnera – amerikanischer Profiboxer italienischer Abstammung, der für seine Körpergröße berühmt war. In den dreißiger Jahren Weltmeister.

227 William Hogarth (1697–1764) – englischer Maler und Kupferstecher. Schuf moralisierende und satirische Bilderfolgen, zu denen auch „Die Modeehe" (1745) gehörte. Die dramatisch aufgebauten Handlungen dieser Bilderfolgen ließen Einflüsse des zeitgenössischen Theaters erkennen.

228 Jean Fouquet (um 1415–etwa 1480) – bedeutender französischer Miniaturmaler.

229 Spiegel der Bühne – Begriff, der die Ausmaße der vom Bühnenportal eingegrenzten Sichtfläche in Quadratmetern meint.

230 Katsushika Hokusai (1760–1849) – japanischer Maler und Zeichner. Entwickelte durch Anwendung der europäischen Perspektive und unter Bewahrung traditioneller Elemente der japanischen Malerei einen eigenen Stil. Seine bedeutendsten Holzschnittzyklen sind „Die 34 Ansichten des Fuji" (1829) und „Die 100 Ansichten des Fuji" (1834).

231 Blumsburry – Londoner Stadtbezirk, in dem sich das hier von Eisenstein gemeinte „British Museum" befindet.

232 Lester Cowan, Lloyd A. Jones sowie Howell, Dubray, Lane, Westerberg, Dieterich, Miles, Rayton und Sponable waren Teilnehmer dieser von der Amerikanischen Filmakademie veranstalteten Diskussion zum Breitwandfilm.

233 King Vidor (1894–1982) – amerikanischer Filmregisseur, debütierte 1915 als Schauspieler, war Assistent bei Griffith, drehte 1919 seinen ersten Film.

234 David Wark Griffith (1875–1949) – amerikanischer Filmregisseur. Begründete die Kultur der Filmmontage, drehte den ersten Langmetragefilm: „The Birth of the Nation" (Die Geburt der Nation; 1914). Gründete 1919 gemeinsam mit Chaplin, Mary Pickford und Douglas Fairbanks die Firma

„United Artists", für die er auch „The Broken Blossoms" (Gebrochene Blüten; 1919), „The Way down East" (Mädchenlos; 1920) u. a. drehte. 1931 realisierte er seinen letzten Film „The Struggle" (Der Kampf). Über Griffith' Bedeutung für die Entwicklung der Filmsprache schreibt Eisenstein in einem seiner wichtigsten Aufsätze „Dickens, Griffith und wir" (in: AA, S. 157–229).

235 „Im Westen nichts Neues" (All Quiet on the Western Front) – Eisenstein meint den amerikanischen Film von Lewis Milestone aus dem Jahre 1930 nach E. M. Remarques gleichnamigem Roman (1929).

236 „Romance sentimentale" – experimenteller Kurzmetragefilm mit Ton von G. Alexandrow und E. Tissé, den sie 1930 in Frankreich unter Eisensteins Anleitung drehten. Hier wurden das in „Die Zukunft des Tonfilms" erwähnte Prinzip des asynchronen Toneinsatzes und andere Techniken erprobt.

[Erster Brief über die Farbe] ([Pervoe pis'mo o cvete])

Eisensteins Interesse am Problem der Farbe im Film entstand in der zweiten Hälfte der dreißiger Jahre. Es schlägt sich erstmals nieder in seinem Aufsatz „Ne cvetnoe, a cvetovoe!" (Nicht bunt, sondern farbig!; 1940, deutsch in: AA, S. 400–405) und im zweiten Teil von „Vertikal'nyi montaž" (Vertikalmontage; 1940, in IP/II, S. 212–235).

In dieser Zeit faßt Eisenstein auch den Plan zum Film „Die Liebe des Dichters".

1945/1946 kehrt Eisenstein im Zusammenhang mit seiner Arbeit an „Iwan der Schreckliche" zu den Problemen der Farbe zurück. Dort war bereits eine ganze Passage in Farbe gestaltet.

Im Sommer 1946 beginnt er eine große Untersuchung zur Farbe. Der „Erste Brief über die Farbe" sollte dieses Werk einleiten. Ursprünglich hatte Eisenstein die Absicht, drei Briefe über die Farbe zu verfassen. Der zweite wurde am 3. Juli 1946 geschrieben und ging unter dem Titel „Farbe" in die autobiographischen Aufzeichnungen ein (in: St, S. 388 ff).

Ein dritter Brief kam nicht mehr zustande.

„Iz neokončennogo issledovanija o cvete" (Aus der unvollendeten Untersuchung zur Farbe; 1946–1947), „Cvetovaja rodoslovnaja ‚Moskvy – 800'" (Die Farbkonzeption des Films „Moskau – 800"), ein Brief an Kuleschow („Cvetovoe kino" [Der Farbfilm], deutsch in: AA, S. 406–418) und andere Aufzeichnungen komplettieren das weite Feld der Forschungen Eisensteins auf diesem Gebiet (in: IP/III, S. 500–610).

Der „Erste Brief über die Farbe“ entstand Ende 1946, erstmals veröffentlicht in IP/III, S. 487–491, wonach die Übersetzung entstand.

237 Eisenstein analysiert hier die Farbgestaltung der Festgelage-Szene im zweiten Teil des Films „Iwan der Schreckliche“ (1943–1946/1958).
238 Es geht um die Oper „Der goldene Hahn“ (1907) von Nikolai Rimski-Korsakow (1843–1908), deren melodisches Leitmotiv das Krähen eines Hahnes assoziiert.

[Farbkonzeption zum Film „Die Liebe des Dichters“] ([Cvetovaja razrabotka fil'ma „Ljubov' poėta“])

Geschrieben während des Krieges. Ohne genauere Datierung. Erstmalig veröffentlicht in IP/III, S. 492–499, wonach die Übersetzung entstand.
Die Idee eines Films über Puschkin kam Eisenstein im Frühling 1940. Den Impuls dazu lieferte ein Aufsatz von Juri Tynjanow (vgl. Anm. 250).
Das Projekt wurde bis zum Dezember 1941 in vielen Varianten gestaltet.

239 An dieser Stelle ist im Manuskript eine Auslassung. Wahrscheinlich wollte Eisenstein hier Auszüge aus Andrej Belys Buch „Masterstvo Gogolja“ (Die Kunst Gogols), Moskau–Leningrad 1934, einarbeiten.
Andrej Bely (1880–1934) analysierte die Farbentwicklung in Gogols Prosa von einer reinen Farbe des Regenbogenspektrums bis hin zur Ausbleichung und Auslöschung der Farbe.
240 Puschkins Aufenthalt in Odessa (1823/1824) war die letzte Station seiner südlichen Verbannung, der die nördliche Verbannung nach Michailowskoje (bei Pskow) folgte. – Der Schwarze Bach befindet sich in der Umgebung von Petersburg. Hier fand am 27. 1. (8. 2.) Puschkins Duell mit Danthès statt.
241 Boris Godunow (um 1551–1605) – russischer Zar seit 1598. Die Tragödie „Boris Godunow“ schrieb Puschkin 1824/1825 in Michailowskoje. Den Stoff entnahm er der „Geschichte des Russischen Staates“ (1818–1826) von Nikolai Karamsin (Anm. 247), dem auch das Werk gewidmet ist. Die Zeile aus Boris' Monolog wurde zitiert nach: A. Puschkin, Gesammelte Werke in sechs Bänden, Aufbau-Verlag, Berlin und

Weimar, Bd. III, S. 229. Sie enthält eine Anspielung auf den Zarewitsch Dmitri, dessen Ermordung Boris zugeschrieben wurde. Eisenstein löste Godunows Monolog in eine Folge von Einstellungen auf – als Skizze für eine mögliche Verfilmung der Puschkinschen Tragödie. Später ging diese in das Projekt für den Puschkin-Film ein.

242 Eisensteins Anspielung bezieht sich auf folgendes: Alexander I. wurde 1801 von einer Verschwörergruppe zum Zaren gemacht, die mit seinem Wissen seinen Vater, Paul I., ermordet hatte.

243 Nikolaus I. (1796–1855) – russischer Zar seit 1825, Bruder von Alexander I.

Eisenstein nimmt hier eine Verschiebung in der historischen Chronologie vor; während der Entstehung des Puschkin-Dramas „Boris Godunow" war Nikolaus noch nicht Zar. „Zar-Zarenmörder" war auf Alexander gemünzt, traf jedoch Nikolaus, der die „Jungen auf dem Senatsplatz" (Dekabristen) am Tag der Thronbesteigung ermorden ließ. Hier laufen Alexander, Nikolaus, Boris in einer Figur zusammen.

244 Diese Zeilen stehen auf den Rändern des „Poltawa"-Manuskripts (1828). Eisenstein nimmt auch hier eine zeitliche Verschiebung vor.

245 Eisenstein ging davon aus, daß Sergej Prokofjew die Musik für diesen Film schreiben würde, speziell das Requiem für die Episode „Puschkin fährt zum Duell". Mit ihm hatte er bereits bei „Alexander Newski" (1939) und später bei „Iwan der Schreckliche" zusammengearbeitet. – Darüber schrieb Eisenstein im Aufsatz „PRKFW" (1942); in: AA, S. 134–156.

246 Konstantin Dansas (1801–1871) – Puschkins Freund aus der Lyzeumszeit, der beim Duell als Sekundant fungierte.

247 Jekaterina Karamsina (1780–1851) – die zweite Frau Nikolai Karamsins, des führenden Schriftstellers des russischen Sentimentalismus und Historikers.

Die Karamsins zogen am 25. Mai 1816 nach Zarskoje Selo, und der dort ansässige Lyzeumsschüler Puschkin besuchte sie von nun an beinahe täglich. Später kühlten die Beziehungen zwischen Karamsin und Puschkin zunehmend ab.

248 Georges-Charles Danthès (d'Anthes), Baron van Heeckeren (1812–1895) – französischer Offizier in russischen Diensten, Adoptivsohn des niederländischen Gesandten Baron van Heeckeren und Puschkins Schwager: Am 10. Januar 1837 heiratete er Natalja Nikolajewna Puschkinas Schwester, Jekaterina Gontscharowa.

249 In der Skizze zum Szenarium „Die Liebe des Dichters" vom

18. 12. 1940 („Nikolaus mit Dame in der Loge") bezieht sich Eisenstein auf Lew Tolstois Vorstudien zu der Novelle „Hadshi Murat" und das 15. Kapitel dieses Werkes.

250 Ausgangspunkt für die Filmidee Eisensteins war eine Hypothese Juri Tynjanows über Puschkins geheime Liebe zu Karamsins Frau.

Tynjanows Aufsatz „Bezymennaja ljubov' Puškina" (Puschkins namenlose Liebe) wurde zu gleicher Zeit in „Literaturnyj sovremennik", Leningrad 1939, Nr. 5–6, S. 243–262, und in „Literaturnyj kritik", Moskau 1939, Nr. 5–6, S. 160–180, abgedruckt.

Dieser Aufsatz und die belletristische Ausformung der Hypothese in Tynjanows Roman „Puschkin" vermittelten Eisenstein den Impuls, Tynjanow einen Brief zu schreiben. Er brachte in ihm zum Ausdruck, daß diese Annahme psychologisch stimmig sei, und legte das Konzept eines möglichen Films dar. Aber der Brief wurde nicht abgeschickt, weil Tynjanows Tod zuvorkam. (In: „Tynjanov. Pisatel' i učënyj. Vospominanija, razmyšlenija, vstreči" (Tynjanow. Schriftsteller und Wissenschaftler. Erinnerungen, Gedanken, Begegnungen.), Moskau 1966, S. 176–181.

Später wurden sowohl Tynjanows Hypothese als auch Eisensteins Filmidee von dem armenischen Regisseur Sergej Paradshanow (geb. 1924) aufgegriffen, der ein farbiges Filmpoem über Puschkin konzipierte.

251 Dmitri Bludow (1785–1864) – Präsident der Russischen Akademie der Wissenschaften; unterhielt freundschaftliche Beziehungen zu Karamsin. Der Hinweis auf jenes Sofa stammt aus Tynjanows Aufsatz.

252 Aus dem Brief Tatjanas an Onegin. In: Puschkin, a. a. O., Bd. III, S. 194.

253 Karl Brjullow (1799–1852) – russischer Maler, beeinflußte mit der betonten Farbenprächtigkeit seiner orientalischen Motive maßgeblich die damalige russische Malerei.

254 Eine Puschkin zugeschriebene Aussage über Odessa.

255 Michail Woronzow (1782–1856) – russischer Generalfeldmarschall und Staatsmann, war der Vorgesetzte Puschkins während dessen Verbannung nach Odessa.

256 Aus dem Rapport, den Puschkin angeblich Woronzow überreicht haben soll, nachdem dieser ihn auf eine sinnlose Reise zur Untersuchung der Gründe für die Ernteverluste geschickt hatte. Der in Verse gesetzte Rapport lautete: „Die Heuschrecken flogen, flogen. Und setzten sich. Sie saßen, saßen. Und fraßen alles auf. Dann flogen sie weg."

257 Eisenstein nimmt hier wieder eine Zeitverschiebung vor:

Der Weg nach Michailowskoje, in den Norden, wurde von Puschkin nicht im Winter, sondern im August zurückgelegt. Das Gedicht „Dämonen“ entstand 1830.

258 In Michailowskoje stand Puschkin unter der Aufsicht des Priors eines benachbarten Klosters. Dieser ist möglicherweise der Prototyp für den vagabundierenden Mönch Warlaam aus „Boris Godunow“.

259 Arina Rodionowna (?–1828) – Puschkins Kinderfrau.

260 Die Leibeigene Olga Kalaschnikowa, eine Geliebte Puschkins, war in Wirklichkeit keine Nichte der Arina Rodionowna.

261 Anna Kern (1800–1880). Puschkin widmete ihr einige Meisterwerke seiner Liebeslyrik. Lernte sie während der Verbannung in Michailowskoje kennen, wo sie zeitweise bei Praskowja Ossipowa, Puschkins Nachbarin, lebte.

262 Awdotja Istomina (1799–1848) – Primaballerina am Petersburger Bolschoi-Theater.
Im ersten Kapitel von „Eugen Onegin“ zeichnet Puschkin ein Bild ihrer graziösen Anmut (vgl. a. a. O., Bd. III, S. 17). – Sie tanzte erstmalig Puschkin-Gestalten im Ballett („Der Gefangene im Kaukasus“, 1823; „Ruslan und Ludmilla“ 1824).

263 Tuchfabrik, identisch mit dem Ortsnamen Polotnjany Sawod, gehörte zum Gut der Familie Gontscharow. Erbaut in der Epoche Peters I., produzierte zu Puschkins Zeiten Papier.

264 Awdotja Golizyna (1780–1850) – russische Fürstin, die in St. Petersburg einen berühmten Salon unterhielt. Der Fürstin war einst prophezeit worden, sie stürbe nachts, deshalb saß man bei ihr bis lange nach Mitternacht zusammen. Wurde auch „nächtliche Fürstin“ oder „La Princesse Nocturne“ genannt.

265 Eine Zeile aus dem Poem „Der eherne Reiter“.

266 Die für Puschkins Totenmesse vorgesehene Kirche wurde, um größere Menschenansammlungen zu vermeiden, kurzfristig gewechselt, der Sarg nachts in eine andere Kirche gebracht. Nach der Messe wurde der Sarg um Mitternacht im Beisein eines Gendarms und eines Freundes von Puschkin in das Gouvernement Pskow gebracht, um im Swjatogorsker Kloster beigesetzt zu werden.

Über den Raumfilm (O stereokino)

Geschrieben 1947. Zu Lebzeiten wurde nur ein sehr kurzer Auszug veröffentlicht (in: „Iskusstvo kino" 1948, Nr. 2, S. 5–7). Übersetzt nach dem vollständigen Text in IP/III, S. 433–482.

267 „Robinson Crusoe" war der erste sowjetische Langmetrage-Raumfilm, inszeniert von Alexander Andrijewski im Jahre 1947 (Studio Sojusdetfilm).

268 Erich von Stroheim (1885–1957) – Schauspieler und Regisseur des amerikanischen Films.

269 Gemeint ist „Merry-Go-Round" (Rummelplatz des Lebens; 1922) mit Mary Philbin, der von dem Regisseur Julian Rupert beendet wurde.

270 Die Ausdrucksmöglichkeiten eines Objektivs mit 28 mm Brennweite waren von Eisenstein und Tissé in „Die Generallinie" und „Que viva Mexico!" entdeckt und demonstriert worden. Später wurde die Filmaufnahmetechnik um Objektive mit noch kürzerer Brennweite und größerer Tiefenschärfe erweitert. Unter den sowjetischen Kamaramännern arbeitete besonders Sergej Urussewski mit extrem kurzen Brennweiten – bis zu 9 mm (vgl. „Die Kraniche ziehen"; 1957, „Ein Brief, der nicht abging"; 1960, „Ich – Kuba"; 1964, u. a.).

271 „Iwan der Schreckliche" – zweiteiliger Film von Sergej Eisenstein, produziert von 1941 bis 1946, Aufführung des zweiten Teils erst 1958.

272 Ursprünglich „Die Generallinie".

273 „Que viva Mexico!" – ein Film, der von Eisenstein, Alexandrow und Tissé 1930/1931 in Mexiko im Auftrag der russisch-amerikanischen Aktiengesellschaft AMKINO gedreht und von Upton Sinclair finanziert wurde. Die Aufnahmen waren noch nicht abgeschlossen, als Sinclair die Herausgabe des gedrehten Materials sperrte und Eisenstein die Endfertigung verweigerte. So kam der Film in unterschiedlichsten Varianten heraus, montiert von verschiedensten Regisseuren und Cuttern, als Kurz- und auch Langmetrage.
Erst 1979 erschien ein sowjetischer Rekonstruktionsversuch von Grigori Alexandrow, der mit Ton versehen unter dem Titel „Que viva Mexico!" in den Verleih kam.
Den „Totentag" feiern die Mexikaner am 2. November mit einem Karneval.

274 William Wyler (1902–1981) – amerikanischer Filmregisseur. Begann 1921 als Assistent, debütierte 1926. Gilt neben Orson Welles als Begründer des Tiefenschärfe-Arrange-

ments, erarbeitete dieses Prinzip zusammen mit seinem Kameramann Gregg Toland.

275 „The Little Foxes" (Die kleinen Füchse) – amerikanischer Film von William Wyler (1941) nach dem gleichnamigen Bühnenstück von Lilian Hellman.

276 Bette Davis (1908–1987) – amerikanische Filmschauspielerin, spielte in den „Kleinen Füchsen" die Rolle der Regina Giddens.
Herbert Marshall (1890–1966) – amerikanischer Filmschauspieler, hier in der Rolle ihres Gatten.

277 „Citizen Kane" – berühmtester Film von Orson Welles (1941), gilt als Markstein der Filmgeschichte.

278 Edgar Degas (1864–1917), Henri de Toulouse-Lautrec (1864–1902) – französische Maler und Graphiker. Über die Zusammenhänge der Kompositionsprinzipien von Degas und Lautrec mit den Traditionen der japanischen Graphik einerseits und der Zwei-Ebenen-Komposition andererseits schreibt Eisenstein in „Die Geschichte der Großaufnahme". (In: St., S. 367–375).

279 Den Gedanken, daß die Montage den Sprung in eine andere, neue Dimension bedeutet, entwickelt Eisenstein ausführlich in den Aufsätzen „Jenseits der Einstellung" und „Die vierte Dimension im Film".

280 Vgl. „Erster Brief über die Farbe".

281 Siam – frühere Bezeichnung für Thailand,
Bali – Insel im Malayischen Archipel, auch „Insel des Tanzes" genannt.
Die Massenzeremonien, an denen um tausend Menschen teilnehmen, verlieren später allmählich ihren religiösen Charakter und entwickeln sich zunehmend zu Volksfesten mit großem Schauwert.

282 Die Geschichte des Aufenthalts der Gouvernante Anna Leonowens am Hofe des siamesischen Königs ist in dem Buch „Anne and the King of Siam" (deutsch: Anna und der König von Siam; Bern, Stuttgart 1950) von Margaret Landon beschrieben.

283 Die Nachbildung der einzelnen Stationen des Weges Christi zum Kreuz besteht meist aus sieben (15. Jh.), später (17./18. Jh.) aus vierzehn Bildern, die von der Handwaschung des Pilatus bis zur Grablegung Christi reichen.

284 Max Reinhardt (1873–1943) initiierte gemeinsam mit Richard Strauss und Hugo von Hofmannsthal Theaterfestspiele in Salzburg. Zur Eröffnung 1920 hatte er vor dem Salzburger Dom Hofmannsthals „Jedermann" inszeniert

und dabei versucht, Prinzipien des mittelalterlichen Mysterientheaters wiederzubeleben.

285 Hubert Cailleau (auch: Caillaux, Cailliau, Caillau) – französischer Miniaturenmaler, um 1526 bis 1576 tätig gewesen. Schließt sich der Reihe von Miniaturisten an, die seit Simon Marmion in Valenciennes wirkten. Die Nationalbibliothek Paris besitzt ein Werk von C.

In den 24 Illustrationen zum Text der 1547 in Valenciennes eingeführten Passionsspiele kann man den Bühnenapparat und die Kostüme jener Zeit studieren.

286 Baltazarini (auch: Baldassarino) di Belgioso (auch: Balthazar de Beaujoyeux) lebte um 1500 bis 1587, Choreograph und Komponist italienischer Abstammung, arbeitete in Frankreich. Zur Inszenierung „Ballet comique de la Reine" vgl. Heinz Kindermann, Geschichte des Theaters, Salzburg 1969, Bd. II, S. 147. Kindermann nennt allerdings ein anderes Datum: 1581.

287 Norman Bel-Geddes (1893–1958) – amerikanischer Theaterarchitekt, Bühnenbildner und Dekorateur, arbeitete auch als Filmszenenbildner.

288 Nikolai Jewreinow (1879–1953) – russischer Dramatiker, Regisseur und Theatertheoretiker. Entwickelte u. a. eine Konzeption der totalen Theatralisierung des Lebens auf der Grundlage des dem Menschen immanenten Spielinstinkts. Sein Monodrama-Konzept interpretierte auf irrationale Weise das Moment der gegenseitigen Durchdringung von Schauspieler und Zuschauer. Die Inszenierung des Stückes „Francesca da Rimini" von Gabriele D'Annunzio (1901) wurde in der Spielzeit 1908/1909 realisiert.

289 Hier sind die bedeutendsten Zirkusunternehmen aufgezählt, die zu Beginn des Jahrhunderts in Europa wirkten:

Die Familie der französischen Zirkusartisten und -unternehmer *Franconi* besaß von 1807 bis 1834 den größten stationären Zirkus in Europa – „Cirque Olympique" – in Paris.

Théâtre sans pareil: das „Adelphi Theatre" in London, das am 27. November 1806 von John Scott für seine Tochter eröffnet wurde. 1819 bekam es von seinen neuen Besitzern den Namen „Adelphi" und wurde 1908 ein Theater der Musikkomödie.

Albert Salamonsky (1839–1913) – deutscher Zirkusunternehmer und -artist. Debütierte 1863 bei Ernest Renz, gründete 1873 einen eigenen Zirkus, eröffnete 1880 in Moskau einen Zirkus auf dem Zwetnoi-Boulevard (heute Moskauer Staatszirkus) in einem eigens dafür errichteten steinernen Gebäude.

Ciniselli – italienische Zirkusfamilie, die in Rußland wirkte, besaß einen Zirkus in Petersburg, in dem Majakowski einst sein „Mysterium buffo" inszeniert haben wollte.

William Truzzi (1888–1931) – russisch-sowjetischer Zirkusartist und -regisseur italienischer Abstammung. Truzzis Regiearbeit entfaltete sich besonders in den zwanziger Jahren bei der Inszenierung großangelegter Zirkuspantomimen.

Paul Busch (1856–1927) – deutscher Zirkusunternehmer. Eröffnete 1895 in Berlin einen Zirkus, der zu den berühmtesten in Europa gehörte – dank ethnographisch-phantastischer Pantomimen. Darunter „Sibirien", „Persien", „Klondike", die sich durch großen Ausstattungsaufwand, Exotik und beträchtlichem Schauwert auszeichneten.

290 Eisenstein bezieht sich hier auf die Reinhardt-Inszenierungen „König Ödipus" von Hugo v. Hofmannsthal 1907 im Zirkus Renz, Wien, und 1910 im Zirkus Schumann, Berlin, sowie „Dantons Tod" von Georg Büchner am Deutschen Theater Berlin (1916). Im Großen Schauspielhaus (dem umgebauten Zirkus Schumann) inszenierte R. 1919 die „Orestie".

291 Gemeint sind die Massenpantomimen „Hymne der befreiten Arbeit" (1. Mai 1920) und „Die Erstürmung des Winterpalais" (7. November 1920) in Petrograd.

292 Joseph Furttenbach (1591–1667) – deutscher Theaterarchitekt. Studierte in Italien, lernte dort die Telaribühne kennen, eine Vorform der Kulissenbühne. Sie wurde 1641 von Furttenbach nach Deutschland geholt, aber die Telaritechnik war bereits veraltet; Aleotti hatte 1618 im Theater Farnese in Parma die Kulissenbühne eingeführt.

293 Eisenstein meint die Bücher: Georgi Lukomski, „Starinnye teatry" (Alte Theater), Moskau 1913, Bd. 2; Allardyce Nicoll, „The Development of the Theatre. A study of theatrical art from the beginning to the recent day" (Die Entwicklung des Theaters. Eine Studie über die Theaterkunst von den Anfängen bis in unsere Tage), London 1927; Joseph Gregor, „Weltgeschichte des Theaters", Zürich 1933; George Freedley/John A. Reeves, „A History of the Theatre" (Eine Theatergeschichte), New York 1941.

294 Vgl. Anm. 8, 9.

295 Es geht um das Stück „Patatras" von Pletnjow, Eisenstein und Alexandrow. Sie arbeiteten daran vom 30. 9. 1922 bis ins Jahr 1923.

Das Projekt wurde schließlich während der Proben aufgegeben. Eisenstein schreibt darüber in „Das Mittlere von Dreien“ (in: S/I, S. 264/265).

296 Nikolai Ochlopkow (1900–1967) – sowjetischer Bühnenregisseur, leitete das „Realistische Theater“ von 1931 bis 1937. Unternahm in den Inszenierungen „Eiserner Strom“ (nach Serafimowitsch), 1933, „Aristokraten“ (von Pogodin), 1935, Experimente mit der Verlegung von Zuschauersesseln. In der Aufführung „Startweg“ (von Stawski), 1932, war die Handlung auf den gesamten Theaterinnenraum verteilt worden.

297 Das bedingte Theater (uslovnyj teatr) ist ein Begriff, der in Rußland zu Anfang des 20. Jahrhunderts aufkam (vgl. W. Meyerhold „Zur Geschichte und Technik des Theaters“; 1907, Kapitel 5: „Das bedingte Theater“, in: WEM, Bd. 1, S. 131–136. Dort übersetzt mit „stilisiertes Theater“.).
Das bedingte Theater begab sich in Opposition zum traditionellen psychologischen und naturalistischen Theater, es zielte nicht auf eine illusionistische Abbildung der Welt, sondern gestaltete das Verhältnis des Theaters zur Welt in einem überhöhten poetisch-philosophischen Gesamtkonzept.

298 Wladimir Fritsche (1870–1929) – russisch-sowjetischer Kunstwissenschaftler, Literaturhistoriker, Philosoph.

299 Konstantin Neslobin (1857–1930) – russischer Theaterunternehmer, Regisseur und Schauspieler. Besaß Theaterunternehmen in Charkow, Wilna, Riga; von 1900 bis 1917 auch ein Theater in Moskau. Begeistert von der Kunst des MChT, versuchte N. ein seriöses Repertoire zu schaffen und ein einheitliches Ensemble zu gründen, in dem der Regie große Aufmerksamkeit beigemessen wurde. Gastspiele des Neslobin-Theaters fanden alljährlich in Riga – im „Russischen Dramatischen Theater“ – statt.
Fjodor Komissarshewski inszenierte mit der Truppe 1912 Gozzis „Turandot“.

300 Seit 1946 wurde die Romanbearbeitung „Die Junge Garde“ nach Alexander Fadejew in vielen Theatern der UdSSR aufgeführt. Am bekanntesten war Ochlopkows Inszenierung am Moskauer „Dramatischen Theater“ von 1947.

301 Iwan Moskwin (1874–1946) – einer der führenden Schauspieler des MChT seit dessen Gründung. Spielte in Gogols „Revisor“ die Rolle des Stadthauptmanns in den Inszenierungen von 1908 und 1921 (Regie: Stanislawski, Nemirowitsch-Dantschenko und Moskwin).

302 Konstantin Warlamow (1848–1915) – führender russischer Komiker, spielte seit 1875 am Petersburger Alexandrinski-

Theater, vornehmlich in Stücken von Ostrowski, Gogol und Suchowo-Kobylin. 1910 spielte W. in Meyerholds „Don Juan"-Inszenierung den Sganarelle.

303 Eddie Cantor (1893–1964) – amerikanischer Schauspieler. Star der Musikkomödie, zunächst im Theater, dann im Film.
Ed Wynn (1886–1966) – amerikanischer Komiker, wurde in den zwanziger Jahren am Broadway bekannt, arbeitete in den dreißiger Jahren im Film.

304 Über sein Treffen mit Pirandello schreibt Eisenstein in St, S. 239ff.

305 Vgl. Anm. 50.
Es geht um die Kurzmetrage „The Knockout" von 1914.

306 „Hellzapoppin" (In der Hölle ist der Teufel los) – bekannte Bühnenburleske mit Elementen der absurden Komödie. 1938 am Broadway inszeniert, lief sie dort drei Jahre lang insgesamt 1400mal – mit den Komikern Ole Olsen und Chic Johnson, die auch 1942 in der Hollywood-Verfilmung von Henry Potter mitwirkten.

307 Teatro Olimpico – berühmtes Theater der Renaissance, erbaut von Andrea Palladio und Vincenzo Scamozzi, wurde am 3. März 1585 mit Sophokles' „Ödipus Tyrannos" eröffnet. Eisenstein macht andere Angaben (vgl. Heinz Kindermann, a. a. O., S. 91/92).

308 Galli-Bibiena – italienische Theaterarchitekten- und Bühnenbildnerfamilie des 17. und 18. Jahrhunderts, nannte sich nach dem Geburtsort Bibiena des Begründers der Künstlerfamilie, Giovanni Maria Galli (1625–1665). Sein Sohn Ferdinando (1657–1743) führte im Teatro Farnese in Parma die asymmetrische Bühnenperspektive der Kulissenbühne mit verschiedenen seitlich liegenden schwindenden Perspektiven ein. Sein Bruder Francesco (1659–1739) war in Wien tätig. Ferdinandos Sohn, Giuseppe (1696–1757), einer der bedeutendsten Vertreter der Familie, baute verschiedene Theater in Europa.
Das Buch von A. Haytt-Mayor „The Bibiena Family" erschien 1945 in New York.

309 Es geht um Meyerholds Inszenierung von Lermontows „Maskerade" am Petersburger Alexandrinski-Theater 1916/1917. Sie war eines der stärksten und tiefgreifendsten Theatererlebnisse Eisensteins. (Vgl. I. Aksënov, Portret chudožnika S. M. Ejzenštejn [Porträt des Künstlers S. M. Eisenstein], in: Iskusstvo kino, 1968, Nr. 1, S. 93ff.)

310 Alexander Golowin (1863–1930) – russischer Maler und Bühnenausstatter.

311 Die Premiere der „Walküre" fand am 21. November 1940 im Bolschoi-Theater statt und wurde bis zum Ende der Saison 1940/1941 noch einige Male gespielt, nach Kriegsausbruch jedoch abgesetzt.

312 Anm. 6.

313 Wahrscheinlich meint Eisenstein die Piscator-Inszenierung des Stückes „Sturmflut" von Alfons Paquet 1926 an der Berliner Volksbühne.

314 Diese Idee war genau so von Francis Ford Coppola (geb. 1939) bei der Wiedergabe des „Walkürenritts" im Film „Apocalypse Now" (1979) verwirklicht worden.

315 Leopold Stokowski (1882–1977) – amerikanischer Dirigent. Arbeitete seit 1937 viel für den Film. In Walt Disneys „Fantasia" (1940) leitete er die Musikaufnahmen und führte die Orchesteraufzeichnung mit Hilfe von 10 Mikrofonen und die Synchronisation einzelner Instrumentalgruppen bei späterer Mischung ein.

316 Das Bühnenbild zu „Der gestiefelte Kater" (1797) hatte Eisenstein in Meyerholds Regiewerkstatt GVYRM entworfen.

317 Es handelt sich um Luigi Pirandellos (1867–1936) Stück „Sechs Personen suchen einen Autor" (1921).

318 Sebastiano Serlio (1475–1554) – italienischer Baumeister, Maler und Architekturtheoretiker. Wurde weniger durch seine heute zumeist zerstörten Bauten als vielmehr durch seine theoretischen Schriften berühmt, mit denen er von 1537 an die italienische Renaissance-Baukunst in Europa bekanntmachte. Hier gab es auch die erste genaue Beschreibung eines perspektivischen Theaters. Übte einen großen Einfluß auf die Entwicklung der Renaissance-Bühne aus.
Baldassare Peruzzi (1481–1536) – italienischer Baumeister und Maler.

319 Jean-Georges Noverre (1727–1810) – französischer Tänzer und Choreograph. Kämpfte im Geiste der bürgerlichen Aufklärung gegen die Erstarrung des höfischen Balletts, gegen Reifröcke und Perücken, für die Natürlichkeit des Tanzes und das „dramatische Handlungsballett" (Ballet d'action). Wirkte auch in Berlin, Wien, Stuttgart. Seine „Lettres sur la danse, sur les ballets et les arts" (1760; deutsch von G. E. Lessing) gehören noch heute zu den bedeutendsten theoretischen Schriften über das Ballett.

320 Denis Diderot (1713–1784) – französischer Schriftsteller, Philosoph. „Der natürliche Sohn" (1757, uraufgeführt 1771 in der Comédie Française) sollte seine Theorie des bürgerlichen Dramas illustrieren. „Les entretiens sur ‚Le fils natu-

rel'" (Unterhaltungen über den „Natürlichen Sohn"; 1757) sowie die Abhandlungen „La poésie dramatique" (Dramatische Dichtung; 1758) und „Le paradoxe sur le comédien" (Das Paradox über den Schauspieler; 1773) legten seine Ansichten dar. Diderot suchte nach einem Genre, das zwischen Tragödie und Komödie lag und sich dafür eignete, Konflikte aus dem alltäglichen menschlichen Leben auf die Bühne zu bringen; dieses Genre nannte er „ernsthafte Komödie" oder „häusliche und bürgerliche Tragödie", oder auch „bürgerliches Drama".

321 „Starinnyj Teatr" (Das Alte Theater) – entstand auf Initiative Nikolai Jewreinows (siehe Anm. 288). Dieser wirkte in den Spielzeiten 1907/1908 und 1911/1912 in Petersburg und rekonstruierte nach Beschreibungen und ikonographischen Überlieferungen Ausstattung, Aufführungsstil und Darstellungsmanier des mittelalterlichen Theaters.

322 Vgl. Anm. 136.

323 Vgl. Anm. 16.

324 „Der Neunte Januar" – Film von Wjatscheslaw Wiskowski (1925). „Moskau im Oktober" von Boris Barnet und „Das Ende von St. Petersburg" entstanden 1927. Witzig pointiert beschreibt Sergej Tretjakow ihre jeweils verschiedenen Methoden der Rekonstruktion historischer Ereignisse in „Kino k jubileju" (Film zum Jubiläum), NOVYJ LEF 1927, Nr. 10, S. 27–31.

325 Vgl. Anm. 187.

326 „Rebecca" – Film von Alfred Hitchcock (1940), nach dem gleichnamigen Roman von Daphne du Maurier.

327 „Geheimnisse einer Seele" – deutscher Film von Georg Wilhelm Pabst aus dem Jahr 1926. Unter der Fachberatung zweier Mitarbeiter Sigmund Freuds, Hanns Sachs und Karl Abraham, versuchte Pabst hier mit filmischen Mitteln die psychoanalytische Heilung des Helden, dargestellt von Werner Krauss, zu gestalten.

328 „Spellbound" (Ich kämpfe um dich) – amerikanischer Film von Alfred Hitchcock aus dem Jahre 1945.
Der surrealistische Maler Salvador Dalí gestaltete in seinen Dekorationen die Traumvisionen des Kranken (Gregory Peck), den die Ärztin Constance (Ingrid Bergman) nach Freuds Methode heilt. Die Rolle des Dr. Murchisson spielte Leo G. Caroll.

329 „Lady in the Dark" (Die Frau im Dunkeln) – amerikanischer Film von Mitchell Leisen aus dem Jahre 1944, nach dem gleichnamigen Stück von Moss Hart.

330 „Lost Weekend" (Das verlorene Wochenende) – amerikanischer Film (1945) von Billy Wilder und Charles Brackett.

331 „Dream Girl" (Das träumende Mädchen) – Stück des amerikanischen Schriftstellers Elmer Rice aus dem Jahre 1945, wurde 1947 von Mitchell Leisen verfilmt.

332 Vgl. Anm. 64.

333 Fredric March (1897–1975) – Darsteller der Doppelrolle in der Stevenson-Adaption „Dr. Jekyll and Mr. Hyde" (1932; Regie: Rouben Mamoulian).

334 „The Lady in the Lake" (Die Frau im See) – amerikanischer Film von Robert Montgomery aus dem Jahre 1946 nach dem gleichnamigen Roman von Raymond Chandler (1943).

335 „A Matter of Life and Death" (Irrtum im Jenseits) – englischer Film von 1947, Regie: Michael Powell und Emeric Pressburger.

336 Aldous Huxley (1894–1963) – englischer Romancier. „Brave New World" (Schöne neue Welt; 1932) ist eine pessimistisch gefärbte Gesellschaftsutopie.

337 Fjodor Sologub (1863–1927) und Wjatscheslaw Iwanow (1866–1949) – russische Schriftsteller, bedeutende Vertreter des Symbolismus. Ihre Namen sind hier ironisch verfremdet zur Etikettierung der russischen Dekadenz zusammengezogen worden.

338 Louis Chavance (1907–1979) – französischer Kritiker und Filmautor. Lieferte die Idee für Jean Vigos Film „L'Atalante", 1934; schrieb die Drehbücher für „La nuit fantastique" (Die phantastische Nacht; 1942) von Marcel L'Herbier; „Le Corbeau" (Der Rabe; 1943) von Henri-Georges Clouzot; „Le chanteur inconnu" (Der unbekannte Sänger; 1946) von André Cayatte u. a.

O. Bulgakova: Bruch und Methode. Eisensteins Traum von einer absoluten Kunst

1 V. Šklovskij, Za 40 let. (In 40 Jahren), Moskau 1965, S. 88.
2 ÜF, S. 36.
3 „Die beiden Schädel Alexanders des Großen“ (1926), „Das Mittlere von Dreien“ (1934), in S/I, S. 238–273, „Montaž“ (Montage) (1937), in IP/II, S. 329–484, „Über den Raumfilm“ (1947).
4 K. Stanislawski, Briefe. Berlin 1975, S. 466.
5 IP/II, S. 127.
6 Die Briefe sind veröffentlicht in S/I, S. 208–211, 308–310.
7 Kershenzews „Tvorčeskij teatr“ (Schöpferisches Theater) erlebte von 1918 bis 1923 insgesamt fünf Editionen, es erschien 1922 in deutscher Sprache (Hamburg).
8 S. 216.
9 B. Arwatow, Theater als Produktion, in: B. Arwatow, Kunst und Produktion, München 1972, S. 92.
10 Dort erschienen am 8. 2. die Losungen „Oktober der Künste“, nachdem zuvor am 27. 1. 1921 von Meyerhold der „Bürgerkrieg im Theater“ ausgerufen worden war.
11 IP/V, S. 433.
12 D. Furmanov, Moskovskie pis'ma (Moskauer Briefe), in: Rabočij kraj, Ivanovo-Voznessensk, 1921, vom 16. 6.
13 Erinnerungen an Majakowski, Leipzig 1972, S. 163.
14 WEM/II, S. 169.
15 A. Fevral'skij, Na puti k sintezu (Auf dem Wege zur Synthese), Moskau 1978, S. 128ff.
16 K. Rudnickij, „Les“ u Mejerchol'da („Der Wald“ bei Meyerhold), in: Teatr, Moskau 1976, Nr. 12, S. 90/91.
17 V. Sachnovskij, Mejerchol'd, in: Vremennik RTO, Moskau 1925, S. 239.
18 S. 244.
19 S. Ėjzenštejn, Metod (Methode), in: CGALI f. 1923 op. 2, ed. chr. 231–235, 244–258.
20 S/I, S. 278.
21 P. Keržencev, Peredelyvajte p'esy! (Ändert Stücke um!), in: Vestnik teatra, Petrograd 1919, Nr. 36, S. 608.
22 S. Radlov, Stat'i o teatre 1918–1922 (Aufsätze zum Theater 1918–1922), Petrograd 1923, S. 58/59.
23 A. Rykov, Narodnaja komedija (Volkskomödie), in: Zelenaja ptička, Petrograd 1922, S. 178.
24 K. Rudnickij, Režissër Mejerchol'd (Der Regisseur Meyerhold), Moskau 1966, S. 274.
25 Ebenda, S. 275.

26 V. Mejerchol'd, Vozroždenie cirka (Die Wiedergeburt des Zirkus), in: Tvorčeskoe nasledie V. E. Mejerchol'da (Aus dem Nachlaß W. E. Meyerholds), Moskau 1978, S. 33/34.

27 S. Radlov, O čistoj stichii aktërskogo iskusstva, (Über die reine Naturgewalt der Schauspielkunst), in: S. Radlov, 10 let v teatre (Zehn Jahre im Theater), Leningrad 1929, S. 102–128.
J. Annenkov, O teatre čistogo metoda (Über das Theater der reinen Methode), in: Žizn' iskusstva, 1921, Nr. 724–726, S. 1.

28 S/I, S. 278.

29 S. 14.

30 WEM/I, S. 214.

31 O. Brik, Ėstrada pered stolikami (Die Estrade vor den Kneipentischchen), Moskau 1927, S.6/7.
„Die Blaue Bluse" war eine Theaterbewegung von Amateur- und Berufsgruppen (1923 bis Anfang der dreißiger Jahre). Ihr Name leitete sich vom Kostüm ab; war eine inszenierte „lebende Zeitung", eine Wanderbühne, die Montagen politischer und lokaler Erscheinungen in Szenen, Chören, Tänzen usw. bot.

32 B. Arwatow, a. a. O., S. 108/109.

33 N. Foregger, P'esa. Sjužet. Trjuk (Stück. Sujet. Trick), in: Zrelišča, Moskau 1922, Nr. 2, S. 10/11.

34 Vgl. Ėkscentrizm, Petrograd 1922; Manifest ėkscentričeskogo teatra (Manifest des exzentrischen Theaters), Kosinzew-Archiv Leningrad; siehe auch Filmwissenschaftliche Beiträge Berlin 1980/Heft 4, S. 43ff.

35 G. Kozincev, Glubokij ėkran (Die tiefe Leinwand), Moskau 1971, S. 37.

36 WEM/II, S. 460.

37 Nach: A. Fevral'skij, S. M. Ėjzenštejn v teatre (Eisenstein im Theater), in: Voprosy teatra, Moskau 1967, S. 59.

38 S/I, S. 249.

39 Vgl. V. Schklowski, Kunst als Verfahren, in: Texte der russischen Formalisten, München 1969, Bd. I, S. 15.

40 V. Šklovskij, Žili-byli. (Es war einmal ...), Moskau 1969, S. 409/410.

41 S. Tret'jakov, Teatr attrakcionov (Attraktionstheater), in: Oktjabr' mysli 1924, Nr. 1, S. 53–56.

42 ÜF, S. 55.

43 S. Tret'jakov, Dramaturgievy zametki (Notizen eines Dramatikers), in: Žizn' iskusstva 1927, Nr. 44, S. 7.

44 S. 18 f.

45 L. Kulešov, A. Chochlova, 50 let v kino (50 Jahre im Film), Moskau 1975, S. 203.

46 WEM/I, S. 215/216.
47 S. M. Ėjzenštejn, Iz neosuščestvlennych zamyslov. Kapital. (Aus den nicht realisierten Vorhaben. Das Kapital), in: Iskusstvo kino 1973, Nr. 1, S. 60 (vgl. S/III, S. 296).
48 M. Blejman, O kino – svideteľskie pokazanija (Über den Film – Zeugenaussagen), Moskau 1973, S. 95.
49 V. Šklovskij, Pričiny neudači (Gründe für den Mißerfolg), in: NOVYJ LEF 1928/Nr. 4, S. 36.
50 O. Brik, Bliže k faktu! (Näher an den Fakt!), in: NOVYJ LEF, 1927, Nr. 2, S. 33/34.
51 S. Tret'jakov, Čem živo kino (Wovon der Film lebt), in: NOVYJ LEF 1928, Nr. 5, S. 24.
52 Vgl. mit den Ausrufen Majakowskis „Genossen Lebensgestalter!", in: Ausgewählte Werke, Berlin 1973, Bd. V, S. 128 bis 130.
53 A. Rodčenko, Protiv summirovannogo portreta – za momentaľnyj snimok (Gegen das summierte Porträt – für die Momentaufnahme), in: NOVYJ LEF 1928, Nr. 4, S. 16.
54 S. Tret'jakov, My iščem (Wir suchen), in: NOVYJ LEF, 1927, Nr. 11/12, S. 1/2.
55 SMT, S. 191–196.
56 F. Mierau. Tatsache und Tendenz. Der „operierende" Schriftsteller S. Tretjakow, in: SMT, S. 485.
57 S. Tret'jakov, Prodolženie sleduet (Fortsetzung folgt), in: NOVYJ LEF, 1928, Nr. 12, S. 1–4.
58 „Montage der Attraktionen" und „Kinoki – ein Umsturz" in: LEF, 1923, Nr. 3.
59 Vgl. DW, S. 127–141.
60 W. Majakowski, a. a. O., S. 100.
61 V. Šklovskij, Kuda šagaet Dziga Vertov? (Wohin schreitet D. W.?), in: Sovetskij ėkran, 1926, Nr. 32.
62 „Särge von Nationalhelden werden in die Gräber gesenkt (aufgenommen 1918 in Astrachan), die Gräber werden zugeschaufelt (Kronstadt 1921), Salut aus den Kanonen (Petrograd 1920), ewiges Gedenken, die Mützen werden abgenommen (Moskau 1922). – Diese Dinge verbinden sich miteinander sogar bei einem wenig ergiebigen, nicht speziell aufgenommenen Material (vgl. „Kino-Pravda" Nr. 13) ... Ich bin Film-Auge, ich schaffe einen Menschen, der vollkommener ist als Adam ... Ich nehme die stärksten und geschicktesten Hände des einen, die schlankesten und schnellsten Beine des anderen, den schönsten und ausdruckvollsten Kopf des dritten und schaffe mittels der Montage einen neuen, vollkommenen Menschen." DW, S. 70/71.
63 O. Brik, in: Kino, Moskau 1927, vom 5. 7.

64 DW, S. 148.
65 DV, S. 86 (Vgl. DW, S. 115).
66 M. Blejman, a. a. O., S. 79.
67 V. Šklovskij, Sergej Ėjzenštejn i neigrovaja (Eisenstein und der Nichtspielfilm), in: NOVYJ LEF 1927, Nr. 4, S. 34.
68 V. Šklovskij, Neskol'ko slov o 400000000 (Einige Worte über 400000000), in: NOVYJ LEF 1928, Nr. 3, S. 44.
69 V. Šklovskij, Eisenstein und der Nichtspielfilm, S. 34.
70 V. Percov, Igra i demonstracija (Spiel und Demonstration), in: NOVYJ LEF 1927, Nr. 11/12, S. 36.
71 LEF i Kino (LEF und der Film), in: NOVYJ LEF 1927, Nr. 11/12, S. 53.
72 DW, S. 117/118.
73 A. Piotrowski, Zur Theorie der Filmgattungen, in: Poetik des Films, München 1974, S. 117.
74 V. Percov, Grafik sovremennogo LEF (Die Kurve der zeitgenössischen LEF), in: NOVYJ LEF 1927, Nr. 1, S. 17.
75 ÜF, S. 55–57.
76 S. 18 f., S 29.
77 V. Šklovskij. Eisenstein und der Nichtspielfilm, S. 35.
78 L. Lunc, Na zapad! (In den Westen!), in: Beseda 1922, Nr. 3, S. 259–274.
J. Tynjanov, Literaturnoe segodnja (Literarisches heute), in: Russkij sovremennik, Leningrad 1924, Nr. 1, S. 292–306.
O. Brik, W. Majakowski, Unsere Arbeit am Wort, in: Majakowski, a. a. O., S. 451 ff.
79 S. Tret'jakov, Proizvodstvennyj scenarij (Produktionsszenarium), in: NOVYJ LEF 1928, Nr. 2, S. 29–34.
80 S. Tret'jakov, Wovon der Film lebt. S. 26.
81 J. Tynjanow, Über die Grundlagen des Films, in: Poetik des Films, S. 58/59.
82 S/III, S. 290.
83 V. Šklovskij, Gründe für den Mißerfolg, S. 36.
84 O. Brik, „Oktjabr'" Ėjzenštejna (Eisensteins „Oktober"), in: NOVYJ LEF 1928, Nr. 4, S. 32.
85 S. 108.
86 S. 47.
87 S/III, S. 179.
88 O. Brik, Eisensteins „Oktober", S. 30.
89 Ebenda, S. 33.
90 Ebenda, S. 30.
91 S/III, S. 307.
92 S/II, S. 139.
93 ÜF, S. 49.
94 S/II, S. 138/139.

95 O. Brik, „Odinnadcatyj" Vertova (Wertows „Elftes Jahr"), in: NOVYJ LEF 1928, Nr. 4, S. 27.
96 V. Šklovskij, In vierzig Jahren, S. 72.
97 St, S. 25.
98 IP/V, S. 434.
99 W. Majakowski, Werke, Bd. 1, Moskau 1955, S. 26.
100 Majakovskij i sovremennaja literatura (M. und die moderne Literatur), Moskau 1964, S. 284.
101 J. Tynjanow, Über die Grundlagen des Films, in: Poetik des Films, a. a. O., S. 42.
102 V. Majakovskij, Stichi s primečanijami (Verse mit Anmerkungen), in: NOVYJ LEF 1928, Nr. 3, S. 2.
103 S. 74.
104 IP/V, S. 34 (vgl. S/III, S. 185).
105 S. 70.
106 S/III, S. 289.
107 „I. A. – 28" CGALI, f. 1923 op. 2, ed. chr. 984.
108 S/III, S. 299.
109 B. Ėjchenbaum, Probleme der Filmstilistik, in: Poetik des Films, a. a. O., S. 19, 29, 38.
110 V. Šklovskij, Ošibki i izobretenija (Fehler und Erfindungen), in: NOVYJ LEF 1927, Nr. 11/12, S. 31.
111 L. Kulešov, Iskusstvo kino – moj opyt (Die Filmkunst – meine Erfahrung), Moskau–Leningrad 1929, S. 44/45.
112 S. 92.
113 S. Kracauer, Theorie des Films, Frankfurt am Main 1964, S. 277.
114 B. Balázs, Der Geist des Films, Halle 1930, S. 56.
115 O. Brik, Eisensteins „Oktober", S. 32.
116 Ebenda.
117 R. Jakobson, Die neueste russische Poesie. Erster Entwurf. Viktor Chlebnikow, in: Texte der russischen Formalisten. Band II, München 1972, S. 21 und 32 ff.
118 Vgl. M. Jampol'skij, kino total'noe i kino montažnoe (Der totale und der Montagefilm), in: Iskusstvo kino 1982, Nr. 7, S. 138 ff.
119 AA, S. 210.
120 IP/II, S. 329.
121 Gemeint ist die Methode der wissenschaftlichen Arbeitsorganisation des amerikanischen Ingenieurs Taylor.
122 ÜF, S. 39.
123 Dieser Nachruf ist gekürzt in L. Koslows Aufsatz „Gipoteza o nevyskazannom posvjaščenii" (Hypothese über eine unausgesprochene Widmung) enthalten, in: Voprosy kinoiskusstva, Moskau 1970, Nr. 12, S. 117–119.

124 S/I, S. 249.
125 I. A. – 28.
126 IP/IV, S. 348.
127 Vgl. S. Ėjzenštejn, Teatr i kino (Theater und Film), in: Iz istorii kino, Moskau 1971, Nr. 8, S. 160ff.
128 S. 86f.
129 F. Mierau, Erfindung und Korrektur. Tretjakows Ästhetik der Operativität, Berlin 1976, S. 263.
130 Vgl. F. Mierau, Majakowskis Ausstellung und Tod, in: Künstlerische Avantgarde, Annäherung an ein unabgeschlossenes Kapitel, Berlin 1979, S. 113ff.
131 ÜF, S. 39/40.
132 S. 146.
133 IP/V, S. 305–307.
134 IP/II, S. 244ff.
135 IP/V, S. 307.
136 Vgl. A. Bazin, L'évolution du langage cinématographique, in: Qu'est-ce que le cinéma?, Paris 1958, I, p. 131ff.

Zur Biographie

1898 Geboren am 22. 1. in Riga als einziger Sohn des Zivilingenieurs und Architekten Michail Eisenstein und seiner Frau Julija, geb. Konezkaja.

1906 E. sieht in Paris zum erstenmal einen Film: „Die 400 Streiche des Teufels" von Georges Méliès.

1908 Eintritt in die Städtische Realschule.

1909 Trennung der Eltern, E. bleibt beim Vater.

1912 Die Aufführung „Prinzessin Turandot" der Theatertruppe Neslobins weckt in E. Begeisterung für das Theater, insbesondere für die Commedia dell'arte.

1915 Abschluß der Realschule. Immatrikulation am Petrograder Institut für Zivilingenieure.

1917 Meyerholds Inszenierung der „Maskerade" bekräftigt den inneren Impuls, sich der Kunst professionell zuzuwenden. Erste Veröffentlichung von Karikaturen. Einberufung zur Front.

1918 Freiwilliger Eintritt in die Rote Armee als Techniker für militärische Bauten. Nordöstliche Front. Skizzen zu einem Bühnenbild für „Mysterium buffo".

1919 Arbeit in Armeeklubs in Woshega, Dwinsk, Cholm, Welikije Luki als Regisseur, Schauspieler und Ausstatter. Intensive Beschäftigung mit dem Theater, Erarbeitung von Skizzen und Bühnenbildern.

1920 In Polozk, Mogiljow, Smolensk. Malt einen Agitationszug aus. Beschäftigung mit der japanischen Sprache, entdeckt dabei für sich das Kabuki-Theater. September: Demobilisierung und Delegierung an die Generalstabsakademie Moskau, zum Studium der japanischen Sprache. Zwischenaufenthalt in Witebsk. Begegnung mit Malewitschs suprematistischer Wandmalerei. In Moskau Beginn der Arbeit im Proletkult an den Dekorationen für den „Mexikaner". Austritt aus der Akademie des Generalstabs. Leitet die Dekorationsabteilung beim Proletkult. Unterrichtet ab Dezember in dessen Werkstätten (zu den Schülern gehören Maxim Schtrauch, ein Freund aus der Rigaer Kindheit; Grigori Alexandrow u. a.).

1921 Ernennung zum Mitglied des Theaterkollegiums beim Proletkult. Premiere „Der Mexikaner". Aufnahme in Meyerholds Regiewerkstätten GVYRM. Ab November Arbeit an „Eine Dummheit macht selbst der Gescheiteste". Entwurf des Bühnenbildes für „Gute Behandlung der Pferde" in Foreggers Theater MASTFOR.

1922 Premiere „Gute Behandlung der Pferde". Reise nach Petrograd zur „Fabrik des Exzentrischen Schauspielers" (FEKS). Weggang von der GVYRM. E. wird Regisseur der PERETRU (Wandertruppe des Proletkult). Premiere von „Tarelkins Tod" im Meyerhold-Theater. E. war bei dieser Inszenierung Regielaborant.

1923 Premiere des „Gescheitesten" mit Filmteil „Glumows Tagebuch". „Montage der Attraktionen" (erstes theoretisches Manifest) erscheint in der Zeitschrift LEF. Inszenierung und Premiere von Tretjakows „Hörst du, Moskau?!". Beginn der Arbeit an Tretjakows „Gasmasken".

1924 Aufführung der „Gasmasken" in einem Moskauer Gaswerk. Montiert Fritz Langs „Dr. Mabuse, der Spieler" um. Juli–Oktober: Aufnahmen zu „Streik", November: Montage. Dezember: Bruch mit dem Proletkult.
Beginn der Arbeit am Szenarium „Die Reiterarmee" nach Babels Roman. Wechsel zur Moskauer Abteilung des Produktions- und Vertriebsstudios SEVSAPKINO.

1925 Premiere „Streik" im Moskauer Kino „Collosseum" am 28. 4. Beginn der Arbeit am Film „Das Jahr 1905". Juli: Dreharbeiten in Moskau/Leningrad. August: Odessa. Hier erfolgt die Präzisierung des Projekts „Panzerkreuzer Potjomkin". Aufnahmen in Sewastopol. November: Montage. 21. 12.: Premiere „Panzerkreuzer Potjomkin" im Bolschoi-Theater zur Feier des 20. Jahrestages der Revolution von 1905.

1926 Reise nach Berlin, gemeinsam mit E. Tissé, zum Studium der neuesten Filmtechnik. Mai: Beginn der Arbeit am Drehbuch zu „Die Generallinie". Begegnung mit Douglas Fairbanks und Mary Pickford in Moskau, die ihn im Namen der United Artists nach Hollywood einladen. September: Angebot des damaligen Staatlichen Filmkomitees SOVKINO, einen Film zum 10. Jahrestag der Oktoberrevolution zu machen. November: E. schreibt das Drehbuch zu „Oktober". Erste Aufnahmen für „Die Generallinie" in Rostow am Don, Baku, im Nordkaukasus.

1927 Unterbrechung der Dreharbeiten zu „Die Generallinie". Fortsetzung der Bucharbeit an „Oktober". April: Aufnahmen in Leningrad. September: Schnitt in Moskau. Idee zur Verfilmung des „Kapitals". 7. 11.: erste öffentliche Vorführung von „Oktober". Danach Weiterarbeit an der endgültigen Schnittfassung.

1928 Bruch mit der Gruppe LEF. 14. 3.: Premiere „Oktober". Beginn der Lehrtätigkeit am GTK (Staatliches Filmtechnikum). Besuch des Kabuki-Gastspiels in Moskau. Tonfilm-Manifest.

1929 Fertigstellung und Abnahme „Die Generallinie". Zyklus von Aufsätzen für ein „kugelförmiges Buch". Theorie des intellektuellen Films. August: Reise mit Alexandrow und Tissé nach Berlin. Teilnahme am Kongreß Unabhängiger Filmschaffender in La Sarraz (Schweiz) als Gast. Vorträge in Berlin, Hamburg. Aufenthalt in Belgien, England, Frankreich, Holland.

1930 Amsterdam, Berlin, Brüssel, Paris. Vorträge und Begegnungen. Verhandlungen mit der „Paramount". Einladung nach Hollywood. Mai: Ankunft in den USA. Vorträge an den Universitäten Columbia, Harvard, Chicago, Yale u. a. Begegnung mit Chaplin, Sinclair, Dreiser und Disney in Hollywood. Arbeit an Drehbüchern zu „Sutters Gold", „Schwarze Majestät", „Eine amerikanische Tragödie". Konzept des inneren Monologs. Bruch mit der „Paramount". Herstellung eines Films über Mexiko, der von Upton Sinclairs „Mexican Picture Trust" finanziert wird. Dezember: Beginn der Dreharbeiten in Mexiko.

1931 Aufnahmen in ganz Mexiko.

1932 Abbruch der Dreharbeiten. Rückkehr über die USA und Westeuropa nach Moskau. Arbeit am Szenarium zur exzentrischen Komödie „MMM". Reise nach Armenien und Georgien.

1933 Arbeit an einem Programm zu Theorie und Praxis der Filmregie (1. Fassung), am Buch „Regie" auf der Grundlage von Vorlesungen, die E. im GIK (Staatliches Filminstitut) gehalten hat. Erarbeitung des Drehbuchs „Moskau". Regievertrag im Moskauer Filmstudio SOJUZKINO.

1934 Vorbereitung der Inszenierung von N. Sarchis Stück „Das zweite Moskau" am Theater der Revolution. Teilnahme am I. Allunionskongreß sowjetischer Schriftsteller. Aufenthalt in Jalta und Odessa. E. heiratet die Journalistin Pera Ataschewa.

1935 Rede auf der Allunionskonferenz sowjetischer Filmschaffender (Konspekt des Buchprojekts „Grundproblem"). Arbeit am Szenarium „Beshinwiese". Beginn der Dreharbeiten bei Moskau und in Charkow.

1936 Erarbeitung einer neuen Buchfassung zu „Beshinwiese" gemeinsam mit Babel. Wiederaufnahme der Dreharbeiten in Jalta und Odessa.

1937 Ernennung zum Professor am GIK. Abbruch der Dreharbeiten zu „Beshinwiese" und Vernichtung des Negativs auf Weisung der Hauptverwaltung Film. Arbeit mit P. Pawlenko am Szenarium „Rus" (später „Alexander Newski"). Arbeit am Buchprojekt „Montage".

1938 Materialsammlung für „Alexander Newski" in Nowgorod. Juni: Beginn der Dreharbeiten im Mosfilmstudio und bei Pereslawl-Salesski.

1939 Leninorden. Verleihung des Titels Doktor der Kunstwissenschaften. Arbeit am Filmprojekt „Ferganakanal". Reise nach Mittelasien. Probeaufnahmen. Abbruch der Arbeit. Untersuchung „Über den Bau der Dinge". Arbeit an der „Walküre"-Inszenierung im Bolschoi-Theater Moskau.

1940 Idee zu einem Farbfilm über Puschkin. Beginn der autobiographischen Aufzeichnungen. Untersuchungen: „Vertikalmontage", „Grundproblem" (erster Entwurf zum Buch „Methode"), „Nochmal über den Bau der Dinge". Arbeit am Szenarium „Iwan der Schreckliche". Berufung zum Künstlerischen Leiter des Mosfilmstudios. 24. 11.: Premiere der „Walküre".

1941 Evakuierung nach Alma-Ata. Abschluß der Bucharbeit zu „Iwan der Schreckliche". Untersuchung zur „Geschichte der Großaufnahme".

1942 Bestätigung des Drehbuchs „Iwan der Schreckliche" durch das Staatliche Komitee für Kunstangelegenheiten. Vorwort zur amerikanischen Ausgabe seiner Aufsätze: „The Film Sense".

1943 Ab April: Dreharbeiten zu „Iwan der Schreckliche".
Arbeit am Buch „Methode".

1944 Fortsetzung der Dreharbeiten. Juni: Rückkehr nach Moskau. Fertigstellung und Abnahme des ersten Teils.
Aufsatz „Dickens, Griffith und wir".

1945 20. 1.: Premiere des ersten Teils von „Iwan der Schreckliche" in Moskau. Arbeit am zweiten Teil.
Untersuchung: „Eine nicht gleichmütige Natur".

1946 Stalinpreis für den ersten Teil von „Iwan der Schreckliche". Auf Beschluß des ZK der KPdSU wird der zweite Teil nicht aufgeführt.
Schwerer Herzinfarkt. Krankenhausaufenthalt. Abschluß der autobiographischen Aufzeichnungen.

1947 Berufung zum Leiter des Sektors Film im Institut für Kunstgeschichte bei der Akademie der Wissenschaften der UdSSR. Aufsätze: „Pathos", „Über den Raumfilm"; zur Geschichte des Films.

1948 Untersuchung: „Zum Problem der Mise-en-scène".
11. 2.: Tod durch Herzversagen.
13. 2.: Beerdigung auf dem Moskauer Nowodewitschje-Friedhof.
Die Obduktion ergab, daß Eisensteins Herz verbraucht war wie das eines 80jährigen – sein Gehirn dagegen jung wie das eines 20jährigen.

Die Herausgeber danken Naum Klejman, Fritz Mierau, Fred Gehler, Beate Wonde und Liesbeth Hoffmann für die freundliche Unterstützung beim Zustandekommen des Buches.

Personenregister

Inhalt